Rainer Preuß · Die Illusion der Freiheit

*Herzlichst für
Frau French*

Ursel Preuß

Die Jobs sind gekündigt, die Wohnung ist leer geräumt, der Hund bei Freunden untergebracht. Rainer Preuß und seine Frau Susanne haben ihre Karrieren aufgegeben, sich von allen Besitztümern getrennt und wollen nun so schnell wie möglich auch die Routinen und Rituale des Alltags hinter sich lassen. Mit dem Fahrrad brechen sie auf in eine Welt, in der nicht alles so planbar ist wie bei den alltäglichen Verrichtungen, in der die Unberechenbarkeit alles andere dominiert. Die Reise führt sie auf den unmöglichsten Wegen durch zehn Länder Europas: Deutschland, Österreich, Italien, Slowenien, Kroatien, Bosnien-Herzegowina, Serbien, Ungarn, Slowakei und die Tschechische Republik sind die Ziele, und jedes einzelne wartet auf mit einer Fülle an beeindruckenden Naturkulissen, herzlichen Menschen und skurrilen Begegnungen, aber auch mit Momenten voller Frust und Ärger. Rainer Preuß hat in seinem Tagebuch den Verlauf der Reise aufgezeichnet. Seine Eintragungen vermitteln nicht nur wunderbare, amüsante, tragische, poetische Reisebilder, sondern zeigen auch, dass die eigentlich größte Reise keine geografische ist: Die Reise zu uns selbst und die Suche nach Glück und persönlicher Freiheit.

Rainer Preuß, 1971 in Duisburg geboren, studierte nach seiner Ausbildung zum Speditionskaufmann Wirtschaftswissenschaft. In seiner letzten beruflichen Tätigkeit war er Niederlassungsleiter einer internationalen Lkw-Spedition. Da er den Berufsalltag als zunehmend unbefriedigend empfand, gab Rainer Preuß seine Karriere auf, trennte sich von jeglichem Konsum und bricht seitdem immer wieder zu neuen Reisen jenseits der ausgetretenen Pfade auf.

Rainer Preuß

Die Illusion der Freiheit

150 Tage mit dem Fahrrad durch Europa

Bibliografische Information der Deutschen Nationalbibliothek:
Die Deutsche Nationalbibliothek verzeichnet diese Publikation in der Deutschen Nationalbibliografie; detaillierte bibliografische Daten sind im Internet über < http://dnb.d-nb.de > abrufbar.

© 2008 Rainer Preuß
Satz und Layout: Buch&media GmbH, München
Umschlaggestaltung: Kay Fretwurst, Spreeau
Herstellung und Verlag: Books on Demand GmbH, Norderstedt
Printed in Germany
ISBN 978-3-8334-7581-8

Inhalt

Vorwort 11

Deutschland (Tag 1 bis 37)

Einfach losfahren! 13
Große Namen, kleine Gesten 17
Verschoben in Alferzhagen 19
Körperpflege, Windprojekte und andere Abwägungsprozesse 20
Sunny oder Ein Platten kommt selten allein 22
Wo ist die Lahnquelle? oder Die KZ-Hühner von Mandeln 25
Gott behüte den Staat: Ein Vollerwerbsbauer! 27
Das Eigenleben des R2 28
Das Haus der Naturfreunde 30
So ein Strolch, der Lauterbacher 32
Gersfeld und der liebe Horst 33
»Alter Schwede!« oder Die menschliche Säkularisierung 35
Die kalte Nacht am Main 39
Sorgenfrei am Main 40
Eine Woche Vorsprung 42
Forchheim – Vom Biowahn zum Egoman(en) 43
Gluckerla, Pralinen & die Sorgen des Fußballnachwuchses 48
From scratch eines Radpenners zum Wiedersehen mit Mary 50
Nüremberg, Dürers Stadt 53
Der Ludwig-Donau-Main-Kanal 54
Bei den Mönchen Plankstettens oder Die Augen verschließen 56
Der Saubär aus dem Altmühltal 58
Von römischen Kohorten und Unterställen 60
Raining in Rain 62
Augsburger Familientreff 64
Lass die Puppen tanzen: Urmel, Jim & Co. 67
Die Stadt der Fugger 68

Was ist Glück?	70
»Das Schlimmste sind die Menschen, immer diese Menschen!«	72
Die Probleme des Menschen oder Erste Meter auf der VCA	74
Sieben Zwerge und die Wieskirche	76
Schwach geworden	79

Österreich (Tag 38 bis 47)

Tiroler Heimat	81
Was sich die Leute alles zumuten	83
Entspannungsreicher Ausrüstungscheck	85
Der Weg zum ersten Alpenpass	88
Die etwas andere Passüberquerung	89
Immer wieder Landeck	92
Das Gewährleistungsprinzip	93
Über den blanken Fließer Fels	95
Geschichtliche Koinzidenzen	97
Schweizer Kauderwelsch	100

Italien (Tag 48 bis 65)

Am Reschenpass	103
Herz-Jesu-Prozessionen oder Der Unfall an der Ádige	105
Schlanders im Vinschgau	108
Internette Bibliothek oder Political Correctness	110
Juvalsche Schlangen	112
Kein großer Star: Nur ein Mensch	113
Der Brenner-Radweg	117
In den Dolomiten	119
Über den Wolken	121
Diarrhö am Sellajoch	122
Das romantische Bergdorf	126
Mit letzten Kräften	128
»Mir war noch nie so schlecht!«	131
Grenzen der Freiheit	132
Schneller als der Papst	134
Maurias Beziehungsprobleme & Luigi	136
Feeling clumsy in Tolmezzo oder Das Ende naht	139
Giovanna, Pojanlino oder Die Intimität der Frage	142

Slowenien (Tag 66 bis 70)

Görz, Junkies und Ziegen 147
Miros Weingut 150
Slowenisches Querfeldein 153
Die Welt ist nicht genug 156
Der Tod fährt mit oder Nur eine Sekunde des Augenblicks 158

Kroatien (Tag 71 bis 102)

Helgas pestizidfreie Zone 162
Die Tramper oder Keine Kilometer mit dem Fahrrad 174
Das Ende aller Tagebücher 177
»Don't mention the war!« 179
Nutten in Peschiera del Garda oder Abgründe des Trampens 181
Der lange Weg nach Šverki 183
Daheim!? 185
Sinnsuche in Lovrečica 186
Durch das Herz Istriens 187
Pazin oder Dem Extremen auf der Spur 189
Cres und die Garage von Krk 191
Die Zwangsfähre nach Rab 194
Entspannung in Barbat 197
Die Küstenstraße nach Senj 198
Doviđenja Kvarner oder Wie viele Orte noch? 200
Minen und andere Kriegseindrücke 205
Plitvičkas Wasser 207

Bosnien-Herzegowina (Tag 103 bis 111)

Lebendiges Bihač: Auf dem Weg in die Moderne 211
Grenzerfahrungen an der Una 213
Vesna und die Nacktschnecken 217
Deutscher als die Deutschen 219
Biologische Renaturierung oder Der stinkende Müll der Sava 221
Derventa: Damir is back 222
Falling in love with Derventa 226
Brčko & Tito 228
Kyrillisch for Srbija 231

Serbien (Tag 112 bis 118)

Stillstand im Lande? ... 234
Fruška Gora – Stressbewältigung ... 237
Нови Сад (Novi Sad) ... 239
What if god was one of us? ... 241
Mit Speck fängt man Mäuse oder Giftiges Wasser ... 244
Korrelationen ... 247
Zdenko & Ljiljiana ... 249

Ungarn (Tag 119 bis 127)

Armes, reiches Ungarn ... 253
Perfektionismus ... 254
Gleichgesinnte in Rác-keve ... 256
Tököler Überraschungstüte ... 258
Freiheit: Nirgendwo in Budapest ... 261
Buda-pest-Konsum ... 262
Letter for Susan oder Auch das gehört dazu ... 264
Lebensphilosophien am Donauknie ... 264
Esztergom und Estragon ... 266

Slowakei (Tag 128 bis 135)

Štúrovo: Slowakische Gegensätze ... 269
Regenkilometer ... 270
Der Slowakeiblues ... 272
Noch mehr Wasser in Gabčíkovo ... 273
Die Elemente ... 274
Bratislava, alte Stadt ... 276
»Schließlich bezahlten sie mit ihrem Leben!« oder
Wie früher alles besser war ... 278
Eine Sache der Perspektive ... 280

Tschechische Republik (Tag 136 bis 149)

Tschechische Radkarten ... 283
Von einem, der mit dem Fahrrad in die Welt wollte ... 285
Literatur und Sinnlichkeit ... 286
Kräfte sammeln ... 288

Hase und Igel 289
Die Reise und die Konzentration 290
Böhmisch-mährisches Telč 292
Das tschechische Dorf 294
Tábor in Südböhmen 296
Straßenansichten 298
Die Preisindizes der Ex-CSSR 300
Motive ohne Motivation 302
Mehr als gedacht 304
Momente der Freiheit 306

Deutschland (Tag 150)
Das Finale 309

Vorwort

Oktober 2007

Wir befinden uns in Annaberg-Buchholz, im Erzgebirge, im Heimatort des berühmten Adam Ries und somit am Endpunkt unserer Fahrradreise durch zehn Länder Mittel- und Südosteuropas, die Ende April in Leverkusen startete und insgesamt fünf Monate dauern wird. In dieser Zeit werden wir im ausladenden Universum der Erlebnisse Bilder und Eindrücke einer Lebensreise sammeln, für die wir alles Gewohnte aufgegeben haben, um das Ungewisse zu suchen. Die Jobs sind gekündigt, die Wohnung ist an den Nachmieter übergeben, das Auto verkauft, der Hund in die Obhut einer Pflegefamilie gelegt, die Versicherungen wegen fehlender Versicherungsobjekte aufgegeben, die Krankenkasse auf ein Langzeitmodell des Auslandskrankenschutzes umgestellt. Wir haben die Uhren abgelegt. Das Tageslicht gibt die Zeit vor. Die Natur steht im Vordergrund, der Minimalismus auch. Hab und Gut sind auf zwei Fahrrädern verstaut. Rastlos versuchen wir langjährigen Konsumzwang und Materielles abzuwerfen, zu reduzieren, zu verkaufen und zu verschenken, mit dem Ziel der Beschränkung auf das Wesentliche, auf das Existenzielle, und in der Hoffnung, Zeit zu spüren, ohne zu hetzen; Umgebung wahrzunehmen, ohne oberflächlich zu bleiben; Menschen zu begegnen, die wir nicht kennen; Fremde zu verstehen, die im Idealfall zu Freunden werden. Nicht immer wird uns das in den nächsten Monaten gelingen. Auch eine Fahrradreise fordert bisweilen ihren Preis im Sinne eines gewissen Alltagsgeschäftes. Aber die Entschädigung für unvermeidliche Strapazen sind Erlebnisse, die in gut bezahlten Jobs mit hierarchischem Wettstreit um die beste Karriere und die sicherste Altersvorsorge nur selten erlebt werden können. Deshalb gilt der Dank allen Wegbegleitern, die

Empfindungen, Schmerzen und Glücksmomente beeinflusst und geteilt haben. Ich danke den lieben Menschen und gewonnenen Freunden, die uns in ihr Herz geschlossen haben, obwohl teilweise keine gemeinsame Sprache gefunden werden konnte. Reich an Eindrücken wird eine Reise aber nur durch Abwechslung, durch Angst und Hoffnung zugleich. Zum Beispiel durch die Angst, am Ende eines erschöpfenden Tages keine Übernachtungsmöglichkeit zu finden und sich schließlich unter eine schwach flimmernde Laterne ins staubige Grau der Straße zu setzen; oder durch die Hoffnung auf bessere Zeiten für Fahrradfahrer in immer noch verminten Gegenden eines zurückliegenden Krieges.

Das vorliegende Buch ist während der Radtour entstanden. Es spielt sozusagen auf der Straße, bei den Menschen unterschiedlicher Kulturkreise und vor dem Hintergrund länderspezifischer Eigenarten. Es beschreibt Menschen, die trotz ihres schweren Schicksals oder Lebensweges verschwenderische Liebe und unerschütterliche Hoffnung ausstrahlen und weitergeben. Gleichzeitig wird das eigene, westlich geprägte, von der Arbeitswelt, den überbordenden Gesetzen, der unnachgiebigen Bürokratie bestimmte Leben unter die Lupe genommen, es wird Bilanz gezogen, überlegt, was in Zukunft anders und besser laufen könnte. Die Form des in Kapitel eingeteilten Tagebuches soll dabei den Erlebnissen und Anekdoten einen gewissen zeitlichen Rahmen geben, wobei aber die Reise gerade von ihrer Zeitlosigkeit lebt. Und so wie im gewöhnlichen Leben gibt es auch beim Verfassen eines Tagebuches gute und schlechte Tage, die aber nicht auf ein bestimmtes Niveau gehoben wurden. Eher unverfälscht kann die mentale und körperliche Formkurve des Autors nachvollzogen werden, der dem Leser Einblicke in europäische Regionen und ihre Geschichte sowie Porträts der in ihnen lebenden Menschen vermitteln möchte, verbunden mit episodenhaften, philosophisch-freiheitlichen Kommentaren und einigen kritischen Zwischentönen.

Deutschland

(Tag 1 bis 37)

Einfach losfahren!

Die Sonne lacht über Leverkusen, mit einer Leichtigkeit, die mich selten bei dem Gedanken an diese Stadt befällt, die aber hilft, das Gefühl der Hilflosigkeit zeitweise zu verdrängen. Heute ist der Tag, der unser Leben verändern soll, zumindest für eine ungewisse Zeit, aber genauso konsequent, wie diese Reise der geringen Mittel geplant worden ist. Ohne auch nur einen Meter gefahren zu sein, ist der Puls im angespannten Bereich.

Oft habe ich mir überlegt, wie es sein wird am Tag des Aufbruchs. Wenn zum ersten Mal ungewiss ist, wo übernachtet wird. Wenn wir den gewaltigen Vorsatz umsetzen wollen, kein Hotel oder Gasthaus anzusteuern, sondern auf wildfremde Leute zugehen und auf ihre Hilfe im weitesten Sinne oder auch ganz konkret – wenn es um die Frage des Trinkwassers geht – angewiesen sind. Wie werden die Menschen reagieren, wenn wir sie fragen nach dem Stück Wiese für unser Zelt? Susanne und ich sind ziemlich aufgeregt, die wohligen Temperaturen und der wolkenfreie Himmel an diesem 30. April motivieren jedoch, sind ein »Go(o)d will« von ganz oben, ein Zeichen, den Mut aufzubringen und loszufahren. Die Reise soll frei machen vom regelrecht verplanten Leben, dem wir uns alle mehr oder minder ausgesetzt fühlen, allein schon durch die tägliche Geschwindigkeit. Fast scheint es so, als ob die sich immer mit der gleichen Geschwindigkeit drehende Welt durch den Antriebsdrang des Menschen noch einen Schuss Beschleunigung erhielte und die so beschleunigte Welt dann niemandem mehr Zeit zum Durchschnaufen lässt.

Wir schnaufen schon auf den ersten Metern durch den Leverkusener

Dhünnwald, denn das Prinzip des Nichtplanenwollens sieht vor, auch nicht zu testen, welches Gewicht der Räder mit den Füßen zu treten und mit den Armen und Händen zu navigieren ist. Auch ist das Gepäck bis jetzt nicht gewogen worden, sodass eine Gewichtszahl nicht abschreckend wirken kann, aber es scheinen sich schon einige Kilogramm auf dem Rad summiert zu haben. Jedenfalls sind die ersten Kilometer mehr als wackelig, der Druck auf Arme, Handflächen und Finger, die das Körpergewicht mit den Massen des Rades in eine gleichgewichtige Position zu bringen versuchen, ist enorm.

Im sandigen Untergrund des Dhünnwaldes verliere ich denn auch einen Griff am Lenkrad, der wohl nicht fest genug angedreht ist und erst durch Verschieben von Bremse und Gangschaltung genügend Andruckfläche freilegt, um richtig angezogen werden zu können. Uns interessiert aber die Fahrradtechnik in diesem Moment gar nicht, zu groß ist das Gefühl des Aufbruchs, zu stark der Drang wegzukommen, die sich ständig wiederholenden Tagesabläufe eines Stadtlebens hinter uns zu lassen, aufzubrechen in die Herausforderung der »realen« Welt, in der Absicht, frei zu werden, Freiheit zu finden. Dass in den Unternehmen geplant wird und die Tatsache, dass der Mensch permanent plant und sich Fragen bezüglich des Alltags stellt (Was mache ich am Wochenende? Soll ich das alte Auto durch ein neues ersetzen? Soll ich nicht besser im Biomarkt als beim Discounter kaufen? Habe ich nach dem Einkaufen noch Zeit für einen Kinobesuch oder eine Stunde Squash?), führt dazu, dass er das Leben in der Welt da draußen gar nicht mehr wahrnimmt, sondern bestenfalls im Einerlei seines kleinen, räumlichen Wirkungskreises aktiv wird. Natürlich kann das spannend und erfüllend sein, aber ob das, was das Fernsehen abends von der Welt berichtet, begreiflich wird, wenn ich nicht in diese hinausgehe, ist anzuzweifeln – vor allem, wenn man das Wort »begreiflich« wörtlich auffasst, im Sinne von Anfassen. Ich kann die Welt durch die Fernsehreportage eben nicht anfassen, so sehr sich die Journalisten auch Mühe geben. Es fehlen spürbare Elemente, gleichzeitig werden unsere Instinkte im Alltag unserer bekannten Welt größtenteils ausgeblendet. Wir hören nicht mehr bewusst hin, sondern interpretieren das Gehörte, wir sehen nicht mit eigenen Augen, sondern mit den Augen der Medien, bis wir glauben, das Gesehene wäre ursprünglich durch uns entstanden, mit dem Ergebnis, dass wir etwas kaufen, was wir nicht erworben hätten, hätten wir nur richtig hingeguckt.

Einfach losfahren!

Schalte den Fernseher aus und gehe auf die Straße. Schaue, was die Welt draußen bereithält, und nicht, was in der eigenen inneren Welt Maßstab ist. Lasse alles fallen, befreie dich von dem inneren Druck der Rechtfertigung. Wem gegenüber? Den Freunden, die Klischees bedienen? Dem Arbeitgeber, der nur den Profit sieht? Der Stadt, die anonymisiert? Dem Heimatland, das globalisiert? Der Welt, die sich auch ohne uns dreht? Vielleicht ist die Essenz des Ganzen, einfach nur das Kleine im Großen zu suchen, den eigenen kleinen Weg ohne Statussymbole zu finden, offen für Neues zu sein. Nicht für neu Entstehendes, sondern für bereits Vorhandenes in der eigenen Welt, das bisher gar keine Chance hatte, gesehen zu werden.

Der Zigarillomann in Odenthal, braun gebrannt, mit tiefen Stirnfalten, dunkler Hornbrille und Dreigangfahrrad, spricht drauflos. Anonymität schwindet mit zunehmendem Exhibitionismus. Die Räder fallen auf, der Mann ist neugierig, fragt nach unserem Weg, unseren Plänen. Jetzt unterhalten wir uns schon zwanzig Minuten, stehen immer noch vor der Ampel, haben schon drei Grünphasen verpasst und sind dennoch entspannt, gefangen im Gespräch mit dem Unbekannten. Auch er spürt keine Hast, erzählt von seinem Leben, während der Verkehr vorbeirauscht. Die Hälfte des Jahres verbringe er auf Mallorca, aber nicht als Tourist, sondern im Landesinneren unter den Einheimischen, denen er sich verbunden fühle. Zusammen mit seiner Frau habe er sich ein Häuschen im mediterranen Stil gekauft, seine Schwäche sei der Tabak, aber jeden Tag (ob in Spanien oder hier) fahre er zehn Kilometer mit dem Rad. Er sagt: »Einfach losfahren. Schon sind die Sorgen vergessen, draußen auf der Straße ist das Leben. Die Straße gibt dem Leben viel, weil du nie weißt, was dich erwartet.«

Ich stimme einfach zu, obgleich das der erste Tag der Reise ist und ich die Wahrheit seiner Aussage nicht wirklich bestätigen kann. Die eigene Vision erlaubt aber vorsichtiges Kopfnicken, denn im übertragenen Sinne hat er wohl recht. Ob geplant wird oder nicht, ist dem Leben gleich. Das Leben lebt letztlich den Menschen, nicht umgekehrt. Schließlich ist es das Leben, das sich selbst beendet. Dann heißt das Leben »Tod« und der Deckel fällt.

Der Mann zündet sich noch einen Zigarillo an. Die nächste Grünphase wird genutzt, schwungvoll verabschiedet sich der Mann an der nächsten Kreuzung.

Wenn ich innehalte, sehe ich noch die Leverkusener Wohnung – leer gefegt, der Lebensstandort der letzten vier Jahre. Einfach vorbei! So lange war der Ausstieg geplant und jetzt ist er so schnell gekommen. Die letzten Vorräte bekommt Andrea, die befreundete Nachbarin.

Andrea verabschiedet uns mit einem Frühstück in ihrer Einzimmerwohnung, unsere Eltern sind auch gekommen, ansonsten wenig Bahnhof. Es ist Montag, um neun Uhr sind wir losgefahren. Wir besitzen jetzt kein Radio mehr, keinen Laptop. Kein Statussymbol der städtischen Zivilisation klebt an uns, die Räder an sich einmal ausgenommen. Wir haben nur die Gewissheit, dass heute alles anders ist, als es gestern noch war. Wie wird es morgen sein? Nein, die Frage verbiete ich mir spontan, weil ich nicht mehr planen will. Also steuert das Hier und Jetzt des Weges die Gedankenwelt.

Das Bergische Land wirkt eng und gestaucht. Weite Sicht ist nur möglich, wenn Höhen überwunden werden, die schnell wieder in Tälern verschwinden. Osten ist die grobe Richtung, das mittlere Ziel irgendwo bei Bamberg, aber nie im Sinne der leichten Wegelogik, sondern immer unter herausfordernden Gesichtspunkten. Wir haben also nie den einfachen Weg, sondern immer das Ungewöhnliche im Hinterkopf.

Ohne detaillierten Plan ist Organisationstalent umso erforderlicher, aber die Exküchenmademoiselle und der Exspediteur haben darin schon einige Übung. Mit dem Fahrrad fehlt aber der Organisationsrahmen, sodass stets auch Improvisation gefragt sein wird.

Wir durchfahren Herkenrath, die Straße verläuft mit einigen Steigungsabschnitten hinauf nach Bärbroich. Die erste Frage nach einem Zeltplatz ist von Misserfolg gekrönt. Ich sage nicht: »Das fängt ja gut an«, sondern frage jemanden im Ort bei den Gebäuden, die einem Reitstall ähneln, ob eine Möglichkeit bestünde, auf dem Grundstück dahinter zu nächtigen. Bis zu dem Zeitpunkt der Frage war nicht sicher, ob die Suche nach einem kostenlosen Schlafplatz überhaupt funktionieren würde, gerade im Land der tiefschürfenden Denker und weltberühmten Dichter, einem Land – so die stereotype Meinung großer Teile der Gesellschaft –, in dem das Ego mehr zählt als die Gemeinschaft und vieles im Alltag dominiert.

Der freundliche Besitzer der Pferdepension ist äußerst zuvorkommend. »Gleich hinter den Pferdeboxen können Sie Ihr Zelt aufschlagen, selbstverständlich kostenfrei, und Wasser können Sie auch nehmen. Toiletten haben wir draußen, nur Duschen sind nicht verfügbar.« Die Welt ist scheinbar offen für jeden, der sprechen kann und auf andere zugeht. Brennnesselsalat und Reis zum Abend, das Zelt ist schnell aufgebaut. Körperlich hundemüde, aber geistig noch zu wach, um zu schlafen, legen wir uns hin. Das war der erste Tag. Körper und Geist versuchen sich auf den neuen Rhythmus einzustellen, noch ist der Puls nicht zur Ruhe gekommen, aber die Signale des heutigen Tages sind positiv. Das wird schon möglich sein. Trotz einiger Restzweifel – so die Tagesbilanz – ist es einfach gut, aufgebrochen zu sein. Willst du wirklich wegkommen, hilft nur eines: Einfach losfahren!

Große Namen, kleine Gesten

Schloss Ehreshoven glänzt bei milden Temperaturen mit romantischen Wassergräben, französischen Gärten und einer kleinen Geschichte über den Waldertrag unterschiedlicher Hölzer. Andererseits ist der zweite Tag der Fahrradreise geprägt vom freundlichen Zuwinken der zahlreichen Fahrradgruppen, die diesen feierlichen 1. Mai und das schöne Wetter für Fahrten ins grüne Bergische Land nutzen. »Wieder welche, die umziehen!«, ruft der Pacemaker der nächsten Gruppe in magentafarbenen Trikots aus und zeigt auf uns beziehungsweise die Räder mit den leuchtenden Taschen der Allwetterfirma Ortlieb. Das ist schon richtig, sind wir doch im Umzuge begriffen, haben wir das alte Leben entrümpelt und das neue noch nicht wirklich gefunden. Reste der Vergangenheit sind in einer Garage eingelagert, für den Fall der Rückkehr in die alte Welt. Der brauchbare Anteil des Sichtbaren in einer auf äußerliche Werte reduzierten Welt ist in den Taschen des Rades verstaut. Eine richtige Bestandsanalyse steht noch aus, zunächst ist alles ziemlich unkoordiniert in die unendlichen Weiten der Radtaschen gestopft, sodass kein Souvenir als bleibende Erinnerung mittransportiert werden kann. Das fordert Wahrnehmung und Gedächtnis heraus. Susanne hat die Spiegelreflexkamera im Gepäck, die umständlich gute Bilder macht. Ich schleppe noch eine alte Schwarzweißkamera der Marke Kodak mit, die ich im Leverkusener Hausmüll zum Leidwesen der Nachbarin gefunden habe.

»Was wühlen Sie in meinem Müll? Das ist mein Müll!«, wetterte Frau B., wobei mir die Frage nach den Eigentumsverhältnissen am entsorgten Müll auf der Zunge lag. Gilt die Eigentumsvermutung tatsächlich auch bei Dingen, die ich bewusst möglichst endgültig entsorge? Ist es wirklich so, dass der Entsorger immer noch mit dem Entsorgten liebäugelt, für den Fall, dass sich ein Dritter dem Exbesitz nähert? Auf alle Fälle ist die stibitzte Kamera in ihrem kleinen Ledertäschchen optisch durchaus schick. Ich weiß aber noch nicht, ob sie den neuen Film letztendlich transportieren wird. Also bleibt nur der Anspruch an den eigenen Geist, das zunächst Gespeicherte möglichst lange zu konservieren, falls die Kamera versagt. Und für heute ist die Devise: immer mal schön langsam. Bloß nicht am Anfang sämtliche Muskeln verheizen, sondern das bekannte Sitzfleisch bewusst ansitzen, Sehnen und Muskeln an die tägliche Belastung gewöhnen.

Die Agger windet sich nach Engelskirchen. Schön wäre ein Abstecher in schattige, autofreie Gegenden. Einfach eine Brücke hinüber, durch den dunklen, exzellent duftenden Wald und geradewegs in ein altes Gehöft hinein. Es ist ein Zufallsprodukt der Übernachtungssuche, ein bewusstes Nichtsteuern irgendwohin. Nur die alte feine Dame ist im Haus, der Sohn sei mit dem Traktor unterwegs, nur er könne entscheiden, ob die Wiese hinter dem Misthaufen den Anforderungen der beiden Radfahrer genüge. Doch die Enkelin nutzt die Macht der generationenübergreifenden Sympathie. »Aber Oma, die können doch vor dem Haupthaus zelten, soll ich ihnen den Weg zeigen?«

Wir schauen uns selbst um, bedanken uns für das Angebot, gleichen uns dem vornehmen Niveau des potenziellen Gastgebers an, sind höflich, Susanne ist fast im Begriff, einen Hofknicks hinzulegen, ich verbeuge mich, sende der alten Dame Nettigkeiten entgegen.

Das Angebot der Enkelin kann nicht angenommen werden, da ein eifriger Maulwurf die Wiese beschlagnahmt und unbrauchbar gemacht hat. Das Areal hinter dem Misthaufen ist da schon angenehmer, vorausgesetzt, der Wind bläst die Luft vom Zelt weg. Blühende Fliedersträucher verwandeln den Hang in ein farbenprächtiges Blumenmeer.

Der Jungbauer heißt Bellinghausen, so wie unzählige Generationen vor ihm. Früher, so erzählt er, sei die Familie Bellinghausen von einem gewissen Ritter von Bummelberg schon einmal inthronisiert worden, wenn auch nur auf Erbpachtbasis. »Bauer« Bellinghausen ist anscheinend intellektuell auf anderem Niveau als der Durchschnittsgewerbetreibende seiner Zunft. Was der alles weiß, davor kann ich nur meine Sonnenschutzkappe ziehen. Ein beachtliches Geschichtsseminar unterbricht sein stundenlanges »Silofahren« und lenkt uns vom natürlichen Stallgeruch ab.

Ob nun dieser Bellinghausen mit den bekannten Bellinghausens um wie viele Ecken auch immer verwandt ist, lassen wir dahingestellt, lassen es eine Weile dort stehen, sammeln es schließlich ungelöst wieder auf. Ich habe mir vorgenommen, das Mitteilungsbedürfnis eines jeden Gastgebers zu respektieren: Wenn er etwas nicht erzählen will, soll es auch nicht bekannt werden. Ich bin nicht angetreten, jede weitergehende Frage auszuformulieren. Ich bin dankbar für den Kontakt an sich, den »smalltalkartigen« Austausch. Und vielleicht ergeben sich tiefgründigere Gespräche ja später. Nichts erwarten, etwas bekommen, Formen der Bescheidenheit.

Susanne zapft frische Milch aus dem Tank der Milchanlage, ich stelle das Zelt aus dem Wind.

Verschoben in Alferzhagen

Das Aggertal bekommt ab Dieringhausen Schluchtcharakter, immer enger und verkehrsreicher wird die Straße, gewerbliche Ausuferung an den Ufern des Flusses. Der Wunsch des Ausbrechens in die Stille der Natur kommt auf. In der Nähe des Ortes Alferzhagen signalisiert ein Schild: »18 %«. Es handelt sich um den Anstieg zur sogenannten »Alpe« oder besser zum Fahrenberg, auf dem »Alpe« auch einer der Mini-Orte ist, die A4 und Agger in schwindelerregender Höhe trennen. Und der Name Alpe ist durchaus wörtlich zu nehmen.

»Na, dann wünsche ich viel Erfolg«, sagt der Rennradfahrer und betrachtet ungläubig die Gepäckmonster, die seine Bergtrainingsstrecke in Angriff nehmen. Absteigen und uncool schieben lautet hier wohl die Strategie. Jetzt drücken Arme und Hände das Rad nicht nur geradeaus, sondern einen hochprozentigen Berg empor und die enge, gewundene Straße hinauf. Gedanken an eine Bergetappe der Tour de France kommen auf. Ich schaue Susanne an und sie mich: »Wird das so ähnlich in den echten Alpen?«

Wir erreichen Alpe nach einer Stunde heftigen Schiebens. Es sieht aus wie ein typischer Wintersportort, besteht aus einigen bergbäuerlichen

Höfen und bietet einen herrlichen Blick über das tiefe Tal, in dem die A4 kaum auszumachen ist. Wir sind dem Himmel ein Stück näher. Was emporragt, hat auch einen Anfang, im Tal auf der anderen Seite des Höhenzuges. Der Ort heißt Allenbach (ohne »s«) und ist forschungsfrei.

Wenigstens ist die A4 außer Hörweite, aber jeder kleine Weg in dieser Region erscheint wie in den Fels geschlagen, und so dauert die Suche nach einer Bleibe auch erschlagend lange, bis wir schließlich etwas in Betracht ziehen, wovor alle Ratgeber warnen und dem der Geruch des Verbotenen anhaftet: das »wilde« Campen. Wir sind nicht jung und auch nicht wild, aber die Topografie der aktuellen Straße und die Tatsache, dass der Affen- und Vogelpark in Reichshof uns aus nachvollziehbaren Gründen nicht aufnehmen wird, veranlasst schon an diesem dritten Tag zur Extremmaßnahme des Nachtlagers im Wald, ganz im Zeichen der Pfadfinderehrenmitgliedschaft.

Erst ist der Weg steinig, dann der Wald brüchig und schließlich der Aufwand unvergleichlich. Wir decken die Räder mit allerlei Holz und Laub ab und legen eine Plane auf den Boden. Mehr braucht es nicht, denn der Nadelwald ist so dicht, dass er das Zelt ersetzt. Mit abnehmender Tageshelligkeit nimmt die Geräuschkulisse des Waldes zu. Dessen Boden ist ganz warm, eine bessere Rheumadecke gibt es nicht, die eng stehenden Stämme konservieren Tageswärme.

»Ich hab Rücken«, entfährt es mir, denn er ist es, der in diesen ersten Tagen die stärkste Belastung aushält, weil der Körper das Gleichgewicht sucht. Deshalb habe ich schon die Sitzhöhe variiert, mit dem Ergebnis der invarianten Ausgangslage, weil das Ganze nichts brachte. Im trockenen Unterholz verbietet sich selbstverständlich jede warme Mahlzeit und so verlagern wir die vorabendliche Kochaktion mit dem Schnellkochset des Primus-Rivalen »Trangia« auf den Schotterweg am Waldesrand.

Körperpflege, Windprojekte und andere Abwägungsprozesse

Schon drei Tage keine Dusche. »Ich fühle mich ganz klebrig«, beschwert sich Susanne zu Recht und deutet auf Eckenhagens Freizeitbad »Monte Mare«.

Körperpflege, Windprojekte und andere Abwägungsprozesse

Die Frage nach einer simplen Dusche ruft ein vorwurfsvolles Stirnrunzeln der Kassiererin hervor. »Geht nicht, hab ich keinen Tarif, hab ich nicht«, sagt sie schnippisch. Als sie den billigsten Billigtarif für Nichtschwimmer mit Rettungsreifen – oder so ähnlich – vom Bildschirm des Computers abliest, zücke ich die rote Karte. »Drei Euro für einmal Duschen und sonst nichts? Vielen Dank, ich nehme Abstand von diesem Vorhaben und stinke lieber noch einige Tage.«

»Ich bin früher ein Rad von Giant gefahren. Das war eine super Marke. Ich war Mitglied in einem Fahrradclub, der Reisen bis in die Alpen organisierte«, erzählt der Besitzer des afghanischen Hirtenhundes, der sein Herrchen wohl mehr auf Trab hält als dieser ihn. Zwei Schritte des Hirtenhundes und Herrchen trippelt hintendrein. »Der benötigt sehr viel Auslauf.« Das T-Shirt mit Harley-Davidson-Motiv hängt lässig über der Sporthose, die silbrig schimmernden Haare sind akkurat gescheitelt, die Augen strahlen brillenlose, hellblaue Kraft. »Zugegeben, es ist sehr lang her. Jetzt muss ich verharren, weil meine Frau noch arbeitet, aber wenn sie auch in Rente ist, dann können wir wieder aktiv werden, endlich wieder reisen, für längere Zeit.«

»Wenn Sie sich da mal nicht täuschen«, denke ich leise, während ich ermutigend nicke. Die ernüchternde Erkenntnis, dass nichts so jung bleibt wie der Moment des Augenblicks, hat auch mich, den Mittdreißiger, schon öfter befallen. Die Zeit rennt, wohin weiß bisher niemand, aber immer scheint sie aus unserer Sicht vor uns her oder von uns weg zu laufen. Nur selten gibt es Momente, in denen wir die Zeit festhalten können. Sie ist für sich genommen vielleicht das größte Phänomen, das den Menschen ganz klein werden lässt. Einstein hätte gleich bewiesen, dass die Zeit sich relativ zum bewegten Objekt entfernt, aber auch er ist tot, konnte vor seinem Ende nicht davonlaufen.

Schon ist es ein Uhr mittags. Susanne duscht, was die drei Euro hergeben – ob die Sauberkeit lange vorhält, wird der weitere Weg zeigen. Dieser ist gekennzeichnet von dem Versuch, innovative Kraft in die kleingewerbliche Region der Traditionsunternehmen zu pusten, mittels regenerativer Energien. Der Weg heißt im Radlerlatein R 20, ist auf keiner Karte eingezeichnet, dafür aber überproportional beschildert. Eine kleine Seitenstraße führt zu einem Bauernhof, an saftigen Wiesen mit den vermeintlich glücklichen Rindern und Kälbern vorbei, am Horizont Windräder. Der Herr ist kein Ochs, heißt aber so und ist der Prototyp des Technikfreundes. Seine »Rothaarige

Haftungsgesellschaft« installiert stolz Beteiligungsräder der windigen Art. Alles redlich, aber eben windig. Wir dürfen in einigem Abstand vom Windrad unser Zelt aufbauen, sodass die erhoffte Windstille durch künstliche Fallwinde weggeblasen wird. Energieeffizienz ist dringend erforderlich, weil Duschsessionen schon einmal zwei Stunden dauern. Der Aufruf an die Energienation könnte demnach lauten: Wenn schon exzessiv duschen, dann bitte die nasse Körperoberfläche unter den windeinflößenden Rädern trocknen lassen. Das wäre auch ein Beitrag zur Freikörperkultur. Allerdings reicht die Zahl der Windturbinen und ihrer Standorte bei Weitem nicht aus – gerade im bevölkerungsreichen Ruhrgebiet – und die Gefahr steigender Krankenkassenbeiträge der verschnupften Nackttrockner unter dem Windrad erhöht sich mit jedem verlorenen Prozess der ausgezogenen Rechtsschutzversicherten gegen die Gesellschaft des armen Bauern Ochs.

So steht dann der Bürger am Ende seiner Tagesreise mit dem Fahrrad wieder wie der berühmte Ochs vor dem Berg der ökonomischen Abwägungsprozesse, der Pros und Contras dieser Welt. Sollen etwa die Amerikaner die Todesstrafe abschaffen? Würden dann (wenn die Todesstrafe abgeschafft wäre) die steigenden Investitionskosten für lebenslange Knastbewohner die wachsenden Kosten des Arbeitsmarktes durch arbeitslos gewordene Fallbeilexperten renditefördernd unterschreiten können? Der frische Wind des Windrades weht kühle Gedanken in die überhitzte neuronale Festplatte, die sich langsam herunterfährt, um kurz vor dem Abschalten noch ein Stirnrunzeln über die Ortsnamen hervorzulocken. Weder wurde in Niederholzklau jemals Holz entwendet, noch ist in Halbhusten eine fünfzigprozentige Tuberkulose ausgebrochen.

Sunny oder Ein Platten kommt selten allein

Die Wiese unter dem Windrad des Bauern Ochs verlassen wir in Richtung kyrillischer Hinterlassenschaften, deren Ursache leider nicht energieeffizient genutzt werden konnte. Mit einem Rundblick können Oberbergisches, Sieger- und auslaufendes Sauerland sowie Westerwald und Rothaargebirge erspäht werden. Bei Hünsborn erblickt man allerdings nur noch das, was einmal ein Wald gewesen ist. Der unbekannte Radweg R20 führt mitten hindurch. Nicht genug, dass der Sturm schon sein Äußerstes betrieben hat und dem Wald die Substanz entzog. Zusätzlich stoßen einem die Ortsnamen Holzklau und Niederholzklau übel auf und verursachen Unwohlsein.

Historisch schimmert das etwas krustige Backhaus von Langenholdinghausen entgegen. »Wer back sein Brot allhier, der danke Gott dafür!« steht über dem Eingang. 1998 haben die Dorfbewohner unter Vorsitz des Arbeitskreises Dorfgeschichte und -erneuerung das Backhaus nach alter Tradition errichtet. »Bis zu 45 Brotlaibe können im mit Haubergschanzen befeuerten Ofen gebacken werden«, erklärt der erste Vorsitzende, der just in dem Moment, in dem wir vor dem Haus pausieren, vorbeischaut und es sich nicht nehmen lässt, obendrein das Feuerlöschhaus der freiwilligen Feuerwehr, das einer Ausstellung antiker Löschgeräte gleicht, zu präsentieren.

Später erreichen wir Siegen und sind nicht mehr gesehen. Wie die Maulwürfe werden Radfahrer unter den Autobahnzubringern in die Graffiti-Unterwelt geschickt, konsequent aus dem Blickfeld der Öffentlichkeit verbannt. Wäre doch ein Leichtes, die Autos entsprechend unsichtbar werden zu lassen, wenn nur der Wille die Bequemlichkeit be*siegen* könnte.

Susannes Gewichtsprobleme, die ausdrücklich nicht ihren Körper, sondern das schwere Fahrrad betreffen, das der wackelige Ständer nicht mehr stemmen kann, lassen Ausschau halten nach einem Fahrradgeschäft. In Netphen steht ein solches Exemplar. Ich schiebe mein Rad auf den Hinterhof, eine braun gebrannte Sportlerin stürzt freudestrahlend auf mich zu und will wissen, was ich hier mache. Ganz forsch und frisch nach fünf Tagen Fahrradtour behaupte ich, bis Istanbul fahren zu wollen. Jetzt ist sie völlig aus dem Häuschen, weil es wohl auch andere Verrückte gibt. Silke wird nur »Sunny« genannt und das passt, strahlt sie doch mit der Sonne um die Wette. Der durchtrainierte Körper ist in windschnittiges Atmungsaktives gepresst, die langen braunen Haare sind unter den Sicherheitshelm geschnürt und die smaragdgrünen Augen funkeln, strahlen energische Lebensfreude aus. Jüngst ist sie in 33 Tagen in einem sechsköpfigen Team die Panamericana gefahren und war anschließend krank. Mir wird auch gleich komisch, wenn ich an diese Strapaze denke. Gestern ist sie eine 435 Kilometer umfassende Schleife durch die Eifel geradelt und wir bekommen bei dieser Vorstellung schwitzende Minderwertigkeitskomplexe. In etwa dreißig Kilometer sei unser Tagespensum, plaudere ich bescheiden. Sunny beneidet uns seltsamerweise.

»Warum denn das, ist doch keine Entfernung«, sage ich verunsichert. Doch, meint sie, einmal ohne Stress, ganz langsam wie wir durch die Welt radeln, das sei ihr Traum.

Der Siegtal-Radweg schüttelt die Räder hoch und runter, bietet Erfahrungswerte für das Fahrgefühl in Hügellandschaften. Ohne neuen Fahrradständer, denn der Laden hatte nicht das passende motorradähnliche Kippmodell, aber sunny-motiviert beginnt die Nachtplatzsuche, was heute schwierig ist, weil kein Bauer sozusagen griffbereit zur Verfügung steht. Wald und Wiesen sind aber im Überfluss vorhanden. Also erst einmal Bulgur und Möhren fürs Abendessen auf dem Trangia-Kocher zubereiten und anschließend ins dichte Unterholz kriechen.

»Wo wollt ihr denn hin?«, schallt es durch den stillen Wald.

Ich schaue nach oben und da sitzt doch tatsächlich ein Waldschrat auf dem Hochstand. So ein Pech.

»Und ihr wollt Naturfreunde sein?«, mault er herunter.

Jetzt bin ich wütend, vergesse die Vorsätze hinsichtlich der entspannungssuchenden Fahrradreise, der legeren Nonchalance, schlicht der Souveränität, weil es schon spät ist und die zwei Räder so weit in den Wald hineingeschoben wurden. »Sie schießen Tiere und wir essen kein Fleisch«, fauche ich undifferenziert zurück, was aber nichts hilft. Es bleibt nur der Rückzug. Beim Hinausschieben signalisiert der Reifen einen Platten, was kein Wunder ist, wurde doch die Umkehr auf dem Waldweg unter den nervösen Blicken des Waldschrates und deshalb in rasantem Tempo vollzogen, um nicht den Schrot des Schrates im Allerwertesten zu spüren. Der erste platte Reifen dieser Reise, aber alles passiert bekanntlich zum ersten Mal. Die faltbare, allzwecktaugliche Ortliebschüssel wird mit Trinkwasser gefüllt, das vermeintliche Loch geflickt. Dreihundert Meter später ist die Luft endgültig raus. Es ist stockdunkel. Susanne hört Stimmen aus einer Garage an der Straße durch Nenkersdorf und stellt die für einen Freitagabend typische Frage: »Haben Sie vielleicht Druckluft?«

Die hat der gute Mann, der sich als Paul vorstellt und zudem ein freundliches Wesen hat. Mit dem Kollegen sitzt er gemütlich da und kippt die x-te Bierflasche in den gierigen Schlund, die Wangen rot leuchtend, die dunkelbraunen Augen erst musternd, dann freundlich strahlend, der ganze Typ kumpelhaft mit T-Shirt und Jeanshose, uneitel, aber mit

Ecken und Kanten. Seine Frau Christine, blond, charmantes, strahlendes Lächeln, bietet umgehend die Gartenhütte als Schlafplatz an. Die Bracke Asko freut sich schwanzwedelnd über den Besuch, so wie ich mich über das Angebot einer heißen Dusche freue, der ersten seit Reisebeginn. Paul ist selbst viel rumgekommen, lebte zwei Jahre in Schottland und war auf andere Menschen schon oft angewiesen. Deshalb gibt er diese Hilfe jetzt gerne weiter. Neugierde hebt die Räder an die installierte Waage unter dem Garagendach und spuckt unerwartete 52 Kilogramm bei meinem und 45 Kilogramm bei Susannes Rad heraus, sodass auch Paul der Annahme des leichten Übergewichtes nicht widersprechen kann. Unvorstellbare sechs weitere Löcher sind im Schlauch, aufgerieben durch zwei gemeine Weißdornstacheln, die immer noch im Conti-Mantel stecken. Jetzt hat der Schlauch sieben Flicken, sechs davon in einer Art Flickenmuster neben- und übereinander.

Wo ist die Lahnquelle? oder Die KZ-Hühner von Mandeln

Dass es kleine Serpentinen in dieser Region gibt, haben wir schon vermutet, aber dass die Straße hinauf in das Quellgebiet von Lahn, Sieg und Eder dermaßen steil und geschwungen ist, dass also schon heute ein Vorgeschmack auf die weiteren Touren durch Deutschlands Mitte stattfindet, ist dann doch eine Überraschung. Die Räder können nicht mehr gefahren werden, zu steil ist der Anstieg der Straße, die Autozubehörteile sammelt wie Lagerfeld Bücher. Unterlegscheiben, Schraubenmuttern, Gewindeschrauben, das gesamte Lebenselixier eines Automechanikers, pardon Mechatronikers, liegt in regelmäßigen Abständen an der Leitplanke verteilt. Nicht nur Frauen sind Sammler, auch ich kann nicht widerstehen. Wer weiß, zu welchem Zweck eine solche Unterlegscheibe noch einmal gebraucht werden kann.

Die Siegquelle entdecken wir irgendwo nach heftiger Schiebeaktion hoch oben im Wald. Ein Höhenweg führt weiter zur Quelle der Lahn, deren Geheimnisse nach wie vor nicht aufgedeckt sind. Viele Jahre führte man die Touristen an der Nase herum auf der Suche nach der verschwundenen Quelle, die angeblich tief im Keller des Forsthauses »Lahnhof« als Rinnsal floss. Wer konnte das auch schon genau sagen. Die Lüge wurde schließlich enttarnt und ein kleiner Teich, der aus den Rinnsalen des umliegenden Wald- und Wiesenbereiches gespeist wurde, als neue Quelle festgelegt. Tatsächlich sehen wir davon herzlich wenig, denn wir rauschen irgendwie vorbei und hinab in die unergründliche Tiefe des verlorenen Radweges. Auf der Höhe wollten wir bleiben, doch wir rasen hinunter nach Hainchen, fragen die Dachdecker eines Fachwerkhauses nach dem Weg und bekommen die lapidare Antwort, dass der Weg nach Bad Laasphe genau in die andere Richtung führe, also in die, aus der wir gekommen sind. Man könne aber den Lahnradweg bei Biedenkopf auch über eine Schleife durchs Dietzhölztal erreichen. Also schieben wir unsere Räder auf der anderen Seite des Ortes wieder hoch, fahren geschlagene neun Kilometer nach Rittershausen und biegen an einer Kreuzung nach Mandeln ab, das zwar keine Mandeln, dafür aber schlachtreife KZ-Hühner anbietet. Die Angelegenheit wolle man nicht kommentieren, dafür müsse der Nachbar geradestehen. Doch die Frage nach einer ruhigen Übernachtungswiese bei Achim und Sonja direkt beim ersten Haus im Ort bleibt gestellt, denn der Stall mit dunklen Legebatterien, muffigem Gestank und schnell verschließbaren Toren, sobald sich jemand nähert (und dieser jemand bin gerade ich), liegt doch wohl auf ihrem Grundstück. Ich schweige ernüchtert. Achim fährt voraus zur Wiese gleich am Ortseingang, quasi schräg gegenüber vom Hühnerstall.

Der Zeltaufbau klappt immer reibungsloser. Noch beherrscht die Sicherheit den Reiseverlauf, die Räder werden abgesattelt, das heißt, die Fahrradtaschen allesamt abgemacht und unter dem Außenzelt vor den neugierigen Blicken der Dorfjugendlichen versteckt. Die Prozedur dauert immer etwas, da die Taschen so an den Fahrradrahmen befestigt werden, dass sie gegen Diebstahl gesichert sind. Das Wuchten der Taschen nervt darüber hinaus, sodass ich ernsthaft darüber nachdenke, die Räder einfach abzuschließen und die Taschen auf dem Rad zu lassen. Die Wiese ist hochgrasig, ein Jugendlicher kündigt an, heute Abend mit ein paar Flaschen Bier vorbeischauen zu wollen. Wahrlich eine bescheidene Perspektive, weil wir müde sind, bald schlafen wollen, aber unhöflich will man nicht sein. Doch wir warten vergebens. Der Blick auf die Räder ohne Gepäck reichte anscheinend aus. Und weil die Räder selbst mit zwei knacksicheren Schlössern gesichert sind und der Junge wahrscheinlich nicht weiß, wie er die beseitigen könnte, bleiben Räder und Gepäck vorerst im Besitz der Eigentümer. Achim, Sonja und der Rest der Bauernhofkommune lassen sich auch nicht sehen. Wenig später denke ich: Habe doch ein bisschen Vertrauen, versuche zu relaxen, sehe das Positive. An das Gute im Menschen zu glauben, ist Voraussetzung für diese Reise. Mit diesem Vorsatz lässt es sich dann besser einschlafen.

Gott behüte den Staat: Ein Vollerwerbsbauer!

In Biedenkopfs Ortsteil Wallau lebten einst die Eltern des berühmten Fritz Henkel, der auszog, ein bedeutendes Unternehmen zu gründen. Die Stadt Biedenkopf wird überragt von ihrer romantischen Burg, die vor etlichen Jahrhunderten von hessischen und thüringischen Landgrafen zur Sicherung der Grenzen errichtet worden ist. Ob Lahntal- oder Hessischer Radfernweg R2 ist uns egal, Hauptsache, die Füße können im kühlen Nass der Lahn entspannen. Die willkommene Kühlpause hilft, die unerträgliche Hitze des immer noch heißen, vorsommerlichen Maitages zu ignorieren. Weil Biedenkopf früher zum Regierungsbezirk Hessen-Darmstadt gehörte und natürlich von Darmstadt unendlich weit entfernt ist, wurde die ganze Region um Biedenkopf verächtlich Hinterland genannt. Ob sie sich durch die höchste Zeckenpopulation Mitteldeutschlands dafür rächt, bleibt ihr Geheimnis.

Als wir Buchenau erreichen, treffen wir auf den ersten und – schon hier vorweggenommen – einzigen Vollerwerbshof unserer Reise. Auf dem prächtigen Anwesen leben die Bäuerin Petra, ihre Tochter aus einer früheren Beziehung, ihr Mann Burkhard, ihr gemeinsamer fünfjähriger Sohn, der schon mit einem Spielzeugtraktor Heu zusammenfährt, ein landwirtschaftlicher Auszubildender und 163 Rinder, Kühe und Kälber. Petra hat in den Weiten des amerikanischen Westens »Kuhmanagement« studiert, in Deutschland ihren Burkhard geheiratet, der den Hof und einen Sohn mit in die Ehe brachte. Der Sohn erlernt zurzeit die Landwirtschaft auf einem befreundeten Hof, während die Tochter bereits fertig ist, auf dem eigenen Hof mitarbeitet und ab und zu dem Lehrjungen gehörig in die »Moral« tritt.

Wir stehen jetzt völlig ruhig oberhalb des Hofes auf einer bereits abgemähten, saftig grünen Wiese, das unverwechselbare, herrlich exklusive Panorama des Lahntals vor uns.

»Zehntausend Liter Milch passen in den Behälter«, berichtet Petra emotionslos und wird leidenschaftlicher, als sie über das Thema »Vollerwerb« doziert. Das rechne sich schon, wenn auch die Arbeitszeiten extrem lang seien. Aber Nebengeschäfte und eine gesunde Finanzsituation aus dem früheren Leben ermöglichten das, wovon mittlerweile alle träumten, das aber keiner mehr hinbekomme: eine Landwirtschaft in Reinkultur, ohne morgens um sechs Uhr nach dem Melken der Kühe noch schnell den Teilzeitjob in der nächstgrößeren Stadt anzutreten. Der Ackerbau und die Viehzucht sind generell drangsaliert, die unausgesprochene Sprichwörtlichkeit des Marktversagens kann auch der Deutsche Bauernverband nicht verleugnen. Bauern müssen Quoten erfüllen, werden für ihre am Markt vorbei ausgerichtete Produktion subventioniert. Kannst du mehr, als du sollst, darfst du nicht. Dafür wirst du bezahlt. Kannst du weniger, als du musst, subventionieren sie dein Defizit. »Vorne und hinten rein«, wie der Volksmund sagt. Die staatliche Überreglementierung hat den sozialistischen Effekt des ausgesetzten Wettbewerbs, der ein Loch in die Hosentaschen des zwangsverarmten Bauern reißt. Aus dem politisch intervenierten Markt boomerangt dem Staat das eigene Versagen in die dröge, von sinnentleertem Aktionismus getriebene Alltagspolitik. Mitten in die kollektive Fresse derer, die genau das fressen wollen, was der Bauer nicht produziert. Und genau das Nichtproduzierte wird dann importiert, während der Produktionsverzicht des heimischen Bauern subventioniert wird. Gute Nacht, deutsches Bauerntum!

Das Eigenleben des R2

Zunächst verläuft der Weg an der Lahn recht gerade. Zum ersten Mal zieht leichter Regen auf, der wetterfeste Regenkleidung erforderlich macht. Die sündhaft teure Investition in Goretex-Material hat lange an meinem Gewissen genagt – schließlich habe ich mich dem Konsumverzicht verpflichtet –, aber ich bin weit davon entfernt zu behaupten, das Leben bestünde nicht aus Kompromissen.

Der Radweg windet sich alsbald um Gemarkungen, umkurvt historisch gewachsene Felder, führt nach links, dann im Neunziggradwinkel nach rechts, dann scheinbar wieder zurück, unter Eisenbahnen hindurch, über Straßen hinüber, dann wieder in Feldwege hinein, umrundet Kleinfelder provinziell wirkender Ackerlandschaft und endet in einem Wirrwarr an Knicken. Die Orientierung bröselt in der Zerfahrenheit des Radweges, der Hexenturm von Kirchhain hilft nicht wirklich, auch wenn dieser Ruhepunkt im Fernradweg-Schilderwald die Lebensmittelvorräte auffüllen lässt. R6 unterliegt der Präferenz für R2. »Radfahrer bleib bei deinem Radweg.«

Bald treffen wir auf einen geisterhaften, bedrückenden Ort. Nicht nur ein, sondern viele dieser einmaligen Leben wurden geopfert, denke ich im Moment des Erblickens der Gedenkstätte Münchmühle, die wie aus dem Nichts am R2 auftaucht. Auch hier verlangt der Weg dem Menschen alles ab, quält sich durch das morbide Gelände, erinnert an die Schrecken der NS-Herrschaft. Nein, R2 ist kein liebliches Radprofil, zu wellig, sandig, kiesig der Untergrund, zu bizarr der Stacheldraht von Münchmühle. Es gab viele Lager, aber dieses hier am vorbeihuschenden R2 setzt Maßstäbe hinsichtlich der erschreckenden Verwicklung deutscher Unternehmen. Die Dynamit-Nobel AG war so nobel, eintausend ungarische Frauen aus Auschwitz für die »Spezialmühle« zu selektieren, die eifrig den Sprengstoff kontaktieren durften, bis sich Haut und Haare gelblich färbten. Eingepfercht im KZ, missbraucht durch das Regime, R2 ist detailliert, es gibt kein Entrinnen an diesem sonnenlosen Tag. Hier in der Einsamkeit des Waldes sind wir jetzt allein, unerwartet konfrontiert mit dem Grauen dieser Unzeit. Selbst wenn man sich persönlich nicht verantwortlich fühlt, man fühlt sich schlecht, einfach durch das, was man sieht, und das, was nicht gesehen, nur erahnt werden kann. Und R2 wäre nicht er selbst, würde er den Zauderkurs in Stadtallendorf nicht auf die Barrikaden des Unerträglichen schrauben. Die Straßen werden immer kleiner, die R2-Schilder auch, die Sackgassen werden ignoriert; dort, wo sonst nur der Gang zur Mülltonne vermutet wird, taucht der R2 in die schmalste Schlucht ein, zwischen feierlichen Einfamilienhäusern hindurch, biegt hier und da unentschlossen ab, spuckt den Radler vor dem Zebrastreifen der unnachgiebig lebhaften Hauptstraße aus, lässt ihn diese überqueren, taucht wieder ein in die unaufhörliche Zahl der kleinen Gassen und Wege, mitten durch die Stadt und doch vorbei, führt irgendwo hinaus, immer der Bahn entlang, mal auf der einen, mal auf der anderen Seite, über sandige Waldböden, bald wieder in die Wald- und Wieseneinsamkeit, mit schwer beladenen Wolken am Firmament.

Deutschland (Tag 1 bis 37)

Neustadt taucht auf, wir tauchen ein, suchen einen Zeltplatz. Einer, der nicht reden kann, erklärt den Weg zum Platz, der nicht beschrieben werden kann. Zwanzig Minuten vergehen, bis wir freundlich, aber bestimmt erklären, dass die Erklärung nichts gebracht hat. Ein anderer, der einen großen Rasen hat, ist sich dessen auch bewusst, verweist aber an irgendwelche Bauern im Ort, die nicht auffindbar sind. Eine Stunde irren wir durch Neustadt. Schließlich wird es ungemütlich. Der Wald hinter dem Ort, an der Straße nach Willingshausen, ist dicht bewachsen, die Räder werden hinein, die grüne Tarp hinauf auf die unteren Äste eines Baumes gestemmt. Wir liegen im Freien, im warmen Wald, am dicken Tannenstamm, geschützt vor dem einsetzenden Regen. Düster wird der Wald, die Gedanken sind ohnehin unfrei an diesem Tag, belastet durch das unerwartete KZ-Erlebnis am verwirrenden R2.

Das Haus der Naturfreunde

Morgens ist meine Zeit. Das war schon immer so. Wenn die Welt um einen herum schläft, wenn das Leben versucht, den Tag zu erblicken, dann bin ich meist präsent, genieße den Duft frischen Kaffees, den halbwachen Zustand des Geistes einerseits, der so viel Potenzial in den Tag hineinprojiziert, ihn als Geschenk betrachtet, andererseits den Dämmerzustand, der beruhigend ist, das Bewusstsein, eigentlich noch gar nicht richtig wach sein zu müssen, weil es noch so früh am Morgen ist.

Das Gefühl des Morgens ist auch auf der bisherigen Fahrradreise allgegenwärtig, das flache Liegen auf der Matte, das Kriechen auf allen Vieren, das Animalische der natürlichen Notdurft, das alles kann einen Frühaufsteher nicht wirklich schocken. Und so wurstele ich mich aus dem engen Schlafsack, hocke kurz auf den Knien, höre Susannes Schlafgeräusche, öffne vorsichtig zunächst das Innen-, dann das Außenzelt und setze den Kocher in Bewegung, um den Kaffeegeruch zu inhalieren. Das, was sonst als Ritual den Tag eröffnet, wird heute Morgen jedoch getrübt durch den Blick auf die Karte. Willingshausen liegt nicht am richtigen Weg. Zwar ist aller Weg richtig, wenn nur der Weg das Ziel ist, aber die Hassliebe zum R2 verbindet. Das ungeliebte Neustadt müssen wir folglich noch

Das Haus der Naturfreunde

einmal durchqueren, wieder unter den Gleisen hindurch und am ehrwürdigen Bahnhof vorbei, weil der R2 dahinter liegt. Der Radweg und die Deutsche Ferienstraße treffen sich im Antrifttal.

Alsfeld ist ein lieb gewonnener Ort, den wir schon oft bereist haben. Das Ambiente der niedlichen Fachwerkhäuser, das altertümliche Flair, das die Stadt durchweht, sind ideal, um dem heutigen Tag etwas kulturelle Entspannung zu entlocken. Deshalb kehren wir dem ansprechenden Äußeren den Rücken und wenden uns inwendig den kulinarischen Lieblichkeiten in Form einer riesigen Käsesahnetorte des heimeligen Cafés unweit des Alsfelder Rathauses zu. Am Nachbartisch sitzt der äußerliche Kontrapunkt zu unserem Habitus: ein vornehmes Paar. Er mit grau meliertem Haar, frisch rasiert, gehüllt in feinen Nadelstreifenzwirn und mit ausgezeichnetem Appetit. Sie dagegen völlig appetitlos, mit feiner Seidenbluse, hochtoupierter Haarpracht, gefärbt in Naturblond. Das »Gespräch« zwischen den beiden beschränkt sich auf das einseitige Verzehren des Tortenstücks, denn gesprochen wird ansonsten nichts, was mich verwundert, hat sie doch, da sie die Torte ignoriert, alle Zeit der Welt für eine Gesprächsaufnahme. Da geht es bei uns schon lebhafter zu. Weil die Fußgängerzone ebenfalls belebt ist, fällt das Verlassen der angeketteten Räder nicht schwer.

Die Satteltaschen hatten wir ohnehin schon abgelegt und darauf vertraut, dass unser Zelt nach der Rückkehr noch stehen würde. Am Rande der Ortschaft Leusel fragten wir einen älteren Herrn, ob irgendwo eine Übernachtung möglich sei, wir würden gerne ins Schwimmbad und überhaupt seien die Beine übersäuert, der Körper spüre die Anstrengung des gestrigen Tages. Konrad ist doch tatsächlich der Vorsitzende des Naturfreundehauses »Bergfrei« (so heißen im Übrigen viele derer), das in diesem Monat noch vereinsamt ist, da die Jahresveranstaltung erst im Juli stattfindet. Kleiner Spielplatz, hohe Hecken, kaum zu finden und fernab des Durchgangsverkehrs, hierhin verschlägt es keinen, das Zelt ist sicher, die Fahrräder werden vom Ballast befreit. Das Naturfreundehaus liegt direkt an den Bahngleisen, wobei die Stille des Platzes eher selten durch Züge gestört wird und die Nacht unerwartet ruhig bleibt.

Alsfeld ist alt, fachwerkverliebt, mitten in Deutschland. Schon einige Orte auf dem bisherigen Reiseabschnitt waren reizend. Wir nehmen uns vor, ab jetzt eine virtuelle Liste der möglichen Sesshaftresidenzen für ein Leben nach der Radtour zu führen. Alsfeld ist der erste Ort auf der Liste, viele werden folgen, alle miteinander nicht vergleichbar.

So ein Strolch, der Lauterbacher

Lange bevor ein Schauspieler durch seine Fernseh- und Kinoleistungen und seine einmalige theatralische Begabung berühmt wurde, gab es die gleichnamige Stadt. Und auch der Schauspieler blitzt bisweilen wie ein Lausbub aus den Augen, dass er dem Strolch der Lauterbacher Konkurrenz macht. Dazu später mehr.

Susanne ist etwas verschlafen, die Augen sind halb zu.

»Guten Morgen, geht es dir gut?«, frage ich.

»Döner!«, beschreibt sie wortreich, anschaulich, leidenschaftlich und organisch einwandfrei dezibelisiert ihre morgendlichen Gelüste, die wahrscheinlich auf ein erhebliches Defizit des Salzhaushaltes zurückzuführen sind.

Als wir Lauterbach erreichen, wird ein Döner an der nächstbesten Ecke Opfer dieser Lust. Es ist so früh am Vormittag, als wir das Ding als zweiten Frühstückssnack verköstigen, dass selbst der früh aufstehende Besitzer des Dönerladens zweimal schlucken muss, als er seine Ware serviert, vielleicht weil er nicht sicher ist, wie das gammelige Fleisch in den Morgenstunden wirken könnte.

»In Lauterbach hab ich mein' Strumpf verlor'n ...«, verkündet die tänzelnde, nur mit einem Strumpf bekleidete – ein Täschlein verdeckt die Scham – kleine Bronzefigur, die seit 1905 stets gute Laune verbreitet und zugleich Markenzeichen des ersten deutschen Camemberts ist. Diese bedächtige Stadt ist die nächste, die einen Eintrag auf der gestern ins Leben gerufenen Liste verdient und in die nicht nur der Strolch gerne wieder kommt, wenn er weiter sagt: »... und ohne Strumpf geh ich net heim ...«, weshalb er nach Lauterbach zurückzukehren hat und sich »sein' Strumpf an sein Bein holt«. Dass das Lauterbacher Bier das älteste Hessens ist, sei eine Randnotiz wert.

Den R7 wollen wir nicht, finden wir den treuen R2? Die Suche endet fast in einer Katastrophe, da ein wahnsinniger Busfahrer drängelt, überholt, den Winkel so verengt, dass er mich streift. Fast wäre ich aus dem Gleichgewicht gekommen und bin unsagbar wütend. Wenn ich könnte, würde ich hinterher, aber der Bus ist durch engste Straßen im Affenzahn auf und davon.

Der Tradition Lauterbachs setzt Bad Salzschlirf gehobenes Kuren entgegen. Im Kurpark herrscht Fahrradverbot, doch Susanne steuert unbeirrt trotzig die frei zugängliche Salztherme an. Kurschatten treffen dort auf Raucher, inhalieren gemeinsam salzige Luft, stellen sich vor, eine Meeresküste entlangzuflanieren, salzige Brisen einzuatmen. Aber sie sind nur im Vogelsbergkreis, schlürfen Suppe in Bad Salzschlirf, schlurfen müde an den Tennisplätzen vorbei, die, für wen auch immer, die Möglichkeit der sportlichen Ertüchtigung anbieten. Eine traumhafte Traumwelt der sich erholenden Noblesse. Die Hotels teuer, die Animationen erquickend, der Altersdurchschnitt jenseits des Renteneintritts.

Der Radweg jenseits gerader Linien und großer Gedanken, eng und schmal sich durch die Kuranlagen windend, um später Großenlüder zu erreichen. Ein Bauernhof ohne Bauer ermöglicht den Zeltplatz.

»Früher«, sagt der, der mal ein Bauer war, »lief es rund auf dem Hof.« Jetzt vermiete er alles an die Stadtpendler und lebe gut davon. Gleich um die Ecke steht der sehenswerte fachwerkvertäfelte Mühlberger Hof.

Gersfeld und der liebe Horst

Wenn ich an Fulda denke, läuten die Glocken im Gedenken an den heiligen Bonifatius. Kein Wunder, lebten wir doch bis zum Tag der Abreise in Leverkusens Bonifatiusstraße. Wenn man aber junge Leute fragt, wo man ihrer Meinung nach weitab vom Schuss, von jeder Attraktivität oder allen Trends ist, dann sagen sie: »Fulda!« – und täuschen sich gewaltig. Tatsächlich ist Fulda ein wundersamer Ort, ein Highlight des Barock, mit Orangerie, Schlossgarten und Dom. Hier liegen die Gebeine des Bonifatius oder was davon noch übrig ist. Der Mensch Bonifatius – ja, er war nur ein Mensch – gilt als der deutsche Apostel schlechthin, der dem gemeinen Germanen das Christentum eintrichtern wollte und schließlich im Alter von über achtzig Jahren an den störrischen Friesen scheiterte, die kein Interesse hatten, sich etwas vorschreiben zu lassen, und den Bonifatius nach Hause schickten beziehungsweise das, was sie noch zustellen konnten, nachdem sie mit ihm fertig waren. Die Gebeine gingen auf den sogenannten Bonifatiusweg, der in Fulda endete und nichts mit dem unsrigen zu tun hat. Natürlich ist Fulda geografisch abgelegen, aber doch mitten drin im schönen Deutschland. Ein Blick auf die Abtei St. Maria mit ihrem bewundernswerten Klostergarten, kein Blick auf das Schloss Fasanerie in Eichenzell, aber auf den Fulda-Radweg, der ein gutes Stück der B279 folgt, bis Gersfeld erreicht ist. Hier war vor der Wende nicht viel los, echtes Zonenrandgebiet, das die Rhön insgesamt beschrieb. Jetzt ist das anders, die Natur ist überwältigend, ohne künstliche Grenzen.

In einer Seitenstraße Gersfelds steht ein wuchtiger Herr in Gummistiefeln, Jogginghose und seemannsähnlichem Rollkragenpullover in seinem kleinen Garten vor der Scheune. Ob er einen Platz hat für ein Zelt?

»Na, dann kommt mal bei mich, hinter den Häusern, dort wo die Garagen sind, ist ein kleines Tor, da könnt ihr die Fahrräder durchschieben.« Er trägt ein Rahmenbrillenmodell aus den Siebzigerjahren, mit schwarzen Bügeln, ist ein Hüne von einem Mann, faltige Stirn, breiter Brustkorb, aber alles andere als oberflächlich. Er ist ein »Kümmerer«, einer, der sich für andere interessiert, der einsam ist, zugleich aber bereit, sich zu öffnen. Wir bauen das Zelt auf, dialogisieren langsam voran, bis zu der Frage, ob wir später die Toiletten benützen könnten.

»Ja, jetzt gleich? Dann kommt mal mit«, sagt er, obwohl die Frage eher allgemeiner Natur und noch nicht von Dringlichkeit geprägt ist. Aber wir wollen nicht unhöflich sein. Drinnen im Haus mit der integrierten Scheune ist die Zeit stehen geblieben. Er berichtet von einem schweren Schicksal, hat hier die hochbetagten Eltern bis letztes Jahr gepflegt, dafür seinen Job als Postbediensteter aufgegeben, den er nach dem Niedergang des Bauernhofes angetreten hatte. Die Mutter ist mit 94 Jahren zuerst gestorben. Damit ist der Vater nicht fertig geworden und wenige Monate später im Alter von 95 Jahren ebenfalls verstorben.

»Aber man hat es gerne gemacht«, resümiert Horst über die intensive Pflegezeit. Er schmunzelt, als er seinen Namen verrät, weil dieser eher dem Territorium des Schornsteinfegers zuzuordnen ist. Horst strahlt tatsächlich die wohlige Wärme aus, die der Nachname vermuten lässt. Jetzt müsse er aber dringend einen Gang zurückschalten, die Vollpflege der Eltern habe alle Kraft gekostet. Gleichzeitig zur Jobaufgabe hat er Teile des Hofgrundstückes, das mitten in Gersfeld liegt, verpachtet, sodass zwei Reihenhäuser gebaut werden konnten, die unmittelbar an das Anwesen seiner Eltern angrenzen. Nach hinten hinaus haben die Bewohner nun einen gemeinsamen Garten, eine kleine Stadtoase, um die sich Horst liebevoll kümmert. Horst lebt glücklich in augenscheinlich bescheidenen Verhältnissen. Er ist froh, Leute um sich zu haben. Sparsam bis spartanisch lebt er sein Leben. »Aber in der nächsten Woche gönne ich mir eine Kurzreise mit dem Schiff über die Ostsee bis St. Petersburg«, verkündet er stolz. Die Kreuzfahrt habe er sehr früh gebucht und einen enormen Frühbucherrabatt bekommen. Da das Reisebüro aber die Tickets noch nicht geschickt hat, will er am kommenden Montag mal richtig Druck machen. »So geht es doch schließlich nicht«, beschwert er sich.

Das Esszimmer ist in düsteres Licht getaucht und die vierzig Jahre alte Tapete müffelt, der Holztisch ist mit einer leicht abwaschbaren Plastikdecke bedeckt, die vier Stühle sind vom Zahn der Zeit gekennzeichnet. Die Lampen hängen tief, wie in den Fünfzigerjahren, sodass bei jedem Durchschreiten der Wohnung Obacht erforderlich ist. Im grün gefliesten Bad im Sechzigerjahre-Stil befindet sich nur das Allernötigste. Genau ein Stück Seife (keine Honig-Mandel-Dosierflasche) liegt auf dem kleinen Waschbecken, exakt ein altes gestreiftes Handtuch, das sauber ist, dessen Grau aber durch die beste Kochwäsche nicht mehr ausgetrieben werden kann, hängt über dem Handtuchhalter. Die Wanne hätte eine neue Glasur nötig oder müsste ersetzt werden. »Aber man sitzt ja eh kaum drin.« Horst rasiert sich nass, das macht ihn sympathisch. Vor allem aber seine Lockerheit, gerade weil er nur selten Besuch zu haben scheint. Einsamkeit ist stärker als Angst. Oder ist es die Angst vor der Einsamkeit? Jedenfalls sind wir eine gute Abwechslung. Um acht Uhr abends wünscht Horst gute Nacht, weil das seine Zeit ist. Noch ein bisschen Fernsehen irgendwo in dem großen Haus, in dem er völlig allein lebt. Wir unternehmen noch einen kleinen Abendspaziergang durch das wie ausgestorbene Gersfeld, bevor die Müdigkeit die Augen schwer werden lässt.

»Alter Schwede!« oder Die menschliche Säkularisierung

Jetzt seid ihr aber früh dran. Aber nicht so früh wie die Gisela«, begrüßt uns Horst, weil ich schon um sieben Uhr den Kocher angeschmissen habe, um Haferflocken aufzukochen. Vom Balkon des Nachbarhauses winkt im Morgenmantel die besagte Gisela und fragt, ob sie Frühstück machen soll.

»Nee, die können zu mir ins Haus kommen«, sagt Horst. Für uns alle macht er eine große Kanne Kaffee, dann ist jeder für sich selbst verantwortlich. Wir haben die Haferflocken, Horst sitzt vor genau vier Graubrotscheiben, die mit der Brotmaschine haargenau auf eine Stärke von schätzungsweise acht Millimetern geschnitten wurden. Dazu gibt es – wie jeden Morgen und in jahrelanger Ritualisierung verinnerlicht – Butter und selbst gemachte Brombeermarmelade als Aufstrich. Das dünn beschmierte Brot wird seelenruhig auf das immer dünner werdende Holzbrett gelegt, das wie alles hier extrem in die Jahre gekommen ist. Ruhig kauend, im gleichen Outfit von gestern (blaue Jogginghose, grober Rollkragenpullover, aber noch ohne Gummistiefel), werden die Schnitten zelebriert. Wir packen Knäckebrot aus und solidarisieren in den schweigsamen Morgen hinein, bis Gisela, die Nachbarin, hereinplatzt. Die hat das Temperament, das Horst beflügelt, um über die schwere Zeit hinwegzukommen. Außerdem hat die Gisela eine überwältigende Freigiebigkeit, so wie Horst, und dennoch anders. Sie überreicht uns zehn Euro, weil sie eine Tochter hat, die schon viel »backpackerte«, vor allem in Südostasien. Deshalb kann sie einschätzen, was der Reisende unseres Schlages am dringendsten benötigt. Ich antworte, halb benommen von der unerwarteten Zuwendung, nicht, was mir zuerst durch den hohlen Kopf geht – »Kohle!« –, sondern bedanke mich höflich, mit einem ehrlichen »Das wäre doch nicht nötig gewesen.«

»Ja, die Gisela ist eine tolle Frau«, schwärmt Horst, als sie gegangen ist, und wüsste man es nicht anders, würde man ihm empfehlen, sich schnellstens eine Lebensgefährtin zu suchen. Das hilft gegen die Einsamkeit. Irgendwie bekomme ich aber langsam den Eindruck, dass er schon zurechtkommt. Er hat uns Unterkunft gewährt, aus dem Zufallsmoment heraus, einfach, weil er gerade da war, als wir die Räder in diese beliebige Straße hineinschoben. Gib deinem Herzen einen Ruck und Dinge können sich entfalten, die vorher niemand für möglich hielt. Aber der erste Schritt muss gegangen werden, sonst tut sich nichts. Jetzt haben wir doch tatsächlich Geld bekommen, von der nicht mehr unbekannten Gisela. Das müsste uns doch motivieren, die Räder bei bedecktem Wetter die Rhön hinaufzuschieben, nicht zur Wasserkuppe, sondern zur Schwedenschanze, um anschließend den Freistaat Bayern über diesen Höhenzug zu erobern.

»Alter Schwede!« oder Die menschliche Säkularisierung

»Alter Schwede!« – welche Steigungen hier bestehen. Wind und Regen peitschen uns entgegen.

»Nicht über die B279, sondern lieber hinten raus über Sandberg. Unter- und Ober-Barnstein und irgendwann seid ihr dann auf der B278. Das ist nicht so steil«, meinte Horst zum Abschied. Freilich ist es steil und die Bedingungen hier oben sind alles andere als einfach. Kein Wunder, dass diese Gegend sinnbildlich für die Schwedenoffensive während des Dreißigjährigen Krieges steht. Der Schwedenwall diente der Überwachung der Wege von Gersfeld nach Bischofsheim. Später dann wurden die damaligen schwedischen Unteroffiziere rekrutiert, um für Zucht und Ordnung zu sorgen. Respekteinflößend war ihre Art, demütig die Körperhaltung derer, die ihnen begegneten: »Alter Schwede!«

Mountainbiker düsen im Sauseschritt heran. Sie kommen vom Rennsteig im Thüringer Wald und wollen heute bis nach Fulda. In drei Tagen müssen sie wieder arbeiten, schätzungsweise 120 Kilometer spulen sie täglich ab, später erfolge der Rücktransport nach Hannover mit der Bahn.

Wir irren hier oben ein bisschen umher, machen Pause unter einer Holzbaracke, schauen auf Graben-Wall-Graben-Systeme, angelegt vor unendlich langer Zeit, rekultiviert in den Weltkriegen, vergessen im Zonenrandgebiet des Kalten Krieges. Endlich eine Richtung: Sandberg, am Sommerberg vorbei, über Struthof, Windshausen, Leutershausen – allesamt verschwindend winzige Hausansammlungen. Wir passieren wohl auch Bad Neustadt an der Saale, das völlig an mir vorbeirauscht und sich in der Verarbeitung der täglichen Eindrücke in der verborgenen Dunkelzone versteckt. Münnerstadt ist noch im Kopf, denn kurz zuvor in Strahlungen kippe ich vom Rad, einfach so, weil ich es wegen des starken Windes nicht halten konnte. Ich kippe wie ein nasser Sack nach rechts vorne, auf die gleichgewichtsgestörte Seite, denn ich bin Linkshänder, und stürze in den Graben neben der Straße. Dem Körper ist nichts passiert, später stelle ich aber fest, dass der Flammenspender des Kochers, der separat transportiert wird, einen irreversiblen Stoß bekommen hat, zwar noch funktioniert, aber keine volle Brennkraft mehr entfalten kann.

Münnerstadt, dessen Rolle in der Geschichte unterschätzt wird, erreichen wir wenig später. Die Zeit der Säkularisation scheint immer noch nachzuwirken, denn eine Kirche nehme ich nicht wahr, dafür aber die Weltlichkeit in Form menschlicher Habgier.

Allmählich drängt die Zeit, wir müssen einen Zeltplatz finden. Zu viele anstrengende Kilometer liegen hinter uns. Ein Schild verweist auf einen Parkplatz, aber der Weg führt schnurstracks über die neu ausgebaute A71 und auf der anderen Seite ist kein Platz zu sehen. Auf dem Rückweg treffen wir auf ein vereinzeltes Haus, dessen Bewohner Auskunft gibt. Gleich hinter der Hecke sei ein Platz, wo gelegentlich Jugendliche zelten würden oder die freiwillige Feuerwehr Übungen abhalte, aber er sehe kein Hindernis für uns.

Zunächst taucht unvermittelt die Feuerwehr auf, was vermutet werden hätte können, weil das Wasser schon aufgesperrt war. Die Freiwilligen bestätigen die Problemlosigkeit, wir sollen einfach aufbauen. Nachdem wir damit fertig sind, reist eine jugendliche Wikingergruppe an, mit Hörnern auf dem Haupt die guten alten Zeiten feiernd. Das ist angenehm, die Gruppe scheint in Ordnung, aber der Herr Platzwart – oder besser »Das wart mein Platz-Wart«, der sich anschließend wie der Begutachtungshirsch schlechthin vor dem Zelt aufbaut – deutet an, dass grundsätzlich er höchstpersönlich eine Genehmigung erteilen müsse. Dick ist sein Bauch, wuchtig der Nacken. Es folgt ein detaillierter Dreißig-Minuten-Vortrag über den Aufwand, den eine solche Anlage pflegetechnisch verursache, und darüber hinaus die grundsätzliche Organisationsarbeit und er nehme ja nie Geld und was das wohl vergleichsweise koste, vor allem ohne die durch ihn legalisierte Genehmigung, aber eigentlich müsse ja auch die Polizei vorbeischauen und so weiter und so weiter. »Das Essen wird gleich kalt«, versuche ich einen Satz.

Er windet sich, der gute Herr, der schon jenseits der 65 ist und hier »ehrenamtlich« entscheidet, wer denn auf der abgebrannten Wiese nächtigen dürfe. »Keine Voranmeldung, keine Frage«, beschwert er sich und fügt vorwurfsvoll hinzu: »Obwohl ich doch gar nicht weit entfernt wohne.«

Ich nicke, sage wenig bis gar nichts mehr, höre zu, schaufele Essen in mich rein, gucke verständnisvoll, jedoch ausgesprochen geizig. Nein, lass ihn reden, er hat doch keine Handhabe und er wird nicht für seine Redezeit bezahlt. Irgendwann merkt er es dann, wiederholt noch einmal kurz das, was er schon vor einer halben Stunde kundtat, macht auf den Hacken kehrt und wünscht eine gute Nacht. Doch auch die plötzliche Freundlichkeit entlockt uns keinen einzigen Taler.

Die kalte Nacht am Main

Schweinfurt steht für eine besonders dynamische Stadt. Industrie hat hier Tradition, nicht immer gute (wie SS-Sturmbannführer Sachs nicht mehr bestätigen kann und früher nicht geleugnet hätte), doch immerhin treiben ZF, Schaeffler, Fresenius und Bosch das städtische Bruttosozialprodukt in ungeahnte Höhen. Der erste menschliche Kontakt am Main fällt herzlich aus. Der pensionierte Exmitarbeiter von ZF Sachs, der vierzig Jahre im Konzern tätig war, früher, »als der noch Fichtel & Sachs hieß«, berichtet mehr von sich und seiner großen Zeit, als dass er neugierig fragt, wo denn unsere Reise mit dem Fahrrad hingehe. »Also Schweinfurt lebt von Sachs, immer noch«, ist sein Fazit und dann erzählt er weiter von damals, als er in gehobener Position an der »großen Schraube« mitgedreht habe. Jetzt sei er Rentner, reise ausschließlich durch das wunderschöne Deutschland. Wir wünschen uns gegenseitig eine gute Zeit.

Die Fahrt am Main bringt unverzüglich die Erkenntnis, dass die Verkehrspolitik wenig Platz zwischen Straße und Fluss gelassen hat. Die Mainauen werden polizeilich kontrolliert, wildes Zelten, Grillen und dergleichen sind offiziell verboten. Inoffiziell natürlich nicht, aber es hängt davon ab, was der »Freund und Helfer« sehen möchte.

»Ihr könnt unten am Sportplatz das Zelt aufbauen«, sagt der Fußballfan, der (auch mit dem Rad) von Obertheres nach Untertheres unterwegs ist, um die erste Mannschaft seines Vereins zu sehen. »Die machen das Flutlicht nach dem letzten Spiel gegen neun Uhr abends aus. Ich bin schon seit zwanzig Jahren Mitglied in der Spielvereinigung Untertheres, ich kenne den Vorstandsvorsitzenden.«

Das Vereinshaus lädt weniger zum Warten auf das Ende des Spiels der Vorzeigetruppe ein, weil der Ball nicht wirklich rollt, was den Unmut der geschätzten dreißig Zuschauer hörbar provoziert. Als wir uns positionieren wollen, da nun schon der Abend hereinbricht, werden die Nachwuchskicker aktiv, räumen den Geräteschuppen, in den wir uns mit Vorstandsgenehmigung legen dürfen, radikal leer, bauen Tore auf und schießen die Fußbälle lautstark in das kaum sichtbare Umfeld des dunklen Platzes. Die Kids nerven absichtlich, eine volle Stunde. Als bloße Zaungäste wollen wir nicht auf Konfrontationskurs gehen.

»Das wird nichts mehr«, grübelt Susanne, »lass uns einfach weiterfahren.«

Ich bin jetzt zum ersten Mal richtig genervt, wahrscheinlich, weil wir noch nichts gegessen haben, abgesehen von einigen zwischendurch hineingeschobenen bröseligen Keksen und trockenem Brot, runtergespült mit frischem »Kraneberger«. Die Fahrradlampen werden wieder angeschaltet, die Windjacken wegen der drastischen Abkühlung angezogen. Auch der Campingplatz, auf den wir kurze Zeit später stoßen, bietet nicht die ersehnte Übernachtungsmöglichkeit, der Tag führt nicht zum wohlverdienten Ruhepunkt.

Irgendwann halten wir einfach an einem kleinen Biotop, dem leicht abknickenden Main vorgelagert.

»Nein, ich glaube den Zeltaufbau lassen wir besser«, sage ich standhaft und breche zugleich kopflos einen Streit mit Susanne vom Zaun, die gerne das Zelt aufbauen würde. Da die Müdigkeit fortschreitet, einigen wir uns auf die sogenannte Open-Air-Variante, das heißt wir schlafen mit freien Köpfen in den klamm werdenden Daunenschlafsäcken unter einer alten Kopfweide direkt am kleinen See, der glucksende Geräusche amphibischer Verursacher hervorbringt. Cool wie der Mann nun einmal sein will, wenn er sich als natürlicher Herrscher der Natur begreift, habe ich den Mund ziemlich vollgenommen mit der Behauptung, die Nacht notfalls sitzend am Baum verbringen zu können. Auch gläubige Naturburschen können jedoch die einbrechende Nachtkälte nicht leugnen. Und so schleicht der Mann unter das warme Fell seiner Frau, sucht Schutz vor der fröstelnden Stille der offenen Nacht und erfährt einmal mehr, dass der Evolutionssprung des Affen zum Menschen schon lange der Vergangenheit angehört, der Mensch sich weiterentwickelt hat, bis der Punkt erreicht wurde, von dem an er verweichlichte. In dieser Zeit muss die Aussage »Es ist tierisch kalt« entstanden sein.

Sorgenfrei am Main

Ich gebe zu, die kalte Nacht am Main steckt mir noch um halb zehn am nächsten Morgen in den Knochen. Das Zelt hätte wohl doch aufgebaut werden können, die Polizei wäre nach Mitternacht wahrscheinlich nicht mehr aufgetaucht. Es war aber auch verflixt und zugenäht, allenfalls ein Gebüsch zwischen Straße, Bahn und Fluss hätte noch den Schlafsack unterbringen können. Leider konnte auch niemand mehr gefragt werden.

Ich stehe schon um fünf Uhr auf, mache heißen Tee, weil das Fell der Frau nicht ausreicht, genügend Wärme zu produzieren. Die ersten Angler nähern sich mit ihren Mopeds, vollgepackt mit Angeln, Ködern und Köchern, und fahren nichtgrüßend vorbei in das nächste Gebüsch, zum heimlichen Angelspot, der die besten Fangergebnisse verspricht. Es ist feucht gewesen in der Nacht, für den Monat Mai ungewöhnlich zeitige Mücken haben erste Spuren im Gesicht hinterlassen, ich fühle mich schwitzig und kalt zugleich. Über sechzig Kilometer sind wir gestern gefahren, das muss heute deutlich reduziert werden, immer nach dem Motto: Was muss, das muss, aber bitte schön nicht mehr.

Wir passieren das unterfränkische Hassfurt, begleiten alsbald wieder den Main, über die neue Brücke, die passiert werden muss, um ohne Getriebe nach Sand am Main zu gelangen. So weit wollen wir aber gar nicht. Direkt hinter der Brücke erstreckt sich der einladende Garten einer Hofgemeinschaft in allen erdenklichen Farben.

»Früher war hier die Durchgangsstraße, eine Schifferkneipe und alle mussten mit einer kleinen Fährverbindung über den Main übersetzen. Einen Holzhafen gab es, Schiffe legten hier an«, verkündet Ottmar, seines Zeichens Inhaber des schönen alten Hauses, das unmittelbar am Main steht. Pensionäre schwelgen gerne in der Vergangenheit und können aus einem reichen Fundus ihrer in subjektiver Hinsicht bedeutenden Erfahrungen berichten. Aber es gibt auch stummere Exemplare, die schon frühmorgens im Garten rackern. »Dafür ist meine Frau zuständig«, erläutert der gesprächige Ottmar. Hinter dem Haus können wir das Zelt aufbauen, gleich neben dem überdimensionalen Holzstapel, der als Brennholzreserve dient. Noch drei andere Familien wohnen hier, mehrere Generationen, jede im eigenen Haus, schön integriert in die Wohnanlage. Entstanden ist eine glückliche Gemeinschaft. »Ein Paradies auf Erden!«, glaubt Ottmar und der Nachbar setzt sich zu uns in die angenehme Sonne des besinnlichen Nachmittags.

Zeil liegt auf der anderen Seite des Flusses, so wie auch die etwas andere Eisdiele, die im Gassendurchgang zwischen zwei Häusern eingebaut ist, ohne Aussicht auf irgendetwas außer auf das alte Mauerwerk des Nachbarhauses. Der Innenhof aus Stein wirft die Temperaturen geradewegs in den kalten Kaffee zurück. Wir brauchen noch einen zweiten Eiskaffee, um nicht nur den Mundraum, sondern auch den ausgetrockneten Rest des Körpers zu erfrischen. Die einzigen anderen Gäste am Nachbartisch bestellen Schnitzel, obwohl der Schweiß in Saucenkonsistenz von ihrer Stirn tropft.

Eine Woche Vorsprung

In drei Wochen würden wir dort sein, hatten wir kalkuliert, aber nun scheint es auch in zweien zu klappen. Wovon ich berichte? Vom Zwischenstopp bei Freunden in Eggolsheim.

Die Sonne brennt auf den Unterarmen und hinterlässt deutliche Spuren im Nacken. Erstmals entledigt sich Susanne ihrer Turnschuhe und Socken, schlüpft nur in die Sandalen hinein. Die Socken habe ich jetzt auch verpackt, die Sandalen hebe ich mir für einen noch geeigneteren Hitzetag auf. Wir sehen jetzt den Main-Donau-Kanal, dessen Vorgänger, der sogenannte Ludwig-Kanal, schon 1834 zu Industrieansiedlungen beim heutigen Hirschaid führte. Altendorf hingegen ist eher als Kürbisdorf bekannt und ganz dem amerikanischen Halloween verschrieben. Kürbisse jeder Form und mit allen erdenklichen hineingeschnitzten Motiven sind dort zu bewundern. Ein unbekannter Radfahrer begleitet uns bis nach Eggolsheim, präsentiert seine tägliche Route durch Neuses an der Regnitz, versucht, Begeisterung für die Region hervorzurufen, fährt einige Umwege, verzögert quasi unser ersehntes Ankommen an einem seit Langem bekannten Ziel auf dieser Reise, die ansonsten ins Ungewisse führt. Als wir endlich vor dem Haus stehen, in dem unsere Freunde leben, sind wir glücklich und müde zugleich. Birgit und Fredi sind noch nicht da, der Garten wird gerade im Auftrag des Eigentümers von einem Seniorenbautrupp umgegraben. Danach sollen fachmännisch Böschungssteine in die Erde gepflanzt und fluchte Linien aus Beton gegossen werden, die dem Ganzen einen Hauch Perfektionismus auf den Weg geben oder schlicht und ergreifend einen lang gehegten Plan zum Abschluss bringen. Denn das Haus hat noch keine Klinker und kein endgültiges äußeres Erscheinungsbild. Und der Garten vermittelt mit der

Kinderschaukel aus der Sicht des Bauunternehmers eher ein unliebsames Improvisationsbild. So ist der Hausherr bedacht, dem eigenen Ruf nicht im Wege zu stehen, koste es, was es kosten soll.

Der autark produzierte Kaffee ruft zwar neidische Blicke bei den pensionierten Bauarbeitern hervor, aber als wir ihnen einen anbieten, lehnen sie auftragsorientiert ab, schließlich seien sie keine Meister, bekämen weder einen dementsprechenden Lohn noch schrieben sie mehr auf, als sie tatsächlich reinklotzten.

Dann fahren Birgit und die Kinder herbei. Es wird lebhaft, ein bisschen heimisch, endlich ein festes Dach über dem Kopf und einen Stuhl unter dem Hinterteil. Fredi ist beruflich im Ausland, Felicia von Anfangsscheu gekennzeichnet, während die jüngere Schwester Julia sofort die Gäste in Beschlag nimmt. Fahrrad fahren kann sie auch und will das zunächst präsentieren. Die Begrüßung mit Birgit ist arg knapp, weil die Tochter volle Aufmerksamkeit einfordert.

Forchheim – Vom Biowahn zum Egoman(en)

Zu Beginn der Reise ist die Fahrt ins Blaue noch recht schwierig. Dass wir gegen alle Nichtplanabsichten in Eggolsheim einkehren, hat letztlich zwei Gründe. Unsere schwarze Labradorhündin Sissy, eine betagte, um die Schnauze bereits ergraute Dame, hat dort ihre Pflegefamilie gefunden und wir wollen sie noch einmal sehen, bevor die Reise fortgesetzt wird. Zum anderen sind wir anscheinend noch nicht so weit, endgültig loszulassen. Zu Beginn eines solchen Reiseprojekts benötigt der Reisende scheinbar feste Anlaufstationen, weil der Mensch grundsätzlich nach Orientierung verlangt. Schwebende Zustände entsprechen in der Regel nicht dem menschlichen Naturell.

Die gastorientierte Zuwendung ist in kinderreichen Gastfamilien allerdings nicht immer des Gastgebers herzlichstes Anliegen. So spielen wir ausgesprochen die zweite Geige, wenn die Diskussion – es geht aktuell um ein heikles Thema: den Biowahn – ständig unterbrochen wird, weil eines der Kinder nur einen Laut von sich gibt, der einem »Piep« gleicht, worauf die Mutter sofort aufsteht und die Unterhaltung abwürgt.

Zugegeben, ich könnte auch aufstehen, aber erstens nützt es dem Fortlauf des Gesprächs gar nichts und zweitens würde sich der Gastgeber, der das Gespräch unbewusst beendet hat, dann auch noch gekränkt fühlen, weil ich seine Prioritätenliste indirekt kritisiert hätte. Kurz und gut: Wir fühlen uns etwas eingeengt im Familienbusiness.

Der zweite Tag führt zum Arzt in Forchheim, sechs Kilometer entfernt von Eggolsheim, da die Rhön dem Knie signalisierte: »Du hast übertrieben, den Vorsatz, dich vorsichtig an die Reisebelastungen heranzutasten, ignoriert.« Unterdrückter Schmerz lässt bekanntlich nicht nach. Die Salbe, die der Arzt verschreiben will, habe ich allerdings bereits, die Wartezeit hätte ich mir sparen können.

»Schonen Sie das Knie, denn auch dort gibt es Nervenbahnen«, rät der Mann in Weiß.

Nervenbahnen gibt es viele im Körper und irgendwie ist der Nerv, der die Eggolsheimer Zeit verarbeiten soll, heute etwas angeschlagen. Eingekauft wird im Bioladen, weil für die Kinder nur das Beste auf den Tisch kommen soll. Das konsequent durchzuhalten, schaffen nur die wenigsten. Überhaupt bekomme ich beim deutschen Lieblingsgefühl »Bio« Plaque, allerdings weniger in Form eines Gesichtsausschlags, als in der Abwandlung der Gehirnverkrustung mancher, die auf zwei Füßen gehen. Mittlerweile werden die sogenannten Bioprodukte der Aldis und Lidls dieser Welt auf vermeintlichen Bioplantagen im ökologisch zertifizierten China angebaut, von Tausenden Zwangsumsiedlungsbauern, die den Begriff »Bio« nie zuvor gehört haben, auch wenn sie schon einige Zeit auf den Plantagen ackern. Und als letztens der Chefeinkäufer von Lidl meinte, eigentlich gäbe es keinen wirklichen biologisch begründeten Unterschied zwischen Bio- und konventionellen Möhren im Lidl-Angebot, da hat sich meine Plaqueabsonderung auf die Galle ausgedehnt.

Könnt ihr konsumanpreisenden Discounter nicht einmal von irgendetwas die Finger lassen, anstatt ständig mit der Angst der Menschen zu spielen, ihnen als relativ Unwissenden das »Kein Bio drin, nur drauf« vor die Füße zu werfen? Keine Woche vergeht, in der nicht ein natürlicher Prozess der Lebensmittelverarbeitung im Hinblick auf die Kommerzialisierung auf den Prüfstand gerät. Warum gibt es nicht die Bereitschaft, einige Wege wieder zu verlassen und »Bio« biologisch sein zu lassen?

»Bio« heißt wenig, natürlich, regional, umweltschonend, nachhaltig. Ich kann nicht weltweit »Bio« unter die Menschen bringen! Aber nein, da ist ein Trend und wir müssen ihn ergreifen, einfangen, behandeln, aussaugen, drücken, kneten, mit Angst anreichern und anschließend den Verbrauchern das Ganze als »Bio« verkaufen. Die eigentlich wertvollen Produkte werden zur Massenware. Wenn schon »Bio«, dann alles!? Was soll das? Der wahre Biokonsument würde in einen Bioprodukte vertreibenden Laden gehen, in dem es nur wenige Bioprodukte aus der Region gibt! Stattdessen fahren sie vor, die großkotzigen Körnerfresser, mit ihren Mercedes- und BMW-Modellen mit weißen Ledersitzen, aber auch die Birkenstock tragenden Lehrer der Sekundarstufe I, die als Pausenfrühstück Müsli mit Petersilie verkösten, angebaut im eigenen, zwei Quadratmeter kleinen Garten hinter dem noch nicht abbezahlten Reiheneckhaus, während die Kinder ihrer Klasse zur nächsten Dönerbude marschieren. Alles läuft in den Bioladen und kauft Biomöhren, Biobananen, Bioreis, Biomais und Biokaffee, aber auch – und das ist wirklich völlig undifferenziert und egozentrisch – Bio-Ananas, Biopapaya, Biotomaten, Bioerdbeeren, möglichst im Winter, wegen der Vitamine, die als Rechtfertigung für unser Handeln herhalten müssen. Nein, seien wir ehrlich (und mit den Dummen, die es nicht besser wissen, bin ich großzügig): Die Masse stolziert durch den Bioladen, weil es schick ist (hoffentlich hören mich alle), auch wenn der ursprüngliche Biogeist im Biodschungel verloren gegangen ist. Es ist einfach geil, sich mit dem Trend und Anspruch zu dekorieren. Und wenn es dann Nutella im Bioshop nicht gibt (und die Kids den Alnatura-Aufstrich nicht mögen), schließt der wuselige Ökoguru diese Lücke schnellstens (denn das Auto wartet startklar vor dem Biogeschäft) durch den Abstecher zum Discounter. Mittlerweile gibt es sogar Biodiscounter. Wie der Name schon sagt, haben die alles, natürlich streng biologisch. Dementsprechend möchte ich hiermit das Kürzel »Bio« zum Trendwort des abgelaufenen und des aktuellen Jahrtausends erklären.

Bamberg, was für eine schöne Stadt. Sehr sehenswert ist der Dom, wenn er auch nicht so lieblich anmutet wie der in Fulda, aber dafür beeindruckende Kraft ausstrahlt. Veränderungen an ihm sind schon im Mittelalter vorgenommen worden, aber niemand weiß, durch wen. Berühmt ist vor allem der Bamberger Reiter, der heute an einem Pfeiler im Dom befestigt ist, ursprünglich aber woanders stand. Wer ihn erschaffen hat und wen er darstellt, ist ebenfalls nicht überliefert. Allerlei Gerüchte ranken sich um die Entstehung des Reiters, dementsprechend groß ist der Drang, die Wahrheit herauszufinden.

In der Natur des Menschen ist der Forschungsgeist fest verankert. Forscher mit dem Fachgebiet Geschichte, kurz Historiker, untersuchen das, was früher war, was die Gesellschaft früher kurz beeinflusst hat, bevor es Generationen nach uns hoffentlich beschäftigen wird, weil sonst eine gewisse Sinnlosigkeit der gesamten Forschung zur Diskussion gestellt werden müsste.

Während die Genforschung bedenklich ist, ist die Entdeckung der (vermeintlichen) geschichtlichen Wahrheiten wenigstens ethisch unbedenklich. Der Reiter von Bamberg könnte Kaiser Konrad III., Kaiser Heinrich II., Kaiser Friedrich Barbarossa, Kaiser Konstantin der Große oder Kaiser Friedrich II. darstellen, wenn da nicht ironischerweise des Reiters Krone auf die eines Königs verweisen würde. Deshalb ist der Favorit der Forscher der heilige Stephan, der erste König Ungarns, dem wir später – was ich hier noch nicht wissen kann, aber durchaus verraten will – in seinem Heimatland begegnen werden (nicht aus Fleisch und Blut, sondern in rein historischer Erleuchtung).

Bamberg lebt aber auch von Aktualität; von den wunderschönen Flüssen, die Kanufahrer im Duell mit der Gastschifffahrt befahren; von Klein-Venedig, wo bunte Blumen die winzigen Häuserfassaden zieren; von den zahllosen Cafés, die alte traditionelle Rezepturen überliefern; vom schließlich guten Leben im Allgemeinen.

Am vierten Tag unseres Aufenthaltes unternehmen wir eine »kleine« Frankenrundfahrt, die nicht lustig ist, dafür aber Abwechslung von der familiären Betriebsamkeit verspricht und als gute Konditionseinheit zu bewerten ist, sodass wir ein wenig im Training bleiben. Die Landschaft ist beschaulich und reizvoll zugleich: Weigelshofen, über Drosendorf serpentinengewunden nach Niedermirsberg, dann hinab nach Neuses, Reifenberg und wieder etwas hinauf über Weilersbach, Rettern, Kauernhofen zurück nach Eggolsheim, alles in allem 32 Trainingskilometer durch eine schöne Ecke Bayerns.

Am Nachmittag erfahre ich, dass auch die Dänen Johanns haben. So heißt Fredis Neuseeland-Reisefreund von anno dazumal. Als freiberuflicher Flugzeugtechniker, der europaweit Aufträge annimmt, befindet sich Johann in der exklusiven Lage, nicht das ganze Jahr arbeiten zu müssen und zwischendurch immer mal wieder Fahrrad fahren zu können, zum Beispiel von Dänemark nach Spanien und zurück in vier Wochen. Er lobt unseren Entschluss, nicht mehr auf die Uhr (die wir ohnehin abgelegt haben) achten zu wollen, steht aber selbst unter einem unergründlichen Zeitdruck und kann auf dem Weg nach Hause trotz des erledigten letzten Auftrages für ungewisse Zeit nicht länger bleiben als diese eine Nacht. Aber wer hat heutzutage keinen beruflich oder privat determinierten Zeitdruck? Wie kann man dem gegensteuern? Und noch schlimmer: Warum stehen wir eigentlich alle unter Druck? Ist Zeit vielleicht subjektiver, als der Einzelne es wahrhaben will? Johann erzählt die Geschichte des Äthiopiers, der nach erledigter Arbeit zufrieden unter einem Baum liegt, die Augen auf die am Himmel treibenden Wolken gerichtet. Als ein Großgrundbesitzer vorbeikommt (sinnbildlich für jeden Besitzer), fragt er den Äthiopier, warum er denn hier so unter dem Baum liege. Wenn er Arbeit hätte, dann könne er sparen, sich Urlaub nehmen und irgendwo nach Afrika fliegen, es sich gut gehen lassen. Tja, dass es dem Empfehlungsempfänger schon gut geht, hat der andere nicht gesehen. Das ist dann auch schon die Quintessenz des Ganzen: Jeder sieht nur sich und seine Welt und klammert sich an die eigene Überzeugung. Und wenn nichts mehr hilft, rechtfertigt der Egoman(e) das eigene Leben durch Sätze wie »Früher war alles besser, man hat auch keine andere Wahl gehabt« oder »Ich bin immer gut damit gefahren, über die anderen kann ich nur den Kopf schütteln.«

Ich schüttele mich jetzt, dusche und anschließend nehmen wir herzlich gerne die Einladung Fredis nach Hetzelsdorf an. Dort gibt es für wenig Geld wahrlich das beste biofreie Schnitzel, das ich je gegessen habe. Johann und Susanne bestätigen den Eindruck und zum Abschluss steigen wir hoch zum Aussichtsplatz, der Blicke über das Fränkische Land erlaubt. Tief durchatmen, genießen, sich besinnen. Auch in Deutschland gibt es wunderschöne Gegenden. Wozu in die Ferne schweifen?

Heute ist die »Dande« zu Besuch, sprich, Birgits Tante. Und wie es sich für so eine waschechte fränkische Tante gehört, die aus der »guten alten Zeit« stammt, werden auch gleich mit ernstem, mahnendem Blick, männlich tiefer Stimme, großen Ohrringen und faltenzerfurchten Händen das Tragische der Gegenwart und die unendlichen Erlebnisse der Vergangenheit analysiert. Mir bleibt keine Wahl, als ihren Dorfgeschichten zu lauschen. Aber was sie erzählt hat in bayrisch-fränkisch klingender Mundart, kann ich nicht wiedergeben, zu indiskret und auch zu unverständlich. Welten prallen aufeinander, der Franke ist noch einmal anders als der Rest des Freistaates. Vor allem Weltmeister im Verschlucken, sowohl der Sprachsilben als auch der Torten, die die »Dande« mitgebracht hat und noch zwischen den Redeschwadronaden verdauungstechnisch unterbringt. Der Vorteil ihres Monologes und meines freundlich-teilnahmslosen Zuhörens besteht darin, dass sie nicht so lange aushält und bald geht. Das ist das Positive, aber ich habe mich ganz gut geschlagen, anscheinend im richtigen Moment gelächelt und verständnisvoll genickt, weil die »Dande« mich abschließend als sehr nett bezeichnet. »Vielen Dank und vergelt's Gott!«

Der sechste und letzte Tag in Eggolsheim. Freibadsaison bei unerträglichen Temperaturen. Wir haben vor zwei Tagen schon im Regen das Hallenbad getestet, aber Freibäder sind bei hohen Außentemperaturen dann doch das kleinere Übel. Uralte Bäume stehen auf dem Gelände, das den Politikern aber nicht groß genug ist, im Gegenteil, sie wollen, dass die Bäume geschlagen werden und das Freibad stark vergrößert wird. Erst dann sei die Gemeindekasse zufrieden. Das ist der Lauf der Zeit. Früher gab es keine Laptops, Internet war nicht erfunden, Handys Mangelware und weder gab es ein »i« vor dem phone noch vor dem pod.

»Auf dem Keller« trifft sich, wer im Frankenland etwas auf sich hält und die traditionelle Eingebundenheit liebt. Bier und gutes Essen laden zum Feiern mit ehemaligen Kollegen ein. Während andernorts *in* den Keller gegangen wird (manche, weil sie doch herzhaft lachen können, es nur nicht zugeben wollen), hat der Franke als Einziger die Möglichkeit, *auf* dem Keller zu sitzen, weil das fränkische Warehousing früher in natürlichen Höhlen in den Hügeln erfolgte. So sitzen wir oberhalb der Höhlen, in denen keine Terroristen zu vermuten sind – sonst hätte »Der auf den Bush klopft« schon Abfangraketen aufs Frankenland gerichtet. Die Höhlen sind vielmehr Lagerstätten, die bis zum heutigen Tag lebensmitteltaugliche Kühlung verschaffen. Damit die Kühlung auch wieder den Autor erreicht, ist ein dringender Aufbruch erforderlich; ein neuer Reiseschub, der das Fahrrad kräftig ins Rollen bringt.

Gluckerla, Pralinen & die Sorgen des Fußballnachwuchses

Kurz vor Forchheim drehen wir um, weil die Kreditkarte noch auf Fredis Schreibtisch liegt. Abschied nehmen fiel nicht schwer, aber das Sicherheit verkörpernde Plastikteil kann so früh auf dieser Reise nicht einfach aufgegeben werden. Jedenfalls radeln wir gegen Mittag endgültig an Forchheim vorbei und sind in Poxdorf noch etwas unschlüssig, ob die Fränkische Bierstraße jetzt das Richtige ist. Da sie aber an dieser Stelle mit der Burgenstraße zusammenfällt, sind wir alsbald in Effeltrich und bald schon fern von jeglicher Zivilisation in der Fränkischen Schweiz. Der Weg am Ende der Wiese führt direkt auf den Sportplatz des FC Hetzles, der neben einer äußerst gepflegten Anlage auch einiges Grasland ringsherum bietet. In diesem Stadium der Reise ist die Frage des Zeltens immer präsent, wenngleich ein Freibad jetzt ungleich angenehmer wäre, aber die Wiese schaut einladend aus, obwohl sich die Sonne in das vergilbte, ehemals grüne Gras brennt. Fußballknirpse der F-Jugend des FC Hetzles sind auf dem Vormarsch, die Mienen vorwurfsvoll auf die begleitenden Erwachsenen gerichtet, denn ihnen ist nicht klar, wieso ausgerechnet bei dieser Affenhitze Fußball gespielt werden soll. Der elterliche Ehrgeiz kennt keine Grenzen, lockt doch bei Talent und Glück dem Sprössling eine Karriere, deren materieller Entschädigung selbst die Spitzenmanager dieses Landes nichts entgegenzusetzen haben. Daran denken die Kleinen natürlich nicht und die Großen würden dieses Denken leugnen und sofort eine Unterlassungsklage einreichen, würde man es ihnen unterstellen. Die Anwaltskosten könnten aber locker vom Tageslohn des erwachsenen Sprösslings bezahlt werden. Ehrgeiz verwandelt sich in Arroganz, vor allem, wenn es darum geht, das geringe Talent des eigenen Nachwuchses in subjektiver Verklärtheit als Jahrhundertereignis zu verkaufen. Druck ausüben bis zum Anschlag oder bis das ausbremsende, vernichtende Urteil eines großspurigen Talentsuchers, ausgestattet mit selbst ausgestellter Expertise, am Selbstwertgefühl der ganzen Familie nagt.

Während dieser Überlegungen ist der Platzwart nicht in Sicht. Im Ort fragen wir den nächsten Bauern, der nur auf die andere Seite der Straße zeigt. Dort öffnet sich die Tür, eine junge, dunkelhaarige Frau im Stalloutfit kommt in diesem Moment aus dem Haus. Sie müsse wieder zum lieben Vieh in der benachbarten Scheune. »Die Wiese oben beim Sportplatz, direkt vor dem Vereinshaus, gehört meiner Familie«, bestätigt sie. Der Vater im Unterhemd, der ein Fenster öffnet, um uns zu begrüßen, fragt seine Tochter, ob sie nicht etwas anbieten könne, wenn die eifrigen Radfahrer sich schon die Mühe des Fragens machten, was im Zeitalter der Nehmergeneration nicht selbstverständlich sei. Limonade wird herbeigeholt, mit besonderer Verschlusskappe und dem lustigen Namen »Gluckerla«. Herrlich erfrischend und überwältigend ist auch der Beutel Süßes. Nein, nicht irgendetwas, sondern frisch zubereitete Trüffelschokolade, Marzipanpralinen und andere exquisite Confiserieprodukte, die die Tochter, kurz vor der Prüfung als Bäcker- und Konditoreimeisterin stehend, probehalber gezaubert hat. Wir sind sozusagen die Vorkoster, mümmeln die gesamte Tüte am Abend auf – weil es das Wetter gebietet, aber auch, weil die Kalorienbomben wahnsinnig gut sind – und können nur sagen (und werden das auch morgen verkünden), dass die Tochter in unseren Augen die Pralinenkunst perfekt beherrscht. Ihr Vater ist denn auch zu Recht stolz auf sie. Der Hof allerdings lässt sich nur im Nebenerwerb betreiben. Einmal mehr wird die Vermutung bestätigt, dass die Bauern an einer Hand abzählbar sind, die exklusiv von der Bewirtschaftung ihres Landes leben können.

»From scratch« eines Radpenners zum Wiedersehen mit Mary

Hast du eben die lange Blonde gesehen?«, frage ich Susanne, die die Einkaufsstraße in der Nürnberger Innenstadt hinunterschaut und dann den Kopf schüttelt. Dann weiten sich ihre Augen und sie erkennt allmählich die, die ich erahnte, weil es die nur einmal gibt, wenn auch eine (ungerechtfertigterweise) weitaus berühmtere männlichen Geschlechts genauso heißt: Mary!

Aber der Reihe nach, denn es fing alles nicht so gut an. Etwas pralinenlästig war der frühe Start gewesen, ein Schluck Hochprozentiges hatte gefehlt auf das süße Feine, aber dann hätte Neunkirchen am Brand seinem Namen alle Ehre bereitet. Mindestens der Blutzuckerspiegel kann heute auf gleichmäßigem Niveau gehalten werden, weil der Vorrat noch in den Muskeln und dem Rest des einst sportlichen Körpers eingelagert ist. Erlangen ist eine Universitätsstadt, aber berühmt geworden durch Siemens. Tatsächlich erstreckt und verteilt sich die Uni über die gesamte Stadt. Wir fahren durch die Spardorfer und Essensbacher Straße, biegen dann in die Hauptstraße und folgen dieser immer in Richtung Paisleypark nach Süden und treffen so auf die größte Ansammlung von Fahrrädern, die je eine Stadt von innen gesehen hat. Schon beeindruckend, wie das junge universitäre Leben gestandene Verkehrsträger in die Schranken verweist. Verwaiste Busse halten höflichen Respektabstand.

Vor dem Rathaus ist die Touristeninformationsbehörde oder kurz gesagt: der Info-Point. Ein Brunnen plätschert Wasser in die heißen Luftzonen des Betonplatzes, Eiscafés wuchten Eisbomben heraus, ein überdimensionaler, schneeweißer Kampfhund mit gefletschten Zähnen springt unnachgiebig und ohne Leinensicherheit den herabstürzenden Wassermassen des Brunnens entgegen, um sich und seinen Gaumen zu erfrischen. Die burschikose Besitzerin ist großzügig, lässt ihn springen, sehr zum Missfallen der sitzenden Cafédamen, deren Angst sprichwörtlich aus den Augen schaut. Der Kampfhund hat jedoch an ihnen nur sekundäres Interesse, konzentriert sich ausschließlich auf das herrliche Nass des Brunnens. Nach Süden müssen wir, allerdings nicht an Siemens Medical Solutions vorbei, die der junge Student, der dem ehrbaren Professor in das Rad fährt, der kopfüber auf den Asphalt knallt, hätte gebrauchen können. Aber »der Intellektuelle« ist großzügig in der Nichtbeanspruchung der Rechtsschutzversicherungen. Ein warmes Wort, ein andächtiges Kümmern der Forschungsnachwuchskraft um den Lehrmeister und beide fahren wackelig auf den verkratzten Rädern weiter. Primitive hätten den Anwalt geholt, die Versicherungskarte gezückt und den Arzt aufgesucht, um den Schwerbehindertenausweis zu beantragen.

Ausgewiesenes Primitivsein und Pennertum sind unterschiedliche Paar Schuhe. Wenn du nichts hast und auch nichts haben willst, aber in einem schattigen Park in Erlangen die Mittagszeit genießen möchtest, dann fehlt dem Geist die passende Lektüre. Wenn dann kein Kiosk im Umkreis den Erwerb ermöglicht, hilft der heimliche Griff in den dreckigen, blechernen Mülleimer, der eine nagelneue, anscheinend nicht gelesene, aber doch von jemandem vor mir besessene »New York Times« hervorzaubert. Sie (die »NYT«) spricht von den »disabled« und meint Menschen mit Handicap (zum Beispiel einem fehlenden Bein), die völlig normal am Alltagsleben teilhaben. Die Sonne brennt, Susanne schläft und ich »embrace(e) the differences«, hervorgezaubert beim »dumpster diving« in den Mülleimern eines namenlosen Erlanger Waldparks. Ich sinniere, dass das Leben »from scratch« gar nicht so schlecht ist – also die Erfindung des Seins aus dem Nichts. Hast du nichts, hast du mit dem, was du nicht hast, schon einmal keine Sorgen. Mit dem kleinen überschaubaren Rest wirst du schon fertig. Und die Konsumgesellschaft lässt genügend übrig, um dich zufrieden zu stellen. Die Zeitung ist jedoch der einzige Glücksgriff in die angeklebten, stark müffelnden Papierkörbe dieses Parkabschnitts. Der Vorbesitzer der »NYT« hat sie nicht gelesen, so sauber und wenig zerknittert erscheint sie. Er hatte die Zeitung vielleicht in einer Art Routine gekauft, dann festgestellt, dass er gar kein Englisch kann, sich aber das lässige Mitführen unter dem Arm gut macht an den Unis dieses Landes, und das Exemplar später unzerknittert und keimfrei weggeworfen.

Wir sind weder »disabled« noch »too-abled«, als wir den Weg unter der Einflugschneise des Nürnberger Flughafens in die Altstadt einschlagen. Genau hier, im weiten Wiesenparadies der Vorstadt, fliegt der Flieger und »Bioland« grenzt die Gesundheit vom Rest durch ein verschließbares Gewächshaus ab, damit die Ethik des Bio-Foods nicht gestört wird. Hier der Flieger, dort das Bio. Ein Spargelstecher aus Rumänien sticht Spargel, verrät aber nicht, was er dafür bekommt, wahrscheinlich mehr als einen Euro die Stunde.

Unterhalb der Nürnberger Burg hat unsere Freundin Mary ein Glasatelier in der Füll (ein historischer Straßenzug an der Stelle, wo einmal der Burggraben verlief), ein Traum des kulturellen Lebens, völlig gegensätzlich zur Straßenkultur des Radfahrers. Dort die Kunst als Inbegriff der Schöpfung, hier die Suche nach dem Ort fürs morgendliche Abführgeschäft. Leider ist Mary nicht da, wir wollten sie überraschen, sind etwas erschöpft, weil das Nichtantreffen bedeuten würde, wieder aus der Stadt fahren zu müssen, um nicht in einem teuren Gasthaus zu landen. Also schieben wir die Räder wieder hinaus, bis der eingangs beschriebene Zufall zuschlägt. Mary ist schlank und sehr groß, blond und gut aussehend, sie kann nicht nicht auffallen. Ein Blick, ein Zögern – hat sie uns nicht gesehen? Oder nicht sehen wollen, obwohl wir vielleicht einen Meter aneinander vorbeigelaufen sind? Wer kann im menschlichen Gewühle einer Großstadt überhaupt jemanden sehen? Der Zufall ist manchmal Schicksal, aber dazu später mehr. Das Wiedersehen wird gefeiert, unsere bisherigen Reise- und ihre nicht ganz alltäglichen Arbeitserlebnisse werden ausgetauscht. Noch sind Marys künstlerische Überbleibsel der »Blauen Nacht Nürnbergs« im Verließ des alten Hauses zu bewundern, quasi im alten Keller unter dem Keller, auf Augenhöhe mit der kanalisierten Unterwelt. Das Tolle an Mary ist, dass man ihre Leichtigkeit unmittelbar spürt und sofort teilnehmen darf an ihrem Leben, sofort mittendrin ist. Wir erfahren, dass Mary gerade an einer Bewerbung bastelt (für einen Nebenjob), lernen Marys Eltern kennen – und ertragen sie, was Mary bezweifelte. Oben, auf der nur wenige Meter entfernten Burg, bewundern wir die Lichter Nürnbergs in der hereinbrechenden Nacht.

Nüremberg, Dürers Stadt

Vergiss New York oder Paris, besinne dich auf Nürnberg, tauche ein in das Alte und erfreue dich am Charme des Neuen, des Frischen, Unverbrauchten. »Lieber mehr Neues als die volle Breitseite des Alten«, möchte ich bemerken, wenngleich die Historie gerade in dieser Stadt dominiert. Es gibt so viel davon, dass an einem radfreien Tag wie heute die Entscheidung für ein bestimmtes Erfahrungsobjekt einige Minuten dauert. Letztlich entscheiden wir uns für das in Laufnähe befindliche Haus eines sehr berühmten Sohnes dieses alten »Nürnberg«, wie die Meistersinger zu singen pflegen: Albrecht Dürer. Emanzipation hat nicht mit Alice Schwarzer begonnen. Schon damals, und darauf besteht Frau Agnes Dürer, die als Sprecherin im Kopfhörer oder als verkleidetes Double durch das Albrecht-Dürer-Haus führt, ganz besonders, hat sie doch höchstpersönlich als Frau die Hosen angehabt und die häusliche Philosophie einer ganzen Epoche verkörpert. Albrecht seinerseits war seiner Zeit mehr als weit voraus und vielleicht das deutsche Genie überhaupt, jedenfalls hat er Bilder und Kunstdrucke hinterlassen und Themen thematisiert, die bis in die heutige Zeit aktuell sind. Und wenn die Welt so weitermacht, sind die »apokalyptischen Reiter« zum Greifen nahe. Für Farbe wurde gepinkelt, Druckmaschinen füllten ganze Räume aus, Pestepidemien wurden durch Isolation überlebt, denn die Dürers hatten Geld, Glas vor den Fenstern, waren autark, als in der Stadt der Tod wütete. Und trotzdem hat Dürer das beherzigt, was Hans Sachs empfahl, als er sagte: »Wer immer hinterm Ofen sitzt, Grillen fängt und Hölzlein spitzt, und fremde Leute nie beschaut, der bleibt ein Narr in seiner Haut.« Wohlweislich ist Dürer gereist (zum Beispiel nach Italien), hat sich ausgetauscht mit den Größen seiner Zeit, hat sie porträtiert (zum Beispiel Luther), hatte Freunde, auch

Neider, wie Pirckheimer, den Agnes arg kritisiert wegen seiner schamlosen Selbstbezogenheit. Außer dem Dürer-Haus besuchen wir am heutigen Tag nichts, was Nürnberg an kulturellen Einrichtungen anzubieten hätte. Weniger ist in dieser Hinsicht oftmals mehr.

Der Wechsel zwischen Alt und Jung ist in Nürnberg fließend. Gerade noch die Pest des Mittelalters im Nacken, jetzt schon in schicken Läden unterwegs, um Mary modetechnisch zu beraten – trotz unseres eigenen Aussehens. Als Radfahrer denkst du zwar an vieles, auch an die eine halbwegs gute Hose und das vielleicht saubere Knautsch-T-Shirt, aber der »Straßenlook« ist nicht abzulegen (auch nicht mit Rasur), sodass uns viele Blicke treffen. Susanne hat ihren Rock der Marke »Bügeln sinnlos« an.

Es macht Spaß und ist befreiend, andere zum Geldausgeben zu animieren, wenn das Es dem Ich gleichzeitig zuruft: »Denke an deine Vorsätze! Werde nicht schwach!« Danke Mary und auf ein Wiedersehen!

Der Ludwig-Donau-Main-Kanal

Im Stadtteil Gartenstadt meint der Bewohner der Laubenkolonie, dass der alte Kanal doch viel interessanter als der neue sei. So radeln wir den Ludwig-Donau-Main-Kanal (in dieser Reihenfolge) entlang, der ein grandioser, heute fast schon unbekannter Überlieferungsschatz ist. Schon Karl der Große wollte 793 seinem Namen alle Ehre bereiten und ließ zwischen Fränkischem Rezat und Altmühl einen Kanal über die europäische Wasserscheide ausheben, wo die Kähne über Rutschen und Rollen von Teich zu Teich gezogen wurden, wahrlich keine schiffbare Errungenschaft. Es blieb beim Pilotprojekt, das Ganze wurde wieder verworfen, die Zeit war noch nicht reif. Erst 1825 bewies Ludwig I., seines Zeichens König von Bayern, zu was der Freistaat in der Lage war. Er beauftragte Heinrich Freiherr von Pechmann mit dem Bau eines 172 Kilometer langen Kanals von Kelheim nach Bamberg mit der höchsten Erhebung der Voralb bei 417 Metern über dem Meeresspiegel. Da Bamberg auf 230 und Kelheim auf 338 Metern liegt, waren also beachtliche Höhendifferenzen zu überwinden. Deshalb wurden sagenhafte einhundert Schleusen errichtet, derer nur noch 67 aufzufinden sind, weil Auto- und

Eisenbahnen und der Main-Donau-Kanal zwischenzeitlich gebaut worden sind. Genug der Fakten, vorerst. Ruhe im Zahlenwerk! Anschaulicher ist die prosaische Vorstellung des ruhigen Kanals mit dem Radweg links und rechts seines Laufes, ohne störende Motorisierung, die einsame Stille allenfalls unterbrochen durch vereinzelte Radfahrer. Das stehende Wasser ist sanft mit Schilf und Seerosen bedeckt, die Seiten des Radweges sind durch uralte Laubbäume und undurchdringliche Hecken geschützt, die an verschiedenen Stellen aufreißen und Blicke hinunter in die Weiten der Oberpfalz erlauben. Es bleibt die stille Verbeugung vor einem baulichen Meisterwerk, einer architektonischen Meisterleistung, die durch regulierende Vorrichtungen zum Abpumpen des Wassers, die bei zu starker Wasserführung überschüssiges Wasser in regelmäßig angeordnete »Entsorgungskanäle« abführen, unterstrichen wird. Heute ruht der Kanal, ist randvoll mit Wasser gefüllt, es sind nur wenige Radfahrer und Wanderer unterwegs. Wotzeldorf, Wendelstein, Röthenbach, Brückkanal, Liegewiese, Pfeifferhütte, Burgthann heißen die kleinen Ortschaften und Ruhepunkte am Kanal, schließlich eine 24 Kilometer lange Scheitelhaltung zwischen Rübleinshof und Sengenthal, also ein steigungsfreier Abschnitt. Cafés gibt es vereinzelt, die das entspannte Reisen am alten Kanal noch unterstreichen. Alles spricht vom Main-Donau-Kanal. Ich rufe aus: »Kommt herbei und schaut euch wahre Meisterwerke an!« König Ludwig I. hat es geschafft, die lang ersehnte Verbindung zwischen der Nordsee und dem Schwarzen Meer zu verwirklichen. Bis zu 220 000 Jahrestonnen wurden mit Kähnen von maximal 22 Metern Länge und einer Traglast von bis zu 120 Tonnen durch die Schleusen bugsiert. Eine maximale Breite von 4,97 Metern und eine limitierende Tiefe von höchstens 1,46 Metern musste strikt berücksichtigt werden. Erst der Zweite Weltkrieg zerstörte so große Teile, dass die Stilllegung des Kanals 1950 offiziell verkündigt wurde. Wir genießen die Fahrt auf dem alten Treidelweg, der zwischen Gartenstadt und Berching, genauer zwischen der Schleuse Nr. 72 und der Schleuse Nr. 23 nahezu direkt am Kanal entlangläuft. Bis Berching schaffen wir es heute allerdings nicht, sondern nur bis Buckenhof. Etwas oberhalb des Kanals liegt dieser winzige Ort.

Das erste Haus hinter dem Ortseingang wird von Tanja und ihrer Tochter Elfriede bewohnt. Gleich dahinter befindet sich die nette Gemeindewiese, auf der wir das Zelt aufschlagen können. Tanja und Elfriede entspannen sich auf der Schattenseite des Hauses. Der namenlos bleibende

Vater schiebt das Enkelkind bei brütenden 35 Grad Celsius im Kinderwagen den Hügel hinauf, sodass ihm der Schweiß von der Stirn tropft, auch weil das beachtliche Bauchvolumen das durchgeschwitzte T-Shirt ordentlich auf Spannung hält. Tanja brüht Kaffee auf, es wird gefachsimpelt über die Umbaupläne der Familie, weil die Tochter gerne im Hause der Eltern bleiben möchte und deshalb einige Renovierungsmaßnahmen erforderlich werden. Aber wer soll das bezahlen? Insgesamt sei die Arbeitsmarktsituation ziemlich angespannt, auch wenn die Politiker in Berlin vom Aufschwung berichteten. Bestes Beispiel sei der nächstgrößere Ort Neumarkt, wo zwar die Anzahl der Häuslebauer rasant ansteige, aber alle ihren täglichen Arbeitsweg Richtung Feucht oder Nürnberg auf sich nehmen, um »die Hütte« abzahlen zu können. Der reinste Pendelverkehr.

Verkehrsreich sind auch die Straßen des Wiesengrases, wo sich eine stattliche Anzahl Zecken auf den Weg gemacht hat, die unliebsamen Zeltbewohner mindestens zu vergraulen. Mit dem dichten Innenzelt werden sie jedoch nicht fertig, aber das unangenehme Gefühl, irgendwo einen Eindringling am Körper zu finden, bleibt bestehen.

Bei den Mönchen Plankstettens oder Die Augen verschließen

Der Ludwig-Donau-Main-Kanal begleitet uns zunächst, trifft im Kopfsteinpflaster Berchings auf den Fünf-Flüsse-Radweg, der schon in Nürnberg verlockend erschien. Donau, Altmühl, Naab, Pegnitz und Vils heißen die fünf Flüsse, die dem Radweg seinen Namen geben. Treffpunkt der Radwege ist hier der Main-Donau-Kanal, den man überquert, um etwas später auf den verschwindend kleinen Ort Eglasmühle zu stoßen, der etwas erhaben oberhalb der wichtigen Wasserstraße liegt. Der Ort ist so klein, dass der Bus nur im Stundentakt vorbeikommt. Hinter dem angedeuteten Ortsmittelpunkt hat eine alte Bäuerin einen Hof und ein großes abgeerntetes Feld in Hanglage mit Blick auf den Kanal. Der ideale Zeltplatz. Sie füllt Wasser auf im alten Stall, wo wegen des Drecks nur mit Gummistiefeln gelaufen werden kann, doch die Wasserzufuhr ist blitzblank geputzt. Der Sohn inspiziert die Neuankömmlinge, ist hellauf begeistert. Nein, er habe noch keine Frau gefunden, die das harte Leben eines Bauern ertragen könnte, zumal in diesem kleinen Kaff, am Rande des Naturparks Altmühltal, auch kein richtiges Angebot bestünde. Von der Empfehlung, an der Sendung »Bauer sucht Frau« teilzunehmen, hält er aber nichts. Einziger kulturell sehenswerter Lichtblick sei das Kloster, das per pedes in einer halben Stunde erreicht werden könne.

Die Benediktinerabtei Plankstetten ist ein wahrlich grandioser Ort, an dem Mönche in Eigenversorgung ihr Land bestellen, die ökologischen Früchte ihrer Arbeit ernten und im eigenen Laden ökonomisch vermarkten. Der Älteste hält einer Schulklasse gerade einen amüsanten, in weise Selbstironie verpackten Vortrag über kirchliche Geschichte, der keine gähnende Langeweile erzeugt, sondern das tägliche Leben der Mönche schmackhaft macht. Ein Konzert über dem Vermarktungsladen ist restlos ausgebucht, die schöne Frauenstimme verzaubert in der Abenddämmerung, gibt dem Kloster göttliche Kraft. Das Gesamtkonzept beeindruckt, die autonome Verwirklichung des eigenen Lebens in der arbeitsteiligen Gemeinschaft, mit dem gemeinsamen Anspruch, den eigenen Glauben zu vollenden.

Etwas abgehoben mag das klingen, aber in der vierten Woche dieser Reise gibt es schon noch Momente, in denen wir Halt suchen. Gastbewohner hat Plankstetten auch: Manager, die einfach abschalten wollen vom täglichen Business, aber auch Entwurzelte, die neue Orientierung suchen – und im Hinterkopf vielleicht den Wunsch haben, für immer zu bleiben.

Vor der Abtei ist ein Souvenirshop, der in üblicher Weise Grußkarten, christliche Lektüre und sonstiges anbietet, gegen einsame Stunden, schmerzliche Verluste, Existenzängste, Krisen in schwierigen Lebensphasen. Und doch frage ich mich instinktiv, ob das Leben als Mönch erstrebenswert ist: der bewusste Rückzug von der Welt in die eigene oder die von Gott (wenn es ihn gibt) gewollte? Vielleicht ist es doch besser, in die Slums von Mexico City einzutauchen, in die Favelas von Rio de Janeiro oder die Isolation Teherans? Was schaffe ich für mich an diesem Ort, wenn die Schwere der Welt so weit weg erscheint und ich nicht den Versuch unternehme, mich ganz und gar den offensichtlichen Problemen und Missständen zu stellen? Wäre es nicht sinnvoller, dahin zu gehen und Flagge zu zeigen, wo Mädchen bestialisch beschnitten werden, Gold mit bloßen Kinderhänden gefördert wird, das Wegschmeißen der Zigarette mit der Todesstrafe geächtet ist, Menschenrechte mit Füßen getreten werden? Bleibe ich hier und bete oder gehe ich hin und setze mich ein? Wofür? Zum Beispiel für mehr O_2 und weniger Handy, für mehr Hoffnung der Armen und weniger Wohlstand der Reichen, für mehr kollektive Allokation und weniger individuelle Egozentrik.

Wir verlassen den bedächtigen Ort der Abkehr, brechen auf in die sichtbare Welt, versuchen zu sehen, zu erfahren, im Idealfall zu helfen und Schlüsse für das eigene Verhalten aus dem zu ziehen, was die Welt bereithält.

Der Saubär aus dem Altmühltal

Das Altmühltal ist die Radempfehlung schlechthin, hier, so heißt es, seien die schönsten Radwege, die herrlichsten Blicke in die Natur, die besten Restaurants. Tatsächlich ist die Anzahl der Radfahrer superlativ, sodass die Stille der Natur nicht wahrnehmbar wird. Der Radweg windet sich flussbedingt durch den Campingplatz Kratzmühle, auf dem sich ein Wohnwagen an den nächsten quetscht und temporäre und dauerhafte Camper ein bisschen Entspannung vom stressigen Stadtleben suchen und wahrscheinlich nicht finden. Als wahrlich touristisches Nadelöhr empfinde ich diesen Abschnitt der Radreise. Befreite die Rhön noch einigermaßen vom zwanghaften Tourismus, ist dieser im Altmühltal wahrhaftig ausgebrochen. Fahrräder, Surfbretter, Segelboote, Schwimmausstattung, Pommesbuden, Plastikspielzeug, Touristenstände, Absperrungen, Parzellen, Haltebuchten, Warn- und Verbotsschilder, Ordnungssysteme, Menschenmassen. Beruhigend zu wissen, dass wir das Tal nicht bis zum bitteren Ende befahren werden.

»So einen Ausblick gibt es nur hier«, spuckt am Nachmittag der, der den Rasen frisch gemäht hat, etwas oberhalb am Hang, direkt über dem Radweg, in die Luft. Schnodder wird gleichzeitig aus einem Nasenloch durch Zuhalten des anderen dem freien Fall auf die Wiese preisgegeben.

Der Weg ist bis hierhin von einigen Auf- und Abfahrten geprägt, wunderschön, aber eng und mehr als gut frequentiert. In der Nähe des Ortes Kipfenberg liegt auf dem Plateau einer kleinen Böschung – mit direkt dahinter ansteigendem Waldgebiet – die Holzhütte eines rotblonden Mannes, der uns in sprachlichem Wirrwarr entgegen schreit. Sein nackter Oberkörper unter der blauen Latzhose ist behaart und mit roten Mückenstichen übersät, sein Mund voller Zahnlücken. Für die Wochenendfete der Jugend hat er den Rasen mit zwei Helfern gemäht und wittert im traurigen Alltag des Bauernsingles die Chance auf eine Vermietung an zwei Radfahrer.

Susanne flüstert direkt und in Anspielung auf ein Kinderlied: »Den nenne ich nur Saubär«, weil der Typ wirklich ein Bär von einem Mann ist, mit Pranken wie Harmsdorf und Armen wie Cassius, untersetzt und mit voluminösem Bauch, und weil das Lied noch nicht zu ihm durchgedrungen ist, denn er ist alles andere als sauber. »Saubär« hat ein mit Dreck verschmiertes Gesicht. Ölige Schweißrinnsale fließen über die behaarte Brust in die blaue Latzhose, unter der er nichts trägt, auch keine Unterhose. Er trägt nach Mist riechende und dreinschauende Gummistiefel (er kommt wahrscheinlich frisch aus dem Stall), hat wirr abstehendes, spärliches Haar, eine feuchte Aussprache und Augen, die nicht direkt gucken, sondern immer den Eindruck erzeugen, als schaue er am Gesprächspartner vorbei.

»Wollt ihr hier bleiben? Diese Aussicht bekommt ihr im gesamten Altmühltal nicht mehr. Für zehn Euro könnt ihr übernachten. Ist auch frisch gemäht.«

»Nein, wir haben bisher auch nichts bezahlt. Wir durften immer umsonst übernachten«, antworte ich kühl, kann ihn aber nicht überzeugen.

»Ihr seid hier im Altmühltal«, versucht »Saubär« es erneut, quasi vorwurfsvoll, und bestätigt anschließend den ersten Eindruck, den ich von dieser touristisch-kommerziellen Gegend hatte: »Hier nehmen doch alle Geld.«

Ich möchte weiter, will mich nicht von diesem Typen erpressen lassen, aber Susanne willigt ein, handelt ihn auf fünf Euro runter, indem sie ihm einfach einen Fünfeuroschein vor die Nase hält. »Saubär« mustert das Angebot nicht lang, radelt gleich ins Dorf, sagt noch: »Wasser könnt ihr bei mir holen.« Dann ist er weg.

Später fahre ich ins Dorf, muss nicht lange zu suchen, es gibt nur einen Bauernhof, seinen Hof oder das, was danach aussieht. Das ehemals schneeweiß gestrichene Haus vor den Stallungen hat eine schwarze Dreckborte. Müll stapelt sich so weit das Auge reicht, nicht nur vor dem Haus, auch im Eingangsbereich. Dreck steht in der Diele, als »Saubär«

Wasser auffüllt, ohne die Gummistiefel auszuziehen. Drinnen ist hier draußen (und umgekehrt), der gesamte Hof eine richtige Patina aus Mist, Schlamm und Dreck. Verwahrlosung ist die passende Beschreibung. Die Dreckpfoten reichen Wasserflaschen. Trinkwasser, das abhärtet, grübele ich und sage gequält: »Danke!« »Saubär« wird nun melancholisch. Die Tochter sei gestorben und die Frau davongelaufen. Seine Frau habe den Verlust der Tochter nicht mehr ertragen. Jetzt sitze er allein auf dem Bauernhof und müsse sich um alles selbst kümmern, von früh bis spät. Für Haushaltstätigkeiten, Reinigungsprozeduren und ähnlich abstrakte Dinge habe er keine Zeit und überhaupt habe das Leben ihm übel mitgespielt. »Bier trinke ich gleich mit euren fünf Euro. Mehr hab ich heute nicht. Der Hof wirft auch nichts ab, aber verkaufen will ich nicht, wo soll ich auch hin«, nuschelt er durch den Dreitagebart und kratzt sich mit den schmutzigen Fingernägeln an der Warze auf der rechten Wange. Ich kann nur zuhören, raten will ich nichts (was denn auch?), und bedanke mich noch einmal. Als ich durch das Dorf fahre, braust »Saubär« mit dem Moped zur einzigen Dorfkneipe, um nach einem langen Arbeitstag seinen Durst zu stillen und die Einsamkeit zu bekämpfen.

Wir sitzen auf der Holzbank vor seiner Hütte, lassen wehmütige Blicke über die Schönheit des Tals schweifen und sinnieren über das Schicksal dieses einsamen Menschen, betrachten die erste bezahlte Nacht vor dem Hintergrund seines harten Loses. Susanne hat recht: »Der hat sonst nichts, gönnen wir ihm das Bier.«

Von römischen Kohorten und Unterställen

Pfadfinder haben das Altmühltal erobert. Mehrere Gruppen belagern den Limes, haben sich in Kohorten zusammengerauft, um Planspiele der Gruppenführer abzuarbeiten. Die Gruppen sind in Gut und Böse unterteilt, jagen Trophäen, müssen Aufgaben erfüllen, zum Beispiel Melodien mit fünf Keksen gleichzeitig im Mund summen, dabei ernst bleiben und auf die Intuition der Gruppenmitglieder hoffen, die das Lied erkennen sollen. Legionäre sind sie nicht, denn auch früher versammelten sich am obergermanischen und rätischen Limes ausschließlich die Auxilia, ihres Zeichens römische Hilfstruppen. Übung macht bekanntlich den

Meister und so werden heute wie damals aus den Hilfstruppen Legionäre rekrutiert, aber erst nachdem mindestens 25 Jahre pflichtbewusste Hilfsarbeit verrichtet wurde. So viel Zeit haben die Pfadfinder nicht. Aber die Zahl der Freiwilligen, die sich an der Brücke Pfünz (vom lateinischen pons) versammelt hat, ist mit der damals stationierten Cohors quingenaria equitata, also einer teilweise berittenen Kohorte, die aus 480 Infanteristen und 128 Reitern bestand, durchaus vergleichbar, nur dass die »Hilfsarbeiter« heute die Pferde gegen das Schlauchboot eingetauscht haben. Die Legionärsanwärter, die Angst vor dem ruhigen Wasser haben, dürfen selbstverständlich die Strecke auf dem Radweg hinunterwandern, um den geplanten Zielort bei Eichstätt zu erreichen. Wir liegen unter der pons, gleich neben den Kohorten, sind amüsiert über ihre Leidenschaft, sinnlose Spielchen zu spielen. Immer mehr Truppen rücken an, gehen weiter, weil zwei Abteilungen nicht aufeinander treffen dürfen. Die Brücke führt in den Ort Pfünz, in dem wir das Kastell über einen zwanzigprozentigen Anstieg erreichen, um dort die kaiserlichen Inschriften der Kaiser Antonius Pius, Commodus und Caracallas zu bezeugen. Wir als Germanen treffen dort auf das, was gegen uns schützen sollte: das Auxiliarkastell von Pfünz, im 90. Jahr nach Christus erbaut. Das hier zu sehende ist aber wesentlich jünger, doch allein der Glaube zählt. Die Brücke Pfünz diente als Nachschubweg zum Limes. Letztlich versagten aber die Kohorten (nicht die Pfadfinder), das Kastell wurde in den Markomannen-Kriegen ausgebrannt, später wieder aufgebaut, wieder zerstört und so weiter. Heute kann man sich durch die Ausgrabungsbeweise in die damalige Zeit zurückversetzen – beim gänzlich friedlichen Betrachten. Den römischen Lehrpfad sparen wir uns, der Pfünzer Lebensweg ist motivierender: »Auch du bist besonders.«

Wir befinden uns im Bistum Eichstätt. Unser Bonifatius, der uns schon in Fulda begegnet ist, hat den ersten Bischof Eichstätts, den angelsächsischen Mönch Willibald, zum Priester ernannt und später in Erfurt zum Bischof gekürt. Unsere Kür verläuft auf historischen Wegen durch den unbekannten, auf der Karte kaum zu findenden Ort Adelschlag, der früher (aber wirklich vor sehr langer Zeit) Adaloltesloh hieß, später Adelslach, dann Adelsloch und Adelsloh. Als das Loh zum Schloch wurde und umgangssprachlich den Schlag meinte, wurde Adelsloh zum Adelschlag. Keineswegs wird der Adel hier geschlagen, weil er auch nicht vorkommt. Eher steht ein schönes Haus friedliebend neben dem anderen. Eine Frau im Liegestuhl hat auch einen Gartenschlauch (nicht »schloch«) und bevor uns der Schlag trifft, werden die Wasserflaschen erneut aufgefüllt.

Sechzig Kilometer fahre er täglich, der Radfahrer, der im Schatten der Wasserburg Nassenfels an unserer Fotosession teilnimmt. Er sei jetzt pensioniert und habe somit Zeit, und obwohl das ein Dreigangrad sei, käme er gut voran. Ich grabe nicht nach weiteren Informationen, zu mannigfaltig sind die des heutigen Tages. Bei Ausgrabungen in der Burganlage haben die Buddelforscher ein 145 Millionen Jahre altes Korallenriff entdeckt. Es gibt Informationen, die sind unbegreiflich, und ich frage mich, warum sie überhaupt kommuniziert werden. Der Mensch glaubt das Unfassbare, nickt anerkennend über neue Entdeckungen. Dass die Herdplatte aber heiß ist, leugnet er hartnäckig trotz besseren Wissens und verbrennt sich seine Finger.

Dass der Regen kommen wird, glauben wir dem Himmelsbild und suchen deshalb im nächsten Ort mit dem Namen Unterstall den Inhaber des Unterstalls, der in Form eines Überdachs vor dem Schuppen für landwirtschaftliche Geräte Unterschlupf bietet.

Der Eigentümer betreibt im Dorf einen Bauernhof, der richtig schön alt ist, an den Schwalben ihre Nester bauen und der aus mehreren aneinandergebauten Gebäuden besteht, mit eigenem Boden fürs Heu, mit wenig Vieh und insgesamt um die Existenz bemüht. Der Hausherr zieht ein gemustertes Sakko an (eher ein Wintermodell) und fährt mit dem alten Golf zum Heurigen, die Hausherrin (warum heißt es in diesem Zusammenhang nicht Hausdame?) ist redegewandter, liefert kostenlose Milch, ein paar Eier und genehmigt den Unterstand mit angrenzender Wiese als Zeltaufbauplatz. Regen setzt ein, zu spärlich, als dass er zum Duschen ausreicht. Die Aktion kann ich getrost abblasen, der Schaum wird mit Trinkwasser vom Körper gespült. Ein Tag der geschichtlichen Reminiszenzen neigt sich dem Ende entgegen.

Raining in Rain

Der Blick aus der Fahrradposition auf den kommenden Weg und dessen Randstreifen, im Wechsel mit dem Schwenkblick durch die Landschaft, fördert einiges zu Tage, unter anderem ein noch verschweißtes nagelneues Paket Scheibletten im Gebüsch. Der Radfahrer als Existenzkämpfer nimmt, was er bekommen kann, und fragt sich jetzt schon, ob die Scheibletten heute Abend schmecken werden oder ob die gestrigen Temperaturen schon zu Geschmacksdefiziten führten, was dem durchsichtigen Zellophan nicht anzusehen ist.

Die Gemeinde Unterstall liegt hinter uns. Die Lage am südlichen Abhang des Eichstätter Juras eröffnet fantastische Aussichten auf das Donaumoos. In der Ferne ist sie schon zu sehen, die Grand Dame der europäischen Flüsse. Wir fahren durch Ausläufer der Oberpfalz geradewegs darauf zu, ein kleines Stück auf dem Donauradweg, den wir wieder auf unbestimmte Zeit verlassen. Pfalzgraf Ottheinrich hat im 15. Jahrhundert das Residenzschloss Pfalz-Neuburg erbaut. Sobald der Regen einsetzt, wird es bitterkalt, auch die Ausmalungen im Schlosshof erwärmen nicht. Oberhausen existiert nicht nur im Ruhrgebiet. Viel älter ist das Oberhausen, das früher Husen hieß und einen Zwilling hatte. Meine Pappenheimer, denke ich, als ich lese, dass der Pappenheimer Herzog der »Vogt über Husen und über ein anderes Husen« war, also über die heutigen Orte Unterhausen und Oberhausen. So viel zu dem Kaff, das wir ganze zehn Minuten nach unserem Aufbruch schon wieder vergessen haben. Jetzt sind es empfundene 10 Grad Celsius, sodass auch die Blumen der Blumenstadt Rain bitterlich ihre Köpfe eingezogen haben. Rain wird 750 Jahre alt, nichts im Vergleich zur Mündung des Lechs in die Donau, die schon viel länger besteht. Endlich ein Café, in dem wir uns bibbernd vor Kälte und triefend vor Nässe aufwärmen können. Wir ignorieren die Gäste des vollgestopften Raumes, die neugierig herübergucken, als wir den Regen von den Hosen abschütteln und uns mit Fahrradhose und runtergestreifter Regenhose hinsetzen, den neugierigen Blicken wangenrot beschlagene Brilleneinsichten entgegenwerfend. Das Einzige, wonach es uns gelüstet – und darin unterscheiden wir uns nicht von den übrigen konventionellen Gästen – ist die angebotene Tortenzuckerschockkreation in Sahneweiß.

Wie denn die Romantische Straße gefunden werden kann, weiß die Wärterin der Tankstelle auch nicht, die gleich schließen wird. »Nicht ein einziges Auto heute«, beklagt sie sich und empfiehlt den Weg direkt am Lech. Den mag es auch geben, aber er bleibt unauffindbar, und so suchen wir ratlos einen Einstieg an der Lech-Brücke der B16. Schließlich geben wir auf, kämpfen Wind und Regen nieder und hoffen auf das

Einsehen eines Großgrundbesitzers in Oberndorf. Der hat keine Klingel am hohen Zaun, bleibt im distanzierten Sicherheitsabstand stehen und verweist herrschaftlich auf den Campingplatz von Eggelstetten. Das hat uns noch gefehlt. Ein trister Tag mit nur einem Höhepunkt in Form einer Kalorienbombe und jetzt auch noch die Gewissheit des teuren Campingplatzes. Heiße Duschen spülen negative Gedanken weg, auch wenn der Regen nicht locker lässt und unter die Holzhütten des Platzes peitscht, die der zeltenden Abteilung eine Koch- und Sitzgelegenheit bieten. Wenn das schlechte Wetter nicht aufhört, hilft nur noch eines: der Besuch der unbekannten Verwandtschaft im schmucken Augsburger Stadtteil Friedberg.

Augsburger Familientreff

Es hat geregnet, es regnet und wird nicht mehr aufhören, sagt die Wettervorhersage des Donau-Lech-Campings. Meine verstorbene Großmutter hat in Augsburg eine Schwester. Tante Lotte ist mittlerweile 89, bei bester Gesundheit, wie mir meine Mutter versicherte, aber mir völlig unbekannt. Ich zögere nicht, denn ich weiß in diesem Moment keine bessere Lösung. Natürlich könnten wir warten, bis das Wetter besser wird, aber erstens wissen wir nicht, wann das der Fall sein wird, und zweitens liegt Augsburg auf dem Weg. Außerdem stand schon immer fest: Wenn ich Augsburg aufsuche, verbinde ich das mit der Kontaktaufnahme zur »fremden« Familie. Lotte klingt sehr nett am Telefon, empfiehlt aber aus Platz- und Altersgründen Charlotte, ihre Tochter, die schon Bescheid weiß, als ich sie anrufe, weil Lotte Charlotte schneller informiert hat, als ich ihre Nummer wählen konnte.

Alle sind also schon in Kenntnis gesetzt und wir, die keiner kennt, herzlich eingeladen. Bleibt nur noch die Frage, wann wir heute eintreffen werden. Wir schätzen die Strecke zwischen Eggelstetten nach Friedberg auf vierzig Kilometer und verschätzen uns komplett. Es gibt keinen direkten Fahrradweg von hier nach Augsburg. Wie Räuber und Gendarm liefern wir uns ein Duell mit dem schlechten Wetter und der Bundesstraße B2. Die Temperaturen sind gefallen, der Regen hat zugenommen, es pfeift der Wind ins erfrorene Gesicht. Und alles wird noch schlimmer, weil der Weg an sich schlecht auffindbar ist. Teilweise existieren Schilder von der Romantischen Straße, dann wieder welche von der Via Claudia Augusta (VCA), mal empfiehlt ein Befragter in Ellgau die Straße über Blankenburg, die uns eine halbe Stunde Umweg kostet, weil direkter die Lechverbindung nach Ostendorf gewesen wäre, wie sich später herausstellt. Waltershofen, Meitingen und wir fallen vom Rad. Ende, aus, nichts geht mehr, die Hände stocksteif, knallrot, am Lenkrad festgefroren, die Gesichter mumifiziert zu Eismasken, die Lungen brennen, der Hunger schlägt erbarmungslos zu. Tengelmann ist die letzte Rettung (das hört Konzernsenior Erivan gerne!). Neun Eierwaffeln verzehre ich auf der Stelle, das Busbahnhaus teilen wir mit zwei Pennern, die sich an der Bierpulle erwärmen, die Tengelmanntüten werden um die Füße gewickelt. Erfahrungslos, wie wir sind, werden die Tüten in den Schuhen um die frischen trockenen Socken gepackt und oben an der Wade unter die Regenhose geschoben. Wir schaffen zweihundert Meter, fliegen direkt in das nächste Bistro des immer noch gleichen Ortes, in dem wir uns vollständig aufwärmen. Es ist kuschelig warm, aber auch die heißeste Tasse Kaffee ist irgendwann einmal zu Ende. Du kommst aus dem Hort der Gemütlichkeit und prallst direkt auf die strafende Härte der elementaren Natur. Nach fünf Minuten bin ich wieder reif für das Kaffeehaus. Nur gibt es jetzt keines mehr, der Weg ist auch nicht klar zu erkennen und die Füße sind eiskalt. Obendrein rutschen die Tüten unter der Regenhose hervor, Wasser sammelt sich schnell, steht in den Schuhen, die Füße schwimmen bald in den Tüten, die wiederum in den Schuhen hin- und herrutschen. Echt katastrophal, dass das teure Ausrüstungsmaterial alles enthält, nur eben keine regenfesten Schuhe, die prinzipientreu als unnötig belächelt wurden. Auch warme, wasserresistente richtige Handschuhe wären jetzt wunderbar, denn die Allzweckhandschuhe für Gartenarbeit aus der Tengelmann-Filiale lassen zwar kein Wasser an die Hände, aber eben auch keine positiven Temperaturen. Kälte zehrt den Körper aus. Ab Herbertshofen befinden wir uns anscheinend auf der Via Claudia Augusta, die aber kaum zu finden ist, höchstens als »Stock und Stein«-Synonym jede unsichtbare Feldwiese mitnimmt. Die Besitzerin des Bistros in Meitingen meinte noch: »Bei Sankt Stephan über den Fluss und auf der anderen Seite verläuft die Romantische«, aber so einfach ist das alles nicht. Wir brauchen Stunden, bis wir Gersthofen erreichen, den industriellen Vorort im Augsburger Norden. Aber wir müssen, versichert die informierte Charlotte, nicht durch die dichte Innenstadt, sondern Richtung Westen, um zum Stadtteil Friedberg zu gelangen. »Beim MAN links halten«, sagt ein Befragter an irgendeiner Ampel. Ich mache alles, denke ich, wenn die Fahrt doch nur endlich vorbei ist. »Beim Segmüller ein Stückerl geradeaus und dann links«, hatte Charlotte beschrieben. Es ist jetzt zwanzig Uhr abends, wir sind zwölf Stunden unterwegs seit Eggelstetten, also nur fünf Kilometer in der Stunde vorangekommen. Eine kilometermäßig sagenhafte Loserleistung. Und jetzt stehen wir triefend nass vor dem schneeweißen, hübschen Haus am Bahndamm, klingeln und haben eigentlich keine Kraft mehr für den Erstkontakt zu fremden Familienmitgliedern. Charlotte strahlt, ist sehr fein angezogen, der Boden mit weißen Fliesen ausgelegt. Wir dagegen können die Hände nicht ausstrecken, bekommen die neongelben Gartenhandschuhe nicht ausgezogen, triefen aus allen Goretex-Poren, glucksen aus den Schuhen, sabbern aus den Nasen, sind vom aufschäumenden Straßendreck, der durch den seit dreißig Stunden anhaltenden Dauerregen entstanden ist, gekennzeichnet.

»Ist doch alles ganz natürlich, kein Problem«, begrüßt uns Ernst, Charlottes Mann. »Kommt erst mal rein. Ihr könnt ja alles in den Heizungskeller tragen«, sagt er und schiebt die Räder mit den tröpfelnden Fahrradtaschen von dannen, während ich noch damit beschäftigt bin, die Handschuhe auszuziehen.

»Duschen sind auch hier unten. Das Obergeschoss steht aber selbstverständlich zu eurer Verfügung. Die Räder kommen in eine der Garagen.«

Im Nu ist alles geflutet, der Boden sieht aus wie beim »Saubären«.

»Morgen kommt die Haushaltsdame«, beruhigt uns Charlotte.

Unkompliziertheit macht sich breit, die Notlage wird erkannt. Hilfsbereitschaft wird bedingungslos ausgestrahlt. Wir duschen, stellen uns vor, machen uns bekannt, tauen sowohl Hände auf als auch vermeintliches zwischenmenschliches Eis ab, das dem »Familienneuling« eine gewisse Unruhe bescherte, aber völlig grundlos war. Ich will rufen: »Die sind echt super!« Lange halten wir an diesem ersten Abend aber nicht mehr aus, zu schwer sind die Augenlider durch die angenehme Wärme des Duschbades geworden.

Lass die Puppen tanzen: Urmel, Jim & Co.

Erni ist Zahnarzt, sitzt im Morgenmantel am Frühstückstisch. Gleich geht er in die Praxis. Charlotte hat über zehn verschiedene Marmeladengläser aufgetischt und den gesamten Tisch in blauweiß abgestimmtem Ambiente hergerichtet. Während wir fest schliefen, war sie schon bei »Herrn Hase« gewesen, ihrem geliebten Pferd. Sie ist Frühaufsteherin, ab halb sechs auf Achse, während Erni im hauseigenen Schwimmbad Frühsport betreibt. Später folgt Charlotte ihrem Erni in die Zahnarztpraxis, weil sie Kronen, Inlays und Co. modelliert, alles unter einem Dach und für die Patienten aus einer Hand. Demnächst wird die Praxis altersbedingt abgegeben und der wohlverdiente Ruhestand genossen. So sind die Pläne. Unsere sehen kurzfristig die Eroberung Augsburgs vor. Die Puppenkiste steht dabei ganz oben auf Susannes Wunschliste. Zunächst jedoch beeindruckt kulturelle Tiefe, was nicht bedeuten soll, dass die Kultur des Urmelis rein oberflächlich bleibt. Die dreischiffige Basilika mit dem Querschiff und dem lang gestreckten Ostchor gelangt erstmalig ins Blickfeld, wenn die Annäherung über die Maximilianstraße erfolgt. Die Basilika zeichnet sich aus durch den beeindruckenden Chor, die Orgelempore, das Pfingstwunder, die Simpertus-Kapelle, insbesondere die Gebeine – eleganter: die Sarkophage – der heiligen St. Afra und des heiligen St. Ulrich. Letzterer war eher konservativ und über fünfzig Jahre Bischof von Augsburg. Die Anekdoten machen auch vor der Geschichte keinen Halt. Angeblich sei der heilige Ulrich der damalige Euphemismus für »sich erbrechen« gewesen, denn lautmalerisch würde sich »Ulrich« so anhören. (Probieren Sie es mal aus, durch lautes Aufsagen und Betonung auf dem U).

Afra dagegen klingt nicht nur exotisch, sondern sie war es auch. Gemunkelt wird, dass sie sich von einer Prostituierten zur Märtyrerin entwickelt habe. Sie konvertierte zum Christentum, leider in einer Zeit, als Christen verfolgt wurden, und blieb standhaft, etwas, was heute selten ist – bezogen auf andere Fragen unserer Zeit, wie zum Beispiel die Aktienanlage. Aber die Standhaftigkeit bezahlte Afra mit dem Feuertod, wohingegen die Manager, die Aktienkurse in den Keller fahren und Milliarden vernichten, mit dreistelligen Millionenbeträgen abgefunden werden. Ungerecht ist die Welt!

»Was der Ikone Glanz verleiht, ist nicht das dem Auge Sichtbare.« Trotzdem stehe ich davor und ergötze mich an ihnen, sie haben mich gefangen genommen in der Ikonenabteilung der Bartholomäuskapelle der Basilika von St. Ulrich und St. Afra. Eindrucksvolle russische Ikonen aus drei Jahrhunderten, die teilweise mit Einhaarpinseln in feinster Zeichnung aus »einem willigen Herzen« entsprungen und nicht mit dem Auge, sondern nur mit dem Herzen in ihrer ganzen Pracht wahrnehmbar sind. Ich verehre die Kunst der Ei-Tempera-Technik, mir ist bewusst, dass die Ehre für die Ikone als Ehre für das gemalte Motiv interpretiert wird. Ich hingegen interpretiere Ikonen folgendermaßen: Das Bild der Ikone vereint sich mit dem Urbild der Darstellung im Herzen des Betrachters. Gleichsam ist die Technik eine menschliche Mechanik und die Ikone ein Kunstwerk. Deshalb kann ich – als außenstehender Betrachter (mit Herz) – durchaus vom Urbild abstrahieren. Ich muss also nicht zwangsläufig an das Urbild, also an Christus, die Heilige Dreifaltigkeit oder Engel glauben, um die Schönheit (und die liegt im Auge und im Herzen gleichermaßen) des Bildes (nicht des Urbildes) sinnlich wahrzunehmen.

Jetzt wird es Zeit für einfachen Spaß auf der »Insel mit zwei Bergen«, dem Lebensort von Lukas, dem Lokomotivführer. Wir sind in der Welt (nein, nicht der Kinder, sondern) der Junggebliebenen angekommen. Das Marionettentheater »Puppenschrein« von Walter Oehmichen legte den Grundstein für die berühmte Augsburger Puppenkiste und ihre Figuren, die später auch in den Verfilmungen auftraten. Der Theaterbetrieb war immer Familienanliegen, was sich vielleicht in den liebevoll und detailgetreu gestalteten Figuren widerspiegelt. Der gestiefelte Kater, das Urmeli, Jim Knopf und viele andere mehr wurden von Augsburg in die Welt getragen.

Wir holen jetzt schnell Kuchen und besuchen Tante Lotte, die Ältere. Sie lebt in ihrer großzügigen Wohnung, sieht wie siebzig aus und ist mehr als guter Dinge. Wir berichten von unserem Tagespensum und erzählen, dass der Augsburger Dom zu düster ist, um mit dem Bamberger oder dem in Fulda mithalten zu können. Aber man kann nicht alles haben.

Die Stadt der Fugger

Wer träumt nicht von einer Jahresnettokaltmiete von umgerechnet 88 Eurocent, in dieser Höhe genau der Fiktivwährung eines rheinischen Guldens entsprechend? Der Ort der Billigmiete ist die älteste

Die Stadt der Fugger

Sozialsiedlung der Welt, die Fuggerei, von Jakob Fugger, dem Reichen, 1521 gestiftet. In ihr wohnten und wohnen auch heute noch bedürftige Augsburger, die nicht als Almosenempfänger, sondern in einer Gemeinschaft der sich selbst Helfenden leben. Ich frage mich, warum dieses auf der Welt einzigartige Modell nicht auch in anderen Städten umgesetzt werden kann. Ein Eintritt von zwei Euro pro Erwachsener wird verlangt, ansonsten lebt die Fuggerei von Eigenproduktionen und Spenden, die allesamt der Stiftung zufließen. Luther hatte damals ein argwöhnisches Auge auf den reichen Teil der Fugger-Familie geworfen, aber mit dieser vorbildlichen Einrichtung konnte er mehr als zufrieden gestimmt werden. Die Fuggerei ist eine in sich geschlossene Siedlung mit Stadtmauern und Toren, einer eigenen Kirche, also eine kleine Stadt in der Stadt Augsburg. Hier lebte auch der Urgroßvater Wolfgang Amadeus Mozarts, seines Handwerks Maurermeister, dessen Dienste in der Fuggerei wahrscheinlich sehr gefragt waren. 140 Wohnungen, aufgeteilt auf 67 Häuser, sind aneinandergereiht und vermitteln eindeutig, dass sehr viel Wert auf die Privatsphäre der Bewohner gelegt wurde, die sich aber natürlich auf den Plätzen trafen. Auch heute sehen wir vereinzelte Bewohner, deren Anonymität durch die vielen Besucher freilich etwas verloren gegangen ist. Anscheinend ist das der Preis, der als Ausgleich zu der konkurrenzlos niedrigen Jahresmiete zu bezahlen ist. Eines brauchen die Bewohner jedoch nicht zu haben: die Andeutung eines Schamgefühls. Das Gegenteil ist der Fall. Sie können stolz darauf sein, in einer so berühmten Gemeinschaft ein neues Zuhause gefunden zu haben.

Erni ist Weintrinker, aber die Flaschen verlieren (was vom Weinexperten bestätigt werden kann) des Öfteren den einen oder anderen Tropfen, der sich immer an einer Stelle breitmacht, an der er am wenigsten zu gebrauchen ist und von der er sich nicht mehr entfernen lässt. Also kaufen wir im speziellen Herren-Geschenkladen einen besonderen »Weineinschenkfüller« – eine Art biegsames, hauchdünnes Blech, das zusammengerollt in den Flaschenkopf gesteckt wird und wegen des erzeugten Millimeterrandes für nahezu tropffreies Ausschenken sorgt. Charlotte dagegen bekommt als Abschiedsgeschenk eine Flasche mit feinem, alkoholfreiem Fruchtessig. Gestern gab es Spargel, den Erni nicht mochte, aber uns zuliebe als Beilage ignorierte, und heute sind wir zum Italiener eingeladen. Das ist eine gute kohlenhydrathaltige Grundlage für die morgige Etappe, die sich von den bisherigen durch einen nicht unerheblichen Sachverhalt unterscheiden

69

wird. Ab morgen sind wir restlos auf uns allein gestellt. Wir haben keine Bekannten oder Verwandten auf dem weiteren Reiseweg, wir haben sozusagen alles ausgeschöpft und sind ab jetzt auf die Hilfe fremder Menschen und unsere Begabung, »Zufluchtsorte« zu entdecken, angewiesen, ohne dass familiäre Bande irgendeine Sicherheit vermitteln könnten.

Was ist Glück?

Zum Abschied schenkt uns Charlotte eine Fleecejacke und ein Schweizer Taschenmesser. »Das könnt ihr bestimmt gebrauchen. Macht es gut und viel Glück.« Der alte Wasserturm und die Stadtmauer Friedbergs lassen wir hinter uns und fahren in Richtung Haunstetten, gelegen zwischen Lech, Wertach und Singold. Jedes Mal, wenn die Fahrradtour für einige Tage unterbrochen ist, fängt man wieder von vorne an: Man muss den Rhythmus für das Treten wieder finden und loslassen vom letzten Standort.

Leise schweben wir durch wunderschöne Natur, am Lechstausee vorbei bis zur Königsbrunner Heide, bis wir schon bald einen Bauernhof mit Limousin-Rindern, die eine besondere rotbraune Züchtung aus der gleichnamigen französischen Region darstellen, finden. Hier wollen wir unser heutiges Nachtlager aufschlagen, obwohl es erst früher Nachmittag ist. Die Bäuerin ist nett, fast schüchtern und nickt nur kurz, als wir sie fragen. Selbstbedienung am Wasserschlauch ist zwar gestattet, aber eine Form des Dialogs kann nicht aufgebaut werden. Trotzdem erklären wir uns und unseren Plan und blicken ansonsten auf die unerschütterliche Gelassenheit der Zuchtrinder, beschäftigen uns mit der Friedberger Entstehungsgeschichte und den komplexen Zusammenhängen dieser Welt. Dort, wo Friedberg heute 30 000 Menschen beheimatet, verlief eine historische Grenze zwischen Staufern und Wittelsbachern, was in einem Schutzbrief von 1264 dokumentiert wurde. Zum Schutz einer gewissen Autonomie wurde später beschlossen, bei der Burg Fridberch eine Stadt zu gründen. Es gab eine »Friedberger Zeit«, die Blütezeit Friedbergs im 17. und 18. Jahrhundert, die Zeit des goldenen Handwerks und der berühmten Uhrmacherzunft. Aber auch jetzt hat Friedberg seine Zeit. Das Hier und Jetzt wird immer die eine

Zeit sein. Besser ankommen in dem, was ist, als sich erinnern an das, was war. Das eine schließt das andere nicht aus. Wir denken an Charlotte und Erni, sind froh, dass wir diesen Schritt getan haben. Es ist nicht selbstverständlich in der heutigen Zeit, die kaum bekannten Verwandten aufzusuchen, um Hilfe zu bitten und dann so vertrauensvoll empfangen zu werden. Das Aneinandervorbeileben ist leider dominierend in westlich geprägten Kulturen, gelebt wird weniger in der und für die Gemeinschaft als vielmehr für sich selbst. Und Wirtschaft und Politik fördern diese Einstellung noch. Es gibt Zeiten, in denen Geisteswissenschaften als brotlos bezeichnet, dann wieder Ingenieure für das Land gebraucht oder Lehrer händeringend gesucht, demnächst wieder Schweißer über alles gestellt werden. Immer wieder wechselt die Bedeutung des medialisierten beruflichen und privaten Interesses. Die Menschen dürfen nicht mehr sie selbst sein und sich genau dafür die erforderliche Zeit gönnen. Etwas aus Überzeugung zu tun, wird erst einmal von anderen kleingeredet. »Das ist nicht möglich«-Formeln überall, in allen denkbaren Schattierungen des denunzierenden Pessimismus. Bei Charlotte und Erni habe ich dagegen das Gefühl, dass sie ihr Leben aus Leidenschaft leben, genau das machen, was sie glücklich macht, und einen Teil ihres Glücks weitergeben, womit sie andere wiederum glücklich machen. Das klingt nach glücklichem Schneeballsystem, so einfach ist es aber nicht. Wer kann schon behaupten, glücklich zu sein? Glück hat auch der Rollstuhlfahrer, der im Rathaus einen Aufzug erwischt; der Passivraucher, der dem Lungenkrebs entgeht; der Verkehrsteilnehmer, der dem Tod entwischt; der äußerlich reiche Deutsche, der nicht Afrikaner ist; der innerlich reiche Afrikaner, der nicht Deutscher ist; der im Hier und Jetzt Lebende, der nicht vergleicht (weder Afrikaner mit Deutschen noch umgekehrt); die Zeitschrift »Emma«, die es immer noch gibt; der amerikanische Präsident, der ein Leben nach der Firmenpleite findet (und ein Leben nach der Präsidentschaft); die Mullahs, die Feindbilder haben; der Schimpanse, der Bananen isst; die Limousin-Rinder, die trotz ihres unvermeintlichen Endes als etwas Besonderes betrachtet werden, was ihnen aber auch nichts nützt, denn der Tod ist ihnen gewiss. Glück kann nicht gewünscht werden, ist nicht definierbar, nicht planbar, nicht erstrebenswert um des Glücklichsein willens. Glück kommt nebenher, in kleinen Portionen, meistens überraschend, wenn überhaupt nicht damit gerechnet wird. Es scheinen die kleinen Dinge der Reise durch die große Welt, die winzigen Momente des Unverhofften zu sein, die so etwas wie Glück bedeuten und glücklich machen.

»Das Schlimmste sind die Menschen, immer diese Menschen!«

Die Romantische führt über Pittriching, in der sich Kreishandwerks- und Spenglermeister Franz Lanzinger ein kupfernes Denkmal installierte. Die vollständig kupferne Kupferkapelle ist als Ort der Besinnlichkeit, Meditation und in Erinnerung an den heiligen Franz von Assisi entstanden. Ein Hort der Sauberkeit, denn nicht ein Vogelabort lässt sich in weitem Umkreis finden. Südwestlich des Ortes kupfert es kesselblank. Wir fahren durch Scheuring an Epfenhausen vorbei, berühmt für den Streit um die »verfluchte« Ammerseebahn, zur St. Leonhard-Kapelle, mit dicker Kette ummantelt, die für den Glauben an überirdische Kräfte steht. Der ebenfalls heilige St. Leonhard – ich gebe zu, es gibt viele derer an der Romantischen – hatte Tiere gesegnet und ein Altarbild wurde ihm zu Ehren am Fluss aufgestellt, da er sich seinerzeit für das Bauerntum stark machte. Als das Bild durch Hochwasser verschwand, doch immer wieder – wie auf wundersame Weise – aus dem Fluss auftauchte, wurde schließlich die symbolträchtige »Ketten«-Kapelle gebaut, der zu Ehrende, bildlich gesprochen, an diesem Ort an die Kette gelegt. Landsberg am Lech ist bezaubernd, das gotische Bayertor hat nichts mit Bayer Leverkusen zu tun, sondern ist eine sehenswerte Toranlage. Auch ein Sandau-Tor existiert hier, was mich zum Schmunzeln veranlasst, weil mein ehemaliger Vorarbeiter im Stahlwerk auch so hieß, aber so ziemlich gar keine Verbindung zu irgendwelchen Toren oder gar historischen Toranlagen hat, allenfalls zu Vorschriften des Brandschutzes der Tore, die mit dem Stapler aus den Angeln gehoben werden. Das Tor ist eher im Bezug zum schon passierten Ortsteil Sandau zu verstehen.

Landsbergs Stadtkern ist unverfälscht mittelalterlich und der gestaute Lech ein echter Augenschmaus, den man unbedingt auf Foto festhalten muss, obwohl alle Stadtführer und Infokarten ohnehin diesen Anblick schon lange vor uns verewigt haben. Aber das ist der Antrieb für jedes touristische Foto: Man will für sich daran glauben, jeweils der Erste zu sein, der dieses Großereignis in Bild (manchmal auch in Ton) festgehalten hat.

»Es sind immer die Menschen, die alles kaputt machen. Kruzifix, die Schweine, die saudepperten. Und dieser Bürgermeister, diese Ausgeburt von einem Saupreußen, der will vierzig Hektar Flur bereinigen und wofür? Der kommt nicht mal aus dem Ort, ein echte Schweinerei, dieser Großmäulige, eine Schande für ganz Erpfting, aber die anderen Ortsbewohner könnt ihr allesamt vergessen, dieses dumme Pack.«

Eine volle Stunde schon dauert die Hetztirade von Magdalene, der resoluten bayrischen Bäuerin, die uns zunächst kritisch musterte und jetzt unsere nervliche Belastbarkeit testet mit einer Schimpftirade über den verdammten Staat, seine Politiker, kackende Touristen, das Bauerntum im Allgemeinen, das Böse im Menschen insbesondere und noch vieles mehr aus dem vermaledeiten Leben. Doch sie muss feststellen, dass wir durch nichts zu erschüttern sind, wenn wir einmal den Drang in uns spüren, einen nächtlichen Zeltplatz zu finden.

»Verdammter Köter!«, schreit sie ihrem Hofhund mit dem seltenen Hundenamen »Mucki« hinterher. Überhaupt hat sie die repetierende Art einer aufbrausenden Cholerikerin, die erst leise und dann stetig lauter werdend, mit dicker Halsschlagader, sich verzerrenden Gesichtsmuskeln, rudernden Armen, tränenden Augen, kratziger Stimme, eindeutigem Vokabular, immer röter werdendem Kopf, bedrohlicher Mimik und orchesterartigem Stimmvolumen jeden einzelnen Satz in einem Crescendo der Mitteilungsdramatik ergießt, sodass ich denke, einer Mischung aus Presslufthammer, Hella von Sinnen und Edmund Stoiber gegenüber zu stehen. Es nimmt einfach kein Ende. Die Theatralik begleitet jedes Thema, von der hohen verfluchten Politik der »Schweinehunde« bis zum Taubenschiss der »Scheißviecher, die alles vollscheißen« und den »Dreckskühen, die sich einkoten« in dem »verdammten Scheißstall« und dem »Mucki«, diesem »elenden Drecksköter, der sich in jeden Haufen hineinwirft, als wäre es sein letzter«. Ein letzter musternder Blick. »Kommt mal mit, hier könnt ihr euer Zelt aufbauen«, sagt sie und zeigt auf ein kleines Rasengrün neben dem Grabstein ihres verstorbenen Zacharias, der nichts dagegen hätte. »Aber nicht den Grabstein vollscheißen oder so etwas, sondern ins Haus kommen«, droht sie böse mit erhobenem Zeigefinger und bohrendem Blick. Das Haus steht hinter der neuen Scheune, ist schneeweiß getüncht, ganz anders als der Rest des Hofes. Magdalene ist ein Unikat, ein seltenes zugleich. Die goldenen Ohrringe sind echt, die Leidenschaft auch, das Vokabular schmerzt, aber eine innere Wärme ist trotz alledem spürbar. Sie fährt mit dem Auto davon, um wenig später einen vollen Eimer Erdbeeren herbeizuzaubern. Gespritzt oder nicht, da wollen wir drüber wegsehen, denn das ist die Geste, mit der wir am wenigsten gerechnet hätten, nach all dem versprühten Hass in der stundenlangen Rede. Sie versucht zu beschwichtigen, gibt aber offen zu, mit den Menschen im Allgemeinen gebrochen zu haben. »Ich bin eigentlich nicht so schlimm. Aber es ist halt der Mensch, alles geht von ihm aus, wenig fällt auf ihn zurück.« Und schon trommelt sie wieder: »Das Schlimmste sind die verdammten Menschen, immer diese Menschen!«

Die Probleme des Menschen oder Erste Meter auf der VCA

In der Nacht hat es stark geregnet. Unzählige Schnecken sind aus der letzten Ruhestätte des Zacharias emporgestiegen und haben sich in der bekannt schleimigen Art in allen Ritzen des Zeltes und auf jeder glatten Stelle der Räder breit gemacht. Schleimspuren ziehen sich kreuz und quer an der Innenhaut des Außenzeltes. Die Felgen, Sättel und Speichen der Räder sind geschmückt mit Schnecken jeder Größe, mit und ohne Gehäuse. Bis alle fein säuberlich und lebenserhaltend entfernt sind, dauert es eine Weile. Magdalene beginnt ihren Arbeitstag nicht vor zehn Uhr. Deshalb wird auch nicht vor zehn Uhr abends das Melken beendet. Wir sehen sie in ihrem rosa-plüschigen Morgenmantel, die herben Gesichtszüge mit leichtem Make-up verjüngt, die goldenen Ohrringe blitzend, so wie ihr kritischer Blick. Doch ein Lächeln erobert ihr Gesicht und sie verabschiedet die Nächtigenden mit einer Ritter-Sport-Schokolade. »Die Menschen sind es, immer diese Menschen!« waren ihre Worte und sie sind aktueller denn je, denn die Menschen sind für vieles verantwortlich, sie schaffen eine Menge Probleme, die es ohne sie nicht gegeben hätte, und kümmern sich rührig um Problemlösungen, die immer eine Möglichkeit offen halten, um das Problem nicht gänzlich zu lösen, weil es ja dann vorbei wäre und niemandem mehr wirtschaftlichen Nutzen stiften würde. So funktioniert das wohl mit den suboptimalen Menschen. Wir wünschen Magdalene viel Glück in der Auseinandersetzung mit dem Flurbereinigungsbürgermeister und radeln in Richtung Süden nach Ellighofen, Unterdissen und Römerkessel. Am Truckstop der B17 lässt sich unter dem großen schattenspendenden Eichenbaum die Brotzeit bestens genießen.

Die Parallelität von Romantischer Straße und Via Claudia Augusta (VCA) war uns bislang nicht bewusst. Die Geschichte der kühnsten Alpenüberquerung, die je zu Römerzeiten erbaut wurde, wird durch zahlreiche Tafeln mit jeweils unterschiedlichen thematischen Schwerpunkten am Wegesrand illustriert. Die Römerstraße führte von Donauwörth bis hinunter nach Venedig. Drusus, der Adoptivsohn von Kaiser Augustus, benutzte diese Verbindung bereits im Jahre 15 nach Christus auf seinem großen Alpenfeldzug gen Augsburg. Seine Armeen und die seines Bruders Tiberius drangen vom Reschenpass und durch das Inntal nach Norden vor. Sein Sohn, Kaiser Claudius, baute dann 46 n. Chr. die Via Claudia Augusta zur endgültigen Handelsstraße aus. Welche beachtliche technische Leistung hinter der gewaltigen Straßenbaumaßnahme der VCA stand, verdeutlicht allein schon ihre Länge. Nach römischer Zählung ergeben die 350 »Römer-Meilen«, also eintausend Doppelschritte (milia passuum) oder 1478 Meter je Meile, insgesamt circa 597 Kilometer. Wir passieren Epfach, zu Römerzeiten Aberdiscum genannt und damals der bedeutendste Straßenknotenpunkt im südlichen Bayern auf den Magistralen Salzburg-Kempten-Bregenz beziehungsweise Augsburg-Verona. In Epfach lebte der berühmte »Wiggo«, so der Spitzname des Bischofs Wikterp, der gemeinsam mit der heiligen Afra und dem heiligen Ulrich aus Augsburg in die Geschichtsbücher eingegangen ist.

So viel Geschichtsträchtigkeit ist unserem Peitinger Bauern ein Graus, lehnt er doch nach jahrelanger Praktizierung die Demeter-Bürokratie ebenso ab wie er als eingefleischter Verdi-Fan dem Wagner-Kult nichts abgewinnen kann. Er strahlt über beide Backen, ist hager, aber von kräftiger Statur zugleich, trägt blaue Latzhose, hat dunkle Haare, die von einem löchrigen Strohhut bedeckt sind, schaut blitzgescheit aus dunkel funkelnden Augen, ist die personifizierte Freundlichkeit. Sein Markenzeichen sind die Goldzähne, er hat nicht nur ein Exemplar, sondern ein vergoldetes Gebiss, Goldfinger hätte seine wahre Freude daran. Bei den aktuellen Goldpreisen stellen seine Zähne eine schöne finanzielle Notreserve dar, die einem bei jedem Lächeln verheißungsvoll entgegenblitzt. Wegen fehlender Erben und um überhaupt Bauernpension zu erhalten (denn die Zähne sollen den Mund nicht verlassen) und weil er weiter auf seinem Bauernhof wohnen möchte, trennt er sich nun stufenweise von seinem Vieh – wie es eines der mannigfaltigen Gesetze des deutschen Staates vorschreibt. Was dürfen Bauern eigentlich noch selbst entscheiden? Wenige Kühe und eine Handvoll Schweine hat er noch und morgen früh wird wieder eine Sau geschlachtet. Anders als seiner renitenten, echt norddeutschen Ehefrau aus der Nähe Papenburgs graut es ihm auch vor der Entledigung der so geschlachteten Sau, die hoffentlich nicht irgendwann einmal jemandem serviert wird. Jedenfalls hat unser Bauer vorsichtshalber für morgen früh einen TÜV-Termin für das alte Auto abgemacht, um dem blutigen Spektakel zu entfliehen.

Sieben Zwerge und die Wieskirche

Die Romantische Straße wird heute bei herrlichem Wetter ihrem Namen besonders gerecht. Gestern noch hatten wir sie zeitweise verloren, waren bei Peiting stückweise über die B17 gekommen, hatten den Lech auf einer achthundert Meter langen Brücke überquert. Heute windet sich die Romantische durch hügeliges Alpenvorland, mit Blick auf das Ammergebirge, zur weltberühmten Wieskirche. Dabei ist die Baustelle in Steingaden unangenehm, weil auch der gemeine Fahrradfahrer keine Ausweichmöglichkeiten mehr hat. Wir biegen ab auf eine schmale, zurückgezogene Straße, fahren am Tagungshaus der evangelischen Kirche in Litzau vorbei, die für den stressigen Bauabschnitt entschädigt. Der Wald wird dichter, eine Ringelnatter huscht über die Fahrbahn. Alpenweiden werden durchquert, Zäune werden auf- und zugesperrt, damit entweder lauffreudiges Rindvieh oder neugierige Ziegen ihre Grenzen erkennen und nicht überschreiten können. Endlich erscheint die »Church in the Meadow«, wie Werbebroschüren internationalisieren. Das Juwel des Rokoko. Hier wurde der Heiland in der Wies gegeißelt, sodass die Brüder

Dominikus und Johann Baptist Zimmermann im Gedenken daran dem schwingenden Oval einen einzigartigen Glanz verliehen. Als Fahrradfahrer ist man ziemlich allein, der Durchschnittstourist kommt mit dem Reisebus. Gleich zwei Busse mit jungen Japanern sind gelandet. Jeder mit dem stereotypen Objektiv ausgestattet, die Erinnerung gehört geblitzt. Die Wieskirche hat seitlich eine kleine persönliche Grußausstellung, mit Gebeten, Wünschen und Ähnlichem. Diese Ecke mit sehr intimen Botschaften ist für den, der zum ersten Mal diesen Wallfahrtsort besucht, fast noch beeindruckender als die grandiosen Malereien. Hier drücken sich Menschen schriftlich oder bildlich aus, die aus aller Herren Länder und Orte stammen – von Schongau bis Peru, von Russland bis Australien. Sie äußern ihre Ängste und Hoffnungen, berichten über ihre Krankheiten, wünschen sich ihre baldige Genesung und demonstrieren ihren Glauben an eine positive Zukunft, an Gott, sich und die Menschheit generell. Ob arm oder reich, alle sind sie mit kleinen Grüßen, Bildern von sich oder derer, die sie in ihre Gebete schließen – handschriftlich auf Zetteln oder farbigem Briefpapier niedergeschrieben, mit kleinen Opferkerzen dekoriert – in kirchlicher Symbolik vertreten. »Mehr davon!«, möchte ich in den Klangraum der Kirche rufen, aber die Polyphonie der Antworten bleibt aus, weil die Orgel unbesetzt ist.

Die Gegend ist zu schön zum Weiterfahren. Resel heißt das nächste Kleinod aus drei Häusern. Beim ersten Haus halten wir an, staunen über das Treiben, das dort herrscht, in einer Gegend, in der sich normalerweise Fuchs und Hase gute Nacht sagen. Kein Wunder, haben wir doch den Lebensort einer neunköpfigen Großfamilie gefunden. Sieben Zwerge tollen herum, die Tochter im Bayerndress, denn sie ist Fußballfan und die Eltern haben sie im nächsten Verein angemeldet, deshalb ist sie jetzt sehr nervös, morgen sei das erste Training. Sie hat zwei ältere Brüder, der eine arbeitet, der andere ist daheim und spielt mit seinem Freund Federball auf dem Asphalt, vor dem riesigen, stark renovierungsbedürftigen Bauernhof, den die Familie erworben hat, oder – auf den zweiten und dritten Blick betrachtet – vielleicht doch »zugewiesen« bekam. Jedenfalls muss die Meute ernährt werden und ist jetzt angesichts des unerwarteten Besuchs wie vom Esel getreten. Schnell wird klar, dass die angestrebte Entspannung inmitten der bezaubernden Umgebung, die wir uns so wünschten, auf sich wird warten lassen. Drei kleine Brüder hat die Tochter auch noch, das Nesthäkchen ist aber das Baby, das wir gar nicht zu Gesicht bekommen.

Auch die Mutter rührt sich nach der kurzen Begrüßung nicht mehr. »Wir haben hier unten am Haus eine Wiese. Aber ihr müsst wissen, hier geht die Post ab. Die Kinder sind etwas temperamentvoll.«

Ja, das sind sie, schön nervend, aber auch unglaublich nett. Jeder Handgriff beim Zeltaufbau wird inspiziert. Bis der erste Fußball ins Zelt donnert, ist kein mahnendes Wort erforderlich. Ich mache Kaffee und hole Kekse hervor. Die Rasselbande hat einen Hunger, als ob es schon länger nichts mehr gegeben hätte. Kekse mit Ketchup, bei den Kindern kein Problem. Gegen Abend starren die hungrigen Augen auf die dampfenden Nudeln, denn ihre Mutter koche zwar, allerdings nie vor neun Uhr, was wiederum unser Unverständnis hervorruft. Pfefferminztee, den wir aus Blättern zubereiten, die Susanne auf dieser Reise zu sammeln begann, ist aber nicht ihr Fall. Kinder, und diese hier insbesondere, kennen keine Diskretion, was sie auffällig und in gar nicht unangenehmer Weise von der verschlossenen Erwachsenenwelt unterscheidet. So erzählt der Drittjüngste vogelfrei, ohne gefragt worden zu sein, dass der Vater des Öfteren zu viel Alkohol trinke und arbeitslos sei, sie vorher in einer Stadt – den Namen bleibt er schuldig – gewohnt hätten, aber raus mussten aus dem Haus, weil es zu eng war, sie sich hier aber »sauwohl« fühlten, weil so viel Garten als Spielfläche vorhanden sei. Gerade wird ein halb toter Frosch aus dem verschmutzten Ententeich herausgefischt und im Matsch begraben, Hühner picken Würmer auf, ein Kothaufen aus Kunststoff liegt auf dem vermodernden Holzpool, der Jüngere nimmt das silikone Kackwerk und wirft damit um sich. Wir spielen mit ihnen Federball, in Zweiergruppen. Ich solle aufpassen wegen der Designerbrille, beschwichtige aber mit: »Brille: Fielmann! Kassengläser, billiges Gestell.« Der Drittälteste ist mit dieser Aussage zufrieden, wir passen zu ihnen, haben uns auf das ihm vertraute, finanziell angespannte Niveau der Familie begeben. Stühle werden auf den Schotter am Hof platziert. Die Kleinen bewerfen die Spieler mit Steinen. »So viele kostenlose Brillen hat Fielmann aber nicht«, kontere ich. Wie es ausgeht, weiß ich nicht mehr, aber zwei Stunden körperliche Ertüchtigung waren es mit Sicherheit. Als es Abend wird, kehrt Ruhe ein, allerdings nur außerhalb des Hauses, das früher gut an Wandersleute vermietet werden hätte können. Jetzt herrscht nach Einbruch der Dunkelheit unüberhörbares Chaos einer losgelassenen Kinderbande, die das stille, alte Haus in lautes, zeit- und grenzenloses Treiben verwandelt. Erst gegen Mitternacht werden die letzten Lichter gelöscht.

Schwach geworden

Es scheint nicht so einfach, die Vorsätze hinsichtlich des Konsumminimierens, die wir vor dieser Reise gefasst haben, immer umzusetzen, insbesondere, wenn es um das kostenlose Übernachten geht. Im Altmühltal haben wir diese Absicht leicht untergraben (wenn auch nur mit fünf Euro), aber auch der Manager schwört jeden Silvesterabend, im neuen Jahr der Familie etwas mehr seiner kostenintensiven Zeit zur Verfügung zu stellen. Doch zunächst der Reihe nach. Bevor die Kinder zur Höchstform auflaufen, verabschieden wir uns leise, nutzen ihr stummes, müdes Winken und suchen in den folgenden Stunden den richtigen Weg. Nicht, dass es keine Schilder gäbe, aber einige scheinen arg in falsche Richtungen gedreht worden zu sein. Zwei Rennradfahrer, die uns gestern schon an einem Hinweisschild aufgefallen sind, grüßen unter dem schattenspendenden Eichenbaum, der eine fast zu kühle Verschnaufgelegenheit bietet, da sich im Laufe seines Alters erhebliches Blattwerk ansammelte. Jeden Tag düsen die beiden Profis (im sportlichen Rennoutfit, mit modernen Klickpedalen, auf die wir verzichteten, und mit – verglichen mit unseren – rund vierzig Kilogramm leichteren Rädern) sechzig Kilometer durch das Ammergebirge und auf umliegende Allgäuhügel, haben allerdings keinen Sinn für kulturelle Besonderheiten am Wegesrand, so auch nicht für den Höhepunkt der Reise in der Füssener Region: die Schlösser Ludwigs II., denen aber auch wir kritisch gegenüberstehen. Dem bayrischen Sonnenkönig reichte Hohenschwangau nicht, sodass er Neuschwanstein in einer Anwandlung von Größenwahn inszenierte. So viel Geschick der Großvater bei der Installation des Ludwig-Donau-Main-Kanals mitbrachte, der wiederentdeckt werden sollte, so grundlos überschritt der Enkel jedes Maß des Normalen mit dem Teilbau des neuen Schlosses. Das »Märchenschloss« Neuschwanstein ist schon von Weitem zu sehen, es zieht jährlich über eine Million Menschen in seinen Bann, die viel Geld im Freistaat lassen.

Da die österreichische Grenze nicht weit entfernt ist und Susanne noch keinen Auslandskrankenschutz hat, suchen wir zunächst den Füssener ADAC auf, der am heutigen Tag Start- und Endpunkt einer Führerscheinprüfung ist. Während der Mitarbeiter auf der alten Schreibmaschine – das Computernetzwerk des ADAC reiche nicht bis hierher – die Einzahlungsquittung ausstellt, stürzt die letzte Fahrschülerin ihrer Freundin in die Arme, denn sie hat soeben bestanden. Sie weiß noch nicht, welche Einschränkung der mobilen Freiheitsrechte durch den bloßen Betrieb des Autos demnächst auf sie zukommen wird. Der Verkehr quetscht sich durch die Stadt, keine Regulierungsbehörde wird irgendetwas regulieren können, die Polizei ist hilflos überfordert bei dem Versuch, den Verkehr zu leiten, gibt schließlich entnervt auf, weil der Besucher-, Durchfahr- und Tagespendlerandrang zu groß ist.

Susanne gönnt sich derweil eine illegale Dusche auf dem Bannwaldsee-Campingplatz, der durch den Hintereingang zugänglich ist. Warum vorne rein, wenn es hinten die Duschen umsonst gibt? Das ist aber Zufall, da es keine Münzautomaten gibt. Doch komme ich mir (die gute Erziehung macht sich bemerkbar) irgendwie schlecht vor bei dem Gedanken, rotzfrech und vollpackt an den zahlenden Campern vorbeizugehen und in die Dusche zu steigen. Schließlich findet der Anstand die entsprechende Facette des Charakters wieder und wir übernachten auf dem Platz, regulär für 19,50 Euro inklusive Mehrwertsteuer und mit der Rechnungsnummer 39163. Damit ist ein Tabu gebrochen, aber der inflationäre Verfall der eigenen Ansprüche wird schon nicht eintreten.

Österreich

(Tag 38 bis 47)

Tiroler Heimat

Während die Menschenschlange vor der münzpflichtigen Toilette am herrschaftlichen Neuschwanstein immer länger wird (weil es unterproportional wenige Örtchen in der Umgebung gibt), schieben wir die Räder entspannt die autofreie Fürstenstraße zur Grenze nach Österreich durch den Nadelwald hinauf, der linkerhand immer wieder Blicke auf den tiefblauen Alpsee erlaubt. Wanderer sind unterwegs, doch je weiter wir dem Grenzbaum entgegenschieben, desto einsamer wird es. Tatsächlich gibt es oben Reste des deutschen und des österreichischen Grenzhauses, beide sind natürlich nicht mehr besetzt. Wir überlegen, womit die Grenzer ihrer Arbeit während der grenzaktiven Phase einen Sinn geben konnten, finden aber keine schlüssigen Antworten.

Die kleine Straße führt hinunter in die Ebene des Lechs. Gerne hätte ich in Unterpinswang einen Souvenirstempel für den Reisepass besorgt, aber der Gedanke scheint zu weit hergeholt, außerdem gibt es nicht einmal eine Dorfpolizei. Ein Einheimischer empfiehlt auch gleich das Büro der Polizei in Reutte. Jetzt fahren wir den Lech entlang, über Oberpinswang, den kleinen Kniepass hinauf, auf der anderen Seite wieder runter, über die gleichnamige Kniepassstraße, bis ins flache Pflach, in den Knotenpunkt der wichtigen Tiroler Stadt Reutte, von der aus Tannheimertal, Füssen und Garmisch-Partenkirchen gut zu erreichen sind.

Noch schnell ein Eis und ein paar Straßenkarten für Österreich, wobei sich direkt der Komplettsatz empfiehlt, weil die weitere Richtung noch nicht geplant ist. Am Bezirkskrankenhaus führt die Route vorbei, die riesigen Mähdrescher lassen Bewunderung aufkommen, die Via Claudia Augusta (VCA) als stille Begleiterin unter den Rädern, die bisher noch mit der Romantischen Straße konkurrierte und jetzt unsere Heimat wird, uns bis nach Ehenbichl trägt. Den Lechtaler Radweg haben wir in Reutte ignoriert, weil wir nicht den gesamten Lech flussaufwärts fahren möchten, sondern eher irgendwie die Berge über den Fernpass bezwingen wollen. Als die VCA plötzlich in einem Feld endet, auf dem einige Pferde großzügigen Auslauf genießen, sind wir orientierungslos. Wo ist sie abgeblieben, die Kaiserliche? Ich frage einen Bauern, weil es an der Zeit ist, einen Platz für das Nachtlager zu finden, die allabendliche Dämmerung setzt bereits ein. Der Bauer holt seinen Vater, der gleich anbietet: »So lange ihr wollt.« Wir befinden uns in einem Ortsteil Ehenbichls und der Bauer Rid betont gleich ausdrücklich, ohne »e« geschrieben zu werden, weil er nicht mit dem gleichnamigen Ort verwechselt werden möchte, in dem das Anwesen liegt, und Ober sei er von Berufs wegen schon gar nicht. Er löst denn gleich das Rätsel für die offenmundig staunenden Neuankömmlinge auf: Der Ortsteil heiße Oberried. Also befinden wir uns in Ehenbichl-Oberried. Von dem Bauern, dessen Kleidung (Holzfällerhemd, Cordhose, abgetragener Hut) schon etwas strapaziert wirkt, erfahren wir, dass er »das ganze Leben lang hart gearbeitet« habe. Jetzt schmerzten die Knochen, ohne seinen Sohn könnten die dreizehn Hektar Eigen- und vierzehn Hektar Pachtland gar nicht mehr bewirtschaftet werden. Und der Sohn selbst habe sich neben dem alten Bauernhaus ein nagelneues Prachthaus hingesetzt, eine Mischung aus Massivholz und Klinkerputz. Alles dies sei nur möglich, beteuern beide, weil die Landwirtschaft nebenher und nicht ausschließlich betrieben würde, der Sohn noch in der Datenverarbeitung einer größeren Firma tätig und zurzeit Single sei, weswegen er sein gesamtes Herzblut in die Bewirtschaftung des Landes stecken könne. In erster Linie werde Weizen angebaut. Auch Weidegras für die dreizehn Kühe sei wichtig. Die beiden Bauern züchten noch Pferde, hoffen vielmehr leidenschaftlich, endlich damit beginnen zu können, aber mit der Stute hätten sie zurzeit zu viel Leid und Schaff, als dass ein Hengst die Gute glücklich machen könnte. Morgen früh stünde der nächste Begattungsversuch ins Haus. So sei das mit der Zucht auf Kommando, die Natur könne schließlich nicht gezwungen werden. Ein kleines Kalb steht in einem kanisterartigen Plastikschuppen, wird dort mit Flaschenmilch großgezogen, von der Mutter getrennt. Fragwürdige Entsagungen im Kalbsalter. Ansonsten sind unsere Bauern aber sehr nett, helfen bei der Zeltplatzsuche auf der großen Wiese. Auch in Sachen Geschichte und Landeskunde sind sie bewandert. Die VCA kennen sie und einer ihrer Höhepunkte sei zweifelsfrei die sogenannte Klause, die eine der größten Ritterrüstungsabteilungen der Welt beherbergt und eine Anprobe der passenden Rüstung ermöglicht – natürlich nachdem der saftige Eintrittspreis entrichtet worden ist. Daneben sei die zwar anstrengende, dafür aber kostenlose Besteigung der Burg Ehrenberg und dessen, was gegen Abend mit einem Lichtermeer angestrahlt wird und von unserem neuen Zeltplatz bewundert werden kann, empfehlenswert: die Überreste der gruseligen Festungsruine Schlosskopf.

Bevor wir an einen morgendlichen Aufstieg in luftige Höhen überhaupt nur denken, bereiten wir uns bodenständig erst einmal Tofugulasch mit Currysoße zu.

Was sich die Leute alles zumuten

Wer früher die Ehrenberger Klause und gleichzeitig die strategisch wichtige Sigmundsburg südlich des Fernpasses beherrschte, konnte sämtliche Angriffe von Norden und Süden und jede Form der Nachschuborganisation feindlicher Truppen blockieren. Auch der Körper blockiert bisweilen, wo der Wille will. Die gepäckfreie Fahrt zur Klause ist mörderisch und ein Vorgeschmack auf den weiteren Weg durch die Alpen, den wir mit Gepäck zu bezwingen haben. Es ist so steil, dass nicht mehr gefahren werden kann, weil der Kraftdruck auf die Pedale die Räder durchdrehen lässt. Das sind keine Mountainbikes, sondern Tourenräder, sage ich mir und verdränge somit das Gefühl armseliger Unterlegenheit.

Der Klause selbst ist ein Museum angeschlossen. Umfangreiches Kartenmaterial über den Donau-Radweg ist auch vorhanden, eingeteilt in acht verschiedene Teilbereiche. Darüber hinaus wird die komplette Geschichte und wissenschaftliche Analyse der VCA angepriesen. Das alles und noch viel mehr wollen wir aber gar nicht, sondern die Geschichte selbst erleben, und zwar die gerade an diesem Tag gebotene. Es nützt halt nicht wirklich zu wissen, dass Friedrich Barbarossa I. im Streit um den Besitz der Burg zwischen dem Erzbischof von Trier und dem damaligen Besitzer, dem Pfalzgrafen Hermann von Stahleck, die Burg als sogenanntes

Unterlehen an den Ritter von Ehrenberg geben sollte. Die stolzen Ehrenberger dachten jedoch nicht im Entferntesten daran, ihre Burg überhaupt irgendjemandem zu unterwerfen. So verkündet auch das Schild zum Burgruinendurchgang: »Worum man sich redlich bemüht, wird einem letztlich auch zuteil.« Im Bewusstsein dieser Tatsache steigen wir ohne feindliche Gegenwehr den steilen Weg hinauf zur Burgruine Ehrenberg, zum »Ort der Kraft«, der grandiose, glücklich machende Rundumblicke erlaubt. Über Reutte und Lechaschau, durch die der Lech mittendurch fließt, schauen wir zurück in die Richtung, aus der wir gekommen sind. Eine kanadische Familie ist auf Europatour, so wie sich das für die Übersee-People gehört. Venice, Berlin, the Alpes, Rome, Paris, alles in sechs Wochen, Europe all inclusive. »Isn't it very strenuous?«

Susanne legt sich in den Schatten, während mich der alpine Ehrgeiz packt. Die Höhenluft beflügelt. Ich schreite voran, dem Höhepunkt der Landschaft entgegen, der sich in steilster Enge über mir befindet. Die Festung Schlosskopf auf 1261 Metern ist keine Burg im herkömmlichen Sinne. Es gibt kein Restaurant, hier leben keine Menschen, nur Ruinen, Überbleibsel, Vorwerk und Steintore, die an eine fast vergessene Zeit erinnern. Der Weg ist alpin, eng, sehr steil, rutschig, nur 150 Höhenmeter über der Ehrenburg, aber zeitintensiv. Nichts für Leute, die nicht schwindelfrei sind. Der Wind pfeift, vor mir kämpft eine immer langsamer werdende Gruppe: der Großvater, dessen Frau und die beiden Enkelkinder. Oma kann nicht mehr, pfeift (im Wettbewerb mit dem Wind) hörbar aus dem letzten Loch und flucht, weil der Opa den zweiten Jungbrunnen sucht und den Enkeln beweisen will, dass er nicht zum alten Eisen gehört. Einmal in den Aufstieg eingestiegen, wird die Strecke zunehmend zur Strapaze, insbesondere für den, der aus dem Tritt gerät. Die Großmutter setzt sich jetzt, ich laufe in meinem Tempo vorbei und sage: »Da haben Sie sich ja was vorgenommen.«

»Hören Sie auf, wenn ich das gewusst hätte«, antwortet sie, winkt verärgert ab und zieht die Jacke aus, weil sie ins Schwitzen gekommen ist. »Ich kann nicht mehr, aber mein Mann muss ja alles besteigen, das war schon immer so.« Sie steht wieder auf und zieht sich die Jacke wieder an, denn der Wind kühlt den Körper in der exponierten Lage des felsigen Aufstiegs schnell aus. Nun rufen auch die Enkel: »Oma kann nicht mehr.«

»Was ist denn jetzt schon wieder?«, brüllt der Großvater von oben herab.

Ich gehe weiter und sage: »Ihre Frau tut sich schwer, ist ja auch ziemlich anstrengend.«

Er steht da mit hochrotem Kopf und teuren Wanderstiefeln, mit einer ziemlichen Tonne über der Hüfte und donnert: »Immer ist irgendetwas. Nichts geht mal so, wie ich es mir vorstelle.«

Ich gehe weiter, ein Lächeln unterdrückend, ohne Wanderstiefel, die ich natürlich nicht mithabe, aber durchaus hätte gebrauchen können. Jetzt wird es baumlos, der Weg quetscht sich an den Burgfels, in greifbarer Nähe thronen Ruinensteine. Nach einem scharfen Neunziggraddreher und Durchschreiten eines steinernen Tores mit knappstem Tritt (gleich daneben geht es hinab in die Schlucht) erreiche ich den höchsten Punkt. Ein Segelflieger umkreist die ehemalige Festung. Der Wind braust stürmisch. Auf der verschwindend kleinen Anbaufläche des Bauern Rid erkenne ich unser Zelt als nadelkopfgroßen Punkt. Nach fünfzehn Minuten steige ich wieder hinab, denn der Aufstieg hat schon fast eine halbe Stunde gedauert und ich möchte Susanne nicht zu lange warten lassen. Nach weiteren zehn Minuten kommt mir die zerrissene, generationenvereinigende Wandergruppe entgegen. Die Enkel, denen der Aufstieg nicht die Bohne ausmacht, fragen gelangweilt: »Und, kann man da was Tolles erleben oder war der ganze Stress umsonst?«

»Na ja, so wirklich viel zu erleben gibt es wohl nicht, aber man hat einen unendlichen Ausblick in die grandiose Landschaft«, sage ich und versuche einen Rest an Begeisterung auszustrahlen, damit der Großvater nicht enttäuscht ist. »Aber was hattet ihr erwartet?«

Opa folgt auch schon wenig später, während die Großmutter etwas tiefer auf einem Felsbrocken schnauft: »Wie weit noch?«

»Nicht mehr so schlimm«, mache ich Mut und denke: Wenn die das Tempo weiterläuft, wird sie hier oben übernachten müssen.

Entspannungsreicher Ausrüstungscheck

Ihr könnt so lange bleiben, wie ihr wollt«, hatte Bauer Rid gesagt, also tun wir ihm den Gefallen und bleiben noch einen vollen Tag, kaufen ein in Reutte und unternehmen eine sinnlose Wanderung zur Bergbahn in Höfen, in der Hoffnung, den Alpenblumengarten auf 1800 Metern zu sehen. Rid warnte, dass ab Mittag ein Gewitter aufziehen könnte. Recht soll er behalten, denn so schnell, wie in den Bergen Gewitter aufziehen, ist ein berühmter Michael mit seinem roten Fahrzeug um den Nürburgring gefahren. Statt der Bergbahnfahrt, die wegen des Wetters keinen Sinn mehr macht, besuchen wir noch einmal Reutte, staunen über dortige Lüftlmalerei, sind fasziniert vom Flair der Tiroler Stadt. Überhaupt ist Österreich auf diesen ersten Eindrücken unwahrscheinlich gepflegt, akkurat sind die Grundstücke, lieblich die Häuser. Ein Land, das vom Tourismus lebt, doch es muss auch an der Einstellung der Leute liegen, ihrer permanenten Zuwendung dem gegenüber, was sie haben. Sie wissen, wo sie stehen, wo sie hingehören in einer Zeit der verfallenden Werte. Ein unbekannter Philosoph sagte einmal: »Wer Te(e) trinkt, hat auch Werte« und meinte, dass Tee ein Genussmittel ist, das nicht so leicht wie andere – zum Beispiel Kaffee – als Gaumenspüler den Durst ertränkt, sondern bewusst eingesetzt einen tieferen Sinn stiftet.

Um festzustellen, welchen Sinn die fünfzig Kilogramm Gepäck stiften könnten, wird es Zeit für eine sinnvolle Ausrüstungsanalyse, nachdem schon einiges in Forchheim gewichtsmäßig abgespeckt worden ist.

Mal sehen, was wir dabei haben, das es wert ist, über den Fernpass befördert zu werden. Für die Behausung sorgt ein Zelt der Firma Hilleberg, mit ausreichender Größe und Stauplatz im Vorraum. Passend dazu gibt es eine Footprint-Plane und eine billige grüne Tarp des Baumarktes Hornbach (sechs Quadratmeter), die beide zum Einsatz kommen, wenn der Unterboden zu stachlig wird, vor allem wenn mangels Alternative Waldcamping angesagt ist. Im Zelt liegen unsere zwei durchtrainierten Körper auf Matten der Marke Thermarest und werden bedeckt von einem Yeti- (die Marke, nicht das Geschöpf!) und einem wärmeren Mountain-Equipment-Daunenschlafsack. Damit die Körper in sommerlichen Hitzenächten nicht die Daunen aufweichen und die Schlafsäcke zerstören, werden sie jeden Abend in fürstliche Seideninletts gequetscht. Susanne hat darüber hinaus ein selbst gemachtes Schaumstoffkissen, ich benötige für die weiche Landung meines Hauptes ein echtes Knautschkissen. Für die kulinarische Eigenversorgung verwenden wir einen Trangia-Sturmkocher, der so heißt, weil die Flamme gegen Winde abgeschirmt ist. Das Set besteht aus einem Multifuelbrenner, aus dem immer etwas herauskommt, egal, was reingefüllt wird – um es mal fachmännisch zu erklären. Es gibt ein hervorragend zu verstauendes Topfkochset, bestehend aus zwei Töpfen (mit 1,2 beziehungsweise 1,7 Litern Inhaltsvermögen), einen Kessel mit 0,9 Litern Fassungsvolumen, mit dazu passenden Deckeln und einem Topfgriff, damit die Finger nicht verbrennen. Der Inbegriff des Reiseluxus ist aber – auch wenn ich nicht zu viel Werbung machen möchte – die Fünfliterfaltschüssel von Ortlieb, ein wahres Wunderwerk, das zum Sammeln von Brennnesseln, Waschen der Füße, Suchen von Reifenlöchern fernab jedes Wasserbeckens, Putzen von Obst und Gemüse und zum Abtransport der eigenen Kotze bestens eingesetzt werden kann. Und Spülmittel benötigen wir, um die Hygiene nicht ganz unter den Tisch fallen zu lassen. In der Rubrik »Klamotten« haben wir jeweils dabei: ein Goretex-Regenset (bestehend aus Hose, Jacke und Mütze), das uns schon gute Dienste leistete, eine wärmere Mütze, ein Paar Sandalen, ein Paar Turnschuhe, eine Windjacke vom Aldi (reicht völlig), eine Fleecejacke für kalte Zeiten, einen Fleecerolli, T-Shirts (drei an der Zahl, damit eindeutig zu viele), drei Unterhosen (für die dasselbe wie für die T-Shirts gilt), eine lange, etwas feinere Ausgehhose, eine Radlerhose lang, eine Radlerhose kurz, eine Badehose, drei Paar Socken (obwohl wir schon keine mehr tragen, wegen der Hitze), ein enttäuschendes Mikrofaserhandtuch, einen Waschlappen, ein kleines Handtuch und eine Schirmmütze. Susanne hat außerdem noch zwei Sport-BHs im Gepäck sowie ihren Allzweckrock und eine Shorts, die sie aber nie anzieht, weil sie sich stets für den Rock entscheidet. Unverzichtbar sind die Sonnenbrillen, die Digitalkamera, Schreibzeug und Unterlagen für das Tagebuch, zwei Bücher für die Abendstunden (solange es hell ist), Plastikbesteck (jeweils ein Löffel, ein Messer und eine Gabel), Flickzeug für die Räder und das Zelt sowie diverses Werkzeug. Dann haben wir noch unter »Sonstiges« folgende Utensilien im Gepäck, die wir besser hätten zu Hause lassen sollen, die aber allesamt zu wertvoll oder voluminös sind, um sie entweder jetzt noch zu entsorgen oder aber postalisch zu verlagern. Da ist der schon prestigebelastete Wasserfilter, von dem ich mich aus Prinzip nicht trennen will, obwohl er wahrscheinlich niemals zum Einsatz kommen wird. Nutzlos ist der französische Sprachführer, der allenfalls in ehemals französischen Kolonien Afrikas wichtig werden könnte. Ebenfalls überflüssig ist die Elektronikabteilung in Form eines flachen iPod, der den Weg ins Gepäck nur gefunden hat, weil in ihm Adressen hinterlegt sind (für den Notfall). Zugegebenermaßen ist auch ein bisschen Musik gespeichert, jedoch haben wir keine Zeit – und wenn wir sie hätten, mit hoher Wahrscheinlichkeit gar keine Lust – hineinzuhören, weil wir auf einer

Lebensreise sind und diese Reise viel zu viel bereithält, als die Zeit mit aufgezeichneten Medien auszufüllen. Das hätte natürlich schon vor Reisebeginn klar sein können, aber aus Erfahrung wird man bekanntlich klug. Letztlich erwähne ich noch die unverzichtbaren Ortlieb-Radtaschen, die durch ihr Eigengewicht dem vermeintlich lebenserhaltenden Inhalt einige Kilogramm hinzufügen.

Der Weg zum ersten Alpenpass

Das erste Stück zur Ehrenberger Klause kennen wir bereits. Trotz Gepäck wirkt es gar nicht so schwer, die Räder drehen heute nicht durch, solange wir noch fahren können, weil das Gewicht der Vordertaschen genügend Druck auf den Schotter ausübt. Heiterwang am gleichnamigen See war früher Warenumschlagsplatz, ist nun eher Tourismusort. Das Tal ist hier besonders breit, Radweg und Straße verlaufen parallel. Während am Horizont die Zugspitzbahn bewundert werden kann und der Lermooser Bahnhof verschlafen dreinschaut, ist die VCA überraschend aktuell. Palynologische Untersuchungen des Lermooser Beckens brachten vor gar nicht langer Zeit Beachtliches hervor. Antiker Stoff für Universitätsdozenten und solche, die es werden wollen, Diplomarbeiten haben sich an ihrer Geschichte abgearbeitet. Und doch ist endlich eine Verbindung zur Wirklichkeit entstanden. Ich habe nicht mehr das Gefühl, dass alles so lange her ist. Freigelegt wurde hier der sogenannte Prügelweg, also römische Altstraßenreste, die zeigen, welche Straßentechnik der Römer gebrauchte. Holzroste aus zwei Reihen querverlegter Halbstämme, die sich gut zum Prügeln eignen würden (daher der lustige Name) und trotz ihres Alters unversehrt sind, liegen auf längs gerichteten Rundlingen, insgesamt bedeckt mit Kiesaufschüttungen. Schnurgerade verläuft das einzigartige europäische Straßendenkmal. Parallel ist ein Golfplatz angelegt worden. Meister und Schlägerträger fahren auf dem schönen Kunstrasen mit Elektrowagen von Loch zu Loch. Zwei Jahrtausende zuvor steckten Römer Prügelhölzer in matschigen Untergrund. Wie sich die Zeiten ändern. Ob gekonnter Hüftschwung oder visionäre Kraft verglichen werden können und welche Rückschlüsse erlaubt sind, sei den Wertefindern unserer Zeit überlassen, die vielleicht in zweitausend Jahren vereinzelte Werte entdecken, wenn ich auch nicht sicher bin, ob sie so handfest sind wie das, was bei den Freilegungsarbeiten des Prügelweges zutage gefördert worden ist. Das reichte von genagelten Schuhsohlen aus Leder über Bremshaken bis hin zum Eisenmesser.

Der Weg wird schmaler, Biberwier heißt der letzte bewohnte Ort, bevor die Einsamkeit des Alpenpasses sämtliche Sinne fordert. Autos fahren auf dem Radwanderweg nicht, der genau am Ende des Tunnels der Fernpassstraße unter dieser hindurchführt. Oben bin ich schon oft mit dem Auto gefahren, jetzt radle ich darunter hindurch. Immer höher kommen wir, immer enger wird das Tal. Die Autos verschwinden wieder im Berg, wir schieben den schmalen Weg hinauf. Ein verstörtes Rehkitz sitzt im Gras neben dem Gebirgsbach, läuft nicht weg, wahrscheinlich erkrankt. Eine Zeltsiedlung ist unbewohnt, das Holzhaus im umzäunten Areal ebenfalls. Der Weg wird jetzt sehr steil, sodass wir beschließen, die unausgesprochene Gastfreundschaft eines verschlossenen und verlassenen Blockbohlenhauses zu erwidern. Die Räder können nicht mit zum Haus gebracht werden, die auffälligen Taschen werden mit der Plane an die Farbe des Waldes angepasst. Wir legen uns mit den Matten unter die geschützte Terrasse, lauschen in die knackenden Geräusche des Waldes, genießen die Abkühlung durch den aufkommenden Wind. Spannung liegt in der Luft, weil Ungewissheit spürbar ist, vielleicht sogar Angst, den ersten Alpenpass mit den Rädern nicht bezwingen zu können, an dieser Stelle der Reise zu scheitern, die unbekannten Menschen anderer Länder nicht zu erreichen, in der rauen Natur allein gelassen, in der abseitigen Bergwelt vergessen zu werden, in die wir uns ganz bewusst hineinbegeben haben, um mit bloßer Muskelkraft und geistiger Vitalität Grenzen zu überwinden.

Die etwas andere Passüberquerung

Gefangen im Schotterweg zum Pass, sind alle Gedanken auf dieses eine Ziel ausgerichtet. Es gibt kein Zurück. Der Weg führt mit kurzem Anstieg zum Mittensee, der mit seinem klaren Wasser das Grün der umliegenden Nadelbäume widerspiegelt und schon zu dieser frühen Tageszeit die ersten Schwimmer anlockt. Ein Förster erklärt, dass das zwar verboten sei, aber zivilisierter, sauberer Tourismus keine Sanktionen nach sich ziehen sollte. Er übersehe das bewusst und lasse den Leuten ihren Spaß. Um auch Spaß zu bekommen, sollten wir am Ende des Weges die Autostraße ein Stück fahren, sofort an der nächsten Möglichkeit wieder rechts abbiegen, unter der Straße hindurch und auf der anderen Seite in den Aufstieg zum Pass einsteigen. Das wäre dann der eigentliche Fernpass, abseits der autoabgearbeiteten Straße. Abschließend mustert er die Räder kritisch und ruft Mut zu: »Ihr schafft das schon.« Die Aussage verunsichert ein wenig, wird aber gleich in einer Art Schwerhörigkeit überhört, um die lockere Unwissenheit nicht mit beschwertem Grübeln zu belasten. Der Aufstieg ist der reinste Wahnsinn. Nicht die Steilheit an sich, aber der Weg ist mit dicken Geröllsteinen überzogen. Die Bremsen der Räder sind ungemein wichtig, um nicht um den Erfolg des Erreichten gebracht und wieder meterweise durch das Fahrradgewicht zurückgeworfen zu werden, wenn einige Steine, Geröllplatten und Wurzelfreilegungen überwunden sind. Im Schneckentempo schieben wir hinauf. Ich quäle mich, stelle immer wieder irgendwo das Rad ab und laufe dreißig oder vierzig Meter zurück, um gentlemanlike Susannes Rad mit vereinten Kräften nach oben zu drücken. Wanderer kommen vorbei, schütteln ungläubig den Kopf.

»Besser, als auf der Straße den Autos auszuweichen«, beschwichtige und rechtfertige ich mich zugleich, ohne den wahren Grund der natürlichen Erklimmung des Fernpasses zu diskutieren. Wir brauchen über zwei Stunden, bis wir scheinbar oben angekommen sind. Ein Holzkasten ist aufgebaut, der fast zur Unkenntlichkeit abgewetzte Stempel kann wegen des restlos ausgetrockneten Stempelkissens kein Beweis für die Bewältigung des Fernpasses sein. Deshalb klaue ich gewissenlos den ganzen Stempel. Wenn der österreichische Tourismusverband keinen Ersatz bereitstellt, soll es nicht meine Schuld sein. Das Teil ist wahrlich unbrauchbar und nur von ideellem Wert. Ich gehe aber davon aus, dass im nächsten Sommer an dieser Stelle wieder ein neuer intakter Stempel mit aufgefülltem Tintenkissen anzutreffen ist, sodass die Fernpassbezwinger ihre Dokumentationssucht ausleben können.

Rasant schlingert der Weg jetzt hinunter, mit Blick auf die Fahrzeugkolonne, die nicht abreißen will. Der Fernpass ist mautfrei, sodass doch recht viele diese Verbindung der Lechtaler Alpen mit dem Memminger Gebirge nutzen. Auf der anderen Seite der Straße führt der Weg weiter nach Nassereith, bekannt für aus Lehm geformte Krippenfiguren. Als ob der Stempel bewusst unbrauchbar war, ist der eigentliche Höhenflug noch längst nicht vollbracht. Auf der Karte scheint hinter dem völlig überlaufenen Restaurant »Schöne Aussicht« (der Name ist verführerisch) der Weg weiterzugehen. Bei schwülen 30 Grad Celsius fahren wir hinab, der Weg quert die Straße viel weiter oben, als die Karte das verspricht. Da die Straße wegen des Verkehrs nicht befahrbar ist, sehen wir die »Schöne Aussicht« nicht. Dreizehntausend melodramatische Kraftmeter liegen schon hinter uns und der Weg da vorne verspricht freie Fahrt ins Gurgltal und nach Tarrenz. Illusion ist allerdings die Überwindung jedweder Logik, vor allem wenn (rein logisch formuliert) die Wegelogik so sehr schmerzt, wie die Felsspalten steil nach unten führen: Wie schon heute Morgen sind denn auch Steigungen von mehr als zwanzig Prozent der ersehnten Abfahrt vorgelagert, während die Autostraßenkarte lediglich acht Prozent für motorisierte Pferdestärken voraussetzt. Erneut breitet sich für weitere sieben Kilometer eine äußerst enge, gefährlich daherkommende Piste aus. Das nächste Schild dramatisiert den Selbstverwirklichungstrip der Großstadtkinder: »Bike-Schiebeweg«. Dazu würde ein gewisser Atze sagen: »Ja, nee, is klar. Wat willst auch mit den Dingern anderes machen? Vielleicht auf den Buckel nehmen und joggen?«

Links der steile Abgrund, rechts der überbordende Fels, der Weg gerade fünfzig Zentimeter breit, freihängende Holzbrücken über Wasserfällen, nass und rutschig, völlig ungeeignet zum Wandern, gar nicht brauchbar zum Mountainbiking und lebensgefährlich mit unseren Tourenrädern und das alles nur, um den Römern die letzte Ehre zu erweisen? Die Schlucht wird immer enger, unten sind kleine Spielzeugautos zu erkennen, die Fernsteininsel mit der Ruine des Jagdschlosses Sigmundsburg inmitten des Sees wirkt modellartig, am Felsüberhang riskieren zwei Radfahrer alles. Eine Stunde später sind wir (und das ist die glückliche Nachricht: Wir *sind* noch auf diesem Planeten) fix und fertig.

Tarrenz lockt mit dem Schwimmbad und im Unterschied zum Bonzentarif in Eckenhagen zu Beginn der Reise loggt der Bademeister den Kindertarif zweimal ein, irgendetwas muss er schließlich abrechnen. Die Erfrischung ist nötig, von innen kühlt das Eis des Schwimmbadrestaurants. Prächtig ist der umgebaute, hypermoderne Bauernhof einer Familie in Tarrenz. Auch hier hat der Nebenerwerb die Tradition des Bauerntums aufgeweicht, es reicht halt nicht, nur Bauer zu sein. Unter dem

Heuboden befinden sich Einstellplätze für Pkws, wir dürfen kochen, Strom verwenden – was selten der Fall ist – und einfach nur sitzen (nicht auf dem Zeltboden kriechen), entspannen, dem aufziehenden Gewitter entgegenschauen. Heu wird gelagert, um Überschüsse an die abzugeben, die zu wenig haben. Kühe hat der Teilzeitbauer nicht mehr, da wegen der eigentlichen Arbeit Melkzeiten nicht einzuhalten wären. Für die Tochter werden englische Schulbücher kopiert, damit sie ihre Sprachkenntnisse verbessern kann. Der Bauernhof ist also vermarktungsfähig ausgebaut, insbesondere für Bed-and-Breakfast-Gäste, aber auch für deutsche Reisemobilbesitzer, die kostenlos vor dem Haus stehen dürfen, weil somit gleichzeitig Werbung für den gesamten Ort gemacht wird. Der Gastgeber hält insofern nichts von der überzogenen Abzocke der leichtgläubigen Touristen, die überall verbreitet sei. Ihm sei vielmehr der kulturelle Austausch in einer Art moderner Völkerverständigung wichtig.

Immer wieder Landeck

Imst war im 18. und 19. Jahrhundert berühmt für den Verkauf von gezüchteten Singvögeln nach ganz Europa. Sehenswerte Patrizierhäuser zieren die geschäftige Stadt. Der Ort erstreckt sich auf einem langgezogenen Plateau hoch über dem Inntal, fällt dann rasant hinunter und mündet quasi mit dem Gurglbach im Inn. Durch ein Industriegebiet verläuft der Weg ziemlich parallel dem Inn. Ein wunderschönes Tal, wäre da nicht die unerschütterliche Autostraße, die später in die Autobahn übergeht, und würde nicht die Tatsache, dass der Radweg wie eine zusätzliche Standspur gleich neben der Straße verläuft, die Illusion des lieblichen Tals auf die unnachgiebige, nervenaufreibende Geräuschkulisse reduzieren. Ein generelles Alpenproblem. Wohin mit dem Transitverkehr? Der Weg führt jetzt durch die hohle Gasse unter der Autobahn hindurch und dann parallel auf der anderen Seite weiter. Das ständige Rauschen kostet Nerven. Der Kirchturm von Zams steht ohne Kirche mitten im Ort; standhaft widersetzte er sich dem Brand von 1911, das Kirchenschiff steht jetzt fünfzig Meter entfernt. Heumännchen laden ein zum nächsten Sommerfest. Wechselhaft ist das Wetter dieser Tage. Für eine Stunde kauern wir unter einem Felsen am Radweg, wenig weiter sind die Wagenspuren der Römerstraße sowie Treppenspuren der VCA aus dem Jahre 15 n. Chr. zu bewundern. Es regnet so stark, dass Rinnsale am Felsen den Untergrund aufweichen und wir völlig durchnässt und ausgekühlt Landeck erreichen. Schon die Abschlussfahrt der gymnasialen Oberstufe ins Ötztal führte über Landeck, einen weiteren zentralen Verkehrspunkt Tirols. Alles kommt im Leben mindestens zweimal wieder. Manchmal wird das Wiederkehren geplant, überwiegend regiert aber der Zufall. Und unauffällige oder als unliebsam empfundene Orte entwickeln ihr Eigenleben, drücken dem Betrachter Schönheit aufs Auge. Oder ist das verklärt? Wer beeinflusst eigentlich wen? Der Mensch die Orte, an denen er sich niederlässt, oder eher die Orte den Menschen, die mit ihnen Arbeit oder Freizeit verbinden?

Polizisten regeln Landecks zähen und stinkenden Feierabendverkehr, weil massive Bauarbeiten am Straßennetz im Ortskern keine Selbstregulierung zulassen. Die Straße führt entweder in die Schweiz nach St. Moritz oder über den Reschenpass nach Italien. Da wir den europäischen Südosten anstreben, ist der Weg nach Italien der richtige. Der Fahrradweg aber verläuft auf der anderen Seite des Inns, also getrennt von der Straße, nach zwei Kilometern direkt am brodelnden Fluss, der in diesem Bereich unschiffbar ist.

Das Gewährleistungsprinzip

Ob wir jetzt hier unten am Inn stehen dürfen oder nicht, interessiert uns nicht wirklich. Sicher ist, dass der Platz am rauschenden Fluss, an dem sonst die Wildwasserfahrer ihre Lagerfeuer entfachen, so einmalig schön ist, dass kurzerhand ein Zwischentag eingelegt wird. Das ist auch bitter nötig, denn ich liege auf der blanken Hüfte. Der Schaumstoffkern der Matte hat sich in der Nacht vom Obermaterial im Matteninneren gelöst und das Zauberwerk der technischen Liegeattraktion beinahe implodieren lassen, sodass sich beim Aufblasen die Luft nicht mehr gleichmäßig verteilte, sondern maulwurfartige Hügel entstanden, die im Handumdrehen wieder in luftleeren Raum übergingen. Ich reklamiere beim Landecker Intersport, ohne zu ahnen, dass die Reklamation Früchte tragen wird. Die in Köln erworbene Matte ist zwar im Landecker Geschäft nicht vorrätig, weil die 2,5-Zentimeter-Variante keiner will, da der Körper dann dem Boden zu nah sei, aber der zentrale Vertrieb der Matten irgendwo in Österreich hat einen kulanten Tag und untermauert das Versprechen der Thermarest-Hersteller hinsichtlich der neumodischen »lifetime warranty«, signalisiert dem Verkäufer telefonisch, dass er sich was einfallen lassen solle. Deutschösterreichische Nachbarschaftshilfe funktioniert hier noch, denn erstens bekomme ich tatsächlich Ersatz, zweitens versieht mich der Verkäufer nun mit einem 3,8 Zentimeter dicken Exemplar. Darüber kann ich nicht meckern, auch wenn das ultramoderne Neongrün der Matte ins Auge sticht, aber nachts sind bekanntlich alle Matten schwarz.

Wir besuchen das einladende Café an der nächsten Ecke. Spezielle Teigrollen werden für hungrige Fahrradfahrer gratis offeriert, wenn zusätzlich eine unabhängige Hauptbestellung erfolgt. Ein drahtiger Mittfünfziger mit gepflegtem Äußeren, wenigen grauen Haaren, achteckiger Designerbrille und auffallend leiser Stimme erfreut sich ebenfalls der »Doppelbestellung«. Er befinde sich im vierwöchigen Radurlaub, sei von Hamburg nach St. Moritz zum Bäumefällen aufgebrochen, anschließend den Inn hinuntergeradelt und plane, sich in zehn Tagen nach Nürnberg durchzukämpfen (über Innsbruck und München), dann mit dem Zug nach Prag weiterzureisen, um von dort wiederum an der Elbe entlang nach Hamburg zurückzukehren. Das alles hört sich wahnsinnig kompakt an, aber er winkt nur ab, denn er habe schon entgegen seinem Naturell großzügig geplant. Eigentlich habe er auch gar nicht so viel Zeit. Die Surfsaison stehe vor der Tür, davon wolle er schließlich auch noch etwas haben. Da halten wir ihn mal nicht länger auf, bummeln ein wenig durch die beliebte Einkaufsstadt. Dass trotz dröhnender Reparaturen und Innovationen am Landecker Schloss der Eintrittspreis an die Benutzung der einzigen Toilette weit und breit geknüpft ist, ist mehr als ärgerlich. So führt der Fußmarsch mit Blasenstau am Stadtfriedhof vorbei, der schließlich eine kostenlos zugängliche Einrichtung anbietet. Wir sind an diesem Tag zeitlich ungebunden und so reizt denn gleich der Gang über einen – nach unserem Verständnis – ganz anderen Friedhof. Hier stehen keine Bäume, um düsteren Schatten auf die polierten Grabplatten zu werfen. Es gibt keine Bänke, auf die man sich gemütlich hinsetzen und dann ein Parkgefühl heraufbeschwören könnte, keine Grünanlagen, die den Blick auf das Wesentliche versperren. Die Erinnerung an die Menschen, die alle bildlich abgebildet sind, ist unmittelbar.

Wir zelten auf der anderen Flussseite, haben die Gerberbrücke zu überqueren, die bereits 1703 im Mittelpunkt der Tiroler Freiheitskämpfe stand, auf der bayrische und französische Truppen vom sogenannten Landecker Landsturm stürmisch niedergerannt wurden. Der Inn ist heute reißend, die Wildwasserfahrer haben ihre Schwierigkeiten. Die Probleme, die sich bei einer Straßenfahrt den Inn hinauf ergeben könnten, wollen wir vermeiden. Zwar hätte es auch einen abgewandelten Alternativweg für die Via Claudia Augusta gegeben, aber wenn wir schon einmal hier sind und nichts Besseres zu tun haben, können wir auch den historischen Weg einschlagen, hoch droben in luftigen Höhen.

Über den blanken Fließer Fels

Unmittelbar am Landecker Schloss befindet sich der Aufstieg der VCA nach Fließ. Die Tafel erwähnt zwei Stunden für die Wanderer, Fahrradschiebende, wie wir es sind, müssen also entsprechend mehr Zeit einplanen. Sehr steil zunächst, dann weniger heftig, dafür aber auf sandigem Waldboden verläuft der sich immer weiter verjüngende Weg, von dem rechts die Schlucht abfällt. Landeck wird immer kleiner, die Luft immer dünner, der Herzschlag immer heftiger. Dann geben die wenigen Bäume in einer leichten Linkskurve den blanken Fels frei, der splitternackt und wie hingezaubert aus dem Nichts erscheint. Deutlich sind zu beiden Seiten der Felsplatten die Spuren der Römerwagen zu sehen, die in beachtlicher Ausprägung in das Gestein hineingefräst haben, das sich dem stolzen Gewicht der Wagen nicht entziehen konnte. In den Fels ist der Weg am Rande des Abgrundes hineingeschlagen worden. Ich frage mich, wie in Gottes Namen (oder in aller Welt) die Römer es geschafft haben, mit ihren Pferden, die Augenklappen bekamen, damit sie nicht in Panik direkt die Schlucht hinuntersprangen, hier zu fahren. Es ist kaum in Worte zu fassen. Jede Zeit hat ihre Grenzen, aber die Vorstellung, dass vor über zweitausend Jahren etwas bestand, das auch heute noch jede Vorstellung sprengt, ist äußerst beeindruckend.

Es wird so steil, dass wir nur zu zweit die Räder schieben können, jedes Rad einzeln, zumal es leicht zu regnen beginnt und der Felsboden trotz der historischen Riefen glitschig wird. Seltsam fremd (geradezu irrational) mutet das Gefühl an, die fünfzig Kilogramm schweren Räder über den blanken Felsen tragen zu müssen. So ähnlich müssen sich die rastlos portagierenden Voyageure bei der geografischen Erschließung Kanadas gefühlt haben, die vor einigen hundert Jahren ein nahezu unzugängliches Flusssystem zu erschließen versuchten. Nun existiert keine Hilfe, wie so oft auf dieser Reise. Kein Rettungshubschrauber könnte hier oben landen. Aber es könnte auch gar keiner gerufen werden, weil das Notfallhandy nicht aufgeladen ist, da die Organisation einer Prepaid-Karte in Österreich bisher nicht stattfand. Die Steinplatten, über die wir schieben, sind als berüchtigte »Fließer Platten« in die Geschichtsbücher eingegangen und sind der Abschnitt der Via Claudia Augusta, der am eindrucksvollsten beschreibt, wo wir uns befinden: auf der ersten Alpenstraße überhaupt, die es zu einer Zeit gab, als sonst noch nichts außer irgendwelchen versteckten Fußwegen durch undurchdringliche Täler existierte. Die Römer haben früher alles in direkter Richtung und möglichst unerreichbar gebaut und so ist dieser extreme Weg entstanden, auf dem die Römer oft tagelang zu Fuß unterwegs waren und gut ausgestattete Straßenstationen (mansiones) zur Einkehr und Rast nutzten.

Auch wir sind dieser Tage weniger in das Treten von Pedalen als vielmehr in das Schieben der Räder vertieft. Wir schieben langsam, aber stetig. Eine Frau mit Kinderwagen kommt uns nach einiger Zeit auf dem engen, steilen Pfad entgegen. Sie wohne hier oben, in dieser Abgeschiedenheit, der sie sich bewusst sei, aber trotzdem oder gerade deshalb sei sie stolz und glücklich, hier zu leben. Vereinzelt tauchen dann Häuser auf, wir nähern uns dem Ort Fließ. Das dortige archäologische Dokumentationszentrum beschreibt anschaulich die Geschichte der Via Claudia Augusta, hat aber um diese Zeit schon geschlossen. Es regnet jetzt stärker. Wir müssen irgendwo übernachten, wo es halbwegs waagerecht ist, um gut zu schlafen und am nächsten Morgen fit und in der Lage zu sein, das hier Gesehene mit den Erklärungen im Museum in Einklang zu bringen. Wir fahren durch den schrägen Ort eine Straße hoch in den Wald zu einem neu aufgebauten Gemeindeplatz, aber die Bauarbeiten sind noch nicht fertig und die Dorfbewohner, die wohl in kommunaler Selbstverwaltung mit eigenen Mitteln tätig werden, vereiteln diesen Nachtplatz, weil sie erst nach neunzehn Uhr mit ihren Arbeiten begonnen haben. Zurück im Dorf, wo wir zum ortsinternen Gesprächsthema Nummer eins werden, erlaubt ein Bauer den Zeltaufbau hinter seinen genau zwölf Heuhügeln, die wenig Schutz vor neugierigen Blicken bieten. Der Abstand des Zeltes zu den Heuballen, die Heuhocken genannt werden, weil das Heu locker zum Lüften über Holzständer gelegt wird und regelrecht auf den Stämmen zu hocken scheint, ist gering, um nicht zu sagen infinitesimal. Jeder Schritt um das Zelt zieht sowohl die Neugierde der Bewohner auf sich als auch die Angst, mit dem Hintern das mühevolle Aufhocken des Heus durch den Bauern zunichte zu machen. Es besteht auch keine Möglichkeit, gewissen dringenden Bedürfnissen nachzukommen. Ich jogge wieder die Straße hoch, hinter der neuen Kapelle wäre ein geeigneter Platz, aber der Hang verläuft senkrecht nach unten. Wenn ich hier abstürze, werde ich berühmt, weil noch niemand im Zuge der Erledigung des großen Etwas vom Berg gefallen ist. Das riskiere ich nicht, obwohl der Druck arg mächtig wird. Hinter der Kirche läuft auf der Wiese über dem Abgrund ein Bauer mit seiner einzigen Kuh und sucht seelenruhig nach irgendwelchen Beeren, sodass auch dieser potenzielle Entledigungsort vereitelt wird. Ich renne nun die Straße weiter hinauf, dorthin, wo der Dorfplatz entsteht. Die Arbeiter sind noch da, das nächste Gebüsch verschafft aber die langersehnte ungesehene Erleichterung.

Auch Susanne ist mit diesem Zeltplatz unzufrieden, kann aus einem anderen Grund nicht schlafen: Es zwickt etwas unter ihrem Arm. Den wochenlangen Kampf gegen den unliebsamen Feind scheinen wir schließlich verloren zu haben, denn was dort beachtlich anschwellend in der Achselhöhle hängt, ist eine wuchtige Zecke, die sich tief eingegraben hat und die ich als Retter in der Not beim ersten Pinzettengriff nicht vollständig erwische. Es ist zu dunkel, um den steckenden Rest zu entfernen. Da müssen wir bis zum nächsten Morgen warten. Mit dem Zeckenbiss einzuschlafen, ist eine mentale Herausforderung, aber Susanne wäre nicht sie selbst, würde sie diesen Kampf gegen das wandernde, amphibisch anmutende Sinnlosigkeitsgeschöpf nicht bestehen. Sie schläft dann auch ein.

Geschichtliche Koinzidenzen

Am nächsten Morgen vervollständigen wir nach der erfolgreichen Zecken-Notoperation unser historisches Wissen über die VCA, komplettieren wir unsere lückenhaften Kenntnisse über historische Zusam-

Bild 1: Auf dem Weg zur Fließer Platte

menhänge: Um 1500 lebten die wahren Größen unserer Zeit, von ihnen können wir lernen, sie haben Epochen definiert. Nicht die nächste Novelle eines selektierten Gesetzes im Bundestag ist entscheidend, sondern die großen Wellen menschlicher Existenz. In Nürnberg trafen wir Dürer und viele seiner Weggefährten, in Augsburg die Fugger und in 1300 Metern Höhe präsentiert das Fließer Museum unseren historischen Anknüpfungspunkt zu den Helden aus einer früheren Zeit. Nicht das antike Fundmaterial aus der Region, sondern die Kopie der Tabula Peutingeriana, der einzigen römischen Weltkarte, ruft die geballte Macht der Zeit um 1500 ins Bewusstsein. Die römische Weltkarte kannte nur drei Kontinente (Europa, Asien, Afrika). Eingezeichnet sind Straßen mit immerhin 100 000 Straßenkilometern und eingetragenen 3600 Namen und Orten. Erschaffer der Karte war Konrad Peutinger, ein guter Freund Willibald Pirckheimers, der in Nürnberg so böse über den Tod des Busenfreundes Dürer gesprochen hatte. Peutinger hielt auch rege Kontakte zum größ-

Geschichtliche Koinzidenzen

ten Humanisten des letzten Jahrtausends, Erasmus von Rotterdam, der sich schon damals für die Freiheit der Religionen aussprach. Geschichtliche Zusammenhänge erschließen sich im Handumdrehen, wenn man ein wenig kombiniert und sich einige Eckdaten merkt. Fadenscheinige Lehrpläne können das nicht leisten. Auch das Fließer Museum ist nur eine Plattform, stellt die Verbindungen nicht selbst her. Schüler mit ausgewiesener Museumsabneigung würden sich hier für die Vergangenheit nur begeistern können, wenn die historischen Koinzidenzen erklärt werden.

Liebe Politiker, bitte genau lesen und gründlich hinter die Ohren schreiben: Blättert doch einmal in der schon geschriebenen Geschichte nach und prüft vielleicht die damaligen Sichtweisen auf ihre Aktualität, insbesondere beim Thema Religionsfreiheit. Denn sie sind ohne Zweifel aktueller denn je, auch wenn der rangvolle Wolfgang untröstlich wäre.

Die Abfahrt von der Fließer Höhe könnte nicht sinnbildlicher sein: Schwindelerregende Tiefe zeigt sich beim Blick ins Oberinntal, während wir unsere Räder mit festem Griff den abenteuerlichen Weg, der nur Wanderern vorbehalten ist, hinunterfahren, so lange, bis ein unhistorischer Platten auch Susannes Rad heimsucht, weil der Druck auf dem felsigem Untergrund mit spitzen Steinen zu stark wird. Gerade hatte sie noch betont, dass im Unterschied zu meinem Rad das ihrige bisher ohne jeden Platten ausgekommen sei, und plötzlich ist es passiert. Dank der Ortlieb-Faltschüssel und der Wasservorräte ist das Problem allerdings temporärer Natur.

Der Weg führt dann geradewegs zur Hauptstraße. Das Anschlussstück hinter der Leitplanke ist völlig versteckt, höchstens vierzig Zentimeter breit und mit steilen Stufen ausgestattet, gekennzeichnet durch unterschiedliche Höhenunterschiede, sodass wir die Räder absatteln und einzeln hinunterwuchten müssen. Unten verläuft der Radweg so, als ob die Fließer Erlebnisse niemals stattgefunden hätten. Wir befinden uns denn auch auf dem Alternativweg, den wir auf der anderen Innseite schon in Landeck hätten nehmen können, wären wir nicht bereit gewesen, der Tour den nötigen Expeditionsgeist zu verpassen. Der Ort Prutz ist Ausgangspunkt der Strecke in die beeindruckende Sackgasse des Kaunertales.

Trotz des »versumpften Gebietes«, denn das bedeutet der Name des nächsten Ortes Ried, haben sich hier wegen der römischen und bronzezeitlichen Funde frühe Ansiedlungen gebildet. Wir haben den Inn nun rechter Hand, was sich in Tösens ändern wird. Links des Berges fließt an der beeindruckenden Römerbrücke, wahrscheinlich der ältesten der

Alpen überhaupt, ein reißender Bach in den Inn. Hinter der Brücke steigt der verbotene Pfad zur Bergabbauhalde auf, wegen der Tösens berühmt wurde. Ein wahrer Höhenritt beginnt, immer wieder unterbrochen von kleinen, einzigartigen und wunderschönen Orten, die an der Strecke liegen: Tschupbach, Lafairs, Birkach und Stein, wo eine Bäuerin mit ihrem Sohn ihre Wiesen noch mit bloßen Händen bestellt, Heuhocken bildet und den Aufbau den Zeltes gutheißt.

Schweizer Kauderwelsch

Der Name Pfunds leitet sich vom lateinischen »fundus« ab, was so viel wie »nutzbarer Boden« oder »Grund« bedeutet und stellvertretend die uralten Handelswege und Höhenzüge zwischen Engadin und Reschenpass beschreibt. Pfunds wird durch das Torhaus betreten und beim Lidl wieder in die offene Prärie des Oberinntals hinaus verlassen.

Wir befinden uns auf dem letzten Stück der B180. Die Kajetansbrücke über dem Inn ist nur offen für den Schwerverkehr, da wegen der Bauarbeiten an Fahrbahn und Tunnel über Hochfinstermünz Personenkraftwagen und alle Fahrzeuge, die noch kleiner sind (zum Beispiel Fahrräder), verboten sind. Das bedeutet, wir müssen ein kurzes Stück durch einen Nicht-EU-Staat radeln, namentlich die Schweiz, die von den EU-Mächtigen stark umworben wird, aber regelmäßig ihren mündigen Ureinwohnern per Volksabstimmung Meinungsfreiheit garantiert (während wir abgekanzelten politischen Dumpfbacken zunicken dürfen, die unsere Meinung parlamentarisch vertreten sollen) und wohl auf einige weitere Jahre den EU-Status ablehnen wird. Wir werden somit in einem wahren Feuerwerk an Serpentinen alles geben müssen, um Nauders zu erreichen. Deshalb ist Vernunft oberstes Gebot. Die dritte Möglichkeit, den Reschenpass zu erreichen, ein talseitiger Abstecher über das eindrucksvolle Altfinstermünz, durch das früher die gesamte Innschlucht abgeriegelt werden konnte, ziehen wir nicht in Betracht, weil die Aussicht, die Räder auf eintausend Meter steilsten Wanderwegs nach Nauders zu stemmen, nicht gerade verlockend ist. Also fahren wir über die B27 nach Martina (die Deutschen sagen »Martinsbruck«), am Samnauner Zollfreiheitsgebiet vorbei, hinter Martina wie die Profifahrer die Serpentinen hinauf nach Nauders, das auf baumlosen 1394 Metern liegt. Kurz nach Betreten der Schweiz verlassen wir diese wieder, und doch war der Abstecher höchst informativ: Schweizer sprechen bekanntlich viele Sprachen, das Deutsch des Grenzkontrolleurs ist aber nicht zu verstehen. Martina liegt im Unterengadin, dessen Sprache Unterengadinisch oder besser Vallader ist, weil dies die rätoromanische Übersetzung ist. Vallader wiederum ist eine Variante des Ladin, wobei das schweizerische Ladin zum Bündnerromanischen gehört und nicht mit dem Dolomitenladinisch Südtirols verwechselt werden darf – also dem Ladin Norditaliens, das im Grödner-, Gader- und Fassatal, im Tal Buchenstein und (immerhin) von bis zu vierzig Prozent der Bevölkerung Cortina d'Ampezzos gesprochen wird.

Die Straße ist super betoniert, die Reifen kleben auf ihr, einziges Handicap ist die Steigung und die Lästigkeit der Serpentinen. Motorradfahrer donnern, Autos hupen, Rennradler erfrischen sich im steten Aufwärtsfahren, aber die Gepäckhasen haben spürbar zu kämpfen. In den etwas an Steigung einbüßenden Serpentinenkurven hole ich Schwung für die geraderen Abschnitte. Wichtig ist das ständige Durchatmen während der regelmäßigen Haltepausen, weil die Hitze ihr Übriges tut und der Salzverlust des Körpers jede Salzstange aus den schwindenden Vorräten erforderlich werden lässt. Schließlich erreichen wir Nauders, einen Tourismusort der Superlative, mit kahlen Skihängen (die an Obertauern erinnern), mit zahlreichen abendlichen Nach-Ski-Einkehrschwüngen in die zahllosen Discos, Bars und sonstigen Trubel-Schickimicki-Lokale, die im Winter die Anzahl der kristallinen Eiswürfel auf den Kunstschneepisten locker übertreffen. Alles wird hier möglichst authentisch reproduziert, um bei den aus den Großstädten fliehenden Urlaubern den Eindruck zu erwecken, sie hätten hier die gleichen Ausgehmöglichkeiten wie in ihrer urbanen Heimat. Das Schlimmste, was dem Urlauber widerfahren kann, ist demnach der Verzicht auf alltägliche Routinen aus der Zeit vor dem Urlaub.

Nauders liegt oberhalb des Inntals, zwischen dem Finstermünzpass im Norden, den wir wegen der Umleitung nicht erklimmen durften, und dem Reschenpass im Süden, also im Dreiländereck Österreich – Schweiz – Italien. Wieder setzt Regen ein, scheinbar immer dann, wenn wir kurz vor einem Grenzübertritt stehen. Die Bauern haben

Österreich (Tag 38 bis 47)

ihre Felder noch nicht abgeerntet, sodass wegen des hüfthoch stehenden Grases der Zeltaufbau unmöglich ist. Hinter der letzten österreichischen Tankstelle vor der Passhöhe vermittelt der schnuckelige Campingplatz »Alpin Camping« für exakt fünfzehn Camper so etwas wie den letzten Zufluchtsort auf 1500 Metern über dem Meeresspiegel. Der Platz ist ausgestattet mit hervorragenden Aufwärmräumen, die bestens geeignet sind zum Trocknen der nassen Regenkleidung und zum Aufwärmen der unterkühlten Körper am Ende eines anstrengenden Tages.

Italien

(Tag 48 bis 65)

Am Reschenpass

Reschen ist so richtig durch »JJ1« in die Schlagzeilen gekommen, durch den unter dem Kuschelnamen Bruno bekannt gewordenen Braunbären slowenischer Abstammung, der den Deutschen durch mehrfache Grenzgänge den ersten frei lebenden Bären seit über 170 Jahren brachte und der bis zu seinem Abschuss das Pflichtbewusstsein des bayrischen Freischussstaates herausforderte. Mensch und Tier, das passte nicht zusammen, und so ist das Wehklagen der angeblichen Tierfreunde im Naturhort Bayern über den Verlust natürlichen Lebensraumes zeitweise unerträglich. Der Bär störte und musste entsorgt werden. Basta! Was für die Bayern ungewöhnlich schmerzlich schien, ist für die Einwohner Reschens altbekannt, galten sie doch schon immer als Bärenschießer.

Der Radweg ist ein Glücksfall für die gesamte Radsportgemeinde. In schöner Perspektive verläuft er nach St. Valentin auf der Haide, benannt nach dem Apostel Rätiens, der im Vinschgau und Engadin missionierte. Ein »Hoader« (so heißen die Einwohner Haiders) hat einen Fahrradladen und eigentlich an diesem Samstag längst geschlossen. Rein zufällig treffen wir ihn aber an, da er selbst mit dem Fahrrad unterwegs ist und am eigenen Laden einen kurzen Zwischenstopp macht. Susanne vermutet einen saftigen Höhenschlag als Ursache ihres aktuellen Reifenproblems. Tatsächlich handelt es sich eher um zu wenig Luft im Reifen, sodass sich die Unwucht des Schlauches nicht rausziehen kann. Der Fachmann setzt Schmierseife ein, der Reifen wird auf unglaubliche sieben Bar Luftdruck aufgeblasen. Einen Euro spendieren wir dem italienischen Radprofi für die Allzweckkasse, mehr ist er nicht zu empfangen bereit.

Am Haidersee fällt der Radweg immer weiter ab, insgesamt werden wir noch mehr als eintausend Höhenmeter zurücklegen, bis wir in einigen Tagen am Ende des Tales Bozen auf nur noch 262 Metern erreichen werden.

Vorerst führt der Radweg nach Burgeis, das aufwartet mit der Fürstenburg, die Fluchtburg für die Bischöfe von Chur gewesen ist. Typische Szenen spielen sich in diesem engen Bergdorf ab, in dem das Vieh in den Souterrains der alten Bauernhöfe unterhalb der steilen Straße in vollgekoteten Kellern und abgedunkelten Stall-Imitaten eingepfercht ist. Die Häuser sind gleichermaßen schmal wie bunt gestrichen, die Wände mit Ornamenten verziert, die Tradition und Moderne vereinen. Stallgeruch weht durch die Gassen, gleich daneben die Gaststätte, Reisemobile weichen im Schneckentempo dem von den Almen abgetriebenen Vieh aus, das völlig unbeeindruckt zu den angestammten Bestallungen trottet und das gesamte Dorf für eine halbe Stunde zum Stillstand verdonnert.

Eine durch ihr Alter bereits ziemlich geschrumpfte Frau mit grauem Haarknäuel auf dem Kopf kehrt mit beachtlicher Inbrunst vor der Kirche Staub und Dreck. Unablässig schwenkt sie, mit zackig abgewinkelten Armbewegungen, den Reisigbesen, kehrt vom Hinterhof zur Straßenseite, in wiederkehrender Weise, mindestens eine halbe Stunde, bis alles für die Teilnehmer einer Hochzeit hergerichtet ist. Alles geschieht gerade noch rechtzeitig, denn schon rollen die Fahrzeuge der ersten Gäste aus München und anderen deutschen Städten in die Hofeinfahrt. Die Chefin der fleißigen Kehrfrau ist zugleich die Verwalterin der Fürstenburgwiese, die aber zu steil und zu präsent ist, als dass wir unsere Freude daran finden könnten. Zwei Radfahrer positionieren Kameras und Objektive, nehmen die Burg im Licht der zur Neige gehenden Sonne auf, schießen aus allen erdenklichen Perspektiven, mit unterschiedlichen Filtern unzählige Aufnahmen des immer gleichen Motivs. Hinter dem Ort befindet sich der relativ heruntergekommene Fußballplatz des Sportvereins Burgeis, der extrem eingezwängt zwischen der Etsch als begleitendem Fluss und eben jenem Radweg liegt.

Der nächste Ort, Laatsch, repräsentiert erneut das in dieser Gegend typische Bergbauerndorf: enge Gassen, steile Schluchten und schräge Felder, das Eigenheim abschreckend gesichert mit Schilderaufschriften: »Attenti al cane!« (»Achtung, Hund!«). Laatsch hat zum Glück einen halbwegs ebenen Spielplatz ohne spielende Kinder, der gut für den Zeltaufbau geeignet ist. Mit Kompass und Walkie-Talkie ausgestattete Wanderer sind die Einzigen, die diesen idyllischen, schattigen Winkel direkt am Seitenbach der Etsch, der wiederum für das angrenzende Holzverarbeitungsunternehmen gestaut wird, entdecken. Sie betreten vorne am Drehkreuz den Platz, durchkreuzen ihn diagonal und verlassen ihn hinten rechts am verwuchernden Holzgatter wieder. Sie haben einen kleinen Bogen um unser grünes Zelt geschlagen, das sie (in ihrer gedanklichen Vertiefung an den kürzesten Kompassweg) gar nicht wirklich wahrgenommen haben.

Herz-Jesu-Prozessionen oder Der Unfall an der Ádige

Auf dem Laatscher Spielplatz sind wir nicht überrascht worden, die Arbeiter der angrenzenden Holzfabrik schauten etwas misstrauisch, ließen uns aber gewähren. Und die Radfahrer, die auf dem fantastischen, nahezu einmaligen Radweg talwärts schießen, nehmen sich in der Regel keine Zeit. Der Radweg ist ein Phänomen, so etwas gibt es kein zweites Mal. Er zieht sich vom Reschenpass hinunter nach Bozen, ab Meran erleichtert die Vinschgau-Bahn, der Bike-Shuttle »Via Claudia Augusta«, den Aufstieg.

Autos finden sich nicht auf dieser Seite, die langsame Abfahrt ist wunderschön, erlaubt uneingeschränkte Blicke auf den schneeweiß bedeckten Ortler am Horizont. Fast scheint die Alpenwelt in dieser Region völlig intakt. Immer begleitet von der Etsch, im Sinne der Zweisprachigkeit auch Fiume Ádige genannt, verläuft die Radpiste im Halbschatten. Unzählige Fahrradfahrer nutzen das Bahnangebot, lassen sich von unten hinauffahren und genießen die leichte Windbrise während der federleichten Abfahrt, wollen in diesem Moment nirgendwo anders auf der Welt sein. Wir sind glücklich, denn es war nicht abzusehen, dass wir eine so feine Radstrecke antreffen. Gestern Abend bereits und die ganze Nacht hindurch glühten die Berge ringsum, von Feuern erleuchtet, da am heutigen Tag Herz-Jesu-Prozessionen stattfinden. Große Figuren, die den göttlichen Glauben repräsentieren, werden auf den Schultern der Gläubigen zu den Häusern des Ortes Glurns getragen, vor denen prächtige

Altäre stehen, an denen die Prozessionsteilnehmer aber nur kurz verweilen, bevor sie ihre Pilgertour fortsetzen. Währenddessen unterhalten Musikkapellen die an den öffentlichen Plätzen zusammengekommenen Menschenmassen mit durchaus steirischer Musik. Die Polizei hat ganze Stadtteile abgeschirmt.

Glurns ist auch bekannt als die kleinste Stadt Italiens und hat einen fantastisch schönen, morbiden Charme, weswegen sie ein heißer Kandidat für die virtuelle Liste ist, worüber zwischen Susanne und mir schon beim ersten erleuchteten Stadtspaziergang Einigkeit herrscht. Dieser Ort mit den alten Steinhäusern, den verwinkelten Gassen und historischen Stadtmauern ist ein Aushängeschild Südtirols.

Eine Familie mit zwei Kindern, mit sportlichen Rädern ausgestattet und geschützt durch TÜV-geprüfte Helme, informiert sich über den Weg, der eigentlich in eindeutiger Weise direkt nach Meran führt. Aus Bozen kämen sie, seien heute sehr früh mit dem Auto nach Meran gefahren, hätten die Bahn bis nach Burgeis genommen und würden jetzt das ganze Stück hinunterfahren. Es sei schon eine mächtige Strecke mit den Kindern, aber auch eine sehr angenehme, da es nur bergab ginge. Grundsätzlich spreche Italien bis Bozen noch Deutsch, dann lasse die Bereitschaft, deutsch zu sprechen, aber rapide nach und weiter südlich verschwinde sie fast gänzlich. Ich solle, was ich hiermit tue, hoch und heilig versichern, dass ich keinen Laptop in der Satteltasche mitführe. Seine Augen glänzen, als wir unser Ausstiegsmodell erläutern, das der Familienvater sich selbst wünschte, das aber nicht annähernd realisierbar sei, da er in seinem Job höchstens zwei Wochen Jahresurlaub bekäme. Außerdem sei auch wegen der Kinder überhaupt nicht daran zu denken, aber träumen würde er schon davon. Er ist braun gebrannt, groß und muskulös, durchtrainiert, trägt schwarze Sonnenbrille, blaues Radshirt. Sie trägt Partnerlook, ebenfalls eine dunkle Sonnenbrille, hat braune, sicher unter dem Sicherheitshelm verknotete Haare. Sie kann sich aber, im Unterschied zu ihrem Mann, den Ausstieg absolut gar nicht vorstellen, da sie als Bankangestellte unverzichtbar sei, sich dafür zumindest halte, und vor allem ihr tägliches Tun, ihren alltäglichen Arbeitsablauf brauche, sich darüber hinaus eine solche Radtour als ausgesprochen langweilig vorstelle. Diesen letzten Einwand überhören wir, lassen ihn in den Fluten der Etsch verschwinden, verabschieden uns und rollen weiter hinunter.

Heute ist Sonntag, Italien ist draußen, niemand sitzt an einem solchen Tag zu Hause in der Wohnung. Die Ufer des Prader Sees sind dementsprechend dicht bevölkert. Familien mit Kindern, Großvätern und -müttern, Tanten und Onkeln und allen irgendwie zur Familie gehörenden Bekannten machen volkstümliche Siesta, bauen die Holzkohlegrills auf, fangen irgendwann gegen Mittag mit dem Kochen an und verbringen essend, trinkend, angelnd und vor allem heftig gestikulierend den ganzen Nachmittag, bis die Sonne sich dem Abend entgegenneigt, die Dämmerung der Zeremonie ein Ende setzt und die Fahrzeugkolonne nach Hause tuckert.

Die Menschen, die sich unmotorisiert den Weg an der Etsch hinauf zum Reschenpass quälen, können an einer Hand abgezählt werden, allenfalls Sportgruppen nehmen diese anstrengende Tour auf sich. In unsere Richtung (talwärts) radelt eine Gruppe Holländer älteren Datums. Jetzt weist der Untergrund tieferen Schotter auf, eine der Damen stürzt plötzlich trotz der extrem langsamen Fahrt, kann das Rad nicht halten, prallt mit dem Schienbein auf den Boden. Das Ergebnis ist eine Risswunde bis zur Sehne. Die Gestürzte liegt dort, ihr Mann und das andere Paar sind völlig ratlos, Blut tropft aus der Risswunde, breitet sich in Windeseile aus, färbt den grauen Schotter dunkelrot. Ein Unfall ist hier nicht vorgesehen. So sind denn die Radfahrer hinter mir in hellem Aufruhr und schreien »Aus dem Weg!«, nicht, weil jemand gestürzt ist, sondern weil sie befürchten, die Durchschnittsgeschwindigkeit des eigenen Abfahrtsrausches zu gefährden. Verdammte Idioten, denke ich. Die Räder der Holland-Gruppe sind nur geliehen und Verbandszeug ist keines vorhanden. Wie gut (ganz uneitel), dass wir zur Stelle sind. Zum ersten Mal seit langer Zeit wühle ich mich bis auf den Boden der hinteren rechten Satteltasche vor. Nach fast zwei Monaten ist jeder Ort in den Taschen bekannt, der Kopf hat abgespeichert, wo man zuerst nachzuschauen hat, auch wenn für den überwiegenden Teil des Gepäckinhaltes die Bewährungsprobe noch aussteht. Der gesamte Tascheninhalt ist in durchsichtige, thematisch geordnete Tüten verpackt, sodass der erste kritische Blick den gesuchten Artikel findet, aber der erste Griff freilich sitzen muss. Desinfektionsmittel will die Dame nicht, weil das Jod schlecht von den Händen geht. Ein Druckverband wäre mehr als erforderlich, den ich jedoch seltsamerweise nicht am vermuteten Platz antreffe. Einmal mehr erkennt Susanne ihre Eignung als Improvisationsweltmeisterin, was nicht nur für Kochingredienzien gilt, und stoppt den beachtlichen Blutverlust mit einem sehenswerten Damenbinden-Mullverband. Die Holländerin lacht nun aus vollem Herzen, als sei das tropfende Blut der Inhalt einer ausgekippten Ketchupflasche. Ich vermute, sie hat einen ausgeprägten Schock. Sie wollen dann mal langsam in den nächsten Ort und anschließend die Verunfallte mit der Bahn ins Krankenhaus nach Meran transportieren. Zum Glück ist Laas nicht der Ort, den es im Himalaya anzutreffen gibt. Denn beide sind auch als Lasa bekannt. Das Vinschgauer Lasa hat aber im Unterschied zum Namensvetter beachtlich viel monokulturelles Spalierobst. Sehenswerter sind da schon der marmorne Brunnen, der marmorne Marktplatz und die Häuserwände, die ebenfalls in dem unverwechselbaren Weiß des berühmten Laaser Marmors strahlen, der weltweit exportiert und sicher noch so lange abgebaut wird, wie die Abbaugebiete Marmorbrocken herauswerfen.

Zumindest früher war die Schrägbahn mit den quer zum Schienenstrang aufsetzenden Bahnwagen noch in Betrieb, schnurrte sich den unerhörten Steigungswinkel hinauf, bis sie im Berg verschwand. Noch einige Kilometer trennen uns von Schlanders, einem der größeren Orte im Vinschgau, das Herz der Apfelplantagen. Immer wieder gibt es vereinzelte Rastplätze am Radweg, mit Lagerfeuervorrichtung, Wasserbrunnen und Holzbänken. An einem solchen bauen wir das Zelt auf. Je später der Abend, desto geringer die Zahl der Radfahrer, die den Weg hinunterrasen. Wir zelebrieren ein kleines, romantisches Lagerfeuer zur Entspannung. Stille kehrt ein, vereinzelt sind Geräusche unweit entfernter Bergziegen zu hören, die sich jedoch bald beruhigen und nicht vorhaben, uns den Zeltplatz streitig zu machen.

Schlanders im Vinschgau

Das Tal verzaubert durch mediterranes Klima: nicht zu heiß, aber auch nicht zu kalt oder gar niederschlagsanfällig. Hochgelegene Almwiesen erstrahlen in sanften Farben, doch die Vegetation wird immer weniger, je höher der Blick schweift. Dem gegenüber stehen die Täler mit üppigen Obstplantagen, wobei der Apfel als das Vinschgauer Obst schlechthin bezeichnet werden kann. Südlich von Schlanders, dem

Hauptort der Region, ist die Anzahl der Apfelplantagen besonders beeindruckend, die noch lange in Erinnerung bleiben. Schlanders selbst ist variantenreich eingerahmt von Obstgärten, Weinbergen und Wäldern, aber je weiter südlich man kommt, desto mehr wünscht man den Einheimischen ein bisschen Abwechslung vom Einerlei der Apfelreihen.

Da das Zelt nicht unbeaufsichtigt bleiben soll, erkunden wir die Region getrennt. Gerade ist Susanne nach Schlanders gefahren, ich brühe den zweiten Kaffee auf und stürze mich in die bestehende Zweisprachigkeit Südtirols.

Professor Luigi untersucht in einem Artikel den »mercato del lavoro«, den Arbeitsmarkt der Provinz Bozen, der durchaus »dinamico« (dynamisch) und »efficiente« (effizient) sei. Vertikale Integration der Betriebe, die Halbfertigprodukte oder Rohmaterialen herstellen, sei die »Schlüsseltechnologie«, von der die Zukunftsfähigkeit der gesamten Region abhänge. Gleichzeitig sei diese Region von einer Überschussnachfrage nach Arbeit betroffen, also Ungleichgewichten am Arbeitsmarkt in vielen Bereichen schon unterworfen, etwa im Agrarsektor, in der Bauwirtschaft oder im Wellnessbereich. Das zu knappe Arbeitsangebot an Menschen stärke höchstens ihren eigenen Wert, da sie stärker als üblich zur Bewältigung zukünftiger Aufgaben gebraucht würden. Ich ergänze die Analyse um die Frage, was zum Beispiel mit dem Kunsthandwerk geschehen soll. Dort klaffen augenscheinlich erhebliche Lücken zwischen der kleinstregionalen Marktstruktur (jeder wurstelt im örtlichen Umfeld des dörflichen Absatzmarktes) und dem Wunsch nach Internationalisierung, nach dem weltweiten Produktexport der in den kleinen Werkstätten (Schluderns oder Tschars) erzeugten Gewerke. Der Tourist sieht das üblicherweise nicht. Er taumelt eher zwischen wohl präparierten Radwegen und den Vergleichsangeboten der Kaffeehäuser in der Stadt hin und her, zwischen dem Hadern über vereinzelte Unkrautbüsche im Asphalt und der präzisen Analyse der Preisdifferenzen von Schlagsahne in diversen Eurospars, zwischen Abfahrt mit dem Rad und Auffahrt mit der Bahn, zwischen deutscher Arroganz und italienischer Subtilität (oder umgekehrt) und zwischen »Warum ist gestern schon vorbei?« und »Weshalb soll ich an morgen denken?«.

Die Zahl der Radfahrer nimmt über Tag zu, unser persönlicher Wasserbrunnen, gleich neben dem Zelt, wird von fachkundigen Experten analysiert, die sich fragen, ob das Wasser auch mit genügend Fließgeschwindigkeit im Umlauf gehalten wird, damit sich keine Bakterien ablagern können. Weiter unten am Fluss baut eine kleine Jugendgruppe ihre Zelte auf.

Internette Bibliothek oder Political Correctness

Südtiroler Vorschriften haben es in sich. Nicht, dass ich es bedauere, dass Südtirol überhaupt Vorschriften hat, aber ihr Inhalt ist in einigen Facetten europäisch verblendet. Direkt im Innenhof des historischen Rathauses führt der Weg in die sehenswerte Bibliothek, ausgestattet mit historischen Büchern und modernstem DSL-Zugang.

»Ich möchte gerne für eine Stunde das Internet nutzen«, sage ich gut gelaunt.

»Dann hätte ich gerne Ihren Pass«, fordert der souveräne Bibliothekar unvermittelt.

Mir ist zwar klar, dass in öffentlichen Einrichtungen besondere Vorsichtsmaßnahmen gelten, trotzdem frage ich: »Warum brauchen Sie denn die Informationen, warum fertigen Sie eine Kopie des Passes an? Personenbezogene Daten dürfen doch aus datenschutzrechtlichen Gründen nicht so ohne Weiteres auf Massenmedien gespeichert werden?«

Genau das aber scheint die nächste Aktion des guten Herrn zu sein, der von der Passkopie die Daten in einen Rechner überträgt. »Das ist eine Stand-alone-Lösung. Die Daten werden nicht auf dem Netzwerk gespeichert«, versucht er mich zu beruhigen, sich selbst allzu offensichtlich überzeugend.

»Wenn ich also auf eine terroristische Seite gehe, habe ich die USA im Nacken?«, provoziere ich.

»Das ist jetzt ein ganz neues Gesetz in Italien. Ich kann da gar nichts machen. Irgendwo laufen Daten zentral zusammen«, gibt er dann zu.

»Also werden die Daten doch irgendwo gespeichert? Das ist das Allerletzte«, gifte ich frustriert zurück. Somit ist die Reise nicht in diesem Sinne »frei«, ständig werden irgendwo irgendwelche persönliche Daten aufgeschrieben, selbst für einen profanen Internetbesuch, etwa weil ich vielleicht gerade eine Atombombe baue? Der Verfolgungswahn der westlichen Regierungen kennt keine Grenzen. Ich stürze ab in einen Strudel verschwörungstheoretischer Gedanken: Warum wird alles bürokratisiert, gespeichert, verschoben, archiviert, wiedervorgelegt, analysiert, expertisiert, stereotypisiert, kategorisiert, gebrandmarkt, dämonisiert, guantanamonisiert? Wenn die Zukunft im chinesischen Osten liegt, warum lässt sich die Welt vom amerikanischen Westen geißeln? Willst du nach Nordamerika fliegen, musst du durch drei US-amerikanische Sicherheitsbereiche am Flughafen, die Schuhe ausziehen, den Kulturbeutelinhalt in transparenter Folie vor jedem ausbreiten. Wo bleibt das Recht auf körperliche Unversehrtheit, auf Privatsphäre, Intimität? Werden wir alle demnächst oral und anal in der Gangway der Überseefluggesellschaften gefilzt und müssen in die Röhre, weil der Verdacht auf eine verschluckte Nagelschere schwerwiegende Sicherheitsrisiken auslöst? Vor Flügen nach Damaskus, Moskau oder Windhuk bestehen lediglich die üblichen Routinen, aber diese Maschinen könnten doch sehr wohl auch gekidnappt werden und die Schleife nach Nordamerika drehen. Aber dann gibt es ja die Abfangjäger, die problemlos eine Maschine mit Unschuldigen abschießen, um ein vermeintlich größeres Risiko auszuschließen. Es gab schon welche, die mit Kanonen nach Spatzen geschossen haben.

Jetzt hat der Internetherrscher von Schlanders meine Daten gespeichert. Er hat mich sozusagen ganz persönlich registriert. Was so ein Rechner wohl denkt, wenn er mit dem ganzen Zeug gefüttert wird? Okay, jetzt haben sie mich. Überwachung hat bekanntlich mit Misstrauen zu tun, ist das Ergebnis der gescheiterten Bemühungen, das Individuum als freiheitliches Wesen zu begreifen. Überwachung ist der Sieg des Bösen über den Glauben an das Gute im Menschen, hervorgerufen von Gutmenschen, die sich selbst als über jeden Zweifel erhaben sehen, die jedes Geschöpf missionieren müssen, die sich über alle anderen stellen.

Schön oder eher unschön, auch das Passwort funktioniert nicht, weil nicht »Preuß«, sondern nur »Preuss« erkannt werden kann. Jetzt wird die Prozedur wiederholt, weil das System die nachträgliche, auf den Hauptnamen bezogene Änderung der Daten nicht begreift.

»Den alten Namen und die Daten nehme ich selbstverständlich raus«, beteuert der Gutmensch.

»Vielen Dank, dass Sie so weise sind und nicht zulassen, dass ich zweimal und dann noch zur gleichen Zeit das Internet benutze«, schließe ich sarkastisch den Dialog.

Pfade und Wege können im Explorer des Systems nicht gelöscht werden.

Wozu sonst auch der ganze Aufwand? Die haben eine spezielle Mozilla entwickelt, die höchstens vom Experten geknackt werden kann.

Der große Lauschangriff war nur der kleine Anfang von Big Brother. Demnächst werden noch die Anrufnummern von überall und nirgendwo gespeichert. Jeden Tag werden Milliarden von Daten gespeichert. So viele Menschen leben gar nicht, um diese Daten auszuwerten. »Warum auch?«, schreie ich innerlich. »Kümmert euch um CO_2-Reduzierung, Kinderarbeit, Glaubensfreiheit, Chancengleichheit, Gerechtigkeit.« Ich stelle an dieser Stelle zu meiner Freude fest, dass die Radfahrt klarer blicken lässt. Der fehlende Arbeitsrhythmus lässt tiefere Einblicke und ein Mehr an innerer Auseinandersetzung mit den Schieflagen in dieser Welt zu. Ich lache schief, als sich das Internet nach einer halben Stunde abschaltet, weil der Timer falsch eingestellt war. Die Abmeldung vom Bankkonto war nicht mehr möglich, der Browserinhalt kann nicht gelöscht werden. Die Zugänge zu jeder Seite sind gespeichert. Ist das Passwort für das Bankkonto jetzt auch auf dem zentralen Rechner gespeichert? Am besten rufe ich gleich den ministralen Wolfgang an, der davon ja auch eine Menge versteht. Wenn der nicht weiterweiß, kann ich noch den Otto anrufen, der hat doch schon alles hinter sich. Als Telefonjoker für die ultimative Überwachungsfrage eignet sich noch besser Joschka, der neuerdings in Princeton diagnostiziert; der also im Überwachungsstaat schlechthin über die Leichtigkeit des gebrochenen Lebenslaufs doziert, weil er keine neuen Turnschuhe fand.

Juvalsche Schlangen

Hochsommerliche Temperaturen begleiten die Fahrt durch zunehmend bedrohlichere Apfelplantagen. Im Mosaik verläuft der Vinschgauer Radweg um die unterschiedlichen Anbaubetriebe herum. Wir beäugen kritisch die Bewässerungsanlagen, die auch anderes als Wasser hervorbringen könnten. Die Plantagen sind allesamt frei von jeglichem Unkraut. Die Äpfel haben Farben und Formen höchster Qualität und visueller Verkaufsreife. Die Monotonie ist überwältigend, nahezu ehrfürchtig blicke ich auf das schräg verlaufende Tal.

Es ist sehr heiß, als wir Staben erreichen, den Ort unterhalb der Zielburg Juval. Sehr eng an den Fels geschmiegt, von der anderen Seite durch die Etsch begrenzt, liegt dieser Ort (fast autofrei) undurchlässig im Sog der Sehenswürdigkeit. Eine Seite der Etsch wird bearbeitet, die Kanalisation neu gelegt, damit der Radweg stabilisiert wird. Vor der Brücke liegen zur Linken – wie könnte es anders sein – Apfelplantagen. Ich frage den Besteller derselben, der ausländische Kollegen zur Plantagenpflege im Schlepptau führt, ob wir eine Nacht am Fluss zelten könnten.

»Schon, aber würde ich nicht machen wegen der vielen Schlangen, mindestens einen Meter lang«, antwortet er spontan und fügt an, dass die Tiere eventuell unter dem Zelt hindurch mäanderten.

Das Risiko gehen wir gerne ein, klären mit der netten Dame, die ihr Haus direkt an der Baustelle hat, dass wir morgen die Räder unterstellen können, während wir uns an den Aufstieg zur Burg machen. Das sei kein Problem, verglichen mit dem verdammten Staub der Baustelle und den durchfahrenden Autos. Erneut füllt sie einen Eimer mit Wasser aus dem Brunnen, um ihren Eingangsbereich und die komplette Straße vor ihrem Haus staubfrei zu halten. Das entpuppt sich wegen der intensiven Sonneneinstrahlung, die alles rasend schnell wieder trocknet, als hoffnungsloses Unterfangen.

Des Abends raschelt es am Seitenufer des Flusses bedenklich und die Bemerkung des Plantagenbesitzers führt zu einer bewegungsarmen Nacht. Sollen die Schlangen doch kommen, wir liegen sicher im Innenzelt, denke ich zwar, gestehe mir zeitgleich aber ein, nicht den Mut aufzubringen, in der Nacht bestimmten Bedürfnissen nachzugeben und im Austausch eventuell eine Schlange mitzubringen.

Kein großer Star: Nur ein Mensch

Schon sehr früh sind wir im Berg – oder was persönlich als solcher empfunden wird. Denn verglichen mit dem, was der Burgherr erlebt hat, ist unser heutiges Vorhaben wie ein winziger Eiskrümel in der Antarktis, die er ebenfalls durchschritt. Da fehlen letztlich die natürlichen Vergleichsobjekte, da er sie alle (er würde nicht sagen »bewältigt«, sondern) kennengelernt und erfahren hat.

Der Weg führt relativ steil in engen Bahnen über Staben hinauf. Mit

Steinen oder Hölzern angelegte Bewässerungskanäle (hier »Waale« genannt) sind gezogen worden, verlaufen des Weges entlang, dienen teilweise zur Wasserversorgung der Bergbauern. Der Pfad ist anstrengend, schon bald zeigt sich das weite Tal, macht sich breit für schweifende Blicke zum wolkenlosen Horizont, über alle Apfelplantagen hinweg. Susanne und ich sind die Einzigen, die zu Fuß die Burg, die jetzt ein Schloss ist, erklommen haben, die anderen Besucher fahren mit dem Shuttlebus, abgesehen von vier Mountainbikern jenseits der sechzig, die noch im letzten Moment oben ankommen, bevor die Burgführung beginnt, den Puls bis zum Führungsbeginn nicht mehr auf ein beruhigendes Niveau bringen und im letzten Moment noch an die Burgwand pinkeln, weil das nächste Pissoir hundert Meter entfernt ist. Leichter Nieselregen setzt ein, es wird feucht und kalt. Die Burgführerin begrüßt die zwanzigköpfige Gruppe und beschreibt dezent, aber umfangreich, sodass sich die äußeren Eindrücke dieses Ortes entfalten können. Sie überfrachtet nicht mit Informationen und plaudert in lockerem Stil über Ambiente der Burg und Ambitionen des Inhabers.

Juval war und wirkt immer noch wie die Ruine, die Reinhold Messner 1983 erwarb, der nach und nach den ganzen talseitigen Berg kaufte – von der Burg aus gesehen hinunter nach Staben. Hugo von Montalban hatte die Anlage um 1278 gebaut, die danach immer wieder den Besitzer wechselte und dadurch mehr oder weniger gute Zeiten erlebte. Messner hat sich mit Juval ein Denkmal gesetzt, indem er bewusst auf Symbole verzichtet hat, die ihn persönlich zum Denkmal werden lassen. Keine Theatralik, keine Beweihräucherung des Ichs, sondern dezente Untermalung des Charakters eines besonderen Ortes. Ein Glasdach auf Stahlträgern über Innenhof und Nordtrakt der Ruine ist unauffällig, lenkt nicht vom beherrschenden Thema der Mythologisierung des Berges ab und schützt die Ruine vor weiterem Zerfall. Wir haben nicht nur Glück mit unserer Führerin, sondern auch, weil heute erst der 20. Juni ist. Vom 1. Juli bis zum 31. August ist die Burg geschlossen, weil Messner in dieser Zeit – wie jedes Jahr – mit der Familie seinen Sommerurlaub daheim verbringt. Er ist noch nicht da, aber literarische und audiovisuelle Vorträge in Sulden und Umgebung kündigen ihn schon an. Zu sehen ist alles das, was kein anderer berühmter Mensch in dieser Weise von sich preisgeben würde. Das zu Sehende ist komplett privat und doch frei zugänglich: die Ausstellung zur Gesar Ling, die Maskensammlung und Elemente zum

Animismus, Bilder von Bergen dieser Welt, der Tantra-Raum. Beeindruckend erscheint vor allem die Bibliothek, die Buchsammlung Messners, die Vorstellung, dass er genau dort Journalisten aus aller Welt empfängt, um über seine literarischen Neuerscheinungen zu sprechen. Sehenswert sind auch der antike Esstisch und das Musikzimmer. Hier ist nichts Fake, sondern alles authentisch, vollständig mit Eigenmitteln finanziert, die Türen teilweise unbezahlbar. Und doch, es sieht weder überladen noch prunkvoll aus, eher bescheiden, zwar alt, aber doch lebendig frisch, eine unglaubliche Kraft ausstrahlend. Dann geht es in den Keller, dafür ist sich Messner nicht zu schade. Der Tross läuft durch, ich verinnerliche, die anderen vorbeilassend. Was hier zu sehen ist, sind die originalen Ausrüstungskomponenten für unzählige Expeditionen; Gebrauchskleidung, die tatsächlich noch ständig in Gebrauch ist, selbst gemachte Marmeladengläser. Auch fällt das fantastische Sauerteigbrot auf, hart gelagert, das ich jetzt einfach abbreche, in einem unbeobachteten Moment davon koste. Susanne zeigt mir den Piepmatz.

Messner glaubt an jeden Glauben, ist frei von der Vorstellung, dass der eigene Glaube der einzige und richtige ist. Ich breche noch ein Stück ab, kaue darauf und weiß: Hier lebt nur ein Mensch (kein großer Star), der Anteil nimmt an dieser Welt, der mahnt, der kämpft, für sich und andere. Geister scheiden sich an ihm. »Neid« ist das passende Substantiv, nicht auf die Leistungen (auch die Beatles können erfolgsmäßig nicht mehr eingeholt werden), sondern auf die Tiefe des Handelns. Da ist jemand, der Schwächen zugibt, der öfter gescheitert ist, als dass er gewonnen hat, der anderen Mut macht, ihren Weg zu gehen, nicht den Wegen anderer zu folgen, auch nicht dem seinigen. Jeder hat seinen persönlichen Weg. Ich meine, dass Idole, Ideale und Ideologien mit Vorsicht zu genießen sind. Idiot beginnt auch mit dem Buchstaben I.

Die junge Schlosswirtin im Oberortl serviert in flottem Tempo leckeren hausgemachten Kuchen. Am Nachbartisch sitzt ein Getriebener, der mir vorhin in der Gruppe schon aufgefallen war mit seinem weißen Rauschebart, dem hektisch-nervösen Blick, dem permanenten Schweiß auf der Stirn. Ob er eine Nudelsuppe haben könne, fragt er die flotte Wirtin. Alsbald geliefert, schlürft er sie hastig hinein. Die Burg hatte er erklommen, die Gruppe im letzten Moment erwischt, das Innere intensiv inspiziert, diese Etappe seines Tagesprogramms scheinbar im Schnelldurchlauf abgespult. Er schmatzt, schlürft, wischt sich Schweiß

Italien (Tag 48 bis 65)

und Nudelstücke aus dem Bart. Ich frage mich, warum ihn die Stille des Ortes nicht beruhigt, wohin er will mit seiner Hektik, als wenn er durch noch mehr Hektik die Unruhe aus dem Körper treiben wolle. Wir sind ganz ruhig, lassen uns nicht vom schnalzenden Schmatzen beeindrucken, sind vielmehr noch beeindruckt vom Erlebten.

Wir nehmen wieder Fahrt auf. Das leise Rauschen der Räder tut gut und hilft, die Tiefe der Messner-Welt zu verarbeiten. Naturns, der Ort am Eingang zum verwegenen Schnalstal, wo sie Ötzi (ohne Rauschebart) gefunden haben, zieht vorüber. Partschins macht durch Unverhofftes aufmerksam, lebte hier doch ein gewisser Peter Mitterhofer, der Erfinder der Schreibmaschine. Ihn können wir nicht mehr erleben, wohl aber die Kopie eines VCA-Meilensteines bewundern, von dem zwei Originale entlang der alten Römerstraße aufgespürt werden konnten. Der Verkehr nimmt jetzt zu, der Radweg endet irgendwie, die gefährliche Straße soll genommen werden, um Meran zu erreichen. Ob es an den subtropischen Pflanzen liegt, dass Meran zum weltberühmten Kurort mutierte oder an der Liebe der kaiserlichen Sisi zu dieser Stadt, lässt sich nicht ganz beantworten. Immerhin kurierte hier auch der lungenkranke Kafka sein persönliches Leiden aus. Die leidige Schleifenfahrt durch die Stadt, am Ippodromo di Merano, der Pferderennbahn, vorbei, bleibt uns nicht erspart, zu verwinkelt und schlecht beschildert ist der weitere Verlauf der Radwege. VCA-Schilder existieren nicht, die einheimischen grünen Radschilder führen in sämtliche Richtungen, nur nicht nach Bozen. Verfehlst du den richtigen Schlenker, landest du am Bahndamm Merans, unter dem die Straße komplett erneuert wird und nicht befahren werden kann. Wir machen uns klein, drücken die Räder an den Baustellenfahrzeugen vorbei und landen nach einer weiteren Kurve wieder am Ippodromo. Also erneut die Straße geradeaus, die italienische Kaserne lassen wir diesmal rechts liegen, radeln auf einer kleineren Straße am gegenüberliegenden Hang. Das Tal wird deutlich breiter, wir finden endlich ein Radwegschild, das nach Bozen weist. Die Autobahn verläuft durchs Tal, die Eisenbahn auch, und irgendwo dazwischen, schön präpariert – aber durch Zäune aller Couleur isoliert – planiert der Radweg seine Flucht. Der ist wirklich nur den Radfahrern vorbehalten, denn wer ihn einmal befährt, kommt von ihm nicht mehr weg. Kilometerlang ist man eingezäunt, von Etsch und Zaun, von Eisen- und Autobahn, kein Entrinnen. Sollte sich ein Fußgänger auf den Weg begeben, wird er seine Zeit benötigen, wieder unter Menschen zu gelangen, ein Dorf zu erreichen, Proviant aufzufüllen, es sei denn, er merkt es und kehrt schnell wieder an die Einstiegsstelle zurück. Die Alternative ist gleichzeitig unsere Rettung, da wir keine Kraft mehr haben. Am Bahnsteig Gargazons verlassen wir den geradlinigen Isolationsweg und treffen auf die örtliche Sportanlage. Die Fußballfelder werden besprenkelt, Wasserhähne sind öffentlich zugänglich, einzig der andauernde Betrieb des Tennisplatzes, der sich durch einsetzendes Flutlicht bis in die späten Abendstunden erstreckt, stört die Zeltruhe.

Abends kochen wir Reis, würzen Tomaten und Mozzarella mit Kräutersalz, Pfeffer und Balsamico-Essig aus dem Minifläschchen. Das Zelt haben wir in den Sträuchern hinter dem Fußballplatz versteckt, wo es halbwegs unsichtbar ist.

Der Brenner-Radweg

Susanne duscht noch heimlich, der Platzwart ist zu sehr mit dem Rasenmähen beschäftigt, als dass er die Aktion mitbekommen würde. Wir fahren wieder auf den Tunnelblickweg und haben Bozen bald erreicht. Deutsch wird nun zur Mangelware, aber der Italiener wäre nicht er selbst, würde er nicht von seinem Mitteilungsbedürfnis Gebrauch machen. Nur ein kurzer Halt auf der stark befahrenen Verkehrsstraße, und schon ist ein Italiener auf dem Rad an unserer Seite, guckt nicht lange, sondern plaudert einfach drauflos, ohne dass letztlich ein Wort verstanden wird.

»Centro?«, rufe ich verzweifelt.

»No problemo!«, sagt er und zeigt geradeaus.

In der Bozener Wirtschaftsakademie werden Vorträge über regionale Entwicklungsperspektiven gehalten, Studenten relaxen am Ufer der Etsch. Bolzano ist die Stadt der Künstler, die jahrhundertelang hier durchfuhren, übernachteten, Spuren hinterließen. Erneut ist ein Dom zu besichtigen, in der Nähe des Waltherplatzes (nach dem Minnesänger Walther von der Vogelweide benannt), erbaut von keinem Geringeren als Kaiser Maximilian von Bayern.

Eine Foto-CD abzuschicken ist nicht einfach. Erstens sind die UPS-Dienste zu teuer für diese Paketgröße, was das MBE-Center, der Mail-

Boxes-Etc.-Ableger der Stadt, auch freigiebig zugibt, und zweitens sind die Postfilialen in moderne Arbeitsteilung verstrickt. Die Filiale am Dom schließe doch schon um dreizehn Uhr, danach sei immer das im Stadtteil mit der Nummer 5 gelegene Postamt zuständig; wenn es denn gefunden werden kann, denn der ausländische Reisende ist noch nicht mal in der Lage, den besagten Stadtteil mit der Nummer 5 ausfindig zu machen, und zweifelt, dass »Nummer 5 überhaupt lebt«. So muss also gewartet werden, bis sich zufällig ein anderes Postamt in einer anderen Stadt auftut.

Die Hitze bläst ins Gesicht, schwüler heißer Wind fegt durch die Gassen, Plastikstühle des Eiscafés wehen dahin, Tischdecken heben sich, die Sonne knallt erbarmungslos herunter, nicht unberechtigt sprechen die Medien in diesen Breitenkreisen vom Jahrhundertsommer. Susanne ist körperlich sehr erschöpft, die Brücken unter den Brennerzubringern spenden Schatten, aber keine Flüssigkeit.

Wie im Nadelöhr führt der Radweg raus aus der Stadt, hinein in das Eisacktal mit dem gleichnamigen Fluss »Isarco«. Das Tal ist erneut zauberhaft und führt hinauf bis zum Brenner. Leider steht der so bezeichnete eher für die berühmte Autobahn, die Verbindungslinie nach Süden schlechthin. Bauarbeiten sind somit ständiges Wahrzeichen eines eigentlich schönen Tales. Erst wurde die sogenannte alte Brennerstraße erbaut, später dann die Brennerautobahn, um dem steigenden Verkehrsaufkommen gerecht zu werden. Begonnen hatte alles aber noch zu viel früherer Zeit in Kollmann, dem winzigen Ausgangspunkt der Römerstraße durch dieses Tal, die sechzig Kaiserzüge zur Krönung nach Rom erlebte, als erster größerer Weg 1314 nach dem Bozener Kaufmann Heinrich Kunter »Kuntersweg« benannt wurde und seitdem immer wieder kunterbunt die Geschichte beeinflusste. Sogar dem großen Goethe war sie in seiner »Italienischen Reise« eine Erwähnung wert. Jetzt wird alles getan, dass auch der profane Zweiradfahrer diesen Ort von Bozen aus erreichen kann. Der Brenner-Radweg wird von zwei Seiten gleichzeitig in die Zange genommen und neu erschlossen. Das Stück ab Cardano ist teilweise fertiggestellt (bis zur Abzweigung ins Grödnertal) und teilweise noch weit entfernt von der Vollendung. Der Radweg verläuft (ähnlich dem in Siegen) unter den Autobahnzubringern, eingeschlossen von belebten Straßen und der rauschenden Eisack, durch Industriegebiete, zwischen winzigen Ortschaften; überall dort, wo eigentlich kein Weg vermutet werden kann. Wir befinden uns im Baulos 1, das 11,25 Millionen Euro verschlingen und der alten Brennerstraße SS12 ein Pendant in Form eines Radweges präsentieren wird, genau an den Stellen, an denen allererste Verbindungen überhaupt das Brennertal durchzogen. Daher verläuft der teilweise schon fertiggestellte Weg immer auf der gegenüberliegenden Seite der alten Brennerstraße, während die Brennerautobahn über alles hinweg von einem Tunnel zum nächsten donnert und dem niedlichen Tal wie aus einer Art futuristischer Laune heraus die originelle Beschaulichkeit entzieht. Also dort, wo einst die Verbindungsstraße durch den blanken Fels ratterte, sind heftige Bauarbeiten im Gange, werden Ampelverkehre für zukünftige Radwege im betongesicherten Inneren des Extunnels installiert. Oben verflüchtigt sich die Autobahn, gegenüber dem Fluss rauscht die alte Brennerstraße durch den Fels und auf der anderen Seite verschwinden zwei Radfahrer bei grünem Ampellicht im Bergmassiv. Beeindruckend, was das Tal der bewegten Welt stiftet, beziehungsweise zu was es von Menschenhand verpflichtet wird. Es muss als Verkehrszubringer herhalten, als Durchreisemöglichkeit für alles und jeden. Vor dem nächsten Tunnel, gleich hinter der Absperrung zum fertigen Radweg, der also noch gar nicht freigegeben ist, aber immer noch besser anmutet als die alte Brennerstraße auf der gegenüberliegenden Seite des Flusses, suchen wir – wie kann es anders sein – in einer Apfelplantage (der letzten für längere Zeit und wir atmen tief durch) einen Nachtplatz, stellen uns dicht an den Fluss, halten Ausschau und sehen und hören nichts anderes als die unendlichen Lawinen der Lastkraftwagen, die an der anderen Talseite in den Berg hineinbrausen. Gerade setzt sich ein Lkw der Spedition GST Stadler beim Überholmanöver gegen einen Konkurrenten der Spedition Lkw Augustin durch, der aber nicht unbedingt als Verlierer bezeichnet werden kann. Einziger Verlierer in diesem Spiel wirtschaftlicher Interessendiktate ist (wie so oft) die ignorierte Natur – und damit die Grundlage allen menschlichen Lebens!

In den Dolomiten

Irgendwann höre ich den Verkehr gar nicht mehr, auch das über uns wegziehende Gewitter habe ich nicht wahrgenommen. Der Radweg endet circa einen Kilometer später in einer Baustelle, in der die Arbeiter mit schwerem Gerät den nächsten Tunnel anfräsen. Irgendwie wuseln wir uns durch die Baustelle, nehmen eine Brücke, landen auf der alten Brennerstraße und kämpfen uns diese entlang, in Konkurrenz stehend zum zunehmenden Lkw-Verkehr, der den hohen Mautgebühren der Autobahn in luftiger Höhe entgehen möchte. Wir erreichen das gestern schon erwähnte Kollmann, radeln durch das Kaff Atzwang und weiter nach Waidbruck zur Ponte Gardena – der Brücke ins Grödnertal, das sich erst öffnet, nachdem wir einen längeren Tunnel durchquert haben. Insofern staunt der polizeiliche Verkehrsdirigent, als in unüblicher Manier zwei bepackte Radfahrer ins Grödnertal aufbrechen, schieben sich doch sonst nur Motorräder, Autos oder Omnibusse in den Dolomitenzubringer hinein. Licht an, Augen auf (Helm auch!) und hinein ins Dunkel des Tunnels, so schnell, dass möglichst kein anderer Verkehrsteilnehmer an ein Überholen denkt. Wenigstens ist die Foto-CD im Postamt in Waidbruck dem Gepäck erleichternd entwichen, denn nun beginnt das, was keiner will, was erst viel später mit der Herrlichkeit alpiner Welten belohnt wird: der Aufstieg ins Val Gardena, in das berühmteste Tal, seit Alberto Tomba das Licht der Welt erblickte oder der Gartenschlauch ins Bewusstsein der Kleingärtnerfraktion einzog.

Es wird steil, eng, nicht ungefährlich, denn wir sind nicht die Einzigen, wenn auch dieser Aufstieg ins Tal weniger Zulauf findet als der parallele hinter dem Berg bei Klausen oder die dritte Alternative über den Ort, der den Kastelruther Spatzen ihren Namen bescherte. Meter für Meter schieben wir nach oben, die Hände fest um das Lenkrad geschlungen, mit der Kraft aus der Hüfte und dem Rückgrat das Gewicht der Räder nach oben stemmend. Scheint doch noch befahrbar zu sein, dachte ich zuerst, aber mit jedem weiteren Meter wurde der Anstieg steiler, bis ein abermaliges Schieben unvermeidlich war. Die Straße ist hier wahnsinnig schmal, genau ein Reisebus könnte noch fahren, würde noch einer entgegenkommen, wüsste ich nicht, wie die beiden das in beiderseitigem Einvernehmen lösen sollen. Um drei Uhr nachmittags pausieren wir erst einmal, nehmen einen kleinen Seitenweg durch den Wald hinunter zum Fluss, um Abkühlung zu finden. Ich entledige mich meines verschwitzten T-Shirts, mache mich nass, schaue Susanne an, winke ihr lächelnd zu und bezahle den kurzen Moment der Unaufmerksamkeit mit der Tatsache, dass mein vertrautes Hemd, meine zweite salzige Haut, im reißenden Fluss unauffindbar verloren geht. Es treibt nicht am Rand, sondern ist vom ersten Strudel, unweit von meinem Standort, unter einen Felsvorsprung gezogen worden. Susanne lacht sich schlapp über den hemdlosen Deppen, ich versuche mit einem Ast vergeblich das gute Stück zu retten. Aber es ist für immer entrissen, verschwunden im gurgelnden Rio Gardena, dem Grödnerbach.

Bevor die Steigung auf unglaubliche zwölf Prozent anwächst, erscheint der einzige Bauer des heutigen Tages, der zunächst skeptisch ist wegen schlechter Erfahrungen mit dem Tourismus im Allgemeinen, der die Wiese aber schlussendlich anbietet, wenn auch der Liter Milch zum ersten Mal Geld kostet. Er erntet Heu und verarbeitet Frust über Vergangenes. Südtirol sei schon immer der Spielball der Politik gewesen und Rom sehr weit weg. Neuerdings kümmerten sich die Politiker aber um die Südtiroler.

Über den Wolken

Das Tourismusbüro der Provinz Belluno gibt eine »Carta automobilistica delle Dolomiti« heraus, das Standardwerk für alle, die motorisiert in den Dolomiten unterwegs sind. Während Ponte Gardena noch auf 468 Metern lag, wird es in den kommenden Tagen einen wahren Höhenrausch geben. Die erste Steigung wenige Kilometer hinter dem Übernachtungsplatz ist erst der Vorgeschmack. Irgendwann treffen die beiden Zubringerstraßen für das Grödnertal aufeinander, die Tankstelle kann an diesem Sonntag nur mit Tankkarte betrieben werden, somit ist an die Auffüllung der 0,6-Liter-Benzinflasche nicht zu denken. Auch die Autofahrer beklagen sich, denn die nächste Tankstelle befindet sich erst in einigen Kilometern, je nachdem in welche Richtung die Reise fortgesetzt wird.

Gegen Mittag erreichen wir St. Ulrich. Ein überdimensioniertes Holzschild begrüßt Neuankömmlinge im Val Gardena. Stolz posiert Susanne mit der Ladiner Trachtengruppe vor dem Krippenmuseum, denn der Ort ist für Holzkrippen berühmt, die er weltweit exportiert. An diesem Sonntag ist es erstaunlich ruhig, der überwiegende Teil der Reisenden will nicht das Tal erkunden, sondern dessen höchste Gipfel erreichen. Während St. Ulrich im Winter ein sehr guter Ausgangspunkt ist, reicht der Ort im Sommer allenfalls zum Durchreisen. Vier Stunden sind vorüber, vier Stunden des Schiebens, Zeit für eine Pause auf der Parkbank an der mit

Italien (Tag 48 bis 65)

Blumenkästen geschmückten Promenade, die über mehrere Brücken den Fluss überquert. 1240 Meter sind wir schon über Normalnull, das heißt, seit gestern haben wir schlappe achthundert Höhenmeter zurückgelegt, ohne dass auch nur eine Abfahrt oder eine Delle in der Strecke aufgetaucht wäre. Wir schieben weiter, Richtung St. Christina, Ort der berühmten Weltcuppiste, die zurzeit renoviert wird. Beeindruckende Bergkulisse zu allen Seiten der Straße. Dominierten in St. Ulrich noch die Holzkrippen, konkurrieren in St. Christina die Holzschnitzmeister mit atemberaubenden Arbeiten. Zwei weitere Stunden später erreichen wir Wolkenstein, den mondänen Skiort Italiens, das St. Moritz der Dolomiten, mit unzähligen Hotels, Bars, Discotheken und Modegeschäften. Die Preise sind beachtlich, die Kulisse der das Tal scheinbar abschließenden Sellagruppe und die Sicht auf 3500 Meter hohe Felswände ringsum Ehrfurcht erzeugend. Wie in vielen Wintersportorten dominiert in Wolkenstein die Schräglage, und so schieben wir die Räder bis an den Ortsausgang, wo ein Stellplatz für Reisemobile direkt am Bach und in unmittelbarer Nähe zur Polizeistation die einzige Möglichkeit für den legalen und kostenlosen Nachtaufenthalt liefert. Schutt und Gestein liegen herum, die Brocken so groß, dass dem Zelt der nötige Halt verliehen werden kann. Wolkenstein scheint auch im Sommer ausgebucht, Menschenmassen schieben sich durch die Straßen, feine Damen und elegante Herren aller Nationalitäten, die den Statuswerten ihrer Gesellschaft voranlaufen, sie symbolisieren, dauerhaft verkörpern, denen es wirklich wichtig ist, hier zu sein, gesehen zu werden, dazuzugehören, Geld zu lassen in dieser Scheinwelt der dollarschweren Alpengämsen. Wir passen dagegen so gar nicht rein in dieses Bild der Superreichen, und trotzdem sind wir da, ungewaschen, heimatlos, ohne Motor-, nur mit Muskelkraft; und aufgeregt, weil morgen früh der höchste Pass der bisherigen Reise auf uns wartet.

Diarrhö am Sellajoch

Wie bekomme ich ein fünfzig Kilogramm schweres Rad über einen Pass, der vom heutigen Startort noch schlappe 750 Höhenmeter entfernt ist? Indem ich vor allem eines nicht mache: denken. Sobald die Gehirnzellen auch nur im Entferntesten zu analysieren beginnen, was dem Körper heute bevorsteht, bin ich verloren. Also schieben wir los, jeder in seinem Tempo, ich etwas vorneweg mit längeren Schritten und ebensolchen Pausen, Susanne mit kürzeren Schritten und mehreren kürzeren Pausen. Ich denke an vieles, vor allem die Reaktionen im Körper, aber nicht an die Strecke. Susanne nimmt die Dinge am Wegesrand wahr, hält an für Blümchen, Alpenveilchen, Gräser und sonstiges, versucht den rasenden Motorradverkehr auszublenden. Dass ich den Körperreaktionen lausche, hätte ich auch lassen können, denn nach ungefähr einer Stunde mache ich eine Durchfallerfahrung der grausamen Art. Wahrscheinlich war das Schlauchwasser des Holzschnitzers aus St. Christina, das noch in einigen Flaschen vorhanden war, nicht astrein, sondern bakteriologisch bedenklich. Jedenfalls verliert der Körper in den nächsten Stunden nicht nur Flüssigkeit. Doch es gibt jetzt kein Zurück, ich blende alles aus, so gut es geht, ich schiebe einfach immer weiter, ohne an irgendetwas zu denken. Der körperliche Zustand wird sozusagen überschoben. Ich reagiere meinen Frust einfach an den rasenden Motorrädern ab. Eine Serpentine nach der anderen, jedes zehnprozentige Zwischenhoch des Asphalts wird abgeschoben, weggedrückt mit langen, raumgreifenden Schritten. Rennradfahrer steigen jetzt sogar ab, wohlgemerkt ohne ein Gepäckstück, einer fährt vorbei, entfacht meinen sportlichen Ehrgeiz. Wenn ich heute schon alles an körperlicher Kraft verliere, dann kommt es auf die letzten Reserven auch nicht mehr an. Die Steigung lässt nach (die Erfahrung lehrte, dass sechs Prozent fahrbar sind), ich setze mich auf den Sattel und fahre heran, mache auf mich aufmerksam, bin ganz in der männlichen Einfältigkeit des tierischen Instinktes gefangen, bis der Trikotträger zurückschaut, sich wundert, wie ich die Distanz zu ihm aufholen konnte, und bis sich mein Verdauungssystem wieder meldet und ich mir eingestehen muss, dass ich sie nicht mehr alle beisammen habe. Immerhin habe ich durch die radikale Interimsleistung dreihundert weitere Höhenmeter hinter mir. Und gute Taten muss ich auch bald leisten, weil ein Abfahrer einen Platten hat und seine Luftpumpe nicht funktioniert. Meine Pumpe war nach der letzten Pumpaktion auf der Fließer Platte abgebrochen (hatte meinen Frust auf teuerstes Material gelenkt, das nur so lange in Ordnung ist, wie es nicht zum Einsatz kommt), aber ich zeige guten Willen, pumpe, so gut es geht, versuche, den erneuten Abbruch des Verschlusses zu verhindern, der mit Sekundenkleber nicht wirklich gekittet werden konnte. Der abfahrende Kollege ist mehr als dankbar, kann er doch wieder hinunterrasen, während ich weiterhin das Rad nach oben wuchte. Das mit den Bäumen hat sich inzwischen erledigt, nur noch karge Landschaft, rechts am Himmel die Gondelstation des Langkofels, umgeben von einer atemberaubenden Bergwelt. Motorradfahrer rauschen heran, legen sich in Kurven, entgehen dem Verkehrstod und rauschen wieder davon. Ein sinnloses Unterfangen, das demnächst mit einer Dolomitenmaut gestoppt werden soll. Dann ist Schluss mit dem »Wer war der Erste auf dem Pass?« und die gehirnamputierten Alttouristen werden sich zweimal überlegen, ob die stundenlange Kurvenfahrt von Bozen, Bruneck oder Brixen mit dem Dreiminutenzwischenhalt auf dem Pass und der schwindelerregenden Abfahrt zwischen Reisebussen und Motorrädern die Mautgebühr rechtfertigen wird.

Endlich sehe ich das Ziel der Qual, halte am Rifugio Albergo Passo Sella, unterhalb des eigentlichen Passes, und warte auf Susanne. Wandergruppen sind unterwegs, Autos müssen Parkgebühren zahlen, Absperrungen verhindern den Zugang zu ruhigeren Wiesen, Campen ist strengstens verboten. Ich habe jetzt vier Stunden nichts gegessen und getrunken, knabbere Salzbrezeln. Fast wird mir übel bei dem Gedanken an Kekse mit Vanillemischung. Die könnten die Durchfallursache sein, denke ich, und entsorge den Rest. Dann schüttle ich den Gedanken an die Kekse ab, stelle das Rad hin, gehe einige Meter und halte Ausschau nach Susanne, die noch einige hundert Meter gegen den Berg zu kämpfen hat und von wildfremden Männern angefeuert wird (es sei ihr gegönnt). Wir ruhen uns aus, denn noch ist das Joch nicht erreicht, es fehlen noch einige kurzgeschwungene Serpentinen. Das weitere Schieben auf der Schattenseite (zum Schutz gegen die starke Sonne) ist weder möglich, weil die Sonne jeden Schatten verdrängt, noch nötig, denn die Temperaturen sind gleichzeitig mit dem Höhengewinn in den Keller gewandert. Nach weiteren dreißig Minuten ist es dann vollbracht. Der Passo Sella Dolomiti auf 2240 Metern Höhe ist erreicht, ohne dass uns zum Feiern zumute wäre.

Durchgeschwitzte, hagere Rennfahrer haben sich von der anderen Seite hochgekämpft, verweilen nicht lange, ein einzelner Müsliriegel muss reichen, das eigene Leistungspotenzial wird bestätigt durch die Kürze des Aufenthaltes auf dem Pass. Je schneller die silbrig spiegelnde Sonnenbrille im Gesicht die erschöpften Augen verdeckt und die übersäuerten Muskeln wieder scheinbar problemlos treten können, desto cooler ist das ganze Unterfangen. Auch wenn eigentlich der Puls rasend bleibt, geatmet wird demonstrativ durch die Nase, denn ein tiefes Schnaufen oder gar Hecheln würde seitens des Verfolgungswahn auslösenden, allgegenwärtigen Konkurrenten als Zeichen der Schwäche interpretiert werden. Unbändig konstituiert sich die Kraft des männlichen Rennfahrers, nur noch übertroffen vom Harley-Reiter in schwarzer Lederhose, der als Bezwinger des Passes die Arme seiner Holden auf dem Rücksitz massiert, die nach dem vierten Pass an diesem Tag langsam, aber sicher schlapp macht und heute Abend in der Clublounge jeden Knochen spüren wird.

Wir dagegen verspüren keinen Zeitdruck, sitzen nur und gucken, lassen alles auf uns wirken, setzen irgendwann die Helme auf und fahren gebremst und ambitionslos auf der anderen Seite des Sellajochs hinunter. Bewusst fahre ich in der Straßenmitte, lasse keinen vorbei, trotzdem überholen die Motorradfahrer in der dritten Reihe, ignorieren mich und den eigenen Motorradkollegen nahe des Mittelstreifens, der schon neben mir fährt. Schließlich rauscht Mister Überholuniversum auf der Gegenfahrbahn an uns beiden vorbei und zieht kurz vor dem Zusammenprall mit einem entgegenkommenden Autobus wieder in die eigene Spur, kurz vor dem ultimativen Supergau durch Unfalltod, und verbucht – wegen machomäßiger Gehirnschrumpfung – zeitgleich den nächsten Orgasmus und fühlt sich als Held des Tages. Ich fühle mich miserabel, die Abfahrt wird in einer Kurve enden, weil sowohl die Kraft als auch die Relation verloren ist. Zwischen Sella- und dem Pordoi-Pass ist doch gar kein Ort. Schlau, aber naiv, wie wir nun mal sind (aber das zu erkennen ist auch eine Erfahrung), sehen wir erst jetzt auf die Karte und merken, dass es keinen Zielort gibt, den wir ansteuern können. Gut ausgebaut sind die Rastplätze in den Abfahrtserpentinen, und in einer stillen, verkehrsfreien Minute verstecken wir uns dort in der felsigen Gegend. Wir kochen Nudeln und bauen am Steilhang auf sechs Quadratmetern ebener Fläche, in circa zweitausend Metern über dem Abgrund, mit Blick auf zackige Dolomitengipfel das Zelt auf. Es wird dunkel und unheimliches Grollen macht sich breit. Eine Steinlawine löst sich in scheinbarer Reichweite. Die Nacht ist in vollständiger Unwirklichkeit hereingebrochen, die Gipfelsilhouetten im Halbdunkel mit den aufgehenden Sternen am klaren Himmel sind zum Greifen nahe. Mit pochendem Herzen schlafe ich ein, etwas schummrig um die Augen, flau in der Magengegend.

Italien (Tag 48 bis 65)

Das romantische Bergdorf

Am frühen Morgen ist es empfindlich kalt, ich muss raus aus dem Zelt, bringe das Essen von gestern Abend ins Unterholz, verweigere die morgendliche Frühstücksaufnahme, weil mir erneut übel wird, aber irgendwie anders als im herkömmlichen Sinne. Ich bilde mir in hypochondrischer Manie ein, einer Art Höhenkrankheit in dieser relativ mickrigen Höhe zu erliegen. Susanne dagegen fühlt sich großartig, schaufelt die Nudeln des Vortages in sich hinein und säubert den klebrigen Fettteller mit Weißbrot, um jeden Partikel fettigen Restessens mitzunehmen, auch weil wir kein Wasser mehr auffüllen konnten, nicht wissen, wo es das nächste geben wird. Susanne futtert wie ein Scheunendrescher, ich kann gar nicht hingucken und lege mich wieder hin. Das ist mir lange nicht mehr passiert, mir ist echt übel, das Herz rast. Wagen halten auf der Höhe des Parkplatzes. Wir sind hier oberhalb des Abgrundes ganz gut versteckt, hören dann aber unter uns Stimmen. Die zahlreichen Wanderwege waren gestern nicht zu sehen. Ein Impuls sagt mir: »Mach einfach weiter, als würde es dir gut gehen.« Schon folgt der Zeltabbau so schnell es möglich ist, dann fahren wir die Serpentinen hinunter, an dem einzigen Restaurant weit und breit wird Wasser aufgefüllt. Essensgeruch verursacht erneute Übelkeit. Die Straße biegt wenig später ab, gleichzeitig überfällt mich die grausige Erkenntnis, dass nun fünfhundert Höhenmeter zum Passo Pordoi zu bewältigen sind, obwohl ich nichts gegessen und getrunken habe. Susanne dagegen ist bester Laune, entschlossen, die Erfahrung des bezwungenen Sella-Passes mühelos auf jede noch kommende Strapaze zu übertragen. Räder die Pässe hochzuschieben ist das eine, den Höllenlärm der vorbeirauschenden Fahrzeugkolonnen und Motorräder zu ertragen, wesentlich nervenaufreibender. In schwarzen Tüll gehüllte Fahrzeuge spielen James Bond, Oldtimerrennen werden abgehalten, die Cabrio-Elite aus dem niederrheinischen Viersen, die gestern schon das Sella-Joch verunsichert hat, ist heute einen Pass weiter gefahren. Der Kick scheint darin zu liegen, im kurzen Jahresurlaub jeden Pass der Dolomiten innerhalb enger Zeitlimits zu erklimmen und das Fahrzeug vor der Gipfelkulisse fotogen zu präsentieren und abzulichten.

Wir dagegen sind mit geradezu elementaren Fragen beschäftigt, zum Beispiel mit der, welche Seite der Straße zu benutzen ist. Wir kleben auf dem Asphalt, kriechen Meter für Meter empor. Es ist keine Quälerei im eigentlichen Sinne, keine masochistische Anwandlung, sondern das unvergleichliche Wahrnehmen der mächtigen Natur. Demütig werde ich an diesem vierten Tag in den Dolomiten. Wie klein der Mensch doch ist, der vor allem als Radfahrer auf sich aufmerksam machen muss, wenn in den lang gezogenen Kehren eine Straßenseite als Befestigungswall gemauert ist. Der hinunterbrausende Verkehr kann das kleine Etwas namens »Mensch« kaum wahrnehmen. Vielleicht ist es doch gesünder, dem Verkehr nicht frontal entgegenzuschieben, sondern zu hoffen, auf der anderen Straßenseite den rückseitig heranbrodelnden Fahrzeugen in letzter Sekunde ausweichen zu können. Denn mit dem Verkehr hinaufzuschieben, ihn also im Rücken zu spüren, setzt Vertrauen in die Fahrfertigkeiten der Rauschelite voraus.

Nach drei Stunden ist die Passhöhe in 2239 Metern erreicht. Schon wenig später befinden wir uns auf der rasenden Abfahrt, sind glücklich, diese 33 Kehren hinunter- und nicht hinaufzufahren. Rennradfahrer trainieren hier, Gruppen fliegen auseinander, jeder hat sein eigenes Tempo, ist völlig auf sich allein gestellt. Das Wetter wird nun schlechter, die Strapazen der Hochfahrenden sind unvorstellbar. Auch sie steigen nun ab, während wir hinunterrauschen, so schnell wir können. Erst erreichen wir Arraba, im sogenannten Buchensteinisch-Ladinischen Reba genannt, im Deutschen schlicht Buchenstein. Dieser strategische Ausgangspunkt der Rennteams, die in den Dolomiten trainieren, ist nicht gerade einladend, dem geschundenen Verdauungssystem auf die Sprünge zu helfen. Die Tankstelle Pieves wird von einem höchstens dreizehnjährigen Jungen gemanagt, während die Alten süßen Schnaps zwitschern. Mit grandiosem Ausblick auf die Dreitausender erreichen wir den kleinen Ort Livinallongo del Col di Lana, der eng an den Fels genagelt ist, uralt wirkt und fast die Tatsache vergessen macht, dass der gesamte Verkehr zum Pordoi über die ortsteilende B48 fahren muss, durch engste Häuserschluchten, deren bröckelnde Fassaden einiges berichten könnten. Livinallongo glänzt mit dem Charme eines bezaubernden Bergdorfes, das es so kein zweites Mal gibt. Im Tante-Emma-Laden, der von einem jüngeren Mann mit guten Deutschkenntnissen betrieben wird, gibt es so ziemlich alles, was das Herz begehrt, angefangen von allen Arten hauswirtschaftlichen Zubehörs bis hin zur Gießkanne, Elektroteilen und Sauerteigbrot mit Kümmelgeschmack, das bereits vor einem halben Jahr produziert wurde und inzwischen zu seiner endgültigen Steinbeißerqualität gereift ist. Ein weiteres Geschäft hat Schreibzubehör und dann ist der Ort auch schon abgegrast, mehr gibt er nicht her, aber eben auch nicht weniger. Die zwei Läden, ein paar putzige Restaurants, die in rosa getauchte Villa Emma (mit verschlossenen Fensterläden), das alte Hotel, der Friedhof am fast nicht begehbaren Steilhang. Das Dorf ist in seiner eigenen Welt gefangen.

Schnell wird die Cola konsumiert, in Kombination mit dem harten Brot, das wir mit Kräutersalz anreichern, um den gebeutelten Salzhaushalt zu regulieren. Die Straße verläuft in diesem Bereich fast ohne Kurven hinunter. Die Burg Andraz ist zu erkennen, wir haben heute aber keine Lust mehr auf eine historische Erkundungstour. Gerade hier in den Dolomiten zählt wiederum nur das Hier und Jetzt, viel mehr als das, was zurückliegt. Cortina soll die nächste Zielstation sein, also ist der Falzarego der nächste zu bezwingende Pass. Genau vor der ersten Aufstiegskehre liegt ein Häuserensemble, bestehend aus vielleicht sieben oder acht Häusern, die nacheinander restauriert werden. Ein eigener Brunnen ist neu angelegt, mit tadellosem Trinkwasser. Der Ort heißt Cernadoi, eine junge Frau läuft bei einsetzendem Nieselregen zu einer Stelle gegenüber der Straße, unweit eines Bienenstocks, und zeigt auf einen gut geeigneten Zeltplatz. Donner setzt sein, ein Gewitter zieht auf. Wir stehen als papageienbunte Attraktion für die vorbeibrausende Verkehrswelt direkt in der Aufstiegskurve zum Pass.

Mit letzten Kräften

Erneut folgt der Körper dem Überlebenswillen des Geistes, der alles ausschließt und nur die berühmte Stadt Cortina d'Ampezzo erreichen will. Dazwischen liegt der dritte Pass beachtlicher Höhe. Durch die ziemlich abweisende Bergwelt, die zurzeit keine Sonnenstrahlen durchlässt und die Dolomitengipfel in bedrohlich düstere graue Wolken verhüllt, schieben wir die Räder zum Falzarego. Eine kahle Schlucht hinauf, mit der Frage auf der Zunge, warum eigentlich eine Straße gebaut wurde durch diese abtrünnige Bergwelt, die nur Abweisung ausstrahlt. Regen setzt ein, es wird sehr unangenehm. Anders als die Straße, die durch zahlreiche Tunnel vor dem herunterstürzenden Geröll der schroffen Felsen geschützt ist, haben wir Radlerprotagonisten lediglich einen natürlichen Schutzmechanismus. Wir suchen Unterschlupf, eine Renntruppe mit hellblauen, sehr dünnen Trikots, die schon heute früh von der anderen Seite aufgebrochen war und sich jetzt auf der empfindlich kühlen Abfahrt befindet, hält ebenfalls im Tunnel, um das ärgste Unwetter auszusitzen. Eine blonde Rennfahrerin dagegen trotz dem schlechten Wetter und kämpft sich verbissen, mit lobendem Daumen nach oben zeigend, wild dreinschauend und beachtlich zügig an uns vorbei. Wir sind wohl die Einzigen, die mit solchem Gepäck den Pass bezwingen wollen. Jetzt taucht der Mannschaftsbus der Rennfahrer auf, sammelt Rad und Mensch ein. Beide haben scheinbar keine Lust, die gefährliche Abfahrt bei diesem Wetter zu wagen. Der Regen lässt nach, hat die Fahrbahn dunkel gefärbt, der Talkessel wird immer enger. Noch ein Tunnel, diesmal nicht unter den überschüssigen Hang gegraben und ohne Fernsicht, sondern in einer Kehre, auf einer Länge von einhundert Metern direkt in den Berg geschlagen. Reisebusse fahren deshalb mit gedrosseltem Tempo, hupen vor der Tunneleinfahrt, damit von unten kein Kollege das Gleiche versucht und es im Tunnel zu einem akuten Platzproblem kommt. Nach einigen Stunden ist das Passschild des Falzarego mit der Höhenangabe jenseits der 2100 Meter erreicht. Hagel setzt ein, vereinzelte Schneeflocken führen den Hochsommer ad absurdum. Da bleibt nicht viel Zeit, noch eine Pulloverschicht über den Oberkörper zu werfen und die Skimütze aufzusetzen, um die Abfahrt halbwegs zu ertragen. Die Hände frieren trotz der schützenden Handschuhe am Lenkrad fest und die Bremsen versagen fast, weil die Straße überaus nass und glitschig geworden ist. Von befreiender Abfahrt kann in diesem Moment keine Rede sein. Irgendwie erreichen wir Cortina, den Ort, der im Ausland sofort mit dieser Region Italiens verbunden wird und wie kein zweiter das Herz der Dolomiten verkörpert. Olympische Winterspiele erzeugen Flair, katapultieren Länder und Orte an eine Wahrnehmungsschwelle, die sie unter anderen Umständen niemals erreicht hätten, direkt in das öffentliche Interesse der gesamten Welt, bewusst oder ungewollt, auch ohne Rücksicht auf die drangsalierte Umwelt, die den Gelüsten der Wirtschaft und Medien nichts Handfestes entgegensetzen kann. Da der Hype Cortina aber schon 1956 erreichte, sind die aktuellen Auswirkungen nicht mehr so extrem wahrnehmbar wie zum Beispiel im

US-Bundesstaat Utah. Der Beschaulichkeit der Region hat der Bekanntheitsgrad keinen Abbruch getan, auch wenn Roger Moore in tödlicher Mission ganze Kamerateams in den Berg schickte, mit Willy Bogner als weltberühmtestem Bergdouble für alpine Außenaufnahmen. So gehört denn auch Gröden – und nicht etwa Cortina – zu den »Leading Mountain Resorts of the World«. Flächenmäßig ist Cortina aber beachtlich groß und verwinkelt steil sind die Fußwege. Susanne fühlt sich schlapp. Das Camping Rocchetta bietet sich für das Nachtlager an, ein kleiner, billiger Campingplatz, der auch einige Lebensmittel (zu allerdings stark überzogenen Preisen) anbietet, aber im Wesentlichen durch gute sanitäre Einrichtungen überzeugt. Endlich mal duschen, die Strapazen der letzten Woche vorbeiziehen lassen, neue Reisekraft auftanken. Rumänen, Tschechen, Polen – halb Europa scheint auf diesem Platz vertreten zu sein, um mit Mountainbikes oder Wanderschuhen die Tofano-Gruppe zu bezwingen und aufgestaute Abenteuertriebe auszuleben.

Bild 2: In den Dolomiten

»Mir war noch nie so schlecht!«

Ich glaube, ich habe jetzt das, was du vor drei Tagen hattest«, sagt Susanne mit kreideweißer Gesichtsfarbe. Sie erbricht unmittelbar und ich breche erst einmal mit dem Fahrrad in die Stadt auf, um Einkäufe zu tätigen. Cortina ist leer, Geschäfte mit Gucci-Reklame, die ein riesiges, winterliches Sortiment verkünden, sind geschlossen, die Straßen wie ausgestorben. Scheinbar ist die Stadt (anders als Wolkenstein) keine des Sommers, sondern eher dem Winter zugewandt. Ich irre etwas orientierungslos umher, als ich auf Sabine aus Dortmund treffe, die mich erkennt, weil sie mich auf dem Campingplatz gesehen hat. Sie ist groß, burschikos, hat grau meliertes Haar, strahlt und blitzt aus den Augen, wirkt insgesamt so, wie man sich allgemein eine rüstige Pensionärin und ehemalige Beamtin im höheren Dienst vorstellt. Sabine ist gerade etwas in Eile, aber wenn ich ihre Hilfe benötigen sollte, solle ich nicht zögern, sie kenne sich bestens in der Stadt aus. Die Apotheke sei gleich auf der rechten Seite, neben dem berühmten Foto Ghedina, das es seit 1883 gebe und das die größte Auswahl an Ansichtskarten aus den Dolomiten anbiete. »Wir sehen uns nachher auf dem Platz«, sagt sie und schon ist sie wieder verschwunden. Die Einkaufsliste ist lang, der eigene Nachholbedarf immens. Cola, Salzstangen, Fruchtdrinks, Tabletten gegen Magen-Darm-Störungen, dann noch Butter, Obst, auch Leckerlis, ich habe nach dieser entsagungsreichen Dolomitenwoche eine solche Kauflust, dass mich beim Gedanken an den Konsumverzichtsvorsatz ein gewisses Schamgefühl überkommt. Ich könnte alles auf einmal in mich hineinschlingen, auch die Magentabletten, die dann schon einmal Zeit hätten, die Essensmelange zu sortieren. Mit dem vollen Sortiment fahre ich zurück zum Campingplatz, der circa einhundert Meter tiefer in einer stadtabgewandten Schlucht liegt und mit einem halbstündigen Fußmarsch zu erreichen ist, sich also nicht eben um die Ecke befindet.

Susanne ist jetzt dauerhaft auf dem Sprung zur Toilette, kann nichts essen, fühlt sich kotzelend, legt sich wieder hin. Ich besuche Nachbarin Sabine, die es sich im grünen Jogginganzug in ihrem Steilwandzelt aus einer Zeit, als noch schwerer Baumwollstoff Campingluxus vermittelte, bequem gemacht hat. Der Vorteil des Zeltes ist die Stehhöhe. Nicht, dass sie nicht früher bei ihren Solofahrradexkursionen durch Frankreich auch auf dem Boden gekrochen wäre, aber das wolle sie jetzt nicht mehr. Ein bisschen Luxus soll es im fortschreitenden Alter schon sein. Als ehemalige Schulleiterin verfüge sie über eine recht gute Pension. Auch ihr Mann begleite sie in der Regel, aber mit den Bergen habe er es nicht, er bleibe dann lieber zu Hause und lege die Füße hoch. Sabine dagegen fährt seit vielen Jahren hierher, um ihrer großen Leidenschaft, dem Wandern, nachzugehen. Ihre roten Backen glänzen, wenn sie von ihren Touren berichtet, ihre Augen hinter der großflächigen Brille mit weißgrauem Rahmen zeigen Emotionen, wenn sie aus ihrem Leben erzählt. Sie wirkt wie eine rundum bodenständige Frau aus dem Ruhrpott, immer auf der Suche nach Identifikation (und sei es nur mit dem Campingplatz) und immer mit dem Gespür für das Machbare, eine typische Charaktereigenschaft für Bewohner ihrer Heimatregion. Seit zwei Wochen schnüre sie jeden Tag die Wanderstiefel, jetzt reiche es langsam, auch weil das Wetter immer nur für zwei Stunden am Vormittag gut sei, bevor dunkle Regenwolken aufzögen. »Wahrscheinlich packe ich morgen einfach alles ein«, sagt sie, »und fahre nach Hause.« Ihre Fahrradtouren durch Frankreich seien verfilmungswürdig, aber, so scherzt sie gleich, sie habe noch keinen Produzenten gefunden und könne die hohen Gagen für die Filmschauspieler nicht aus eigener Tasche entrichten. Französisch habe sie sich damals selbst beigebracht, beherrsche aber nur die Gegenwartsform, und für Italienisch besitze sie ihr dickes Lexikon und verstehe letztlich doch nichts, weil hier irgendwie fremd, »so ladinisch« gesprochen werde. Das weiß ich alles bereits, aber die ausführliche Konversation mit Sabine tut wirklich gut. Zurück im Zelt bleibt nichts anderes, als Susanne mit moralischem Zuspruch die Kotzschüssel zu halten oder sie im Schweinsgalopp zum WC zu begleiten.

Grenzen der Freiheit

Susannes Übelkeit ist einem Gefühl der Schwäche gewichen. Heute ist nicht an Aufbruch zu denken, obwohl das Bild der schwindenden Zeltnachbarn die Aufbruchstimmung nachhaltig fördert. Die Tschechen bauen ab, die Rumänen sind schon weg, während die Holländer nebenan noch nicht einmal gegrüßt haben. Auch Sabine bricht auf. Ein Reisebus mit Jugendlichen trifft dagegen ein, die sich zum Wandern angemeldet haben; ein italienisches Paar hatte gestern ein winziges Zelt aufgebaut, aber es regnete hinein und so bauen sie schnell wieder ab, bevor es erneut zu regnen beginnt. Ein neu eingetroffenes tschechisches Paar glänzt mit sehnigen Muskeln in eng anliegender Fahrradkluft. Sie ist drahtig und durchtrainiert, hat braune lange Haare, trägt Spiegelbrille. Er zieht Selbstbewusstsein aus der öffentlichkeitswirksamen Präsentation seines stählernen Körpers, der ebenso glänzt wie seine schwarzen Locken. Schon sein Gang ist der eines Sportlers. Sie sind die Verkörperung des sportlichen Urlauberpaares, das zeitlich begrenzt von Freiheit zu träumen versucht, draußen sein möchte in der Natur, sich freimacht vom Angebot urbaner Zerstreuungen wie Kinobesuch, Weihnachtsmarkt, Sommerfest etc. Menschen, die sich temporär von diesen Dingen lossagen, ist immer bewusst, was sie nicht haben möchten: kein Hotel, kein Restaurant, keine Kreuzfahrt, bloß kein »all inclusive«, schon gar nicht die Kategorie Ballermann. Das sind eigentlich gute Vorsätze auf dem Weg zur Freiheit. Und doch stehen die beiden Tschechen (die Verkörperung des Freiheitsmodells) nur zehn Meter von einem Zaun entfernt, der die Camper in das »sichere« Gelände zwängt, während hinter dem Zaun die Pensionswirte ihre tausend Quadratmeter große Wiese mähen, nicht wie in Livillanongo mit der Hand, sondern mit dem Elektrorasenmäher, und das den ganzen lieben langen Tag. Jetzt fängt der Nachbar auch noch an, meine übrig gebliebene Lesekonzentration zu vernichten.

Ich fühle mich eingezwängt nach all der empfundenen Freiheit auf den Dolomitenpässen. Ich spüre nur noch die Brustenge des Verzweifelten, der um sich herum nichts mehr wahrnimmt, nur die eigene Verlassenheit in sich trägt. Alle Gerüche der Natur sind verloren, werden angesichts der Freiheitsberaubung erstickt. Hörte ich im Grödnertal noch die Insekten der Wiese zirpen, sah ich noch unzählige kleine, wilde grüne Grashüpfer den Zeltstangen in wilder Panik ausweichen, hatte ich noch die Vision, die Geräusche der Grille zu erkunden, träumte ich noch von den Glühwürmchen, die nachts den Schlafplatz im Vinschgau zum Leuchten brachten, so ist das alles nicht mehr existent. Der eingezäunte Zeltplatz hat die Gedanken fest im Zau(n)m. Der Platz grenzt ein, auch ab, denn dahinter wäre die heimische Bevölkerung zum Gespräch bereit. Warum nur sind wir auf den Campingplatz gegangen? Okay, es macht sich halt nicht gut, in einem touristischen Umfeld nach kostenloser Unterkunft zu fragen und gleich im Anschluss daran auf die Wiese zu kotzen. Aber die Einkesselung im Campinggehege setzt Zigeunerassoziationen frei, auch Bilder herrenloser Autos an irgendwelchen Landstraßen, lässt Reaktionen und Vermutungen der Einheimischen außerhalb des Zaunes zu. Auf die Autos und Zigeuner und anschließend noch auf die Camper zeigen die, mit dem Daumen nach unten, uns allesamt als Bodenkriecher empfindend, einkaserniert unter ihresgleichen weilend, damit die Profiteure des Tourismus nicht von den Inhaftierten des Campingplatzes gestört werden. Ich muss hier weg, schnell!

Schneller als der Papst

Endlich verlassen wir Cortina, streifen somit den heftigen Lagerkoller ab. Einerseits hatten wir zwar die grandiose Wanderregion vor Augen, andererseits die gesundheitlichen Einschränkungen und das äußerst wechselhafte Wetter, beides schlug auf das Gemüt. Ein Radler aus Italien ist auf dem Weg nach Cortina, den er verzweifelt sucht. Wir hegen keine Zweifel mehr, die Routine ist jetzt da. Macht doch nichts, wenn der Weg nicht stimmt, nicht markiert ist oder sich als unbefahrbar erweist. Der Weg ist das Ziel, gleichgültig wie er aussieht. Von Cortina führt der unsrige durch Orte mit »di Cadore« im Namen, von denen es eine ganze Reihe gibt und die allesamt ihre Geschichte haben. San Vito di Cadore ist die nach Freiheit strebende Gemeinde, deren Güter das Dorf kollegial verwaltet. Borca di Cadore dagegen lebt mehr von der angeblichen Existenz mythischer Waldbewohner, die Anguanes heißen und hier lebten, es vielleicht auch jetzt noch tun. Geschmückt in ein Blumenmeer ist der kleine Ort Vodo di Cadore. Wer die Farben nicht mehr richtig wahrnimmt, kann sich ein Exemplar der Brillenkunst im Brillenmuseum in Pieve di Cadore beschaffen, wenn er über das nötige Kleingeld verfügt. Dann wird es göttlich oder vielmehr päpstlich: Lozzo erscheint mit der Kirche Madonna di Loreto und Lorenzago di Cadore schmückt sich bereits, weil in einer Woche tatsächlich der bayrische Papst Benedikt XVI. das Örtchen besuchen wird. Für weniger Göttliche ist das prachtvolle Dorf wegen seiner ausgesprochenen Schrägwiesen weniger geeignet, schon gar nicht für unser tägliches Zeltritual. Ein Rennfahrer kreuzt unseren Weg, ein cooler, braun gebrannter, offener Italiener mit hervorragenden Deutschkenntnissen. Die dunkle Sonnenbrille weicht nicht vom angestammten Platz auf dem Kopftuch, auch wenn dadurch der eigentliche Sinn einer solchen Brille (»Hier bin ich, um die Augen zu schützen«) durch Eitelkeit verloren geht. Lorenzago sei sein Heimatdorf, erzählt er, aber seine Tante habe seit über dreißig Jahren (wie kann es anders sein) eine Eisdiele in Betzdorf, im schönen Westerwald. Er habe dort drei Jahre mitgeholfen, die deutsche Sprache gelernt, dann die Lust am Eis verloren und die Freude am Häuserbau entdeckt und sei jetzt im Auftrag einer deutschen Firma als italienisch sprechender Experte in Sachen »Ich bau dir ein Haus, so wie im Märchen« der Prinz von Lorenzago.

So viel Blumenschmuck für den Vertreter desjenigen, dessen Sohn dem Konsum weitestgehend abschwor? Kann es bitte etwas weniger sein! Okay, dann präziser formuliert: Wer andere Religionen nicht gleichermaßen anerkennt, ist nicht souverän. Wer nur einen Teil der gläubigen Weltbevölkerung vertritt, kann nicht totalitären Anspruch geltend machen. Schließlich will der Papst doch nicht mit einem präsidialen afrikanischen Diktator auf einer Stufe stehen. Und so wird trotz allen Widerstandes der Cardoner gegen die Österreicher im Jahre 1848 ein deutschsprachiger Papst in der nächsten Woche in diese Region einfallen, sie für sich erobern, auf eine bemerkenswert nachhaltige Art, das schöne Dorf mit seinem Besuch elektrisieren.

Hinter dem Dorf radeln wir noch ein paar Kilometer bei mäßiger Steigung in Richtung des letzten Dolomitenpasses. Rechts führt ein Weg hinunter in die ausgetrocknete Schlucht. Auf dem Flussgestein befestigen wir das Zelt, hängen dazu große, schwere Steine in die Strippen. Wir sind nicht die Ersten, schon andere haben hier gegrillt. Der Blick hinauf führt zum Wasserablauf für Schneewasser. Jetzt ist alles ausgetrocknet, im Frühjahr ist das bestimmt ein reißender Fluss. Viel früher ist hier wahrscheinlich Gletscherwasser durchgeflossen, aber Gletscher gibt es in den kommerzialisierten Bergregionen Europas nur noch eine Handvoll und auch diese sind vom Aussterben bedroht. »Lieber Lifte als Gletscher« lautete jahrelang das unausgesprochene Motto der alpinen Tourismusverbände, die jetzt, da die Gletscher weg sind, der Schnee ausbleibt, die Arbeitsplätze verschwinden, ganze Skiregionen zittern, das

Einfliegen von Schnee aus höchsten Gipfeln nötig ist und die Herstellung des Kunstschnees den Energiehaushalt explodieren lässt, im bereits abgelaufenen Verbandskasteninhalt nach geeigneter Medizin suchen. Einige denken bereits um, wollen weg von Ski und Schnee, hin zum Berg, zur Natur, so schnell es geht, weil nicht mehr so viel davon übrig geblieben ist. Es ist fünf nach zwölf, aber wir waren schneller als der Papst.

Maurias Beziehungsprobleme & Luigi

Der Nachtplatz zwei Kilometer unterhalb der beginnenden Dolomitenpassstraße an der Mündung zweier Gletscherabflüsse ohne Wasser hat sich als ruhig erwiesen. Nun steht uns ein erneuter Kraftakt bevor: die Bezwingung des letzten Passes, nach dem wir die Dolomiten endgültig überwunden haben.

Susanne ist heute Morgen schlecht gelaunt und ignoriert meine Bitte, mit mir zu sprechen. Sie wandert nach dem Frühstück wortlos einige hundert Meter den ausgetrockneten Flussarm hinauf.

Ich mache mich einmal auf den Weg, schiebe das Rad den steilen, engen Waldweg empor und brauche schlappe dreißig Minuten bis zur Passstraße. Pilzsammler haben bereits eifrig in den Wäldern zu tun. Die Straße windet sich auf 1298 Meter hinauf und wird begleitet von den üblichen Motorradfahrern, die im Affenzahn die Kurven hoch jagen und keinen Gedanken an ein mögliches Ende verschwenden, an das Gedenklichter an den Leitplanken und Abgrundsteinen mahnen. Zwei entschlossene Stunden benötige ich für die zehn Kilometer bis zum Restaurant, das wohl einen jeden Pass schmückt und von Italienern selbst und jedem, der was auf sich hält, heimgesucht wird. Ich setze mich auf eine Bank unweit der Lokalität (obwohl ich schon etwas auf mich halte) und entspanne durch Beobachtung. Eine Motorradfahrerin kann ihre umgefallene Maschine nicht aufrichten und benötigt männliche Hilfe, was ihr sichtlich peinlich ist. Andere männliche Zampanos halten mit heulenden Motoren nur kurz an, schreien dem Kollegen den Namen des nächsten Passes entgegen, warten dessen kurzes Kopfnicken ab und verlassen im Sturzflug diesen Ort, um den nächsten Gipfel anzufliegen.

Susanne braucht eine Stunde länger als ich. Die Zeit heilt auch Beziehungsschrammen und die frische Abfahrt auf der anderen Seite des Passo Mauria ist der Beginn eines versöhnlichen Tages. Wenn zwei eine Reise unternehmen, besteht ein gewisses Spannungsverhältnis zwischen ihnen, das nur durch gegenseitige Rücksichtnahme und ein Zurückstellen der eigenen Interessen (nicht immer, aber wenn erforderlich) abgeschwächt werden kann. Wir haben hier noch nicht den idealen Weg gefunden. Allerdings sind wir uns schon bewusst, dass wir ständig daran arbeiten müssen. Viele Partnerschaften sind schon auf einer Reise, und zwar wegen dieser, gescheitert. Das Wissen darum lässt uns die Beziehungsprobleme auf dem gemeinsamen Reiseweg beobachten, vorsichtig justieren und so weit wie möglich reduzieren. Kleinigkeiten bergen Gefahren für die Zweisamkeit: die zu schnelle Nachtplatzaufgabe am Morgen, die zu kurze Pause am Mittag. Wir fahren nicht allein, die innere Uhr hat einen äußeren Resonanzkörper außerhalb des eigenen Ichs. Rücksichtnahme und Respekt für den Partner, der als solcher wahrgenommen werden will, sind unverzichtbar.

In Forni di Sopra riecht es dermaßen nach Vanille, wie es nur in Italien möglich scheint. Kindheitserinnerungen an den Gardasee werden wach. Forni di Sotto heißt der nächste Ort. Die Nachbarstädte sind schon seit der Römerzeit bewohnt und wurden erstmalig im Jahre 778 erwähnt, das Schloss von Forno wird mit der Jahreszahl 1300 in Verbindung gebracht, als es von Francesco di Leonardo da Socchieve (nach dem Ort, den wir heute oder morgen durchfahren werden) zur privaten Residenz verwandelt wurde. Dieses Schloss ist als solches nicht mehr zu erkennen, bis auf wenige Fragmente einer Wand, die vermutlich zum Haupthaus gehörte. Eine unglaubliche Schlucht fällt rechts der Straße ab, unten ein sich windender Fluss. Könnte man dort runterfahren, wäre ein grandioser Nachtplatz gefunden. Für die Fahrt durch die sogenannte Galeria di Mortes – auf einer Länge von circa dreihundert Metern durch den Fels geschlagen – schalten wir die Fahrradlampen an. Ein weißer Skoda aus Udine hält in einiger Entfernung am Straßenrand. Kanisterweise Wasser der Bergquelle werden in den Wagen gepackt. Wegen der Magen-Darm-Probleme von Cortina bin ich kritisch.

»Aqua di montagna è buona?«, frage ich zweifelnd.

»Sì, sì«, meint der zahnlose Alte eifrig und seine Frau humpelt auf Krücken zurück zum Wagen, um weitere Plastikflaschen hervorzuzaubern.

Jetzt sind es 35 Grad Celsius und das Schieben zum Pass war äußerst anstrengend. Ein älterer Herr mit silbrigen Schläfen unter dem abgegriffenen Strohhut zupft an den Weinreben rechts der Straße. Ich bemühe die Ein-Satz-Strategie für den Versuch, einen Schlafplatz zu organisieren, und stammele »Possiamo piantare qui una tenda per una notte?«

Winkt er ab oder wie soll ich die Geste deuten? Er mustert mich. Wie immer in diesen Momenten habe ich die Sonnenbrille abgenommen, denn der Augenkontakt ist ungemein wichtig. Auch die Sonnenschutzkappe habe ich abgenommen, aber ich sehe schon noch ziemlich wild aus. Der nur wöchentliche Duschrhythmus lässt die Patina bröseln. Die Haut spannt wettergegerbt über den Wangenknochen. Vielleicht hilft ein nochmaliges Lächeln, ich versuche es erneut mit der auswendig gelernten Frage, aber er stoppt mich, nach dem Motto »Schon okay!«, und greift zum Handy. Ich verstehe Italienisch nicht gut genug. Er gestikuliert, redet auf mich ein. Es wird irgendwie deutlich, dass er nicht der Besitzer des Anwesens ist, aber selbigen im Nachbarort angerufen hat. Zwei (oder waren es drei?) Brocken Deutsch kann er aber. Das Hemd trägt er offen, die Brust ist braun gebrannt, weiße Haare schimmern, vom Sonnenlicht angestrahlt, unter dem Hut, glänzen ebenso auf der freigelegten Brust, Falten verlaufen senkrecht auf den Wangen, die Nase ist sizilianisch spitz, die Beine sind o-förmig, der Körper wirkt drahtig. Stolz berichtet der 81-Jährige, dass er früher eine lebende Legende war, als er noch bei Juventus Turin Fußball spielte. Luigi schaut jeden Tag, ob Grundstück und Haus so weit in Ordnung sind, macht kleinere Reparaturen, alles für den Sohn, den Eigentümer der traumhaften Anlage, die sich bis tief hinunter in die Schlucht erstreckt. Ich helfe Luigi, Steine vom Wagen abzuladen, die er für eine Mauer, eine angelegte Sitzgelegenheit am Haus, oberhalb derer wir das Zelt aufbauen, benötigt. Der einzige gerade Platz auf dem Grundstück. Jetzt überschlägt er sich. Die überdachte Holzbank wird gesäubert, er zaubert eine Flasche hausgemachten Weines und zwei Gläser hervor.

»Nein«, wehre ich ab, »sehr nett, aber die Gläser können wir nicht mitnehmen, weil kein Platz mehr auf den Rädern ist.«

Und dann schwingt Luigi sich ins Fahrzeug und fährt vorsichtig zur Straße hinauf, während wir der von den Dolomiten hereinbrechenden Abenddämmerung entgegenschauen.

Feeling clumsy in Tolmezzo oder Das Ende naht

Die Räder laufen wie geschmiert, Treten ist nicht nötig, es geht ständig bergab. Ampezzo ist verschlafen, der Marktplatz lebt vom Wir-Gefühl der Einheimischen, die ihre Siesta schon auf den frühen Morgen verlegen. Der Rollstuhlfahrer rollt sich vor das Stammcafé, lamentiert über Regionales, wahrscheinlich wie jeden Tag. Um Punkt zwölf Uhr mittags wird alles stehen und liegen gelassen, erst vier Stunden später sind die Italiener in diesem Dorf bereit, die lästige Arbeit, die das lebenswerte Leben unterbricht, wieder aufzunehmen. Italien ist vielleicht das einzige Land auf dieser Reise, in dem das Leben durch Arbeit unterbrochen wird und nicht umgekehrt.

Die Karnische Region im Nordosten der berühmten Friuli-Venezia Giulia besteht aus sieben Tälern, die allesamt Flüsse in den großen Rio Tagliamento einspeisen. Ohne es zu wissen, folgen wir ihm, dem mächtigen Strom, der in der Nähe des Passo Mauria entspringt. Die Region ist in 28 Gemeinden unterteilt. Das Tal der Sauren ist nicht weit, jenem Volksstamm, der lange Zeit völlig von der Außenwelt abgeschieden lebte und überleben konnte. Carnia ist der lukullische Höhepunkt der Fahrt am Rande der Dolomiten, hier krönen Montagna di Sapori, also Berge voller Aromen, den Geschmack des Weltbürgers. Alles, was Italien an Leckereien zu bieten hat, erwacht im Nordosten des Landes zum Leben, in diesem kunterbunten Landstrich, der seinen Namen von den Kelten bekam. Und auf das gesamte Friaul-Julisch Venetien lässt sich der Begriff vom »gelobten Land« anwenden. Über 1700 Weingüter existieren hier, einhundert Millionen Flaschen werden pro Jahr in alle Welt verschickt. Qualitätsweine wie der Ramandolo, einer von zweien in ganz Italien, der das Qualitätssiegel D.O.C. trägt (für »Denominazione di Origine Controllata«, was so viel bedeutet wie »mit hochqualitativen Früchten produziert und qualitativ kontrolliert«), werden hier hergestellt, daneben Ribaltavapori (winzig kleine gebratene Fische) oder berühmte Exportschlager wie Grappa und San-Daniele-Schinken. Hier lassen grüner Spargel, salziger Käse, gehacktes Gemüse, saurische Wurstsorten und bitterer Radicchio das Wasser im Munde zusammenlaufen, ebenso wie Cotto aus Triest, der aus unerfindlichen Gründen

Prager Schinken genannt wird, oder in eingesalzenen Meeräschen haltbar gemachte Heringe (Sievoli sotto sal).

Der Radweg führt in gewerblichere Gebiete, die Straßen sind von Lastkraftwagen gesäumt. Wir erreichen Socchieve und die Villa Santina mit der schönen Chiesa di San Lorenzo, vor der wir eine Pause einlegen. Ein Rennradfahrer trägt sein Rad hinein, verweilt drei Minuten und fährt wieder los, obwohl der einsetzende Regen zunimmt. Göttlicher Segen hilft anscheinend auf der weiteren Reise.

Wenig später erreichen wir die Stadt Tolmezzo. Es wird düster, der Himmel verdichtet sich. Die Gedanken an die Köstlichkeiten der Region hinterlassen Spuren in der Magengegend. Um dem Unwetter zu entgehen, steuern wir ein schickes Café am zentralen Platz in Tolmezzo an, gleich neben dem Gericht. Draußen unter dem schützenden Dach sind weiße, gepolsterte Stühle aufgebaut, Passanten, die dem Regen entkommen wollen, hasten vorbei. Die Räder werden nass, was uns nicht berührt. Egal, es ist verdammt gemütlich hier im noblen Café mit den exorbitanten Preisen und nur zwei Besuchern. Die Kuchen sind eher starbucksdünn, der Cappuccino aber allererste Sahne (auch die Sahne ist echt, kein Kunstschaum) und das Beste kommt aus den Lautsprechern. Funkiger Groove, so bezeichnend für den Fortlauf der Reise, so das eigene Gefühl widerspiegelnd: »Give me the go ahead, I'm stepping off a cliff, and I am clumsy«, singt der mir unbekannte Sänger, immer wieder, mit einer unter die Haut gehenden Eindringlichkeit.

Mystisch verschwärzt sich der Himmel, der Regen prasselt auf das Dach, die Musik kämpft tiefgründig gegen den Donnerhall des Gewitters, die Titelzeile brennt sich in den Kopf, schon beim ersten Hören. Das passiert mir nicht oft, das ist etwas Besonderes. Wahrscheinlich liegt es am Lied, vielleicht aber auch an der Bereitschaft, sich jetzt hier, in diesem Moment, genau an dieser Stelle, an diesem völlig fremden Ort, in dem ganzen Wirrwarr aus schutzsuchenden Menschen einfach fallen zu lassen. Der nicht geplante Zwischenstopp ist das Beste des heutigen Tages. Ich fühle mich cool, auch wenn das T-Shirt stinkt und dreckig ist, die Räder im Regen stehen. Alles Hab und Gut ist darauf, diese Räder sind die Heimat und jetzt sitzen wir hier, ganz klein in dieser großen Welt. Susanne strahlt ebenfalls glücklich, wir genießen fast schweigend den exzellenten Kaffee. Die Musik berührt uns im Innersten, der Regen lässt nach.

Amaro hat das einzige Einkaufszentrum weit und breit und schließlich erreichen wir Venzone, den Ort, der 1976 während zweier Erdbeben fast vollständig zerstört worden ist. Fast originalgetreu ist mit den ursprünglichen Steinen und sonstigen Materialien der Dom neu aufgebaut worden. Die alte Doppelstadtmauer stand noch teilweise. Der gesamte Ort ist nun zum Nationalmonument ernannt worden.

Auf dem weiteren Straßenverlauf entdeckt Susanne kleine Tunnel unter der parallel zur Straße verlaufenden Eisenbahn, die eventuell zu einem Bauern mit Wiese führen könnten. Wir haben scheinbar Glück. Die Frau mittleren Alters spricht kein Englisch und muss erst die Tochter holen. Die spricht Englisch, muss aber erst die alte Frau im oberen Stockwerk fragen, die nicht zu sehen ist und sich nicht zu erkennen geben will. Die Junge informiert die Mittlere auf Italienisch und uns auf Englisch, dass die Alte (also die Eigentümerin oder die, die das Sagen hat) keinen Platz auf der riesigen Wiese vor dem Hof zum Nächtigen abtreten will, was der Jungen sichtlich leid tut. Aber vor der Wiese würde ein Weg abbiegen zum Fluss und da könnten wir das Zelt aufstellen, das sei problemlos möglich und störe niemanden.

Der Weg ist eher ein knöcheltief verschlammter Pfad, der direkt in den Tagliamento hineinführt, der wiederum kaum zu sehen ist. Der Fluss führt wenig Wasser, hat hier ein Bett von nahezu einhundert Metern Breite, an den Seiten ist alles schön gerade gespült, mit Steinen angerichtet, die gut zum Zeltaufbau verwendet werden können, weil die Heringe im harten Untergrund aus Kiesel und Geröllbrocken kaum halten. Die hinter uns liegenden Berge bilden ein einzigartiges Panorama. Die einzelnen Täler können gezählt werden, aus jedem hat der Tagliamento einen Zufluss. Dann wird es wieder schwarz, scheinbar sind wir schon den ganzen Tag dieser Wolkenfront vorweg gefahren, die uns in Tolmezzo kurzfristig einholte. Die schwarzen Wolken setzen sich in den Tälern fest, fallen quasi herunter, vermischen sich mit dem aufkommenden Wind; eine düstere Front drückt entgegen, es blitzt unentwegt; noch regnet es nicht, aber Donner und Blitz sind furchterregend. Schnell noch einen Happen essen (Mais-Bohnen-Salat mit Feta angereichert ist jetzt das schnellste Gericht), denn was sich anbahnt sieht beängstigend aus. Das Zelt ist mit schweren Steinen in den Strippen fixiert, der Wind wird böiger, es beginnt zu regnen. Die Räder stelle ich noch weitere fünf Meter weg vom Fluss. Jetzt ist es stockdunkel. Wir haben die Satteltaschen vom Außenzelt ins Innenzelt gepackt und legen uns im Innenzelt platt auf den Boden, weil der Wind gefährlich unter das

Zelt peitscht und das eigene Körpergewicht sein Abheben verhindern soll. Die Zeltstangen drücken wir im Liegen mit ausgestreckten Armen in den Kieselgrund. Wasser peitscht vom Himmel, das Zelt hüpft, wir drücken nach unten, es knallt bestialisch, eine halbe Stunde lang, das Herz stolpert heftig. Wir sind dicht am Wasser, hoffentlich schlägt nichts ein. Ein Bach bildet sich unter dem Außenzelt, fast zehn Zentimeter rauschendes Wasser, das von links kommt und unter dem Zelt nach rechts zum Fluss vorbeiströmt. Der Boden des Innenzeltes ist dicht, darunter gurgelt es, Schlamm und grauer Kies werden vor unserer Nase vorbeigespült, die Zeltstangen noch stärker in den weich werdenden Untergrund gedrückt. Wie lange halten wir noch aus? Endlich lassen das Knallen des Donners, das Schütten der Wassermassen und der orkanartige Wind nach. Noch eine halbe Stunde und es ist ruhig. Die Nacht ist hereingebrochen, der Tagliamento zum Leben erwacht. Vor zwei Stunden noch ein Rinnsal, ist er jetzt um gut einen Meter gestiegen und schiebt allerhand Wasser, Geröll und Holzstücke aus den Zuflüssen Richtung Süden. Es wird unheimlich. Ich kann nicht schlafen, zu groß ist die Angst, dass der Fluss weiter steigt, uns einholt und mit seiner Wucht ins Verderben zieht, unter Wassermassen begräbt. Um Mitternacht sind wir nur noch eineinhalb Meter vom Fluss entfernt, es fehlen noch schätzungsweise vierzig Zentimeter Wasserhöhe, bis er uns völlig umspült, aber wir können auch nicht weiter an den Rand und der Weg, der uns hierher führte, ist jetzt einen halben Meter unter Wasser, sodass wir nicht mehr mit den Rädern hindurchkommen würden. Wo sollen wir denn auch hin? Erst nach weiteren zwei Stunden steigt der Fluss nicht mehr, es ist halb fünf. Am Ende seiner unglaublichen Metamorphose ist der Tagliamento so breit wie der Rhein. Nicht viel hätte gefehlt und zwei Räder samt Besitzern wären flussabwärts gespült worden. Der Puls sinkt jetzt zwar, aber an Schlaf ist nicht mehr zu denken.

Giovanna, Pojanlino oder Die Intimität der Frage

Das Wechselspiel des Wetters erfordert körperliche Anpassung. Gestern nass bis auf die Knochen, heute nass aufgrund durchlässiger Poren. 40 Grad Celsius im Schatten und eine teilweise steigende Straße am Rande der Bergausläufer des Parco Regionale delle Prealpi Giulie. Nadelwälder schützen nicht vor Sonnenintensität und Wasser ist in dieser Region auch knapp. Sich windend führt die Straße hinauf oder hinab, jedenfalls unausgeglichen, sodass häufiges Schalten erforderlich ist. Gemona ist berühmt, aber Artegna bleibt in Erinnerung. Schon von Weitem sehen die beiden epochalen Schlösser auf dem an der Via Julia Augusta liegenden San-Martino-Berg beeindruckend aus. Sie gaben den städtischen Namensgebern, den Herren von Artegna, die in ständiger Zwietracht mit dem Patriarchen standen, ihren Wohnsitz. Letztlich ist alles zerstört und zwischen 1410 und 1418 neu erbaut worden – im Auftrag Ludwig von Tecks –, ging anschließend in den Besitz der Familie Savogni über, unter der Türkenangriffe abgewehrt wurden, um schließlich (bis heute) Eigentum der Bonati Savogni d'Osoppo zu werden.

Eine sehr steile Straße führt hinauf, in den Bau kommt niemand rein, weil wie üblich die Türen verschlossen sind. Wir setzen uns auf die Schattenseite des Hauptschiffes und genießen die Ruhe und den Ausblick.

Der weitere Weg führt nach Nimis (mit dem Symbol des Hundes, angeordnet über der Mondsichel, den Lorbeersträuchern und der angedeuteten Krone) und schließlich in die Nähe der Stadt Arttimis. Wir sind fast am Ende unserer Kräfte. Ich fahre auf die Hofgebäude zu, vor denen zwei alte Leute sitzen. Er, mit wenigen Zähnen und einigem weißen Haar, von beachtlicher Statur, aber gebeugte Körperhaltung, mit grauweißem Hemd in der Hose, die von gestreiften Hosenträgern gehalten wird, mit blassem, von Altersflecken gezeichnetem Gesicht unter der abgewetzten Hutkrempe, hat in der rechten Hand einen Stock gegen die wackeligen Beine gelehnt. Sie sehr zierlich, mit Schürze um die Hüfte, das faltige Gesicht in ein Kopftuch gehüllt. Beide trotz augenscheinlichen Alters ohne Sehhilfen, mit festem Blick, aber vom Leben gezeichnet. Sie scheinen sich auszuruhen, sitzen im schützenden Schatten auf klapprigen Stühlen. Ich halte inne. Manchmal ist der frontale schnelle Vorwärtsdrang in die Privatsphäre anderer Menschen verkehrt. Dann befällt einen das Gefühl, andere in ihrer Intimität nicht stören zu wollen. Aber der Druck, einen Zeltplatz finden zu müssen, besiegt dieses Gefühl. Es ist nicht anders möglich, ich muss fragen, wir können nicht weiter, sind todmüde, müssen essen und bald schlafen. Elementare Bedürfnisse schieben Hemmungen beiseite, Überlebensinstinkt drückt nach vorne. Schließlich bin ich diesmal behutsam, lächele die beiden an, frage in schlechtem Italienisch nach dem Zeltplatz. Sie zögern, sind überrascht, leben hier wohl, arbeiten aber nicht mehr, früher schon, jetzt sei die Jugend dran. Das Haus, die Hofgebäude, die Wiesen, alles sei nicht ihres, sondern gehöre dem Patrone. Sie und alle anderen seien hier nur Angestellte. Die Alte heißt Giovanna, führt mich hinter das Haus zu den aktiven Arbeitern. Es wird beratschlagt, der Patrone ist nicht da und nicht zu erreichen, aber die Wiese vor dem Haus gehe schon in Ordnung. Pojanlino ist ihr Mann, der jetzt aus seiner Nostalgie und Empathie aufgewacht ist. Neugierig inspiziert er, ungläubig lächelnd, die Räder, nimmt das Zelt kopfschüttelnd zur Kenntnis. Als es aufgebaut ist, steht Giovanna mit dem Weinkrug bereit und definiert das Wort Gastfreundschaft neu. Der das Haus renovierende Anstreicher verabschiedet sich, nicht ohne den Wein ebenfalls zu kosten. Bei dem einen Glas bleibt es nicht, weder für den Anstreicher noch für uns. Giovanna ist 86 und Pojanlino übertrifft sie noch um ein Jahr. Jahrelang habe er für den Patrone gearbeitet, jetzt dürfe er hier bis an das Ende seiner Tage in dem Haus leben, das eigentlich für die Tagesunterbringung der Feldarbeiter gedacht sei, aber ein kleiner Bereich reiche völlig aus. Giovanna zeigt Susanne die Räumlichkeiten, Pojanlino steht krumm, guckt, staunt, lächelt erneut. Was für ein komisches Teil (er deutet auf den Kocher), und so etwas wie die Radtaschen (er streicht mit der Hand darüber) habe er noch nie gesehen. Gerade noch hat er vermutlich sinniert über die Hitze des Sommers, hatte das Gefühl des Abgeschiedenseins von der Welt, aber auch des Aufgehobenseins in der Familie des Patrone, jetzt ist er konfrontiert mit futuristischem Hightech, mit der Frische der Jugend, den vorbeihuschenden Reisenden, die morgen schon wieder unterwegs sein werden. Er zeigt mit den Handflächen auf den Boden und mit dem Zeigefinger auf sich und die Augen geben Tränen frei. Das ist sein Platz, seine Heimat, hier ist er für immer, er kann nicht weg. Wir schon, überlege ich zweifelnd, bin aber gleichzeitig froh, genau in diesem Moment hier zu sein, Anteil an dem Lebensabend der beiden nehmen zu können, ihnen überhaupt begegnet zu sein, wenn auch nur für diesen einen Abend und den darauffolgenden Morgen. Der Moment könnte ewig fortwähren. Was ist, wenn sie nicht mehr sind? Wer spricht dann noch von ihnen? Wer spricht überhaupt von irgendjemandem, der nicht mehr unter uns weilt, Berühmtheiten einmal ausgenommen? Was ist mit den Menschen, die in den Städten aneinander vorbeilaufen, sich nur einmal sehen, dann nie mehr wieder, und die nicht neugierig auf den jeweils anderen sind? In der Stadt fragt keiner niemanden nach nichts! Eine homogene Masse sich um sich bewegender Individuen, jeder nur auf dem eigenen Weg zu sich selbst. Und keiner traut sich mehr das zu tun, was keiner macht oder vielmehr machen könnte: den anderen zu fragen. Den seriös wirkenden Mann vor der U-Bahn in seinem Zweireiher: »Na, wie waren die Geschäfte? Sie sind doch, Ihrem Aussehen nach zu urteilen, Versicherungsexperte, oder sind Sie vielleicht doch bei einem Kreditinstitut beschäftigt? Ja verstehe, da brauchen Sie Ihren Aktenkoffer. Kommen Sie gerade von der Arbeit?« Oder den Halbstarken in schwarzer Lederhose, mit Piercing in der Augenbraue und tätowierten Ringsurrogaten um den Mittelfinger der rechten Hand vor dem CD-Shop: »Hat das wehgetan? Was ist dein Weg? Wieso hast du das gemacht? Was sagen deine Eltern dazu?« Oder die pummelige Mutter mit ihrer Schachtel Pommes in der Hand, die in der Bude auf der Königstraße einer beliebigen Stadt, gleich neben dem Ein-Euro-Laden, in ranzigem Fett frittiert wurden: »Schmeckt es Ihnen? Glauben Sie nicht, dass sie ungesund sind, diese Pommes? Warum nehmen Sie sich nicht Zeit fürs Essen, anstatt sich das Fett in den dicken Bauch hineinzuschieben?« Alles Impertinente wagt niemand mehr zu fragen. Und jetzt fragt mich Pojanlino (nur mit Blicken und offenem Mund) diese eine Frage, die so viele fragen, nachdem wir den Kontakt suchten: »Warum?«

Und ich frage zurück (nicht Pojanlino, aber die homogene Masse der Kopfnickenden – und die Fragen betreffen jeden): »Warum darf ich das Verbotene nicht fragen? Warum sind bestimmte Themen tabu? Warum verbietet das System dem einen Fremden, den anderen Fremden etwas zu fragen?« Geht der Papst nicht doch aufs Klo? Warum darf ich die Asche von Toten nicht mit nach Hause nehmen, ist der Bestatter etwa vertrauenswürdiger als der Angehörige, der den Verstorbenen über Jahre hinweg pflegte? Lebt Osama bin Laden oder ist er eine Bush-Erfindung? Muss ich morgens aufstehen? Darf der Staat den Menschen überwachen? Ethanolautos oder Hungertode? Spaß oder HIV? Petrochina oder Bio? Lachs oder Leben? Gourmet oder Essen auf Rädern? Maschine oder Sterbehilfe? Harald Schmidt oder Ulla Schmidt? Sarkasmus oder Ironie? Schrot oder Korn? Waldorf oder Astoria? Was befreit? Die Illusion der Freiheit? Geld, wofür? Freiheit, für wen? Liebe, mit wem? Leben, wofür? Tod, wozu?

Beim nächsten Lauf durch die Stadt könnte ein jeder einen jeden fragen, ein Gespräch suchen, die Isolation des Stadtlebens aufbrechen, so wie das teilweise auf dem Dorf der Fall ist. Glücklich ist der Reisende, der als Fremder empfangen wird und als Freund geht. Menschen haben Anteil genommen, Biografien haben sich gekreuzt, zwar nur für kurze Zeit, aber doch so, dass man sich sein Leben lang (und darüber hinaus) daran erinnert. Ich danke Giovanna und Pojanlino, dass sie unser aller Leben bereichern.

Slowenien

(Tag 66 bis 70)

Görz, Junkies und Ziegen

Giovanna und Pojanlino geben noch einmal alles. Schon um nächtliche fünf Uhr morgens stehen sie mit zwei Gläsern Kaffee (Gläser sind hier üblich) vor dem Zelt. Auch jetzt erfolgen Nettigkeiten in einem sprachlichen Kauderwelsch aus Italienisch, Ladinisch und Slowenisch. Wir fahren weiter. Erlebtes wird zur Erinnerung, diesmal geprägt durch sentimentale Rückschau. Historische Bauten, Burgen und Schlösser ziehen vorbei. Die B356 führt durch Faedis, siebzig Kilometer nordwestlich von Triest und dreizehn Kilometer nordöstlich von Udine. Dann erreichen wir Cividale del Friuli, schon 50 vor Christus von Julius Caesar gegründet und 1420 annektiert durch die Republik Venetia. Seit Ende der napoleonischen Kriege 1866 gehört Cividale zum Königreich Italien, das natürlich keinen König mehr hat (auch wenn Berlusconi sich durchaus dafür hält). Über Spessa und Cormòns erreichen wir Görz, Gorizia oder Gorica, was dasselbe bedeutet, aber aus unterschiedlicher geschichtlicher Betrachtung resultierte.

Gorizia ist das Ergebnis seiner geografischen Lage zu Füßen der Julischen Voralpen und des Karstgebirges, des kulturellen Zusammenpralls lateinischer, slawischer und germanischer Zivilisationen und das Produkt des verheerenden Zweiten Weltkrieges, der die Region und die Stadt selbst spaltete. Gorizia ist so etwas wie das Berlin Italiens und wurde nach dem Zusammenbruch des Kommunismus und dem Zerfall Jugoslawiens zum Spielball westlicher Mächte und ihres Drangs, andere Weltanschauungen unterzuordnen. So wie vor nicht allzu langer Zeit der ehemaligen DDR unser System übergezogen wurde, so stülpt das slowenische Exjugoslawien sich den westlichen Kapitalismus über, ohne ihn zu hinterfragen. Nicht alles, was der Westen bietet, eignet sich unmittelbar für die Übernahme ein ein sozialistisch geprägtes System. Der Corso Italia im Westen der Stadt wird dominiert von kolonial anmutenden Prachtbauten und dem Parco della Rimembranza mit seinen an den Krieg erinnernden Statuen. Regen zieht auf, als wir zum Castello aus dem 13. Jahrhundert hinaufschieben wollen, um einen Rundblick über die Stadt zu bekommen. Plötzlich werden die Straßen zu Bächen, der Regen des Tagliamento hat uns erneut eingeholt. Das ungeschriebene Gesetz, dass bei jeder unserer Grenzüberschreitungen Regen einsetzt, bestätigt sich wieder. Der Verkehr in den Stadtstraßen wird durch die enormen Wassermassen, die ihm jede Sicht nehmen, ausgebremst. Wind peitscht Wasser durch die historischen Rundbögen der Gebäude am Piazza Julia. Der Besuch des Castellos fällt buchstäblich ins Wasser, auch wäre die aktuelle Ausstellung zur Modenhistorie der Region nicht ganz das, was wir uns vorstellen, außerdem hängen unsere Mägen schon fast in Bodennähe. Den alten Palazzo della Prefettura der Grafen von Thurn und Taxis haben wir leider auch nicht gesehen. Dort waren Casanova, die österreichischen Kaiser Ferdinand von Österreich und Franz Joseph zu Gast, aber Susanne und Rainer schlagen lieber beherzt den Weg ins östliche Gorica ein, also in den slowenischen Teil dieser bewegenden Stadt. Die Via San Gabriele führt hinüber. Allerdings kann die italienische Blondine, die aussieht wie Barbie – schön geschminkt, rote Dolly-Lippen – und hier mit ihrem Kollegen die Grenze bewacht, keinen Souvenirstempel für den Reisepass anbieten, weil außer für den öffentlichen Personennahverkehr der motorisierte Übertritt verboten und ein Stempel für den unmotorisierten Fahrradfahrer sowieso nicht im italienischen Stempelprogramm vorgesehen ist. Wie das denn so sei mit dem westlich gewordenen Nachbarn, ob sie viel zu tun hätte, fragen wir, während sich ein dunkelhaariger Mann mit Schnauzer der Grenzstation nähert. Gerne würde er nach Italien einreisen, wird aber dann nur schroff abgewiesen, weil er Russe ist und kein Visum besitzt. Also dreht er frustriert wieder um, besteigt sein im Sicherheitsabstand geparktes Auto und wird es an einem anderen Tag erneut versuchen, darauf hoffend, dass die Grenzblondine müde wird, die Ernsthaftigkeit ihrer Arbeit nicht mehr erkennt und ihn irgendwann einmal einfach durchwinkt. Dann wäre er drin im heiß ersehnten Italien, angekommen im alten Europa.

»Die versuchen es immer wieder. Es ist echt schlechter geworden ohne definiertes Feindbild, langweilig aber nicht, dafür umso gefährlicher, vor allem durch den ganzen Drogenmist, der den gesamten östlichen Stadtteil zu überschwemmen scheint«, redet Barbie sich in Rage.

Wir fahren zum Autoübergang, um den Stempeleintrag zu bekommen. Von der Via della Casa Rossa führt die Straße über die Vojkova cesta zur östlichen Information des sogenannten Nova Gorica. Vor dem Tunnel dieser Autostraße, die auf der linken Seite den Radweg offeriert, liegen Fixerspritzen in beachtlicher Anzahl, eine nach der anderen, Ausdruck der neuen Konsumfreiheit, die nach der raschen Injektion geleugnet wird, weggeschwiegen durch den Rauswurf aus der runtergekurbelten Scheibe des Junkiefahrzeuges. Im Tunnel ersticken Abgase jeden Freiheitsgedanken.

»Die Kromberška cesta entlang und nach vier Kilometern müsste ein Campingschild an der Straße auftauchen«, erläutert das Mädchen im Informationsbüro in perfektem Englisch. Susannes Rad verliert erneut Luft und der Campingplatz entpuppt sich als der reinste Saustall, um noch eine maßvolle Beschreibung des Zustandes zu liefern. Kapitalistische Züge sind auch an diesem Ort eingetroffen. »Vierzehn Euro für eine Nacht«, hatte das Mädchen versprochen, aber der Typ vor seinem nagelneuen Apple denkt da in ganz anderen Dimensionen und verlangt den Betrag von jeder zeltenden Person. Klar, der Computer will schließlich finanziert werden, aber die Tatsache, dass es hier nur die eine Pinkelplastikdusche im Schlammcontainer und ein zum Himmel stinkendes Dixieklo für die schätzungsweise dreißig Camper gibt, soll unter den Teppich (der nicht vorhanden ist) gekehrt werden. »Nein, danke«, verabschieden wir uns und fahren in die hereinbrechende Nacht.

Es ist 21 Uhr, aber das allein kann kein Grund sein, die kloakische Zwangskasernierung auf der unappetitlichen Wiese in Ozeljan gegen die Schönheit einer eventuellen Übernachtung in der freien Wildbahn einzutauschen. Das Rad wird geflickt, die Hoffnung auf den nächsten Bauern im nächsten Ort gesetzt. Ein ansehnliches Nichtbauernhaus erscheint im Dunkel der Nacht. Wir klingeln, ein Mann mittleren Alters und mit gepflegten Haaren kommt herbei, versteht kein einziges Wort. Der Sohn spricht ein wenig Englisch, aber die Freundin spreche noch viel mehr, wird deshalb angerufen und gebeten, schnell vorbeizukommen, es handele sich schließlich um ein ausgewachsenes Problem in Form zweier heimatloser Radfahrer. Sie fährt dann auch mit dem Auto vor, heißt Tanya, spricht das versprochene tadellose Englisch. Währenddessen hat Vater Jošef schon die Keksdose ausgepackt, seine Frau hält Limonade vor unsere Nasen. Insgesamt herrscht Unschlüssigkeit darüber, was mit uns geschehen soll. Die Wiese vor dem Haus sei nicht gut genug. Tanya präsentiert nach längerer Diskussion die Lösung, die Unterbringung in Jošefs Holzhütte einige Kilometer entfernt in den Hügeln hinter dem Dorf. »Would it be good?«, fragt sie mit skeptischem Blick.

Wir nicken freudestrahlend, wundern uns einmal mehr, wo der Zufall uns hinverschlagen hat, und eilen Tanyas Jeep mit den insgesamt drei Insassen hinterher, folgen ihm auf schmalen Wegen durch unbekanntes Terrain, das nicht mehr gesehen werden kann. Noch eine Kurve, noch ein kleiner Weg, ein Gatter und noch ein Gatter, schließlich stehen wir inmitten einer Ziegenherde mit gut und gerne zwanzig gepflegten Exemplaren, eingezäunt in einem großzügigen Gehege, einer Art privatem Streichelzoo. Die versprochene Holzhütte sehen wir im Hintergrund, gekennzeichnet durch eine Liege, die von den Gastgebern gerade aufgebaut wird. Sie schenken uns zweimal je fünf Liter versiegeltes Wasser, füllen Lampen mit Petroleum auf, damit wir noch im Schein des Lichtes Abendessen zubereiten können, fragen schließlich, ob wir noch etwas benötigen, beschämen uns mit ihrer unnachahmlichen Gastfreundschaft. Grenzenloses Vertrauen liegt in der Luft. Wir erhalten das Vorhängeschloss für das Gatter und den Schlüssel für das Haus, den wir am nächsten Tag im Dorf abgeben sollen, weil sie natürlich nicht zu Hause, sondern in der Arbeit sein würden.

Jetzt sitzen wir hier, beäugt von neugierigen Ziegen, und lauschen in die sternenklare Nacht, am Ende eines langen Tages, des ersten im östlichen Teil unserer Reise. Tanya warnt noch vor dem Knacken im Gebälk, dann fahren die drei zurück, lassen uns allein mit und auf ihrem Eigentum, schenken uns ungeahntes Vertrauen, berühren uns mit ihrer selbstlosen Art.

Miros Weingut

Der zweite Tag in Slowenien. Das zum Plumpsklo umgebaute Holzfass auf Jošefs Ziegenwiese kann wegen eines Hornissenvolkes nicht benutzt werden. Die Leitziege ist besonders zutraulich und knabbert auch gleich die auslüftenden Schlafsäcke an. Eine wunderbare Nacht im Holzhaus unserer Gastgeber liegt hinter uns. Trotz der von Tanya angekündigten nächtlichen Tumulte der sogenannten Siebenschläfer sind wir nach den gestrigen Strapazen ausgeschlafen und steuern die Räder auf kleineren Nebenstraßen nach Süden. Der Nachtplatz gehörte zum Ort Črniče. Dort dudelt der Fischwagen slowenische Volksmusik. Einheimischer Kaffee steht auf der Einkaufsliste, auf dem Postamt verschicken wir lediglich eine Foto-CD nach Deutschland, der Rest der Post wird kurzerhand wieder in die Satteltaschen gestopft.

Die Mittagspause verbringen wir auf einer schattigen Bank unter dichten Bäumen in Dobravlje, direkt gegenüber dem Restaurant. Kinder haben Verkaufsschnickschnack positioniert und schreien allem, was sich vorbeibewegt (ob Mensch oder Maschine), »prodati!« (»zu verkaufen!«) zu und hoffen, sich damit das Taschengeld aufzubessern. Als dann zwei große Reisebusse mit betagten Touristen anhalten, um den Monatsumsatz der Gaststätte sicherzustellen, werden die kindlichen Verkaufsambitionen eingestellt. Diese armselige Bettelei will der Besitzer den betuchten Besuchern nicht zumuten und für ihn selbst bedeutet sie einen Imageschaden. Die greisen Insassen der Busse wanken – sichtlich mitgenommen von der slowenischen Kurvenfahrt (vielleicht auch von den Eindrücken eines langen Lebens) und mit dementsprechend weißen Gesichtern – einer erneuten Sitzgelegenheit im Restaurant entgegen. Sitzfleisch scheint Voraussetzung zu sein auf diesen Butterfahrten der gehobenen Klasse.

Wir reisen auf Kleinstraßen weiter nach Velike Žablje. Das Dorf ist so alt und romantisch, so klein und eng und so vergessen von der Außenwelt, dass der Straßenverlauf scheinbar im Nirgendwo endet. Ein Schild deutet fünfzehn vor uns liegende Serpentinen über den nächsten Hügel an, der sich hinter dem Ort erhebt. Wir schaffen nur eine, weil zwei Herren auf uns einreden, einer in gebrochenem Deutsch. »Wollen Sie Wein?«, lautet die erste Frage. Es ist vierzehn Uhr und brodelnd heiß. In dieser Hitze wäre Wein sicherlich nicht ratsam, aber die Aussicht auf Serpentinen und die Verheißung eines frühzeitigen Zelt(šator)platzes rücken die Einladung in ein vorteilhaftes Licht. Die Übernachtung steht, die Serpentinen können warten und ein Gläschen Wein kann doch auch nicht ausgeschlagen werden. Miro lässt alles stehen und liegen. Sein faltiges Gesicht strahlt unter dem Hut, die Augen leuchten vor Freude, er streckt uns die Hände entgegen, umarmt uns. Er hebt den Hut zur Begrüßung, das silbrige Haar funkelt in der Mittagssonne. Sein Hemd ist durchgeschwitzt und zeigt deutliche Spuren eines früh begonnenen Arbeitstages auf seinem Weinhügel. Der Kollege macht sich gleich auf den Weg, um selbst gebackenes Brot und eigenproduzierten Käse zu holen, der hier – was sehr gewöhnungsbedürftig ist – mit dem kompletten Rand gegessen wird. Mein in den Wörterbüchern flüchtig zusammengesuchter Standardspruch »Mi se zahvaljujemo za vašor gostoljubnost!«, was in etwa so viel bedeutet wie »Wir bedanken uns für Ihre Gastfreundschaft!«, lässt alle Dämme brechen. Wir gehören jetzt dazu, quasi zur Familie dieser Leute, die noch vor wenigen Minuten völlig unbekannt waren und wie aus dem Nichts aufgetaucht sind. Noch ein Glas Wein aus dem kleinen Weinkeller? Miro ist inzwischen Rentner und bestellt diesen idyllischen Weinhang, zusammen mit seinem Sohn Valter.

Die Kiwis über der kleinen Einfahrt zum schnuckeligen, vom Grün der Natur fast unsichtbar gemachten Haus mit dem steilen Weinberg dahinter sind noch nicht reif, dafür aber die angepflanzten Feigen. Das Zelt kann sofort in der Einfahrt neben dem Haus aufgebaut werden. Miro ist Vermarkter seiner Sachen und einer ganzen Region. Schon bald liegt ein Hochglanzprospekt über den sogenannten Smaragdtrail auf dem Holztisch. Das sei die von ihm selbst erstellte Werbebroschüre für sein Dorf und seine Heimat. Sohn Valter und Enkel Theo fahren herbei, weil heute der Rasen gemäht werden soll. Valter ist begeistert von der unverhofften intellektuellen Abwechslung, kann er doch auf diesem Wege seine Englischkenntnisse vertiefen. Er erzählt seine Geschichte, berichtet aus seiner Welt des Printbusiness. Jedes T-Shirt könne bedruckt werden und jede Methode der Weingewinnung sei ihm geläufig, vor allem, wenn es um die alten traditionellen Methoden der Weinverarbeitung ginge. Auch der Anreiseplan zum guten Freund Iztok in Ankaran wird vier- bis sechsmal detailliert erläutert, für den Fall, dass wir Kroatien über den Küstenweg erreichen wollen. Das Kümmern dieser Menschen ist rührend, der Wein äußerst lieblich, nicht zu süß oder zu schwer, doch nach einigen Gläsern deutlich im Kopf spürbar. Auch Valter hat schon ganz rote Weinbacken. Miros Katzen zerpflücken den nicht sicher versteckten, auf dem Holztisch unten am Haus aufgebauten Käse.

Das sechste Glas Wein schließlich schiebt den persönlichen Alkoholkonsumrekord dieser Reise in ungeahnte Höhen. Miro führt uns schwankend hinauf auf seinen Berg, der sein ganzer Stolz und sein Lebenselixier ist. Mit dem Einbruch der Dunkelheit verlassen uns die drei Freunde, überlassen uns die Rolle der Hausherren. Ein beeindruckender Tag der Gastfreundschaft geht langsam zu Ende. Noch ein kleiner Bummel durch Velike Žablje, den uralten Ort, den scheinbar noch nie ein Tourist zuvor zu sehen bekommen hat. Sechzehn flache Radkilometer zum slowenischen Höhepunkt der Menschlichkeit liegen hinter uns. Mit Tränen in den Augen verabschiedet sich Miro, »weil wir uns nicht wiedersehen werden«. Er ist der Erste, der den bisher unausgesprochenen Wermutstropfen auf dieser Reise ausspricht, die Tatsache, dass man als Reisender kommt und empfangen wird, aber auch geht und Menschen hinterlässt, die man vermutlich nie wieder treffen wird. Zurück bleibt die Sehnsucht, die Erinnerung an diesen Moment der menschlichen Nähe lebendig halten zu können. Und doch wissen alle, dass das Leben meistens einen anderen Verlauf geplant hat.

Slowenisches Querfeldein

Packen wir es? Fünfzehn kurze, steile Serpentinen müssen auf schmaler Straße überwunden werden, um hinüber nach Šmarje zu kommen. Ein langer, heißer Ritt auf dem Drahtesel steht bevor, kein Auto verirrt sich hierher. Holunderbeeren, von denen es unendlich viele entlang des Weges gibt, bleiben unberührt. Leider haben wir keine Möglichkeit, sie zu pflücken, um beispielsweise Holundergelee oder -saft zu produzieren. Noch ein paar Kilometer dauert es, bis ein typisch slowenisches Verkehrsschild auftaucht. Mit Hand geschriebene Pfeile deuten nach links den Verlauf der winzigen Straße an. Šmarje selbst liegt auf einem Höhenzug, Bauernhöfe fliegen vorbei, die Straße windet sich hinunter zur Abzweigung nach Branik. Das Schild nach Štanjel aber deutet uneinsichtig geradeaus. Hoffentlich ist auf den Schilderschreiber Verlass, denn es folgt eine heftige Schotterpiste über den nächsten Hügel. Wieder einige Kilometer steilsten Schiebens durch grauen Geröllstaub, fast werden Erinnerungen an die Via Claudia Augusta wach. Erneut ist die Strecke in unserer Hand und abermals hält Susannes Reifen der Schinderei nicht stand. An dem Holztisch des Radwechselplatzes sitzen muffelige Italiener, die kaum

Slowenien (Tag 66 bis 70)

Bild 3: Der Weg nach Štanjel

grüßen und weiter ihre Sandwiches runterschlingen. Die Salzcracker gehen gleich ihrem Ende entgegen, zu groß sind Anstrengungen und Hitze des Tages, als dass ich hätte widerstehen können. Überhaupt ist der Kalorienverbrauch auf ein neues Hoch angestiegen, das aber nicht sichtbar wird. Der Körper verbrennt, was er braucht, und einmal dazu animiert, wahrscheinlich sogar etwas mehr, als nötig wäre. Das ist ausgezeichnet für die, die gerne essen. Also lautet auch das Motto: immer rein damit.

    Typisch slowenisch ist der unscheinbare Laden am Ortseingang von Štanjel mit den verdunkelten Fenstern und dem sehenswerten Angebot frischen Brotes. Ein Eis würde jetzt auch fantastische Kühlung bringen, gegen die Hitze schützen und gleichzeitig zur Befeuerung des Zuckerspiegels beitragen. Štanjel ist ein uralter Ort, die Häuser sind hier einzeln durchnummeriert und allesamt von historischer Bedeutung. Für die insgesamt vierzig Häuser ist extra eine nagelneue Touristeninformation entstanden. Der Ort befindet sich im Karstgebirge. Steinmetze haben jedes der Häuser gebaut. Der Schutzpatron der spätgotischen Kirche, der heilige Daniel, hat ihnen im Geiste beigestanden, als sie das Dorf aus Stein entstehen ließen. Die ältesten Gebäude Sloweniens befinden sich hier. Ferrari war auch hier. Nein, nicht der, der den Weltmeister macht, sondern Enrico, ein Arzt aus Triest, der eine ganze Häuserreihe als Sommerresidenz kaufte und prächtige Gärten sowie Wasserleitungssysteme anlegen ließ. Ansonsten sieht das Auge im weiten Rund des Dorfes nur Steinhäuser, eines nach dem anderen.

Trotz der historischen Dimensionen melden sich auch hier elementare Bedürfnisse, die die Zeit des Staunens unterbrechen. Luxuriöse Toiletten neben dem Infoshop spendieren rosarotes Klopapier, das hier schon weniger häufig angeboten wird als noch in Italien. Um eine solche Rolle an den wachsamen Augen des Shopbetreibers »vorbeizuschmuggeln«, ist die sogenannte Drücktechnik erforderlich. Also wird die Rolle erst einmal platt gedrückt, um anschließend in die enge Fahrradhose seitlich am Körper hineingequetscht zu werden. Gleichzeitig wird das lockere T-Shirt bewusst luftig über die Hose gehängt und schwuppdiwupp hat die Rolle den Besitzer gewechselt. Immerhin besitzt der Ort trotz seines Alters auch eine Tankstelle zur Befüllung der Benzinflasche.

Nun beginnt eine Fahrt ins Blaue, eine von Miro empfohlene Tropfsteinhöhle in einigen Kilometern als vages Ziel vor Augen. Die Reise führt über Dutovlje und Tomaj nach Sežana und Divača, immer dicht an der italienischen Grenze, aber im ausreichenden Abstand zur unbedingt zu vermeidenden Großstadt Triest. Dass jede Unbedingbarkeit auch Bedingungen hat, die nicht immer erfüllt werden können, soll sich zu einem späteren Zeitpunkt dieses Buches bewahrheiten.

Slowenien ist bekannt für seine vielen einzigartigen Höhlen, für äußerst berühmte, die aber nicht unbedingt wichtig scheinen. Andererseits gibt es etwas weniger bekannte, die dann wiederum besonders bedeutend sind. Wir besuchen insofern nicht die bekannteste, sondern die schlicht wichtigste im gleichnamigen Park: Škocjanske jame. 250 000 Jahre alte Grotten gilt es dort zu bestaunen. Um möglichst schon früh an Ort und Stelle zu sein, setzen wir das Zelt respektlos auf die hinter dem Parkeingang gelegene Wiese.

Die Welt ist nicht genug

Von den siebentausend Höhlen Sloweniens soll die Škocjanske jame die sehenswerteste sein. Das hatte schon Valter versprochen, ein glühender Fan dieser Höhle, die mit der europaweit größten unterirdischen Ausdehnung eines Flusses, des Reka, prahlen könnte. Die Höhle ist zweigeteilt. Der erste Teil führt trockenen Fußes scheinbar in die Tiefe, was sich aber als Irrtum herausstellt, führt der Weg doch teilweise eher horizontal (leicht absteigend) in den Berg hinein, der oberirdisch so stark ansteigt, dass schließlich der Eindruck einer beachtlichen Höhlentiefe entsteht. Was wächst von oben nach unten und umgekehrt? Folgendes Hilfsmittel stellt der informative Fremdenführer (menschlicher Ausprägung und auf den Namen »Susanne« hörend) vor: Stalaktiten seien die von der Decke hängenden Tropfsteine (»The tights come down«, wie der Amerikaner zu scherzen pflegt). Stalagmiten dagegen seien die vom Boden aufwachsenden Tropfsteine (die den Amerikaner wiederum zu der Aussage »The mites go up« veranlasst). Der Mensch ist hier unten absolut bedeutungslos. Auch die Ältesten erleben hier ihren Jungbrunnen, weil das Gesehene ein Alter hat, das jede Vorstellungskraft übersteigt.

Der zweite Teil der Höhle ist der aufregendere. Warum die Dreharbeiten zum Herr der Ringe nicht in diesen Höhlen von Škocjan stattgefunden haben, weiß nur der Regisseur. Dicht an den steilen Fels gepresst verläuft der schmale Weg über eine unterirdische Schlucht, die beachtliche einhundert Meter in die Tiefe hinabfällt. Die spärliche Ausleuchtung lässt den strömenden Fluss Reka nur erahnen, jedoch ist er umso deutlicher zu hören, denn sein rauschendes Echo schallt von den Höhlenwänden wider. Dreißig bis vierzig Meter könne der Fluss schon einmal steigen, weshalb der alte, unterhalb unseres Standpunktes verlaufende Weg durch diesen neuen ersetzt worden sei. Hunderttausende Kubikmeter Wasser strömen im Falle des Flussanstiegs dann hier durch die Höhle. Der Höhepunkt ist aber die Überquerung der Schlucht über eine schmale Brücke, die schwindelerregende Aussichten in das dunkle Unbekannte provoziert. Fotoapparate werden gezückt, obwohl das ausdrücklich verboten ist. Scheinbar nur wir halten uns daran. Der Fremdenführer dreht jetzt auf, ich drehe mich zurück, die Gruppe ist vor uns, es wird stiller. Tatsächlich ist das beeindruckend, aber es gab auch Pioniere in dieser

Höhle, die mit wenig Licht die ersten Schritte machten. Und plötzlich standen sie vor dieser Schlucht. Steilwand, glatter Fels, Fluss, keine Lampen, keine Sicherung, keine Abstiegstreppe, nichts.

Wenn der Mensch es oben nicht mehr aushält, entdeckt er folglich die Tiefe. Was hält diese Welt denn auch anderes bereit? Der Puls wummert, der Drang, etwas zu entdecken, lebt auf. Wie wäre es wohl, an einer Tiefenexpedition in Papua-Neuguinea teilzunehmen? Ich resümiere: Die Welt ist älter als wir und wir sind wesentlich kleiner. Was bleibt also von uns, wenn wir abgehen, im Vergleich zu dieser grandiosen Erde, auf der wir leben? Klar ist, dass die Menschheit die Erde nicht beenden, sondern dass schließlich die Erde selbst das letzte Kapitel schreiben wird. Wer hier wen steuert, sollten sich die Politiker und Wirtschaftskapitäne einmal in Erinnerung rufen. Warum soll der Mensch sich für die Tropenwälder einsetzen, wenn er noch gar keine gesehen hat? Aufgabe beider Seiten sollte die Informationsbeschaffung sein, um ein generelles Wissen über die Zusammenhänge und Dringlichkeiten zu bekommen. Erst wenn ich weiß, wie die Tropen aussehen, wie sie sich anfühlen, wie sie klingen und duften, welche Artenvielfalt sie besitzen und welche Bedeutung sie haben, erst dann ist die Abstraktion des Themas weg. Dann kann ich getrost für das konkrete Projekt »Rettung der Regenwälder« eintreten. Die Erde hat uns ausgespuckt, wir sollten sie nicht beenden wollen, wir werden es auch nicht können. Diese Aussicht relativiert dann vieles, was als unüberwindbares Hindernis in die Welt gesetzt wurde (durch wen auch immer): das Warten vor der roten Ampel; die nächste Diätenerhöhung; Bohlens neueste Freundin (oder soll ich den Namen besser aus diesem seriösen Buch herausnehmen, ach was, auch das ist relativ); Arbeitslose auf der Suche nach loser Arbeit, die das Freisein nicht hemmt oder Freiheit erst möglich macht, je nachdem, welcher Typ Arbeitsloser der Betreffende ist. In diesem Zusammenhang frage ich: Gibt es auch handfeste Arbeit? Wer definiert eigentlich die Pflicht zur Arbeit? Wer legt die Arbeitsinhalte fest, die der Mensch zu bearbeiten hat? Weder sind die Reichen reicher als die Armen, noch die Armen ärmer als die Reichen. Beides ist falsch. Vergleiche hinken. Niemand wird letztlich mit der Unvergleichlichen (Erde) mithalten können. Schließlich gibt es die, die immer mehr wollen: mehr Geld, mehr Sex, mehr Anerkennung. Alle zusammen vergessen, dass sich zuletzt die Erde nimmt, was sie gegeben hat: das Leben! Ich fühle jetzt langsam, dass ich raus muss aus dieser Unterwelt. Für diejenigen, denen die Welt nicht

Slowenien (Tag 66 bis 70)

genug ist, sei der Trip nach unten empfohlen, für den lebensbejahenden Radfahrer ist die Welt da oben schon groß genug.

Die Strecke nach Koper ist besonders undurchsichtig. Mir wird klar, dass die speziell für Slowenien organisierte Straßenkarte nicht mehr mit der Entwicklung im Straßennetz mithalten kann. Fahrradfahrer sind noch gar nicht berücksichtigt worden. So beginnt eine schwierige Suchfahrt über Kozina nach Črni Kal. Dort ist dem richtungsweisenden Schild wohl nicht zu glauben. Führen wir in die angegebene Richtung, befände sich schon bald die Autobahn unter unseren Rädern, was naturgemäß überhaupt nicht empfehlenswert ist. Deshalb bedienen die entgegenkommenden Autofahrer auch jetzt schon die Lichthupe. Kurz vor der Autobahn existiert zwar noch eine Abzweigung in ein Dorf, gelegen auf einem kleinen Hügel, doch die Straße endet in einer Sackgasse auf dem besagten Hügel, neben der erhabenen Kirche. Schön wäre die direkte Fahrt schon gewesen, aber die Rückkehr über Črni Kal wirft uns auch nicht aus der Bahn. Schließlich erreichen wir Dekani. Links der Straße liegen in loser Zusammenstellung viele kleinere Häuser. Ein älteres Paar sitzt vor dem Haus, bietet seine Wiese an. Wir kochen gleich, während sich die ansonsten verschlossenen Alten zurückziehen. Autos fahren vor, Jugendliche steigen aus, das Maisfeld neben dem Zelt öffnet sich, junge Leute entschlüpfen, der Grill wird angeschmissen, Fete ist angesagt. Die Alten schlafen schon, die Jungen treffen sich am Wochenende, das ginge den ganzen Sommer so. Der Junior des Hauses war diesmal dran. Die Nacht wird kurz, die Tagebucheintragungen können gerade noch beendet werden.

Der Tod fährt mit oder Nur eine Sekunde des Augenblicks

Hinter Dekani dann ein Hoffnungsschimmer: Der beschilderte Radweg D8 führt direkt ins pulsierende Koper oder Capodistria, wie die Einheimischen es nennen. Koper ist eine Hafenstadt, industriell orientiert, mit dem besonderen Flair einer Mittelmeermetropole. Wenn am Plan des »WWOOFens« (also einer Tätigkeit auf einem dem Programm »World Wide Opportunities on Organic Farms« angeschlossenen Hof) festgehalten werden soll, wird es Zeit, eine gewisse Helga anzurufen, die kurz hinter der Grenze in der Nähe der Hafenstadt Umag einen Biobauernhof betreibt. Leider ist die Telefonkarte, die der Tankstellenverkäufer wärmstens empfohlen hat, nur für das Handy geeignet. Der Verkäufer verstand, ohne es zugeben zu wollen, kein Englisch, verkaufte einfach irgendwas. Okay, wir verstehen auch kein Slowenisch. Insofern bestand Gleichstand, wir hätten ja die Karte nicht zu nehmen brauchen. Die Küstenstraße meiden wir, aber die Vorteile halten sich in Grenzen. Was zwischen Koper und Kaldanija über die alternative B11 fährt, ist mehr als abenteuerlich. Ein sinnentleerter Kampf gegen die dröhnende Hitze und den umweltschädigenden Verkehr, neun Kilometer schweißtreibende Schieberei bis Padna, und dann eine im wahrsten Sinne des Wortes halsbrecherische Abfahrt zur kroatischen Grenze. Auf dem gesamten Weg existiert kein Seitenstreifen, außerdem sind rechts der Fahrbahn Gullydeckel zehn Zentimeter tief eingelassen, sodass nichts anderes übrig bleibt, als diese zu umfahren, sehr zum Leidwesen der nachfolgenden Autos, die auch nicht lange auf ein böses Hupen warten lassen. Ein weißer Renault, dessen gestresste Insassen nach erneutem gullybedingten Ausholmanöver hupen und schimpfen, streift mich, sodass ich Mühe habe, auf dem Rad zu bleiben. Susanne ist bereits vorausgeeilt und ihre typische Kamikazeabfahrt macht mir Sorgen. Auf einmal, wie aus dem Nichts, stockt der Verkehr. Stillstand. Kein Fahrzeug kommt entgegen, ich fahre ganz langsam weiter, an den genervten Autofahrern vorbei. Was ist passiert? Das kann nur ein Unfall sein. Kein Wunder bei der wahnsinnigen Zahl an Fahrzeugen und ihrer durchschnittlichen Geschwindigkeit. Sirenen heulen, Polizeiwagen rasen heran, es qualmt, dramatische Szenen spielen sich ab. Motorradfahrer fahren an mir vorbei, ich werde nervös, fahre noch langsamer. Der Unfallort gleicht einem Katastrophenszenario. Ein Auto ist scheinbar aus einer kleinen Seitenstraße auf die Fahrbahn gefahren, ein heranrauschender Pkw hat das Auto halbiert. Pechschwarz sind dessen Überreste, der Insasse oder die Insassin ist nicht mehr zu erkennen. Ein Leben zieht an diesem sonnigen Sonntag vorbei ins Nirwana. Der weiße Renault steht als erstes Auto vor dem Unfallort (mit kreidebleichen Insassen, von denen jetzt keiner mehr gestikuliert). Ich bin wütend. Darüber, dass sie mich zurechtstutzten, weil es ihnen zu langsam ging. Jetzt stehen sie hier und werden Zeuge des möglichen Resultates ihres Verhaltens.

Sauer bin ich aber auch, weil wir (alle zusammen) die tödlichen Risiken des Verkehrs hinnehmen.

»Wie, Sie haben kein Auto? Aber das geht doch gar nicht. Sie müssen doch mobil sein. Sonst kommen die Kinder nicht in den Kindergarten, sonst können Sie nicht einkaufen, sonst müssen Sie auf die Bahn warten, sonst bekommen Sie den Arbeitsplatz nicht!« Ich sage: »Wer nicht ist, braucht kein Auto!« Wer erklärt jetzt den Angehörigen des oder der Toten, was passiert ist und vor allem warum? Sicherlich nicht die Wahnsinnigen, die mir, nachdem ich den Unfallort – an dem sinnlose Rettungsversuche in vollem Gange sind – hinter mir gelassen habe, entgegenbrettern. Ich zeige ihnen die rote Karte, sie gucken mich entsetzt an. Aber irgendwie haben sie schon bemerkt, dass was faul ist, denn seit geraumer Zeit kommt ihnen kein Auto entgegen. Froh bin ich jedoch in diesen Minuten des Schreckens, dass Susanne unversehrt ist, die sich ihrerseits schon Sorgen machte, weil der Verkehr so dramatisch abriss. Bis zur slowenischen Grenze werden wir nicht mehr überholt. Wir sprechen kein Wort. Post kann auch an der Grenzstation abgegeben werden. Im Niemandsland zwischen den Grenzen ist genügend Schatten für eine Pause. Die hohen Pappeln leben noch, denke ich, ohne die Augen schließen zu können. Ich bin etwas blass um die Nase, stelle mir vor, wie die Sekunde des Augenblicks über Sein oder Nichtsein eines Lebens entscheidet, eigentlich nur, weil der Mensch nicht ganz bei sich ist, sondern stets das Hilfsmittel benötigt, das Technologie heißt, immer und ständig, in allen Lebenslagen.

»Hat Kroatien schon den Euro?«, fragt Susanne und der Mann in der Wechselstube guckt schlecht gelaunt, denn wäre es so, wäre sein Arbeitsplatz wegrationalisiert.

»Nein!«, antwortet er bestimmt.

»Wann denn wohl?«, frage ich und der Typ wechselt jetzt von schlecht gelaunt auf mürrisch.

Zöllner zerlegen einen italienischen Fiat, Baujahr 1980, der langhaarige Fahrer packt mit an, die Mädels flehen die Beamten an, es gut sein zu lassen. Daran denken die aber nicht, pflichtbewusst wie sie sind.

Umag liegt direkt am Meer, ist gekennzeichnet durch einen schönen Hafen. Trotz der jahreszeitlich eigentlich herrschenden Hochsaison haben nur wenige Touristen den Weg hierher gefunden. Der alte Teil der Stadt bewirbt Eisdielen und Fischrestaurants. Der Hof der Biobäuerin

Helga müsste hier ganz in der Nähe liegen. Ein Anruf genügt, der Weg verläuft wieder aus der Stadt hinaus, wieder auf die Straße, auf der wir gekommen sind, und etwas zurück. Šverki heißt der (ortskernlose) Ort. Lose verteilt stehen Häuser und Höfe, es gibt keine Kirche, keinen Kiosk oder irgendetwas, das über das eigentliche Wohnen hinausgeht. Es besteht kein Dorfverbund. Dafür herrscht aber die sichtbare Verbundenheit der Menschen mit dem Land, das Istrien hier offeriert. Rote Böden, geeignet für den Anbau von Lavendel, Wein, Kartoffeln, Oliven, Erdbeeren und vielem mehr. Alles ist natürlich ohne die Benutzung von Pestiziden möglich, auch wenn die Ertragslage dann weniger rosig aussieht. Und genau die Frau lernen wir kennen, die das seit 28 Jahren versucht, mal mit strengen Maßstäben, mal weniger bürokratisch, aber immer mit der nötigen Gelassenheit und dem Glauben an das Gute ihrer Taten.

Sie sagen: »Das gibt es nicht mehr!«

Ich antworte entschieden: »Doch, hier in Šverki. Willkommen auf Helgas Biobauernhof!«

Kroatien

(Tag 71 bis 102)

Helgas pestizidfreie Zone

Helgas Bilanz ist die bilanzlose: Es gibt keine, weil die Maßstäbe anders als die unseren sind. Helga hat vier Kühe, einige Hühner, drei Katzen, davon eine besonders intelligente, die auf den Namen Miezi hört, einen nutzlosen Gänserich als triumphierenden Kuhbeschützer, der »Herr Meier« genannt wird, einen Unkraut-Kräutergarten, Olivenbäume, Weinreben, Lavendelfelder, Sohn Jaka, Tochter Ana, ihren Ex Simi, ein riesiges Herz, eine unglaubliche Power, von der sie selbst am wenigsten weiß, und das unerschütterliche Selbstbewusstsein eines regen Geistes. Wir bewundern sie, obwohl wir das zu diesem Zeitpunkt noch gar nicht wissen und auch nicht vermuten, dass sie wirklich authentisch ist, ihr Ding macht, auf ihre besondere Art. Sie wird bewundert von allen Seiten, obwohl sie das wiederum nicht weiß, aber das wäre ihr auch egal, weil für sie andere Maßstäbe gelten. Helgas Modell gibt letztlich allen Kraft, die sich davon inspirieren lassen, sie ist eine Art Therapie. Wenn der Stress mal nicht auszuhalten ist, mache ich deshalb die »Helga-Therapie«. Ich nehme dann ein Buch und lese einfach, mitten im größten Chaos oder trotz ungelöster Probleme. Helga schreibt nicht vor, sie bespricht, gibt Anregungen, sie macht dieses so und jenes anders mit ihrer unbeschreiblichen Erfahrung aus fast drei Jahrzehnten alternativer, biodynamischer Landwirtschaft. Die Demeter-Zertifizierung besaß sie in einem Land, in dem bei dem Begriff eher an Dezimeter gedacht wurde. Auch heute noch ist Kroatien von umweltbewussten Entwicklungen ein gehöriges Stück entfernt, aber auch in Deutschland ist nicht alles Bio, was Bio heißt. Demeters bürokratische Strenge befremdet sie, deshalb will sie diese registrierende Beweisführung des biologischen Anbaus nicht mehr. Was sie macht, kann sich aber sehen, riechen und schmecken lassen. Den ersten Tag unseres Aufenthaltes nutze ich zum Freischaufeln dessen, was (in früher Vorzeit der kompromisslosen Biodynamik) ein Gemüsegarten gewesen war. Unter dem Unkraut sollen sich drei Reihen Erdbeeren befinden. Stundenlang lege ich die Beeren frei, die neuen Setzlinge werden dabei geschont. Die Ernte fällt gewaltig aus, der Geschmack ist unübertrefflich. Susanne erntet währenddessen Gurken, die sie einmachen möchte, und ist wie vor den Kopf geschlagen, denn das hier an Gurken (oder auch Zucchini) Geerntete wird nicht an den lechzenden Menschen, sondern das liebe Vieh verfüttert. Alles sei erst einmal für die Kühe. »Wenn was übrig bleibt – und davon kannst du ausgehen –, können wir uns bedienen«, erläutert Helga. Aber nur der Anteil sei für uns bestimmt, der nicht als optisch besserer auf dem Tageswochenmarkt, wo sie einen Dauerstand hat, feilgeboten werden könne.

Am nächsten Tag kocht Susanne aus einem Teil der Ernte einen leckeren Zucchiniauflauf, eine ihrer vielen Spezialitäten. Ich dagegen bin mehr für das Grobe zuständig. Die Hitze ist nun Dauerthema. Sollte es gegen Mittag zu extrem werden, wird niemand mehr zur Arbeit verpflichtet. Das ist für Helga problemlos, selbstverständliche Attitüde für eine, die eine andere Lebensweise schätzt, die sich nach dem Mittagessen einfach zum Schlafen verabschiedet, ausklinkt aus dem Alltag, den Hof als solchen für einige Stunden vergisst, sich nicht zu dessen Sklaven machen lässt. Grundsätzlich haben die sogenannten »WWOOFer« für Kost und Logis nicht zu bezahlen, stellen als Gegenleistung ihre Arbeitskraft und Erfahrung zur Verfügung. Während der Arbeitszeit müssen sie sich reinhängen, anpacken, die diffizile Arbeit organisieren helfen. Im Unterschied zu anderen WWOOF-Höfen sieht Helga aber mehr den Spaß an der Sache, stellt das Sinnvolle ihrer Arbeit in den Vordergrund, ohne dozieren zu wollen. Sie lebt ihr Modell vor, sie hat nicht das Sendungsbewusstsein, das wir befürchteten, sondern ist einfach durch ihr Tun oder Faulenzen – das liegt im Auge des Betrachters – stets motivierend. Es entsteht über mehrere Tage betrachtet ein einmaliges Lebens- und Arbeitskonzept.

Jaka hat jeden Abend die Kumpels daheim. Er studiert Landwirtschaft in Zagreb, hat augenblicklich Semesterferien, ihm gehört schon ein Hofanteil, aber anstatt richtig mit anzupacken, genießt er den Sommer. Und recht hat er, denn dieser kommt nicht wieder, zumindest nicht in diesem

Kroatien (Tag 71 bis 102)

Bild 4: Helgas Biohof

Jahr. Sein Arbeitsrhythmus unterscheidet sich komplett von unserem: Er verlässt das Bett erst gegen elf Uhr morgens, arbeitet dafür bis in die Abendstunden, kocht dann in dem großen, mehrfach angebauten Haus, das zwischenzeitlich einer spanischen Hazienda ähnelt, auf der oberen Etage in seiner Küche etwas aus den Produkten, die unten für das tägliche Abendessen verwendet werden sollen, aber dort nie im Kühlschrank anzutreffen sind, weil sie regelmäßig einfach in seinen Kühlschrank wandern. Weder hat Jaka Kruh (Brot), Kava (Kaffee) oder Krastavac (Gurke) am ursprünglichen Platz gelassen, noch sind Pecivo (Brötchen), Pekmez (Marmelade) oder Paradajz (Tomate) am angestammten Ort zu finden. Wir revanchieren uns kurzerhand, indem wir seinen Kühlschrank um das frische Gemüse erleichtern. Zu viel Gekochtes wird nie schlecht, weil Tochter Ana mit einem gesegneten Appetit ausgestattet ist, der sich aber nicht auf ihre Figur niedergeschlagen hat. Sie vertilgt die Reste stets im Stehen, was ihr Sitzfleisch erspart und mir die Erkenntnis eröffnet, nicht mehr der Jugend anzugehören.

Helgas pestizidfreie Zone

An Anas Elan erkenne ich, was zwanzig Jahre Unterschied bedeuten. Tagsüber arbeitet sie (ohne Pausen oder Wochenendunterbrechungen) als Praktikantin auf dem Viersternecampingplatz am Meer, abends wird der Strand freizeitmäßig erneut unsicher gemacht. Mutter Helga fährt die noch führerscheinlose Tochter bisweilen hin und her. Heimlich sei sie selbstverständlich schon Probe gefahren, bisher der Dorfpolizei entkommen, im Falle des Erwischens droht eine Zwangspause von mehreren Monaten. Die bisherigen Fahrstunden und das dafür bezahlte Geld müssten folglich abgeschrieben werden, aber das Risiko gehe sie ein: »No risk, no fun!«, formuliert sie, die in deutscher Sprache erzogen worden ist.

Am vierten Tag auf Helgas Hof wird Buchweizen abgeladen, außerdem müssen die Weinreben im Wurzelbereich mit dem berüchtigten Rasentrimmer freigemäht werden, damit die unteren Trauben sich richtig entfalten können. Das Feld des Nachbarn sieht im Gegensatz zu Helgas superperfekt aus, die Grasbüschel sind flach geschnitten, die Erde ist wieder aufgelockert um die Stammwurzel verteilt angeordnet. Aber der Boden ist dadurch weicher geworden als auf Helgas Anbaufläche, die Natur sucht sich bekanntlich ihren eigenen Weg. Deshalb gilt erneut: Weniger ist mehr! Susanne und ich tanken den Wasserbehälter voll, fahren mit dem alten Traktor zum Wässern der Olivenbäume hinaus in die Gluthitze des Ackers. Typisch sind in dieser Region die verschachtelten Nutzungsrechte der Böden, die Bodensäkularisierung des Eigentums. Jeder hat irgendwo noch ein kleines Stückchen Feld. Zusammenhänge spielen keine Rolle. Ebenso wenig werden Ertragsrechnungen, bezogen auf Anbauflächen kalkuliert, Soll-Ist-Vergleiche durchgeführt. Was wirft der Quadratmeter Lavendel ab? Wie viel Kilogramm Trauben sind für eine Flasche Wein erforderlich? Mit welchem Erlös kann das Pfund Kartoffeln bewertet werden? Kennzahlen, die hier keinen interessieren, weil Vergleiche nicht erforderlich sind, weil der empfundene Ertrag den Konsum reglementiert. Also brauche ich nicht zu rechnen, wie viel ich mir wohl leisten kann, wenn ich diesen oder jenen Ertrag erziele, sondern ich werde letztlich schon sehen, was ich mir leisten kann, wenn geerntet worden ist. Keine Kalkulation, sondern Erfahrungssache.

Ein Telefonat nach Deutschland endet mit einer bösen Überraschung. Die Hundepflegeeltern wollen nicht mehr, sondern planen vielmehr überraschenderweise, die Sommerferien an der Nordsee zu verbringen. Was unvermeintlich störe, sei der lästige Hund. Jetzt müsse Sissy notfalls ins Tierheim, weil sie unter keinen Umständen mitgenommen werden könne. Ganz einfach sei das, eine Sekundenentscheidung. Ganz schön scheiße, denken wir, dass wir uns in den Freunden, denen wir vertrauten, so getäuscht haben. Ich hatte bereits Gefühle des Zweifels, dachte, dass es nicht gut gehen würde und dass es keine zufriedenstellende Lösung sei, und fühle mich nun bestätigt und meinen Kopf tonnenschwer auf dem braun gebrannten Rumpf. Was sollen wir tun? Susanne kann es nicht in Worte fassen. Die Entscheidung, das Familienmitglied vorübergehend in die Obhut anscheinend vertrauenswürdiger Personen zu legen, war schon außergewöhnlich. Aber die sich nun offenbarende Oberflächlichkeit, das dahinterstehende allgemein Phlegmatische von Freundschaften, die sich offensichtlich erst bewähren, wenn es ernst wird, haut uns vom bekannten Hocker. Wir haben ein ausgewachsenes Problem auf vier Pfoten!

Maggie und Stipe sind ausgestiegen wie wir, vollziehen geografisch betrachtet jedoch einen noch größeren Schritt, als wir es vermutlich tun werden, wenn auch mit ähnlichen Ansprüchen und Träumen. Um sich mit den kroatischen Einheimischen verständigen zu können, haben sie in Zagreb das Kroatikum absolviert. Ihre Eltern sind zwar kroatischer Abstammung, wohnen aber auf Long Island und verstehen die Entscheidung der Kinder nicht wirklich, sehen nur das, was verloren, nicht das, was gewonnen wird, wenn dem Leben ein unerwarteter Impuls gegeben wird, der scheinbar so fremd und unverständlich ist. Wohl aber nur, weil der Beurteilende sich nicht einmal richtig in die andere Seite hineinversetzt, sich nicht für einen kurzen Augenblick – wie es der Dalai Lama empfiehlt – dem Perspektivenwechsel auszusetzen gedenkt. Wir ernten 450 Kilogramm Kartoffeln, aber Helga ist unzufrieden, weil die Ernte sonst beträchtlich höher ist. Es hat freilich zu wenig geregnet diesen Sommer. Es ist jetzt 45 Grad Celsius heiß, ab Mittag wird bis in die frühen Abendstunden hinein nicht mehr gearbeitet, dafür eine Spätschicht eingelegt, wobei die Kühe den täglichen Schlusspunkt setzen. Das Abendbrot findet deshalb nicht vor 22 Uhr statt. Apropos Brot. Während in Deutschland die Sorten nicht mehr gezählt werden können, die Brotfranchisenehmer gnadenlosem Konkurrenzdruck ausgesetzt sind, der Brötchenpreis um bis zu einhundert Prozent oder mehr zwischen den verschiedenen Anbietern schwankt, hat Helga nur ein einziges Brot im Angebot. Sie verzichtet auf Brötchen oder Croissants, bietet nur dieses eine sensationelle, inhaltlich und geschmacklich vollkommene Vollkornbrot an, dessen Rezept an dieser Stelle verraten wird, weil Wissen nicht mit ins Grab genommen werden sollte. Das Brot »Helga« setzt sich zusammen aus zwei Kilogramm Dinkelvollkornmehl und 100 Gramm Kleie (davon circa einem Drittel Roggen), drei Vierteln eines typischerweise 42-Gramm-Hefewürfels, drei Teelöffeln Meersalz, einhundert Gramm Saaten (Sonnenblumen, Lein- oder Kürbiskerne), 1,50 bis 1,75 Litern mäßig warmen Wassers. Geknetet wird energieeffizient mit der Hand, bis eine halbwegs feste Konsistenz entsteht. Der Teig wird anschließend in drei Kastenformen gefüllt und eine Stunde gehen gelassen. Danach wird der Teig bei 170 Grad Celsius etwa eine Stunde lang gebacken. Das Resultat ist einzigartig – sowohl hinsichtlich des ökologischen Anspruchs als auch des Geschmacks. Bon appétit!

Bild 5: Susanne, die Bäuerin

Heute lädt uns Helga nach Grožnjan ein, einem Künstlerdorf im Landesinneren, eine gute Autostunde von Umag entfernt. Hier leben das ganze Jahr über nur eine Handvoll Menschen, der überwiegende Teil ist eher im touristischen Sommer anwesend, um unterschiedliche künstlerische Produkte anzubieten. Die Palette reicht von Gemälden über Tonskulpturen, antiken Wanduhren und hochwertigem Schmuck bis zu erlesenen Weinen. Offensichtlich schreitet dieser uralte Ort wie eine Trutzburg dem sich rasch verbreitenden billigen Ramschtourismus offensiv entgegen.

Die engen Gassen wechseln sich ab mit steilen Abhängen, die grandiose Aussicht auf das blaue Meer am wolkenlosen Horizont offenbaren, aufgelockert mit allen Farben des Spektrums in den weiter unten an der Stadtmauer angelegten Gärten. Das alles zeugt von Einmaligkeit, von der universellen Existenz eines idealen Rückzugortes. Schon Hollywoodstars haben wegen der Abgelegenheit des Ortes mit dem Gedanken gespielt, sich in Grožnjan niederzulassen.

Helgas Freunde haben ein kleines Atelier gekauft, bieten Bilder und Schmuck an. Ein ebenfalls befreundeter Antiquitätenhändler aus München, der kroatischer Abstammung ist und noch eine Niederlassung in Zagreb betreibt, hat sich einen Traum an diesem Ort verwirklicht, hat gespürt, dass im angesagtesten Künstlerort Exjugoslawiens Antiquitäten vorwiegend deutscher Herkunft den interessierten Einheimischen und den Touristen aus aller Welt als etwas Besonderes angeboten werden können.

Die Musikschule ist auch am Platze und probt gerade für ein Klavierkonzert. Die feinen Akkorde des Klaviers kämpfen gegen die aus den Boxen des Kassettenrekorders dröhnenden Rhythmen an, mit denen der Kursleiter einer ebenfalls probenden Ballettschule seine Eleven immer wieder herausfordert, weil die Gesamtperformance noch nicht seinen künstlerischen Ansprüchen genügt. Die choreografische Sequenz beginnt also erneut – draußen auf dem kleinen Kopfsteinpflasterplatz, vor vielen nicht zahlenden, aber begeisterten Zuschauern. Insbesondere scheinen diejenigen begeistert, die Ballett allenfalls mit brotloser Kunst verbinden. Aber die Hingabe der Protagonisten und die Leidenschaft des Choreografen stecken schließlich an, übertragen die durch den Tanz zum Ausdruck kommende Lebensfreude, trotz der ungewohnten, dramatisch wirkenden Musik aus dem Ghettoblaster.

»Sonntags braucht ihr nicht zu arbeiten. Wir könnten stattdessen einfach in der Adria schwimmen und die Arbeit vergessen«, schlägt Helga spontan vor, und schon schlängelt sich der Caddy auf Kleinststraßen der herrlichen Bucht entgegen. Wieder einmal ist Helgas Gelassenheit konform zur Leichtigkeit der istrischen Lebensweise. An Helgas Lockerheit merke ich aber auch, dass wir selbst noch nicht so weit sind, dass der Arbeitsstress der letzten Jahre noch nicht endgültig abgeschüttelt ist, obwohl wir nun schon einige Zeit unterwegs sind. Aber die ungelösten heimischen Probleme nagen am Freiheitsgefühl, sind Ballast für die Seele. Wir strengen uns an, den Abend am ruhigen Meer zu genießen, versuchen zu verstehen, warum Freiheit nicht erzwingbar ist. Vielleicht lassen sich gar keine Voraussetzungen schaffen, Freiheit zu erreichen, vielleicht ist es mit ihr wie mit dem Glück, das auch nur nebenbei zu einem kommt, ungezwungen, leicht wie eine Feder, dem zufälligen Wehen einer leichten Meeresbrise ausgesetzt, nicht willens, sich endgültig für eine Richtung zu entscheiden.

Lavendeltime: Zwei duftende Hektar stehen zur Ernte bereit. Zuvor mähe ich den Rasen zwischen den Reihen wohlduftender Lavendelsträucher, immer sauber um die Sträucher herum. Am abgekühlten Abend fahren wir mit Helga auf das Feld hinaus. Die Büschel müssen einzeln gedreht werden, worauf der andere Erntehelfer unterhalb der Blüten das Büschel abschneiden muss. Anschließend werden die Lavendelerträge in Jutesäcken verstaut. In ihnen wird der Lavendel ausreichend locker und atmungsaktiv gelagert, um in einigen Tagen zur Mühle nach Pula gefahren werden zu können. Der weiterverarbeitete Lavendelextrakt wird wiederum als hochkonzentriertes Öl mit der Pipette in kleine Zehn-Milliliter-Flaschen umgefüllt. Um dieses Vorhaben mit Erfolg zu krönen, wird das Öl mit dem Mund angesaugt, so lange, bis die Pipette gefüllt ist, die Lungenkraft des Ansaugenden versagt und er dem Brechreiz ziemlich nahe ist. Denn der zunächst einschmeichelnde Geruch des Konzentrats führt auf Dauer zu massiven Kopfschmerzen, benebelt alle Sinne, bringt den Probanden an das Ende seiner Wahrnehmungskräfte. Die Fläschchen bekommen abschließend Helgas Erzeugnisetiketten, weil ein bisschen Reklame in Anbetracht der mühevollen Unterbringung des Rohstoffes in dem Konsumfläschchen das Mindeste ist; auch weil die biologisch einwandfreie Erzeugung auf sich aufmerksam machen und sich der Marktmechanismen bedienen muss, gleichzeitig aber mit dem

Vorsatz antritt, das nicht um ihrer selbst willen zu vollziehen, sondern eher um auch andere von ihrer Reinheit zu überzeugen. Hierbei wird auch deutlich, dass idealerweise irgendwann einmal niemand mehr (von den Vorteilen biologischen Anbaus) zu überzeugen sein wird, der Markt insofern in sich zusammenbrechen würde und dem Einzelnen nur die freie Abgabe oder der ausschließliche Eigenverbrauch übrig bliebe.

Noch suchen wir den heimischen Wochenmarkt in Umag auf, auf dem Helga einen zwei Meter Verkaufsfläche umfassenden, überdachten Dauerstand nutzen darf, ohne Anfangs- oder Endzeiten einhalten zu müssen, sondern die ganze Woche hindurch so lange stehen kann, wie sie Lust hat. Ein älterer Herr mit unvergleichlicher Berliner Schnauze, die Enkelin am Arm hängend, begutachtet kritisch das als gesund Offerierte. »Ick brauche keen Bio, ick brauche wat, wat günstich is, wa?«

Ich will ihn bekehren, aber Helga winkt nur weise ab. Diese Erfahrung hat sie lange hinter sich, der Supermarkt sei proppenvoll, der tägliche Markt dagegen zähle die, die sich auf ihm verirrten. Und jetzt sei auf diesem Markt noch jemand, der biologisch-dynamische Produkte anbieten wolle? »Ja wat soll dat denn, wa?«, berlinere ich. Aber gegen den Strich und für die eigene Überzeugung zu schwimmen, war schon immer schwieriger, als im Massenkonsum abzutauchen. Tatsächlich hat sich für heute Nachmittag noch das kroatische Fernsehen angekündigt, das einen Beitrag über ökologische Entwicklungen in Istrien drehen und in einer auf diese Themen spezialisierten Sendung ausstrahlen will. Der Kameramann ist ein wuscheliger Zausel, sehr abgehoben, der Helga kritisch ins richtige Licht rückt, mehr mit herrischen Gesten als mit lauten Sprüchen. Die Moderatorin des Biomagazins raucht auffallend viele Zigaretten, wenn sie nicht im Bild ist. Dafür rutscht Susanne – lässig auf der Couch sitzend – unauffällig ins gezoomte Bild und wird später auch nicht aus dem mehrminütigen Beitrag herausgeschnitten.

Es stinkt bestialisch zum Himmel. Ammoniakgeruch breitet sich über dem Hof in Šverki aus. Seit vier Monaten sind die Ställe nicht ausgemistet worden, weil Helga nicht alles allein bewältigen kann und auch nicht immer so will, wie sich andere das vorstellen. Genau das ist ihr einzigartiges Prinzip. Achtzehn Kubikmeter festgetretener Kuhmist, der durch Istriens Sonne in den Unterbeton eingebrannt worden ist und härter als der härteste Granitstein unbeweglich am Boden klebt. Um überhaupt die Mistgabel in das stinkende Übel stecken zu können, muss eine Zeit lang der Mist bewässert werden, so lange, bis durch das Wasser die Konsistenz von kompostierfähiger Gülleklasse erreicht wird, sich festgetretener Dung in Matsch und Kuhfladen metamorphisiert und der schließlich aufsteigende Geruch erneut Übelkeit hervorruft. Die Bewässerungsaktionen dauern jeweils fünf Minuten, viele Liter Wasser verteilen sich zunächst um die harte Mistschicht, werden im Steinquadrat des Außenstalles aufgefangen, arbeiten sich durch die Schichten nach unten vor, bis der schlammige Scheiß weicher wird, seine Undurchdringlichkeit verliert. Mit der Mistgabel wird geschaufelt, in der sonnigen Hitze, den ganzen langen Tag, bis die Zacke aus der Krone, also die Spitze aus dem Holzstab hervorbricht, die bislang haltenden Nägel abbrechen. Nun wird der Gabelaufsatz mit Schrauben hineingedübelt, bis nach einiger Zeit die Schaufel erneut das Zeitliche segnet, was die Geruchsnerven schon vor geraumer Zeit vollzogen haben.

Ist der Traktor vollgeschöpft, unterbricht Susanne ihre häuslichen Arbeiten und fährt das schwer zu bedienende Gerät älteren Baujahres aufs Feld hinaus. Ich fahre mit dem Fahrrad hinterher, weil sich trotz des automatischen Kippmechanismus am Traktoranhänger der schwere, schlammige Mist nicht allein von der Ladefläche schiebt, stattdessen wieder am Holzboden zu haften beginnt und schwer wie Blei die Ladefläche belastet, sodass jedenfalls mit der Mistgabel nachgeholfen werden muss. Nach schweißtreibender Bereinigung der Ladefläche wird die nächste Ladung auf das Feld gebracht, so lange, bis der einstige Hofhügel nun am Rande des Ackers lagert. Der Gestank ist unwiderruflich in das Gewebe der Klamotten eingedrungen, die Schuhe sind entsorgungswürdig durch all den Dreck, die Hände um einige Schwielen reicher und unsere Körper um einige Liter Flüssigkeit ärmer. Der Magen hat einen dauergereizten Zustand angenommen, die Knochen schmerzen, wir schicken ein Stoßgebet, als sich dieser Tag endlich seinem Ende zuneigt.

Schnell schlafen wir – wie jeden Abend – im alten Wohnwagen neben dem Haus ein, geschützt unter dem Tropennetz, um das leichte Spiel der Moskitos wegen der durch die Schwüle offen stehenden Fenster zu vereiteln.

Allmorgendlich erfolgt das hausinterne Kochduell. Dann steht mit mir im Wettbewerb der Hausgast ohne Gegenleistung, von Helga liebevoll »die Bukowac« genannt, mit Vornamen Iwanka, eine Dozentin der höchsten Ernährungsschule, eine Professorin für Ernährungskunde, die nun pensioniert ist. Sie ist überzeugte Vegetarierin, zusätzlich gezeichnet (nicht nur im Gesicht) von ihrer Glutenallergie, hager bis auf die Knochen, immer adrett angezogen, gepflegt faltig, aber wie ein Fels in der Brandung zu ihren unerschütterlichen, verqueren (bisweilen wirren) Überzeugungen stehend, mit deutlichem Sendungsbewusstsein allen Andersdenkenden gegenüber. Ihr Enkel Micha bewegt sich unwillig in ihrem Schlepptau, ein schwieriges Kind, das unter der Schwierigkeit der Bukowac'schen Welt besonders leidet.

Gewohnheitsgemäß bin ich morgens – gleichgültig, an welchem Ort ich erwache – der Erste, suche im Frühaufstehen ein Stück Freiheit. In Šverki habe ich allerdings das Nachsehen. Denn Iwanka bereitet ihre Tagesrationen so früh zu, dass selbst der Hofhahn lieber gähnt als kräht. Bereits zum Frühstück gibt es bei ihr warme Gerichte, zum Beispiel mit Algen angereicherte Gemüsepampe. Brot lehnt sie wegen ihrer Erkrankung verständlicherweise ab, Reiswaffelsurrogat aber genauso. Butter ist tabu (ein Teufelszeug), alle Arten an Süßigkeiten (auch die speziell für Glutenallergiker entwickelten) seien Ausdruck des krankhaften Konsumüberflusses. Iwankas Essgewohnheiten und ihre Tendenz zur latenten Besserwisserei am frühen Morgen führen bei mir zu (bisher unbekannten) cholerischen Eigenschaften, vor allem, wenn gleichzeitig vier Herdplatten blockiert werden. Heißes Wasser für meinen Kaffee, der auch in Iwankas Rubrik »Du bist dem Tode ziemlich nahe« fällt, kann nicht aufgebrüht werden, da zunächst Iwankas Nahrung in trockene Tücher gebracht werden muss, damit ihr Tag ernährungstechnisch steht. Egotismus in lebender biologischer Reinkultur, denke ich, will nicht schon vor sechs Uhr morgens eine Diskussion vom Zaun brechen, obwohl ich innerlich bebe. Die angesprochenen Tücher sind auch von Iwanka, dürfen (wegen der Hygiene) von niemandem sonst auch nur angeguckt werden, nur von ihr, Dr. Iwanka, die mit Handschuhen kocht und den Gemeinschaftskühlschrank zur Hälfte mit ihren »Spezialitäten« gefüllt hat, an denen sich auch Jaka nicht vergreifen darf (was ihm aber nicht schwerfällt). Auch die Töpfe sind die ihrigen. Die Mengen, die sie isst, sorgfältig kaut, bis der Nichtgeschmack der quasi flüssigen Nahrung im Geschmacksnerv völlig atomisiert, sind unvorstellbar, die Konsistenz sieht breiig, undefinierbar aus, jedenfalls sehr gebissschonend.

Heute Morgen klagt sie kopfschüttelnd über Durchfall, schaut mich an, als wenn ich dafür verantwortlich wäre, als wenn das ungesunde Zeug, das ich angeblich in mich reinstopfe, in ihrem Verdauungssystem rebellierte. Auch jetzt verkneife ich mir jeden Kommentar. Mit der »Bukowac« habe ich die Erfahrung gemacht, dass Meinungsfreiheit schon im Ansatzpunkt der hochgezogenen Augenbraue durch die ganze Wucht der erfahrenen Expertin in jeder darauffolgenden Konversation sanktioniert wird, und immer, wenn du ihr begegnest, das grausame Scheitern, sich gesund zu ernähren, mit vernichtenden Urteilen zur Schlachtbank geführt wird. Die Bukowac vergisst nichts. Deshalb schweige ich lieber. Als Susanne meint, mit Iwanka ins Gespräch kommen zu müssen, endet der behutsam beginnende Dialog in einer Bukowac'schen Fundamentalanalyse von Susannes Essgewohnheiten, mit dem unvermeidlichen Resultat, dass ab diesem Zeitpunkt der ruhige, genussvolle Verzehr im Hause Helga dahinschmilzt beziehungsweise die dazu geeigneten Produkte meiner armen Susanne ein schlechtes Gewissen erzeugen. Butter, Käse, Milch, Schokolade, Brot, Kaffee seien nicht gut für Susanne, bedeuteten über kurz oder lang (aber eher über kurz) das vernichtende Ende des Wohlfühlgefühls. Bloß kein Salz, wenig Gewürze, quasi alles ganz anders, als Susanne es zurzeit praktiziert. »Ich weiß, wovon ich rede. Ich bin Doktorin, ich bin Expertin, ich habe alle Antworten auf sämtliche Ernährungsfragen parat.«

Gegen vier Uhr nachmittags quengelt Enkel Micha, weil er keine Frikadellen bekommt. Als letztes Mittel wird Iwanka weich, doch der schwierige Junge will jetzt auch die Frikadellen nicht mehr. Am Abend, als ich den Tag bei den Erdbeeren beende, steht die Bukowac mit dem Sprössling ihrer Tochter im Feld und fragt, ob ich ihm nicht etwas von meiner Arbeit zeigen könne. Er aber rennt davon, während sie meint, er brauche einen erwachsenen männlichen Freund. Ich antworte, dass ich nicht der Richtige zum Babysitten sei. Iwanka ruft die Eltern an, der Junge müsse weg, sie habe keine Nerven mehr. Ich möchte ihr zuschreien: »Nimm ein Stück Schoki, das ist wahrlich gut für die Nerven«, aber Iwanka reist zwei Tage später ebenfalls ab, hat den Kaffee (pardon, die Algensuppe) auf.

Heute ist der Lavendel wieder dran, wir fahren alle raus. Noch einen weiteren Tag bleiben wir bei Helga, bevor es nach Deutschland zurückgeht. Wie, was denn nun? Das gibt es doch nicht! Doch, das Leben hält viele

Überraschungen bereit. Da ist ein alter Labrador. Und da ihn die bisherigen Pflegeeltern nicht mehr haben wollen, bleibt nur ein schrecklicher Ausweg: die temporäre Rückkehr, die Katastrophe schlechthin für jeden Reisenden, der gerade fühlt, weggekommen, den altbekannten Strukturen entronnen zu sein. Im Mittelpunkt der Tragödie steht die Frage nach der Liebe der Menschen gegenüber dem Tier. Ganze Generationen von Männern, Frauen, Lebenspartnern wären glücklich, würde die Liebe derart tief zwischen ihnen verankert sein und sie dazu zwingen, von hundert auf null abzubremsen und eine Kehrtwendung zu machen. Anders ausgedrückt: So eine Reise unterbrichst du eigentlich nicht. Du lässt das Reisegefühl, das sich über die Zeit aufbaut, nicht im Regen stehen, unterbrichst nicht den geschmeidigen Fluss des Fahrens, der nun schon etwas von seiner Intensität eingebüßt hat. Schon nach einigen Tagen auf Helgas Hof fühle ich die Distanz zum Radfahren. Das Mittel zur Erreichung des Freiheitsgefühls steht hinter der Weizenkammer. Und jetzt haben wir eine Woche in Deutschland einkalkuliert, um eine neue Pflegeperson für den Hund zu finden. Ich decke die Räder mit zusätzlicher Folie ab. Wir bereiten Trampschilder vor, denn wenigstens soll die Reiseunterbrechung die Kosten nicht in ungeahnte Höhen und die Vorsätze nicht an den Rand des Abgrunds tragen. Nur die zentralen Rückreisestädte schreiben wir auf, sechs Pappschilder entstehen: Koper, Ljubljana, Graz, Salzburg, München, Nürnberg. Mary ist schon informiert, bietet uns Asyl für unbegrenzte Zeit.

Die Tramper oder Keine Kilometer mit dem Fahrrad

Vierzig Grad Celsius in der Sonne herrschen an der Straße nach Slowenien, auf der wir vor zehn Tagen gekommen sind. Wer soll mit dem ersten Schild am Straßenrand stehen? Wir wechseln uns ab. Eine Stunde vergeht, nichts passiert. Nur ein Wagen hält, ein Polizeiauto. Ist Trampen in Kroatien vielleicht verboten? Säuerlich bin ich jetzt schon. Kein Autofahrer hat sich bisher auch nur ansatzweise die Mühe gemacht, das Schild oder uns anzuschauen, in ignoranter Weise wird die erhobene Nase am Dachhimmel des Autos befestigt. Zudem ist es wahnsinnig heiß und zu allem Überfluss hat die Polizei Langeweile. Da mir meine Eltern noch Sprüche wie »Ehrlich währt am längsten« vermittelten, zeige ich dem Polizeibeamten meinen Pass und den darin enthaltenen Stempel, den wir der autorisierten Grenzautorität als Just-for-fun-Souvenir entlockten, als wir nicht »auto«risiert die kroatische Grenze überschritten. Das Datum liegt aber zehn Tage zurück. Diese Ehrlichkeit ist unser Verhängnis. Ob wir uns denn nicht bei der örtlichen Polizei gemeldet hätten. Es bestünde die Vorschrift, innerhalb von 24 Stunden nach der erfolgten Grenzüberschreitung eine polizeiliche Meldebestätigung einzuholen. Meinem »Das ist mir völlig neu« entgegnet er ungehalten: »Do you know, you've to know the rules?«

»I don't know, but are you sure, you want to become a member of the European Union?«, schieße ich scharf zurück, aber mir ist jetzt alles egal. »So you're welcome!«, lege ich nach. Nein, ich habe absolut keine Ahnung und möchte auch nicht das Gefühl vermitteln, dass wir in irgendeiner Weise schuldig seien. Der Druck scheint zu wirken, der Beamte beschwichtigt, wird unerwartet lockerer. Helga hätte uns anmelden müssen. Jetzt meint er also, dass uns keine Schuld treffe, sondern eben diese Helga, wie wir sie nennen. Wir sollen doch einsteigen und mit ihm zu Helga fahren. Also packen wir den bis zu diesem Zeitpunkt erfolglosen Schilderkram wieder ein, beschreiben den Weg, aber Helga ist nicht da, nur Jaka, der gerade aus dem Tiefschlaf (es ist mittags) gerissen wird. Der Polizist ist unerbittlich, Jaka muss Helga anrufen. Ob sie denn nicht wisse, dass es ihre Pflicht sei, jeden Gast anzumelden. Ein Gerichtsprozess wird telefonisch angedroht. Schließlich fährt der gute Herr uns wieder an die Stelle, wo wir vor drei Stunden schon gestanden haben, und lächelt: »Trampen ist in Kroatien nicht verboten.«

Es sieht leider in dieser Richtung hoffnungslos aus. Erst um viertel nach zwei hält endlich ein junges Paar im sportlichen Golf mit tschechischem Kennzeichen. Sie sprechen kein Wort Englisch, sodass wir froh sind über die Internationalität der Städtenamen. Nach Koper wollen sie auch, anschließend weiter nach Triest. In Koper schmeißen sie uns schließlich raus, allerdings – das ewige Klagelied des Trampers erklingt – an ungünstiger Stelle. Wir marschieren mit einigem Gepäck bis zu einer Kreuzung, finden eine junge Frau, die uns in Kopers Innenstadt absetzt, am zentralsten Punkt für den Durchreiseverkehr. Unser nächster »Mitnehmer«, ein slowenischer Geschäftsmann aus Ljubljana, gibt richtig Gas – mit seinem teuren Audi und verbal. Er ist froh über die unverhoffte Begleitung, und so entwickelt sich ein wahres Feuerwerk der Unterhaltung auf Englisch. Bis auf Belarus und die Ukraine habe der Geschäftsmann alle europäischen Staaten bereist. Er schlägt die Route an der dalmatinischen Küste vor, durch Montenegro, Kosovo (nicht ungefährlich), Bulgarien und Griechenland, um nach Istanbul zu gelangen, aber auf gar keinen Fall mit einem Abstecher nach Rumänien, weil dort die Kriminalität exorbitant hoch sei, er könne sich nicht erklären, wie dieses Land EU-Status erlangen konnte. So schnell wie er spricht, fährt er auch, checkt unterwegs per Handy noch eventuelle Flugverbindungen von Ljubljana nach Nürnberg, was aber nicht möglich ist, weil nur Frankfurt im Direktflug ansteuerbar ist, obwohl selbst das (aber das verschweigen wir) auch nicht unsere Absicht gewesen wäre. Generell habe er früher viel getrampt, er motiviert uns weiterzumachen, durchzuhalten und wirft uns an der besten Trampstelle Ljubljanas raus, an der wir eine erneute Stunde auf den Anschluss warten. Dieser kommt wieder in Form eines schwarzen Audi, allerdings mit weniger kommunikativen Interessen. Der deutsche Geschäftsmann ist des Redens faul, will den Status des stillen, dankbaren Begleiters. Dafür ist die Fahrt noch schneller als vorher, er katapultiert den Wagen in raketenverdächtiger Zeit und in einem Rutsch (ohne Pinkelpause) bis nach Rosenheim, wo er abbiegen müsse, weil er nach Heidelberg unterwegs sei, seiner Heimatstadt. Er sei übrigens schon seit sechs Stunden unterwegs, komme aus den Tiefen eines Landes mit dem Namen Bosnien, das er als Katastrophenstaat bezeichnet, das rückständig sei wie im Mittelalter. Der Geschäftsmann ist Vorstandsmitglied eines nicht mehr geläufigen Unternehmens und müsse alle zwei Monate die Produktionsstätten in Südosteuropa bereisen. Demnächst bekomme er leider noch Russland aufs Auge gedrückt. Das sind die Gesprächsinhalte einer dreistündigen Fahrt, kein weiteres Wort mehr. Der Mann der großen Geschäfte hat sich optisch der Unerträglichkeit des Wetters angepasst, trägt weiße Bermudashorts und weißes Achselhemd, weiße Tennissocken in schwarzen Lederschuhen. Nur die Rolex am Handgelenk, die teure Brille und das an sich äußerst gepflegte Äußere deuten auf seine beschriebene Stellung hin. Der Rest versinnbildlicht eher die frühmorgendliche Fahrt zum Tennisclub um die Ecke, in dem der frustrierte Tennislehrer, der nur durch eine Knöchelverletzung am Sprung zur Weltkarriere auf den Centre-Courts dieses Planeten gehindert wurde, verschlafen auf den pummeligen Etikettenschwindler vom Typ des eitlen Managers wartet, um eine weitere in seinen Augen überflüssige Trainingsstunde zu vermitteln und seinem Schützling abermals empfiehlt, das Racket gegen den Golfschläger einzutauschen. Manager sind bisweilen auch soziale Herdentiere, brauchen Gesellschaft, und sei sie auch nur stillschweigender Natur. Das hohe Gehalt allein macht nicht glücklich. Genau zur vollen Stunde raucht das Vorstandsmitglied nie mehr als eine Zigarette und nimmt einen kräftigen Schluck aus der Coladose. Er redet jetzt nicht mehr, die Landschaft Österreichs rast an uns vorüber. Wo wir sonst Wochen mit dem Fahrrad gebraucht hätten, überwinden wir die Distanzen nun mit zweihundert Sachen in rasendem Tempo. Schnell tankt der Manager auf in Rosenheim, sagt »Adieu« und braust davon.

Die Nacht bricht bereits herein, wir warten, ich schreibe Tagebuch, nichts tut sich, ab zehn Uhr abends hält kaum mehr ein Fahrzeug an dieser wenig frequentierten Tankstelle. Wir sitzen fast fünf Stunden auf einer Bank gleich neben den Zapfsäulen und verfluchen die Tatsache, überhaupt losgefahren zu sein. Müdigkeit und Ernüchterung machen sich breit. Endlich hält ein dunkelroter Kleinbus. Der bärtige Fahrer, ein Lehrer, seine Frau und die beiden erwachsenen Söhne kommen gerade vom Wochenendausflug, müssen nach München, könnten uns dort am Bahnhof absetzen. Endlich hat das Warten ein Ende, schon bald fahren wir durch die Münchener Innenstadt zum belebten Hauptbahnhof, den viele Menschen (und einige Obdachlose) als nächtliche Zuflucht aufgesucht haben. Züge fahren zu dieser fortgeschrittenen Uhrzeit nicht mehr. Im Wartebereich hilft aber ein Nickerchen, die trostlose Zeit bis zum ersten Zugverkehr gegen drei Uhr morgens zu überbrücken. Die Matten werden ausgerollt, die Anstrengung des Tages fällt spürbar von den angespannten Knochen, die sich wohlig ausdehnen und die sich nach dem stundenlangen Autofahren an der ausgestreckten Lage erfreuen. Die Müdigkeit hat den Körper fest im Griff, wir schlafen ein.

Das Ende aller Tagebücher

Gegen schätzungsweise drei Uhr morgens werde ich kurz wach. Irgendwie ist der siebte Sinn aktiv, aber die Erschöpfung vom Trampen nicht gewichen. Im Halbschlaf nehme ich trotz des grellen Bahnhofslichtes nur annäherungsweise eine schwarz gekleidete Person wahr, die ruhigen Schrittes mit etwas Schwarzem in der Hand davonmarschiert. Susanne ist nicht da, ihre Matte vereinsamt. Ich schaue über das Geländer den Bahnhof hinunter. Polizei marschiert auf und ab, einige Besoffene torkeln mit nackten Oberkörpern dem Ausgang entgegen. Susanne kommt herbei, war kurz auf der Toilette. Wir legen uns wieder hin und schlafen sofort ein. Gegen fünf Uhr sind wir hellwach. Wir frühstücken gleich nach der Eröffnung bei Burger King. Die Globetrotter-Tasche ist etwas flacher, als ich vermutet habe. Die restlichen Erlebnisse des gestrigen Tages müssen im Tagebuch nachgetragen werden, das leckere Frühstück erscheint der ideale Zeitpunkt. Mit dem Griff in die Tasche begreife ich, was ich dachte, nur geträumt zu haben. Das Tagebuch ist weg, Adressbuch und sämtliche Stifte, der gesamte schwarze kleine Kulturbeutel, in dem ich die Schreibutensilien aufbewahrte. Niemals zuvor empfand ich etwas als frustrierender, ernüchternder, deprimierender. Es war schon schlimm genug, dass wir die Reise unterbrechen mussten, und jetzt ist auch noch die schriftlich festgehaltene Erinnerung an den bisherigen Reiseverlauf verloren, die ausformulierte Quintessenz des Erlebten abhanden gekommen, die Rechtfertigungsgrundlage für die Unterbrechung des Arbeitsprozesses, die Fäden des Freiheitsnetzes, das es zu analysieren gilt. Das Haltegerüst des eigenen Seins ist entwichen, gestohlen, entrissen, auf und davon. Ich bin wütend auf mich selbst, aber mehr noch deprimiert die Erkenntnis, dass zweitausend Kilometer lang in der zivilisierten Wildnis nichts passiert ist und auf quasi heimischem Boden die Illusion der wundersamen Reise im Handumdrehen zerstört wurde, professionell und ohne Zögern. Nichts macht jetzt mehr Sinn! Ich hatte an der Rosenheimer Tankstelle das Tagebuch oben in die Tasche gestopft. Ich bin mir sicher, dass es auf dem Bahnhof geklaut wurde, aber ich gestehe mir die Niederlage gegen den unbekannten Täter nicht ein, ich will das Gefühl des Verlustes nicht hinnehmen. Ich dränge Susanne zur Fahrt nach Rosenheim, was natürlich Quatsch ist, weil niemals das Tagebuch dort verloren gegangen ist. Auch die Telefonnummer der Familie von gestern Nacht bekomme ich noch raus, weil die liebe Dagmar Kleinhans (die Frau des Kleinbusfahrers) ihr noch bis in die Morgenstunden gültiges Bayern-Ticket spendiert hatte. Für die Nachtfahrt nach Nürnberg war aber der Gültigkeitszeitraum schon um eine halbe Stunde überschritten, sodass wir im Bahnhof bleiben mussten, nackt dem hinterlistigen Treiben dort ausgesetzt. Das Tagebuch ist auch nicht im Auto der Kleinhans' verschollen. Es ist, wie es ist und daran wird auch die Vermisstenanzeige auf dem Fundbüro nichts ändern. Sämtliche Erinnerung verbleibt im Gedächtnis, keine literarische Stütze wird helfen können, das Erlebte anschaulich zu konservieren. Desillusioniert, mit Zornesbrennen in der Brust, aber ohne jegliche mentale Kraft nehmen wir die nächste Bahn nach Nürnberg.

»Don't mention the war!«

Um das Tagebuch wiederzubekommen, müsste ich schon Sherlock Holmes sein. Der bin ich nicht und Susanne würde auch einen schlechten Watson abgeben. Dem könne eventuell abgeholfen werden, meint Mary und überredet uns zu einer kleinen Kurzausbildung bei Daphne und Perry Luncheon, die im Nürnberger Burgtheater eindringliche Anschauungen des englischen Humors verbreiten. »At Holmes with Sherlock« heißt das very british(e) Stück, das skurril und anregend zugleich ist, Spaß zurückbringt, Gedanken an das geklaute Tagebuch verdrängt und sanft beschwichtigt mit der perpetuierenden Erwähnung des berühmten Satzes »Don't mention the war!«, der ursprünglich aus der legendären Comedy-Serie »Fawlty Towers« stammt und die deutsch-britischen Kabbeleien (nicht nur) während zweier Weltkriege thematisiert.

Es war auch nicht meine Absicht, in den Krieg zu ziehen, zumal ich den Gegner nicht kenne und ich auch sonst keinen scheinbaren Grund habe. Das unterscheidet mich vom amerikanischen Diktator, der weiter ging als sein Vater, aber das Ziel verfehlte.

Heute ist der 21. Juli, Susannes Geburtstag, morgen haben wir Hochzeitstag und übermorgen hat meine Mutter Geburtstag, die nicht weiß, dass wir in Deutschland sind. Wir holen den Hund, fahren nach Duisburg, überraschen sie und surfen sogleich durchs Internet, um eine neue Pflegefamilie zu finden. Die privaten Tierasyle – auch die, die sich mehr in der Rolle eines Streichelzoos sehen – sind ernüchternd. Missstände tun sich auf, die dem Unbedarften Unbehagen vermitteln. Niemals hätte ich gedacht, dass es so schrecklich um die Tierverwahrung bestellt ist. Sissy, die bisher auf Teppichen die Gelenke schonte, würde auf einer Holzpritsche in der kühlen, zwingergroßen Kachelabteilung ein trostloses Dasein fristen. Streicheln hätte Fremdwortcharakter, Zuwendung wäre Mangelware. Natürlich hat der Mensch klare Vorstellungen davon, wie viel Hinwendung für ein Tier angebracht und natürlich ist, und ab welchem Ausmaß es im Tierreich niemals stattfinden würde. Aber ein Haustier ist nun mal verhätschelt, und wenn es für stattliche zwanzig Euro pro Tag in einem dunklen Zwinger vegetieren soll, dann unterscheidet sich das nicht wirklich vom Tierheim. Dort ist es vielleicht sogar noch besser, weil im Tierheim noch die Hoffnung auf den tierlieben Schüler, die tiervernarrte Rentnerin und andere liebe Menschen besteht. Profitgier zu Lasten der Tiere, kalte Berechnung und das Spiel mit der Angst der Menschen, nicht alles für das Tier getan zu haben, blicken aus den Augen der privaten Tieraufbewahrungsanstalten, die vielleicht nur noch mit menschlichen Pflegeheimen vergleichbar sind, in die der Mensch seinesgleichen zwar schweren Herzens, aber völlig hilflos ob der nicht aufgezeigten (oder gesehenen) Alternativen abgibt.

Das unmenschliche Pflegeheim ist Ausdruck des Scheiterns eines Gesellschaftssystems. Welcher Mensch hat noch die Zeit, seine Angehörigen privat zu pflegen? Würde er sich dafür aus dem Beruf verabschieden (wie der gute Horst aus Gersfeld), würde er von den gleichen Menschen gesellschaftlich gebrandmarkt werden, die auch in einen Sturm der Entrüstung ausbrächen, wenn er sie ins »Pflegeheim abschieben« (so dann die Unterstellung) würde. Und so hofft der Angehörige selbst innerlich, einfach tot umzukippen, um den Nachkommen nicht zur Last zu fallen. Die Gesellschaft dreht das schlechte Gewissen einfach um, sodass der hoffentlich bald tot Umkippende sich schämt, sollte er die nächsten Tage überleben. Einen Hund jedoch kann diesbezüglich niemand fragen. Vielleicht würde er auch denken: Besser falle ich gleich um, als dem Herrchen Probleme zu bereiten?

Doch es gibt auch Ausnahmen: In Mandeln bei Dillenburg werden wir fündig, ausgerechnet dort, wo wir zu Beginn der Reise Zwischenstopp gemacht und kasernierte Hühner einiges Unwohlsein verursacht haben. Sissy ist wieder untergebracht.

Der Abstecher nach Deutschland hat Spuren hinterlassen, nicht nur körperlich. Freundschaften stehen auf der Kippe, Menschen sind belastet worden. Wir düsen mit dem Leihwagen zurück nach Nürnberg, getrieben vom unsichtbaren Drang, den Reisefaden nicht zu lange verlieren zu wollen. Mary packt für den sonnigen Gardasee, wo eine

Künstlerausstellung stattfindet. Sie wird die Stadt Nürnberg vertreten. Wir packen ihren Wagen voll, malen wieder Schilder für die morgige Rückkehr nach Istrien.

Nutten in Peschiera del Garda oder Abgründe des Trampens

Naturgemäß erlebt der Tramper einiges und viele warnen davor, es zu tun, in erster Linie Bekannte, die es noch nicht versucht, sich bislang nur theoretisch mit der Möglichkeit beschäftigt haben. Tatsächlich suchen wir schwer beladen – denn Fahrradreifen von Continental, die nach Technologien aus der Raumfahrt entwickelt wurden und angeblich keinen Platten mehr zulassen, sind ebenfalls im Gepäck – den Weg zur Autobahnauffahrt der A9 im Osten Nürnbergs. Wir kämpfen uns durch das Waldbegrenzungsland, über Stock und Stein, mit den Taschen und den Reifen. Einer steht dann mit dem Schild an der Straße, der andere liest das obligatorische Buch, um eine Art Desinteresse am Mitgenommenwerden zu demonstrieren, um zu zeigen, dass das durchaus nur eine Möglichkeit sei, nachher auch das nächste Taxi gerufen werden könnte. Demonstrierte Unabhängigkeit des Abhängigen. Ein ausländischer Geschäftsmann mit dickem Mercedes hat schließlich doch Erbarmen. Der Mann mit den glatten, kantigen Gesichtszügen wirkt nicht nur wie, sondern ist auch ein Ägypter. Er hat Handelsbeziehungen nach Deutschland und war sogar der Erste, der in den Sudan Backöfen für Großküchen lieferte. Der Sudan sei ein unglaublich interessantes und herausforderndes Reiseland, schwärmt der noble Herr mit blitzendem Verstand und guten deutschen Sprachkenntnissen. Gespräche am Handy auf Arabisch unterbrechen seine Werbekampagne für das Land, das keiner versteht, das verhasst ist in der westlichen Welt und – rein politisch betrachtet – als äußerst gefährlich eingestuft. Einzigartige Natur, unvorstellbar alte Kultur, Ausgrabungsfunde und die beachtliche Landesgröße würden nicht gesehen, klagt unser Fahrer. Wie immer sei die Perspektive nicht im Gesprächsalltag der Politiker vorhanden. Die »Geht nicht!«-Floskeln beherrschten die Gespräche. Da sei er anders, seit Jahrzehnten engagiere er sich, mit Erfolg, wie er sagt. Er setzt uns an einer Raststätte vor München ab.

Dann ist es der Mercedes einer Sechzigjährigen, der uns bis zum Brenner befördert. Zwar sei die Pendelbeziehung mit dem italienischen Freund schwierig, weil dessen Mutter die Beziehung verteufele – so etwas sei eines Italieners unwürdig. Aber sie träfen sich regelmäßig, ihre Kinder wohnten noch bei ihr, sie sei geschieden. Im Auto läuft das »Weiße Album« der Beatles in einer Endlosschleife, sie ist ziemlich hip, geizig zugleich, vielleicht spart sie eisern, um ihr Hip-Sein zu finanzieren? Jedenfalls bevorzugt sie die österreichischen Bundesstraßen, um Geld zu sparen, um die Vignette den Hastigen zu überlassen. Endlich können wir die Sparsame zur Benutzung der Brennerautobahn überreden, indem wir die Gebührenübernahme schmackhaft in Aussicht stellen. Auf dem höchsten Punkt wirft sie uns raus. Gerade angekommen, verbietet die Polizei das weitere Trampen. Der glatzköpfige Italiener schaut bedrohlich: »Trampen ist verboten auf Italiens Autobahnen, packen Sie sofort die Schilder weg!« Wie kommen wir aber zur empfohlenen alten Brennerstraße hinunter, die wir in umgekehrter Richtung schon vor einigen Wochen auf dem Weg ins Grödnertal befahren haben? Frustriert frage ich die Fahrer zweier deutscher Autotransporter mit Rosenheimer Kennzeichen, wohin sie unterwegs seien.

»Verona, Mailand, Genua. Und wohin wollt ihr?«, fragt mich der eine unvermittelt zurück.

»Verona wäre nicht schlecht.«

Wir dürfen mit, aber nicht vor zehn Uhr abends. Lkw-Fahrer im Fernverkehr ist ein harter Job. Die gesamte Woche (oft auch die Wochenenden) von der Familie getrennt, viele gesetzlich vorgeschriebene Wartezeiten, die als solche zu interpretieren sind, um nicht über die Definition der Wartezeit als arbeitgeberfreundliche Bereitschaftszeit die eigentliche Tageslenkzeit verbotenermaßen zu überschreiten, die auf neun Stunden am Tag (nur zweimal die Woche auf zehn) limitiert ist. Wenn ich als Lkw-Fahrer nicht weiß, wie es weitergehen soll, das heißt, wenn der Zeitpunkt der Weiterfahrt ungewiss ist, läuft die Zeit als Wartezeit, die der Tageslenkzeit hinzugerechnet wird. Das ist positiv aus der Sicht des Fahrers, weil das Ende des Tageseinsatzes so schneller näher rückt. Anders sei es mit der Bereitschaftszeit, bei der Zeitpunkte verschwimmen und der Fahrer nie sicher ist, wie lange er noch darf, ohne mit dem Gesetz zu kollidieren. Komplizierte Welt des Truckers, der sich lieber die Pornobilder des Bildschirmschoners auf seinem Laptop anschaut, aus dem »klirrende, geile Mucke« dröhnt. An freien Tagen ist häufig das Überschreiten der Promillegrenze die Lieblingsbeschäftigung – das langweilige Warten muss schließlich versüßt werden.

Der Laptop von Thomas steht vorne (im Führerhaus) auf der Konsole, mit zehntausend Liedern gespeist, wobei der gute deutsche Schlager bevorzugt werde, weil der noch »Heimatgefühle vermitteln« würde. Rechts daneben, oberhalb der Schoßhöhe des Beifahrers, thront die vom Dauereinsatz verschmierte Kaffeemaschine. Echte Kaffeetrinker stört das nicht. Die Sicht durch die Frontscheibe des Actros ist einwandfrei, die Sitze sind mehr als bequem, aber die persönlichen Entsagungen und das Heimweh unendlich groß. Der Bildschirmschoner spreizt zum x-ten Mal die Beine, die Fahrt in die schwüle Nacht hinein beginnt. Susanne fährt bei Thomas mit, ich beim Kollegen Michael, weil immer nur einer mitgenommen werden darf. Zwei Stunden dauert die Fahrt bis an den Gardasee. Während Mary im Norden Kunst ausstellt, fahren wir gegen Mitternacht in Peschiera durch die illuminierte Innenstadt. Und wir sind nicht allein. Wie Schwalbenkinder, die das Fressen erwarten, stehen die kleinen Stringträgerinnen in der nächtlichen Hitze, schwitzen trotz stoffloser Körperüberzüge, posieren reizvoll und splitternackt unter durchsichtigen Fasern, warten am Straßenrand auf die Kunden aus der Brummiszene, die lautstark Stress abzupumpen gedenken: »Geil, endlich was zum Ficken.« Die Bordsteinschwalbentöchter werfen Getränke und sich selbst fast auch in die Lkws, um ihr Ziel zu erreichen und aktiv am Stressabbau mitzuarbeiten. Etwas später setzen Thomas und Michael uns ab, um den Abend zwischen den Beinen einer Unbekannten zu verbringen. Wir machen uns auf, um irgendwo ein bisschen Schlaf zu finden, was in dieser Stadt gefährlich ist. Erst ein abseitiges Kieswerk bietet Schutz und weißen Staub vor unerlaubten Blicken.

Der lange Weg nach Šverki

Schon drei Stunden stehen wir an der zweigeteilten Autobahnauffahrt nach Mailand oder Triest, aber niemand wollte uns bisher mitnehmen. Eine junge Frau, unterwegs mit gelber Ente, gestikulierte entschuldigend, aber sie sei nun einmal auf dem Weg nach Mailand. Nicht weit entfernt liegen vierzig Eurocent im staubigen Dreck und ungezählte Fixerspritzen der verdorbenen Nacht, die so normal scheinen wie der berühmte Sack Reis in China – obwohl der auch zugunsten anderer Lebensmittel auf dem Rückzug ist, wovon die Fixerspritzen noch weit entfernt sind. Entnervt geben wir auf, kassieren die Eurocent und nehmen demütig die Bahn nach Triest. 299 Kilometer kosten exakt 22 Euro pro Person, ein unter anderen Umständen vernünftiger Preis, nichts im Vergleich zur Deutschen Bahn, dem international einmaligen Preispantscher. Einmal Venedig und zurück, dieses seltsame Gefühl beschleicht einen während der Strecke nach Triest. Der Zug fährt die Lagunenstadt an und verlässt sie sogleich wieder, einmal rein, einmal raus, das Ganze billiger als eine Grachtenrundfahrt.

Endlich ist Triest erreicht, was wir immer vermeiden wollten. Unsere Ablehnung straft die Stadt zugleich, denn niemand nimmt uns mit an die slowenische Grenze. Das Wasser wird erneut knapp, auch dieser Tag nähert sich rasanten Schrittes dem Ende und wir sind noch etliche Kilometer und zwei Grenzüberquerungen von Istrien entfernt. Wir machen uns zu Fuß auf, die Grenze an dieser Stelle zu überqueren, trotz des ungläubig dreinschauenden Passkontrolleurs. Aber auch ihm ist klar, dass es keine andere Möglichkeit gibt und dass wegen genau seiner Präsenz auch kein Slowene aus Italien fremde Deutsche im Auto mitnehmen wird. Wir wandern an einer Seitenstraße raus, die Nerven liegen wegen der tagelangen Anspannung blank. Bis Koper sind es noch schwierige vierzehn Kilometer, als wie aus dem Nichts der altbekannte Radweg D8 auftaucht. Unten breitet sich die Hafenstadt aus, die gemächlich untergehende Sonne tüncht den Hafen in schimmernde Farben, vermischt das natürliche Licht des sternenklaren Himmels mit der industriellen Leuchtreklame des finanzstarken Wirtschaftsstandortes. Die Stadt erhellt den Himmel über sich, wir wandern auf dem Radweg auf sie zu, im Bewusstsein, heute Koper nicht mehr erreichen zu können, wenn nicht ein kleines Wunder geschieht. Kurz vor Mitternacht nimmt uns ein 3,5-Tonner mit. Wir werfen die Taschen auf die Ladefläche und quetschen uns zu dritt ins Führerhaus. Die letzten Meter zum lange schon geschlossenen Busbahnhof in Koper legen wir wieder zu Fuß zurück. Die Busbänke in der Wartezone werden die harten Pritschen für die Nacht, die Taschen zwischen uns gesichert, die Augen bleiben trotz der Müdigkeit geöffnet, gerichtet auf die vielen düsteren Gestalten, die sich des nachts auch an diesem Ort herumtreiben.

Daheim!?

Der Bus nach Umag nimmt die Küstenstraße, windet sich durch kleinste Dörfer. Atemberaubende Meeresblicke trösten über die Strapazen der zweitägigen Rückreise hinweg. Einige Überzeugungsarbeit muss geleistet werden, bis der Bus auf der Straße nach Umag an der unbekannten Abzweigung nach Šverki anhält. Ich versichere dem zweifelnden Busfahrer mehrmals, dass wir wissen, wohin wir wollen, dass er getrost halten und uns absetzen kann. Vor einer Woche waren wir aufgebrochen, jetzt sind wir wieder da. Helga ist noch mit einer neuen »WWOOFerin« aus Österreich auf dem Feld, die Räder sind unversehrt, das Wiedersehen fällt rührend aus. Für Morgen kündigt sie noch einen Franzosen an, der im Wohnwagen schlafen soll, den wir räumen müssten. Wir hätten ja schließlich unser Zelt. Die Lockerheit Helgas wendet sich nun ein wenig gegen uns, wir fühlen uns etwas abserviert, austauschbar, obwohl wir wie kaum jemand zuvor mitangepackt haben. Letztlich sei ja auch eigentlich nichts mehr zu tun, sagt sie. Auch das ist eine harte Erkenntnis für uns, obwohl es wahrscheinlich der richtige Zeitpunkt ist, Helgas Hof zu verlassen. Das Leben bei Helga ist herausfordernd, spannend, visionär und differenziert zugleich, auch chaotisch und exotisch. Nichts hat letztlich eine Ordnung, die aber genau dadurch entsteht. Doch ich empfinde auch, dass die Gelassenheit Helgas, die sich auf uns übertrug, durch die Reiseunterbrechung verschwunden ist. Es ist die berühmte »Wann schaffe ich den richtigen Absprung?«-Frage. Viele Künstler, aber noch mehr Politiker verfehlen den richtigen Zeitpunkt. Lafontaine wird es wohl nicht hinbekommen, die Stones kämpfen mit Arthritis, Castro reicht den Löffel weiter. Es ist die bittere Wahrheit, die uns alle nicht vorwärtsbringt: Wenn etwas lieb gewonnen ist, fällt das Loslassen umso schwerer. »Jetzt ist gut«, sage ich zu Susanne, »vergiss die Sentimentalität.« Wo kommen wir her und mit welchem Anspruch sind wir losgefahren? Und überhaupt: Wo, um Himmels willen, ist das Fahrradfahren denn geblieben, dieses wunderbare, einzigartige, sanfte Treten der Pedale, das geräuschlose Dahingleiten in die weite Welt? Tage sind im Zeitraffer an uns vorbeigezogen, dreitausend motorisierte Kilometer sind in sieben Tagen vorbeigerauscht, die Intensität der Fahrradreise ist jedoch nicht annähernd erreicht worden. Es wird ausdrücklich Zeit, mit den Rädern aufzubrechen!

Sinnsuche in Lovrečica

Es fällt dennoch schwer, die Reise in der gewohnten Weise fortzusetzen. Die Wiederaufnahme per Anhalter von Nürnberg nach Šverki ist zwar real, aber surreal in der retrospektiven Wahrnehmung. Alle Wege und Ziele verschwimmen gleichzeitig. Helgas Biohof ist einzigartig und anregend für das eigene Handeln, und mit jedem Kilometer, den wir wegradeln, lässt sich spüren, dass der Abschied endgültig ist: »You can't go back and if you try it fails«, singt Elton John. Und er hat recht. Unser Blick geht immer nach vorne, wenigstens auf dieser Reise und so lange noch nicht bestimmte Lebensphasen erreicht worden sind. Der Abschied von Helga, 22 Tage nach unserem Kennenlernen, fällt sentimental aus. Die letzten drei Wochen haben gezeigt, dass die ziellose Reise Utopie ist. Mindestens der Weg sollte Ziel sein, dieser aber bitte nicht starr vor Augen.

In Lovrečica ziehen wir über die bisherige Reise Bilanz. Ein kleines Steinpodest wird vom dunklen Blau der Adria knöchelhoch umspült, Palmen zieren den winzigen Bereich des Dorfes, der als Badeort für die spärlichen Touristen ausgewiesen ist. Es ist heiß, frische Windbrisen pusten Wärme ins ausgetrocknete Gesicht. Drei Stunden sitzen und reden wir über Reisezweck und -zeitpunkt und über die Angst, die Lockerheit der bisherigen Reise zu verlieren, uns vielleicht auch zu verlieren, den Gedanken der Freiheit an die obere Sprosse des Zwangsgerüstes zu hängen. Wir haben bisher annähernd perfekt harmoniert und hatten doch keine Zeit, frei in den Tag hineinzuradeln. Die Reiseform forderte auf bestimmte Weise ihren Tribut. Es bleibt abzuwägen, ob die teilweise überwältigenden Reiseeindrücke für die ständige Unruhe und Ungewissheit entschädigen können.

Gegen 14 Uhr geben wir dem Asphalt bei 40 Grad Celsius Schattentemperatur erneut die Ehre. Die »Neue Stadt« genannte Stadt (grad) Novigrad ist schöner als das altvertraute Umag, hat schattige Alleen und einen putzigen Hafen. Wir schlemmen Eis, was wir seit Zeil am Main nicht mehr genossen haben, auch weil sich Gelüste auf dieser Reise verschieben. Die Geschmacksknospen der Zunge gieren in den heißen Landstrichen geradezu nach salzigen Produkten, spenden doch die Lippen gleich wieder den größten Teil des aufgenommen Salzes und vermischen es mit dem Gesichtsschweiß. Dadurch entsteht ein herber Salzverlust, der so schnell nicht ausgeglichen werden kann, zumal wir nicht die Verfechter elektrolytischer Schickgetränke sind. Die enge, bergauf und bergab führende Küstenstraße mit den zahlreichen Autos aus Deutschland, den Niederlanden, Frankreich und Belgien lässt ahnen, wie die Straßenverhältnisse in südliche Richtung nach Split sein werden. Die wollen wir vermeiden. Deshalb »planen« wir, Istrien zu durchqueren, für ein paar Inseln dem sogenannten Inselhüpfen zu verfallen und ostwärts weiterzuradeln. Wir wollen auch daran arbeiten, die Reise nicht zum Beziehungsstress ausarten zu lassen, sondern zum einzigartigen Erlebnis (wobei natürlich auch Partnerprobleme ein Erlebnis sind, aber ein eher trauriges).

Bei Tar haben wir den Verkehr satt, verlassen die staubige Straße und suchen im ausgedörrten Wandergebiet kurz vor Labinci einen Nachtplatz. Die Trockenheit zwingt zur Trockennahrung. Der Versuch zu kochen endet fast in einer Brandkatastrophe. Das hätte gerade noch gefehlt, dass wir einen kurzen Auftritt in einem Beitrag der »Tagesschau« zum Thema brennende Wälder am Mittelmeer bekommen und dadurch eine Minute zur Berieselung des Zuschauers beigetragen hätten, der das Ganze ohnehin nur unbewusst wahrnimmt. Denn wer kann schon (auch wenn viele daran glauben) die wenig erbaulichen, mitunter reißerischen und immer negativ empfundenen Mitteilungen im Anschluss an die Sendung wiedergeben. Aber der pflichtbewusste Deutsche gafft dahin, mit großen Augen und leerem Kopf. Jahrzehntelange Kultivierung einer Nachrichtensendung ohne Kultfaktor. Glücklich bin ich, nicht von einem deutschen Fernsehsender entlassen werden zu können, weil ich dort nicht arbeite, was auch nicht ginge, da dem moralischen Anspruch der Sender alles untergeordnet wird, auch jede Individualmeinung oder Satire. Und heute Abend ist es wieder so weit. Lasst alles stehen und liegen und genießt es! Es gibt nichts Wichtigeres, die Halbwertzeit der Information verläuft exponentiell: »Guten Abend, meine Damen und Herren!« Bis morgen, mein liebes Tagebuch.

Durch das Herz Istriens

Der kleine Marktladen in Labinci hat die Fensterjalousien fest verschlossen, um der frühmorgendlichen Hitze zu entkommen. Kruh (Brot) und Pecivo (Brötchen) stehen auf dem Einkaufsplan. Es ist Kennzeichen aller Läden in Istriens Dörfern, dass sie trotz geschlossener Fenster alles Notwendige anbieten, ohne Sortimentstiefen, aber in tiefer Verbundenheit mit den landestypischen Produkten, die um einiges billiger, aber mindestens genauso gut sind wie das uns bekannte Angebot. Insbesondere die kroatischen Tomaten haben Geschmack und sehen viel besser und röter aus als die bei uns verbreiteten Hollandtomaten.

Im Miniort Bakiči hält die schlechte Straße mobile Raser nicht davon ab, alles für ihre baldige Immobilität zu tun. Für ausländische Touristen hält das ebenfalls beachtlich kleine Dorf Višnjan den Dentisten optisch vor und in Benčani scheint dieser zu wohnen, in der Villa aus Stein mit Swimmingpool, ein diffuses Kontrastprogramm zum leicht verfallenen Restdorf.

Wir frühstücken unter der Schattenfläche des Quercus pubescen (endlich mal Platz für das große Latinum), einer uralten Eiche mit 130 Zentimetern Stammdurchmesser, einer Höhe von 24 Metern (sagt der Datenstein gleich daneben) und 1030 Kubikmetern Holzvolumen. Für das Umrunden des Stammes benötige ich geschätzte neun Meter.

Eine kleine Ewigkeit benötigt der alte Traktor mit offener Gitterbox und dem stoisch dreinblickenden Esel darin. Die Reiseinspirationen kennen keine Grenzen, wenn der Betrachter sich darauf einlässt. In Vranići schrubbt der Inhaber des Caravan-Depots Caravans, wohl weil die Urlaubskolonne aus dem Norden ihre Anhängsel, die in der Nicht-Urlaubszeit hier untergestellt sind, demnächst abzuholen gedenkt.

In Močibobi füllen wir unsere Wasservorräte auf und bekommen Pflaumen beim einheimischen Abfüller. Ein Kreisverkehr führt in den Ort und auf der Strecke bis Karojba ist die Straße wie ausgewechselt und richtig gut. Hinter Škropeti stiftet der Friedhof für die ausgedehnte Mittagspause bis sechzehn Uhr dreißig erforderlichen Schatten. Vor allem ruhig ist es hier, weil keiner spricht, auch nicht die Toten. Nach einiger Erholung fahren wir an den Hundezwingern von Katun Trviž vorbei. Die Hunde sind angeleint und stehen fast unbeweglich in der Hitze, denken wohl daran, dass dies immer noch besser ist, als in der Wellblechzwingerhütte zum Hunderoastbeef zu garen. Die Fahrt nach Pazin, dem geografischen und kulturellen Mittelpunkt der Halbinsel, birgt die Hoffnung, die abhanden gekommene Leichtläufigkeit an Susannes Vorderrad wiederherzustellen. Die Blondine in Pazins Touristinfo verweist auf den Fahrradreparateur in Lovrin, der glücklicherweise kurz vor acht Uhr abends noch da ist und Scheibenbremssysteme der Marke Shimano nicht zum ersten Mal zu Gesicht bekommt. Das Hydrauliköl habe zu viel Druck, sodass die Bremse in der Mitte der Vorrichtung keinen beidseitig regulativ gleichmäßigen Andruck erfahre, erklärt er in gutem Englisch. Das, was der Laie nur ahnt, bekommt der Fachmann hin. Hier in Istrien könne man Zelte problemlos für eine Nacht in der schönen Natur aufstellen, sagt er noch und soll recht behalten: Kurz vor Einbruch der Dunkelheit finden wir einen schönen Platz neben dem Weinberg eines unbekannten Winzers, ohne Wein, weil die Trauben viel zu klein sind und dieser Gärungsprozess nicht in einer Nacht vollzogen werden kann – im Unterschied zu vielen anderen Lebensmittelbedenklichkeiten auf dieser Reise ohne Kühlbox.

Pazin oder Dem Extremen auf der Spur

Kann das Zentrum Istriens einfach durchreist werden? Ja, natürlich, stünde hier nicht die Mitterburg von Pazin, angeblich die besterhaltene Festung Kroatiens aus dem 9. Jahrhundert, die das Ethnografische Museum mit seiner sehenswerten Trachtenausstellung und istrischen Musikinstrumenten beherbergt. Pazin liegt steil am Berg und wurde 983 erstmals als »castrum Pisinium« erwähnt. Damals wurde Pazin aber vom Bischof aus Poreč verwaltet. Martin von Lugano hat im 16. Jahrhundert Form und Konstruktion verändert. Jetzt ist Pazin Verwaltungszentrum und zugleich Srce Istre, das »Herz Istriens«. Auf der Ulica Julesa Vernea, der Jules-Verne-Straße, erreichen wir die Burg 130 Meter oberhalb der Schlucht mit dem in ihr verschwindenden Fluss Pazinčica. Weil Jules Verne die Festung im Roman »Mathias Sandorf« verewigte und der Jules-Verne-Verein ehrgeizig ist, ist die Straße schließlich nach dem großen Meister benannt worden.

Wir sitzen in der Frühsonne und warten auf die Museumsöffnung, während ein Kleinwagen von Federal Express zum Kastell heraufmuckt, der Fahrer die Stirn in Falten legt, aus dem heruntergekurbelten Fenster schaut, die Adresse als fehlerhaft identifiziert und sehr gekonnt rückwärts die nur knapp zwei Meter breite Gasse hinunterschleicht. Wer denn hier in dieser abgelegenen Stadt wohl ein so eiliges Paket erwartet?

Im Innenhof des Kastells verbreitet der Hinweis auf »Die Rückkehr der Musketiere«, mit Depardieu in der Hauptrolle, internationales Flair.

Dass hier dieser berühmte Film gedreht wurde, ist für die meisten natürlich interessanter als die Holzverarbeitung der Slawen. Oder die Tatsache, dass der bedeutendste Kroate des vorletzten Jahrhunderts, ein gewisser Dr. Juraj Dobrila, hier eine Stube hatte. Dobrila war durch die Übersetzung des Gebetsbuches »Herr, dein Wille geschehe« berühmt geworden. Das übersetzte Buch war seinerzeit ein bedeutender Beitrag zur Bekämpfung des weitverbreiteten Analphabetentums auf dem Land. Die Trachten- und Musiksektion ist insgesamt ein gelangweiltes Gähnen wert, ganz anders als der weitere Verlauf der B64: über beachtliche sechs Kilometer durchschnittlich sechsprozentige Steigung bei 35 Grad Celsius. Da hilft nur das, was sich der verwaiste, dumpf dreinblickende Einheimische in Gračišće unter dem Eichenbaum gönnt: ein Schluck aus der Bierpulle.

Hinter dem Ort beginnt die grandiose Aussicht über das kahle Tal mit dem 1401 Meter hohen Vojak am Horizont. Die Esel blicken weniger träge als der Besoffene im letzten Ort. Nun stürzt die Straße (der Alki wohl auch gerade) hinab, der Fahrtwind zieht gegen den glutheißen Asphalt den Kürzeren. Potpićan ist der architektonische Schock inmitten lieblicher Dorfstrukturen. Rechts und links der wegen ihrer Steilheit unbefahrbaren Straße ragen mittelmäßig hohe Wohnhäuser im DDR-Stil empor, die Tankstelle hat schon seit geraumer Zeit keinen Kunden mehr gesehen, der Dreck stapelt sich überall. Die »Erste S« eröffnet jedoch eine Filiale, das Logo ist wohl in Anlehnung an das »Erste Deutsche Fernsehen« und die Sparkasse entstanden. Kroatische Autos der Mittelklasse strömen bis Čambarelići vorbei, so weit von der Euro-4-Abgasnorm entfernt wie Dolly Buster vom Oscar.

In Vozilići kann endlich Benzin getankt und Wasser aufgefüllt werden. Susanne wäscht sich Staub (und wohl auch Geruch) von den Füßen. Unten ist das E-Werk am Boljunšćica zu erkennen, dem Fluss, der bei Plomin in die Kvarner Bucht mündet, jenen Bereich der Adria zwischen Istrien und dem Festland, der besonders schön sein soll.

Am Aussichtslokal Vela Vrata (benannt nach der Meerenge zwischen Istrien und Cres) führt laut Karte eine kleine Straße steil nach Brestova hinab, aber eben nur laut Karte. Das ist ein verheerender Irrtum, dem ein fluchtartiger Rückzug mit schweißtreibender Schiebeaktion folgt, damit wir die Nacht nicht hier unten in der Sackgasse verbringen müssen. Jetzt sind wir blockiert, es ist nach acht Uhr abends, allerhöchste Zeit, den Tag ausklingen zu lassen. Eine gute Schlafmöglichkeit neben der Straße wird durch einen nimmermüden Kläfferhund auf dem Nachbargrundstück zunichte gemacht. Dunkelheit setzt ein, die einzige Möglichkeit scheint noch die Fähre nach Cres um halb neun zu sein. Zehn Euro kostet die zwanzigminütige Überfahrt. Drüben in Porozina ist es schon stockdunkel, ich bekomme es ein wenig mit der Angst zu tun, zum zweiten Mal auf dieser Reise (nach den Dolomiten). Während Susanne in die Nacht hineinschiebt, plädiere ich für ein Halten im Ort, aber sie dreht einfach durch, flucht, spuckt und hadert mit Gott und der Welt. »Scheißreise, die verdammten Fahrräder und diese unerträgliche Hitze und immer wird nur gefahren und der Scheißhund vorhin, so ein Mist!«, schreit sie. Nur die Stirnlampe spendiert noch Licht. Langsam nähern sich Autos von der Fähre, es wird unheimlich.

»Wir müssen weg von der Straße«, sage ich, als ich die scheinbar letzte, sehr extreme Lösung erblicke: die Leitplanke und gleich dahinter – über dem Abgrund zum Meer – einen schmalen Streifen aus Kieselsteinen und vertrockneten Distelbüschen. Ein sehr langer Tag endet äußerst unbequem fast direkt neben der Straße. Nachdem Susanne ihr Fahrrad wutentbrannt getreten hat, kehrt Stille ein, die Autos verstummen langsam, der Fährbetrieb erlischt. Wir liegen ungläubig und freilich wach auf einer äußerst untypischen Stelle dieser unbekannten Insel, der ersten überhaupt auf dieser Reise, und warten gespannt auf die einsetzende Helligkeit des folgenden Tages.

Cres und die Garage von Krk

Zehn Kilometer schieben wir durch die karge Steininsel Cres. Steinmauern aus aufeinandergelegten Steinen schützen die Schafherden vor wem auch immer. Ein Radler aus Augsburg, braun gebrannt und sehr muskulös, mit hellblonden Haaren und kraftvollen Augen, radelt in kurzer, zerfranster Jeanshose. Er kommt aus Triest, ist seit Montag nach Istrien unterwegs und macht nun einen kleinen Abstecher auf diese Insel. Weil Cres kaum Zugang zum Meer ermögliche, empfinde er die Insel als ausgesprochen langweilig. Er verabschiedet sich und fährt weiter.

Kroatien (Tag 71 bis 102)

Bild 6: Auf dem Weg nach Nirgendwo

Regenwolken ziehen auf. Wir schieben, fahren über den ausgewiesenen 45. Breitengrad und frösteln wegen der plötzlich fallenden Temperaturen. Hinter Vodice kreisen die Geier neben einem Vier-Häuser-Ensemble, dessen Müll mangels Müllabfuhr kurzerhand auf dem Steilhang zum Meer entsorgt wird. Das wird dazu führen, dass auch am Mittelmeer die Menschen ständig ihren alten Bekannten wieder begegnen. Der so unsachgemäß entsorgte Müll zersetzt sich und ziemlich am Ende der Nahrungskette sieht sich der Müllentsorger wieder dem von ihm uneinsichtig Produzierten gegenüber, da er zeit seines Lebens die unterschiedlichen Müllentsorgungen der verschiedenen Länder (die alle letztlich Nachteile mit sich bringen) hingenommen, angewandt oder plakativ befürwortet hat.

Eine seltsame, rein kroatische Besonderheit scheint es dagegen zu sein, Straßen um Berge herumzubauen, auch wenn sie nur als Zubringer zur nächsten Fähre dienen. Es folgt eine elf Kilometer lange, bergauf und bergab führende Strecke bei einsetzendem Unwetter. Linker Hand erscheint zwar schon in Spielzeuggröße der Fährhafen, aber die elf Kilometer, die den Verkehr ordnungsgemäß um den Hügel herum in das kleine Dorf Merag lenken, das ganze drei Häuser sein Eigen nennt, müssen erst bewältigt werden. Unvorhersehbarer Steinschlag legt wenige Meter vor uns einen Tankzug von Adria Oil still, Hunderte Autos warten auf die Fähre nach Krk. Fahrradfahrer können sich klein machen, haben im Fährverkehr deutliche Vorteile, weil sie sich nicht anstellen müssen.

Krk beginnt nach der angenehmen Überfahrt sogleich mit unpersönlicher achtprozentiger Steigung. Im Ort Spitz (Vrh) gibt es einen neuen Supermarkt, der von einer deutschsprachigen Verkäuferin geleitet wird. »Noch vier Kilometer in die Inselhauptstadt gleichen Namens«, meldet sie in akzentfreiem Kölsch.

In Krk-Stadt fühlt sich der Mallorcatourist gleich wohl. Zwei Campingplätze existieren. Der eine ist billig, aber ölsardineneng, der andere extrem teuer und noch viel klaustrophobischer. Dort sitzt der Camper als Nachfolger des Primaten hinter Gitterzäunen, die Zelte und Wohnwagen sind regelrecht eingequetscht zwischen den Verdauungsgeräuschen des Nebenmanns und den zwanzigtausend Wortsilben pro Minute der Nachbarsfrau. Während die Zeltenden sich auf dem primitiven Standardareal aneinander reiben dürfen, igeln sich die besser betuchten Reisemobilinhaber im speziellen Comfort-Plus-Bereich ein, dicht aneinandergedrängt und zur Unbeweglichkeit auf weißen Kieseln verdonnert. Die Eingesperrten braten in der unerträglichen Sonne, gleich neben der an den Ballermann erinnernden Fressmeile. Ohnehin ist Krk der bisher touristischste Ort, dem wir seit Wolkenstein in den Dolomiten begegnet sind. Auf jeden Fall sind die illegal in Anspruch genommenen Duschen des Campingplatzes Ježevac exzellent. Maggies Vater (zur Erinnerung: Maggie und Stipe trafen wir bei Helga, Maggies Vater wohnt in Long Island) hat ein Miethaus in der Stadt, aktuell mit zwei Mietsparteien, in ruhiger, gehobener Lage. Wir telefonieren mit Maggie, die sich freut, uns helfen zu können. Die Übernachtung stehe und Maggie werde die Mieter anrufen, damit sie nicht schockiert sind, wenn ihre Garage mit zwei Radfahrern belegt ist. Scheinbar konnte Maggie die Mieter nicht mehr erreichen, denn als wir uns in der Garage häuslich niederlassen, sind die Bewohner etwas verwirrt, zwei verwahrloste Gestalten anzutreffen, die bereits zum Kochduell angesetzt haben. Polenta mit Krastavac (Gurke) steht wie jeden vierten Abend auf dem ungewöhnlichen Menüplan, der zwischen Nudeln, Reis und Bulgur rangiert. Denis und Linda, die beiden jungen Mieter der Parterrewohnung, entspannen sich dann doch einigermaßen, stellen sich als ausgesprochen nett heraus. Trotzdem bleibt für sie die Vorstellung einer Übernachtung in der Garage mehr als gewöhnungsbedürftig, während wir sie (gegensätzlicher kann es nicht sein) als puren Luxus empfinden. Nach besten Kräften bemühen wir uns, die beiden von der Annehmlichkeit dieses Modells zu überzeugen, vor allem in Hinblick auf die gestrige Nacht neben der Leitplanke.

Die Zwangsfähre nach Rab

Ich bin hundemüde, Susanne spürt jeden Knochen. Krk ist vollgestopft mit Touristenmagneten. Die Altstadt hat nur moderne Konsumläden, keine Spur von Beschaulichkeit wie in Grožnjan, nur Eisdielen, Dönerbuden, Juweliere, aneinandergereiht wie die Felsbrocken auf Cres. Gerade bei den Juwelieren stelle ich mir die Frage, wer in Gottes Namen hierher fährt, um solche Luxusobjekte zu kaufen. Vielleicht der Hobbykapitän beim Strandgang? Jedenfalls nicht die Jugendlichen vom Campingplatz oder der Macho, der seiner Angehimmelten den Stringtanga aus dem Erotikshop nebenan kauft, der die eindeutige Botschaft an der nach Lust gierenden Stelle trägt: »Shut up and fuck!« Bei so viel kroatischer Ursprünglichkeit am frühen Morgen überlege ich kurz, warum ich nicht nach Duisburg-Marxloh aufgebrochen bin. Wenigstens die Natur ist hier noch originell, anders als im Ruhrgebiet, und wenn man den Konsummüll ignorieren möchte, bietet sich immer noch die Möglichkeit, den Kopf zu erheben und das mit allen Sinnen wahrzunehmen, was die Bucht auszustrahlen versucht. Sie begleitet den schweißtreibenden Anstieg auf der Straße nach Baška, die durch Krks höchste Hügel führt. In unserem Rücken blitzt das Blau der Krčki zaljev in bestechender Anmut. Von weiter weg mutet die Stadt Krk zauberhaft an, doch wenn man in sie eintaucht, trifft man auf eine trostlose Touristen- und Konsumwelt, wie es sie auch auf Rhodos, Mallorca und Ibiza gibt, wobei die angesprochenen Inseln zugegebenermaßen auch schöne Seiten haben. Zauberhaft ist es dort und hier wahrscheinlich nur im Winter, wenn die Touristen Mangelware werden.

Die Zwangsfähre nach Rab

Nach zehn Kilometern Radwanderung ist die Kondition aufgebraucht, Siesta mit Tomaten, Bananen, Salzcrackern zwingend erforderlich. Schatten ist hier oben selten zu finden, die Aussicht auf die Bunculuka Bašćanska draga entschädigt aber dafür.

Hunderte Autos halten an, präsentieren folgendes typisch touristisches Fahrverhalten: Der Fahrer steigt aus, schießt ein paar Fotos, steigt wieder in das abgestellte Auto mit dem laufenden Motor ein, drückt deutlich das Gaspedal, um möglichst schnell zum nächsten Fototermin zu kommen. Schlimmer noch als diese, die dem Foto hinterherhetzen, sind die, die überhaupt nicht anhalten und einfach am schönen Haltepunkt vorbeifahren, in der Hoffnung, einen noch schöneren demnächst anzusteuern. In Fachkreisen heißt dieser Typ Autofahrer »Bleifuß«. Aber wer sich einmal der motorisierten Bewegung hingibt, ist mental gefangen, hat kein Gespür und keine Ruhe mehr für die Schönheit der Natur mit ihren spärlichen Nadelgewächsen, ihren Felsen, ihren Dornenbüschen, ihrer bisweilen spröde wirkenden Sentimentalität.

Da die Strecke kurvig rauf- und runtermäandert, darf der obligatorische Motorradfahrer natürlich nicht fehlen. Am Monolithenrastplatz entdecke ich hinter dem Dornengestrüpp, das ich kurzfristig aufsuchen musste, eine schwarze, abgewetzte Aktentasche voller Bankpapiere. Leider enthält sie keine Geldnoten (dem Aussehen der Tasche nach zu urteilen, wäre deren Gültigkeit ohnehin abgelaufen), aber eine Bankkarte der Privedna Banka Zagreb mit der Nummer 2082527. Inhaber ist ein gewisser Lucić Ilija. Wie das gute Stück wohl hierher gekommen ist? Jedenfalls traue ich mich nicht, nach weiteren Spuren in der Umgebung zu suchen, nach irgendwelchen Anzeichen, die auf einen strafrechtlichen Tatbestand schließen ließen.

In der Ortschaft Draga Bašćanska zähle ich acht Stände, die einheimische Produkte wie Olivenöl, Weintrauben, Honig und Feigen anbieten. Hinter klapprigen Tischen und unter abgegriffenen Sonnenschirmen sitzen alte Frauen und Männer mit wetter- und lebensgegerbten Gesichtern.

Als wir endlich in Baška sind, zeigt sich, dass die aktuelle Reisekarte, die der ADAC für Kroatien vorsieht, dringend überarbeitet werden muss. Die Fährverbindung zum Festland existiert schon lange nicht mehr. Der Einweiser für die bis zu vier Stunden wartenden Autos hat die nüchterne Alternative: »Nur über Otok Rab ist das Festland zu erreichen.« Jetzt zieht ein Kollege am Verkaufsschalter die Jalousien zu, weil die aktuelle Fähre ausgebucht ist.

Ich bin wütend. »He seems to be a parttime worker«, fluche ich lauthals seinem Kollegen entgegen, mit dem Finger auf den Kartenabreißer zeigend. Das hilft, wir bekommen am Hintereingang zwei Tickets, weil die Räder wohl noch auf die Fähre passen. Eine deutsche Autofahrerin hingegen soll um 19 Uhr 30 noch einmal ihr Glück versuchen.

Die Überfahrt bei schönstem Wetter dauert 75 Minuten, kostet deshalb nur schlappe 160 Kuna (knapp 22 Euro). Die Fähre der Reederei Jadvolinijá steuert sanft den schönen Ort Lopar an.

Eine stämmige, große Dame mit deutlichen Rettungsringen im Hüftbereich, krausem, schwarzem Haar, schätzungsweise fünfzig Jahre alt, aus Radolfzell stammend, plaudert einfach drauflos. Schon vor 22 Jahren habe sie mit ihrem Mann Jugoslawien mit dem Fahrrad bereist und seit dieser Zeit träumen sie davon, es noch einmal zu tun. »Spiel es noch einmal!« sei ihr Traum, aber die Pfunde auf der Hüfte schränkten ein und reisetechnisch sei mittlerweile das Rad durch das luxuriöse Reisemobil ersetzt worden. Was soll sie machen, seien doch die beiden Töchter im Gefolge und der Sohn erreiche heute die Insel mit dem Motorrad, »wenn er rechtzeitig auf die Fähre gelassen wird.« Die Töchter sind bei so viel nostalgischer Konversation gelangweilt und drängeln sie zum Badestrand hinunter.

Rab ist anders als Krk, das Publikum hat eine andere Klasse, einen offensichtlich dickeren Geldbeutel. Nach einer kurzen Höhenüberquerung wird schnell klar, in diese noble Szene passen wir gar nicht rein. Zwei radelnde Weltenbummler auf der Suche nach einem kostenlosen Schlafplatz? Hier könnten wir niemanden fragen, kein Haus hat einen eindeutigen Hinweis auf »Camere«, »Sobe« oder das lustige »Apartman« (scherzend »für den aparten Herren«) und weit und breit wird keine Landwirtschaft betrieben. Auch die Eigentümer der zu vermietenden Häuser sind jetzt nicht da, weil sie sich selbst die Tourismusplage nicht antun wollen. Wiesen sind auch nicht im Angebot, nur sandiger, steiniger Boden mit ausgetrocknetem Distelgestrüpp, hitzeresistent und äußerst unangenehm bei einer ungeplanten Kontaktaufnahme. Und so radeln wir über Supetarska Draga und Banjol bis kurz hinter Barbat, ohne dass der Autoverkehr auf der B105 nachlässt, obwohl es schon zwanzig Uhr ist. Endlich eine gute »wilde« Möglichkeit des Übernachtens, mit Blick auf die ganz kahle gegenüberliegende Insel »na Rabu«.

Entspannung in Barbat

Nach fünf Tagen »auf der Straße« fühlen wir die Notwendigkeit eines faulen Sonntags. Wir werden den landschaftlich grandiosen Nachtplatz, wo wir im Freien unter niedrigen Nadelbäumen die Matten ausgelegt haben und heute Nacht in die Sterne schauten, nicht verlassen, auch wenn der ein oder andere Wochenendausflügler mit Schlauchboot und Luftmatratze vorbeimarschiert.

Im Unterschied zu Cres besteht Otok Rab aus Ackerland, Eichen- und Pinienwäldern und ist wesentlich lieblicher. Hier ist das Meer an vielen Stellen direkt zugänglich, weil die Hänge leicht abfallend sind. So schutzlos die Insel dem schroffen Nordwind ausgesetzt und im Norden zunächst regelrecht abweisend ist, so grün und zupackend endet sie an der Südspitze. Ich steige hinab zum Meer, um mich zu waschen. Das Wasser ist kristallklar, die Sonne knallt schon am Vormittag mit über 40 Grad Celsius vom Himmel. Sonnenanbeter glühen mit dunkelbraunen Ölkörpern auf Betonstegen, glänzend wegen des Öls oder des Schweißes, jedenfalls kaum ihre Liegen verlassend. Das kann ich nicht, konnte ich noch nie, ich empfinde das Röstprogramm des Strandes als eigentlich langweilig, weil der größere Teil des Strandhinterlandes vernachlässigt und als bloßes Anhängsel betrachtet wird. Viel zu spannend ist der Aufbruch in das unbekannte Hinterland. Ich sehe mich eher als jemand auf einer zu entdeckenden Insel und bin neugierig darauf, was hinter dem nächsten Hügel sein wird. Das Gefühl, irgendwohin zu fliegen, sich dort drei Wochen in den Sand zu legen (innerhalb der künstlichen Grenzen des clubeigenen Strandes eingesperrt und bewacht durch die bewaffnete Securitas) und das Land des Aufenthaltes nicht annähernd zur Kenntnis genommen zu haben, macht mich nervös. Ich laufe langsam den Strand entlang, die ersten Häuser Barbats zur rechten Seite, das einzige Geschäft in diesem Ortsbereich liegt in einer Art Container. Da wir knapp an Trinkwasser sind, uns schon an der Außendusche eines Hotels die Trinkflaschen auffüllten, kaufe ich eine große Cola, eine echte Abwechslung zu den unterschiedlichen Wassersorten, die unsere flüssige Tagesgrundlage darstellen. Zeitweise kommen wir uns schon wie Wasserexperten vor, merken, wenn es muffig oder süßlich schmeckt, ob es besondere Härtegrade hat, besser nur zum Kochen verwendet werden sollte. Der Geschmack der Cola liegt längere Zeit zurück und die bloße Vorfreude darauf verzückt uns, bringt ein Lächeln hervor, ein wohliges Grunzen, Speichel bildet sich in den Mundwinkeln. Aus der eigenen Selbstbescheidung der letzten drei Monate fieseln Konsumfäden in das Herz des Entsagenden, umgarnen das alte Gefühl des allzu Bekannten, lassen den ersten Schluck Cola (wie bei einem guten Wein die Essenz) nicht gleich weiterfließen. Wir spielen mit der Flüssigkeit im Mund, während die Brause sich langsam entfaltet, geben nur widerwillig das köstliche Neuentdeckte an den ausgetrockneten Körper weiter, erzeugen eine Art Lustgefühl, nach weiteren Schlücken zu gieren, die Cola-Erotik am Strand von Barbat auszuleben.

Die Küstenstraße nach Senj

Die Fähre von Mišnjak erreicht Jablanac schon nach fünfzehn Minuten. Dieser Ort auf dem Festland hat den alten Charakter vieler italienischer Kleinode, durch die wir gekommen sind. Im Supermarkt gibt es so gut wie nichts und das Wasser schmeckt modrig, aber die Verkehrspolitik ist äußerst durchdacht, weil die Fahrzeuge zur Fähre in einer Art weiträumiger Einbahnstraße über sieben Kilometer von den Autos getrennt werden, die über die Fähre aus Rab gestrandet sind. Das bedeutet aber auch, dass erst einmal diese Entfernung geschoben werden muss, um überhaupt auf die eigentliche Küstenstraße zu gelangen. Ich überlege eine Zeit, ob es nicht besser wäre, durch die Berge zu schieben, als die Straße mit dem unglaublich dichten Verkehrsaufkommen in nördlicher Richtung nach Senj zu nehmen, aber Susanne ist gegen diese Variante, weil sie die Anstrengungen der hohen Berge fürchtet, sich an die Strapazen in den Dolomiten erinnert fühlt. Jeder radelt deshalb sein Küstentempo. Bei Miškovići mache ich Pinkelpause und schlinge die letzten Salzcracker hinunter. Bis Sveti Juraj führt die Straße durch keinen Ort. Das Verkehrsaufkommen auf diesem weltbekannten Verbindungsweg, der in die andere Richtung nach Split führt und schon lange vor der Autobahn bestand, ist unbeschreiblich, vielleicht noch mit der Rushhour auf der A40 durchs Ruhrgebiet vergleichbar. Konzentration ist erforderlich im ungleichen Duell mit Lastkraftwagen und Omnibussen. Hinter Gornja Klada hängt eine mit großen Wanderrucksäcken bepackte Jugendwandertruppe über dem viaduktartigen Bauwerk und schaut in die tiefe Schlucht. Die Ausdünstungen der Imbissbude bei Ažić-Lokva sind penetrant und vermischen sich mit den Abgasen zu einem Brechreiz auslösenden Gestank.

Ich bin jetzt ganz bei mir selbst, horche in mich hinein, um den ohrenbetäubenden Lärm der Motoren auszublenden. Das Treten der Pedale läuft nebenbei, die Trittfrequenz ist bei wechselnden Gängen konstant. Die Reifen kleben am glühenden Asphalt. Der Küstenwind ist warm, aber angenehm, die Autos summen nur noch im Unterbewusstsein. Vor mir taucht ein Zwanzig-Eurocent-Stück auf. Ich halte an, aber der nächste Laster verwirbelt das Geld unauffindbar. Den Spülschwamm, den wohl eines der teuren Reisemobile verloren hat, klaube ich aber rechtzeitig auf. Fahrradimpressionen extendierend betrachtet bei 35 Grad Celsius: schattenloses Gleiten, begleitet vom ausschließlich baumlosen Felsgestein links und rechts, wenn die Straße durch den puren Fels verläuft (abschnittweise hineingesprengt), der Blick versperrt durch die nächste Kurve und dann wieder der grandiose Horizont über das links der Straße getupfte, blau strahlende Meer; ein kühl schimmerndes Blau, ganz glatt gezogen, bilderbuchartig.

Ich radle mich in einen Fahrradrausch, ich rausche im Biker's High an Seline vorbei, noch achtzehn Kilometer bis Senj, das schon am aufsteigenden, baumlosen Felsen in einiger Entfernung zu sehen ist. Am wolkenlosen Horizont leuchtet die große Hafenstadt Rijeka, weiter links liegt Krk mit der gleichnamigen Hauptstadt. Im einzigen Ort überhaupt auf diesem Küstenhighway mache ich Mittag und warte auf Susanne. Sveti Juraj erlaubt den Gang ins Meer, mit der brüllenden Sonne im Rücken, dem warmen Wind im Gesicht. Senj liegt augenscheinlich eingebettet in die Mondlandschaft des Senjsko bilo. An dieser Stelle wäre das Küstengebirge zu durchbrechen, um die östliche Richtung nach Otočac einzuschlagen. Wir dehnen die Siesta in Sveti Juraj mit Wasser und Eis auf vier Stunden aus, legen uns in den Schatten, ein wenig oberhalb des Badestrandes auf einer kleinen gemauerten Promenade, lesen hitzevergessende Lektüre, fahren gegen 17 Uhr ein wenig weiter, die erste Seitenstraße in den Fels hinein. Hier steht kein Haus, keine Menschenseele bewohnt die abweisende Felsszenerie, Ursprünglichkeit in Perfektion.

Dass überhaupt jemand hier sein kann, ist dem Drang des Menschen, natürliche Schönheit sehen zu wollen, zu verdanken, seinem unbändigen

Wunsch, alles in Erfahrung bringen zu wollen, sich nicht mit dem zufriedenzugeben, was er hat. Der Mensch glaubt der Floskel »Stillstand bedeutet Rückschritt« und sollte besser eingestehen, dass auch der Fortschritt irreversiblen Rückschritt herbeiführen kann. Die Straße des Fortschritts dröhnt unterhalb des Nachtlagers ihr ständiges Lied. Die Aussicht auf das kühl schimmernde Meer und die etwas erhaben angeordnete Burg Nehaj ist heute romantisch verklärt. Diese Burg auf dem Hügel Trbušnjak war für Ankömmlinge, die sich der Uskokenstadt früher näherten, viel mehr Respekt einflößend. Die Uskoken haben sich hier im 16. Jahrhundert auf der Flucht vor den Türken angesiedelt, die Burg erbaut und bis dato unbekannte Seefahrerqualitäten entwickelt. Die legendären Raubzüge wurden erst mit der Umsiedlung ins Landesinnere beendet. Jetzt sitzen in der gut einsehbaren Kurve auf exponiertem Fels als kostenlose Felsenattraktion zwei Radfahrer, fühlen sich unentdeckt und werden dennoch von dem gesamten vorbeirauschenden Verkehr gesehen.

Doviđenja Kvarner oder Wie viele Orte noch?

Die Frau in der Wechselstube von Senj sieht eigentlich seriös aus, aber sie versteht kein Wort außer Hrvatski (Kroatisch), das wiederum ich nur ansatzweise verstehe. Ich solle den Eurowechselbetrag aufschreiben und kritzele »30 Euro«. Ich gebe ihr fünfzig Euro und erwarte zwanzig Euro zurück und somit Kuna (KN) für umgerechnet dreißig Euro. Neben dem Zwanzig-Euro-Schein erhalte ich Wechselgeld in Kuna für allerdings nur umgerechnet zwanzig Euro.

»Hey, this is wrong, are you short of money?«, frage ich, aber sie versteht mich nicht, schüttelt ihre Föhnfrisur, klappert auffällig mit den tellergroßen Ohrringen, hebt die fein nachgezogenen Augenbrauen, deutet ein Lächeln an, kaschiert den Versuch, zehn Euro unterschlagen zu wollen. Hinter mir ist bereits eine Schlange entstanden, ich bleibe bestimmt. Es fehlt Wechselgeld im Wert von zehn Euro. Sie rechnet noch einmal nach, legt dann anstatt der ursprünglich geplanten 140 KN gesplittete 213 KN auf die Geschäftstheke der dubiosen Wechselstube mit den vier sich laut unterhaltenden Männern im Nebenraum. Der Umrechnungskurs Euro/KN betrage (zu ihren Gunsten) gerundete eins zu sieben. Sie reicht das Geld selbstverständlich ohne Quittungsbeleg herüber, bleibt die Beantwortung der Frage schuldig, warum bei dem klaren Tauschverhältnis dieser krumme Betrag rauskommt. Das bleibt ihr verdienstvolles Geheimnis. Scheinbar muss hier besonders auf das eigene Geld geachtet werden.

Der Tankstellenwärter schießt entsetzt auf Susanne zu, die Kochsprit auffüllt. Was sie denn da mache.

»Also eigentlich nichts anderes als in den letzten einhundert Tagen, die wir uns mal mehr, mal weniger auf dieser Reise befinden«, antwortet sie lässig. »Tanken für circa dreißig Eurocent.« (Höchstens 0,6 Liter Benzin passen in die Flasche.)

Das ginge nicht, die Mindestabnahmemenge sei fünf Euro, weil sonst die Zapfsäule kaputtgehe. Wir überlegen kurz, ob eventuell die Hitze dieses Sommers in den Geschäftsleuten Senjs mentale Brandrodungen verursacht hat, schütteln die Häupter hinsichtlich der langen Rede ohne Sinn, bezahlen genau das, was getankt wurde, keinen Eurocent mehr. Senj liegt ohne einen einzigen Baum und ohne den leisesten Ansatz eines hingehauchten Grüns wie eine nach außen gekehrte Höhlenstadt am hitzigen Felsen und ist von überaus geschäftigem Treiben geprägt. Ein demoralisierendes Schild mit dem Hinweis »Plitvička jezera 103 km« verdeutlicht die strapaziöse Strecke der nächsten Tage, die zu den berühmten Seen ins Landesinnere führen soll.

Nun führt die Straße wieder in die Berge, obwohl das Küstengebirge an dieser Stelle das niedrigste zwischen Rijeka und Albanien ist. Das erste Dorf ist Matešici, mit genau sechs Häusern, einem krähenden Hahn und einem Kanal für Gebirgswasser, der jetzt ausgetrocknet ist und als Dorfmüllanlage missbraucht wird. Einhundert Meter später folgt schon das Ortsausgangsschild. Aber es geht noch besser: Im nächsten Dorf Sveti Križ stehen nur noch zwei Häuser, dahinter eine Kirche und der kleine Friedhof. Ein verrostetes Schild lädt in die winzige Gaststätte ein. Dort haben zwei schwarz gekleidete Bestatter, die gerade ihrem weißen Bestattungswagen entstiegen sind, Platz genommen und warten auf die Kellnerin. Hunger muss hier nicht gelitten werden, es existiert eine größere Zahl an Gaststätten, als Wohnhäuser das Licht des Dorfes erblickten. In Donji Lopri, in der ersten gefürchteten Serpentine, wirbt ein Restaurant, allerdings ohne Erfolg. Dahinter folgt ein zweites, direkt an der Straße, bis auf den letzten Platz gefüllt. Wir fahren jedoch vorbei, weil bei der Hitze an das Nationalgericht – geröstetes Spanferkel –, das mit überdimensionalen Schildern stets weit vor der Lokalität angekündigt wird, ohnehin nicht zu denken ist. Das Dörfchen Gornji Lopci hat schließlich nur noch den einen Bauern, dem wir Pflaumen, Äpfel und Birnen mundgerecht entwenden und die der kleine verbissene Hofhund nicht streitig machen kann. Die Mittagspause verbringen wir im Wald, in dem wir (nach tagelanger Fahrt in vegetationsarmer Gegend) endlich Schatten finden. Jedes Dorf hat jetzt nur noch genau ein Haus. Das eine Haus von Tukanići ist schneeweiß, sehr gepflegt, mit Liebe zum Detail ausgestattet. Den Blick fürs Detail am Straßenrand hat allerdings Susanne, die sich eine nagelneue Wasserflasche auf der Höhe der Ortschaft Pendasi aus dem Straßengraben schnappt. Schließlich noch ein Ort namens Majorija, in dem wir das übel riechende Senj-Wasser gegen Bergwasser austauschen, das aus einem neu angelegten Wasserbrunnen stammt. Dieser ist angeblich zu Ehren des österreichischen Kaisers Ferdinand I. angelegt worden. Eingraviert ist das Jahr 1837, allerdings entzieht es sich meiner Kenntnis, ob die Originalquelle auf dieses Jahr zurückgeht.

Beim Durchfahren dieser vielen Orte mit ihren Tafeln, Quellen und Hinweisen beschäftigt mich die Frage, ob alles einen Namen braucht. Einwohner forschen nach der Geschichte ihrer Dörfer, nach bereits vergessenen Namen. Jede Schule hat einen Namen, ist nach irgendeinem berühmten Sohn oder einer noch bedeutenderen Tochter der Stadt oder des Landes benannt. In jeder größeren Stadt Deutschlands bestätigt sich diese Vermutung, man denke nur an den Kaiser-Wilhelm-Platz oder die Friedrich-Ebert-Straße. Nichts ist ohne Namen. Frauen benennen Körperteile ihrer Ehemänner (umgekehrt hat das männliche Geschlecht in dieser Hinsicht weniger Fantasie), jedes Haus hat Namensschilder (mindestens eines), die Einfamilienhäuser größere, die Stadtwohnungen Klingelschilder. Alles wird aufgeschrieben, jedem Ding ein Name gegeben. Demnächst hängt sich der Deutsche die Krankenkarte um den Hals, auf der alles Übel und jedes Leid steht, in Verbindung mit der Steuernummer, die auch noch zwanzig Jahre nach dem Ableben in den Dokumenten des Überwachungsstaates fortlebt. Aber wer spricht dahingegen von den gefallenen Söhnen und Töchtern in Afghanistan, Irak, Korea, Vietnam, Kongo, Bosnien, Serbien (die Liste ließe sich beliebig fortsetzen)? Alles Geschichte, oder was? Jeden Tag radeln wir durchschnittlich durch zehn Dörfer. Das macht dreihundert Dörfer monatlich. Und in jedem Dorf stehen Eigenheime von Menschen mit unterschiedlichen Biografien. Nach ihrem Tod werden neue Menschen (mit anderen Biografien) kommen, um genau an diesem einen Punkt ihr Leben zu leben. Jeder strebt dabei nach einem Standort als Identifikationszeichen, nach dem beweisbaren (in Stein gemeißelten, mit Holz gedrechselten oder durch Lehm verputzten) Standort des Seins. Und doch dreht sich die Welt immer weiter, die Zeit mit ihr oder vor ihr weg. Wie endet alles? Das weiß ich nicht. Aber kann ich das eigene Ende vielleicht steuern? Heikle Fragen kommen auf am 100. Tag der Fahrradreise, auf dem Weg durch das kroatische Küstengebirge. Wie wäre es beispielsweise, später mit einem motorisierten Untersatz irgendwo auf den unendlichen Straßen Kanadas oder Russlands den Gleichklang der Erdbewegung zu suchen, also sich zu bewegen, nicht vor dem Fernseher im Altenheim zu sitzen, sondern draußen in der Natur, in der wirklichen Welt, jeden Tag noch ein kleines Stückchen weiter, auch wenn nicht mehr viel geht, in der Hoffnung, da draußen einfach irgendwann umzukippen, wie Reinhard Meys berühmte Ähre im Wind? Nur so ein Gedanke im heißen Berganstieg der winzigen Dörfer, in denen alles einen Namen hat.

Eine tolle Käseofferte am Straßenrand verdrängt die Schwere der mentalen Anstrengung. Was hier angeboten wird, ist weitaus besser und viel billiger als der Jošt, der heute früh in Senj zu kaufen war. Ganze 35 KN, also umgerechnet fünf Euro, für circa fünfhundert Gramm feinen Käses aus der Region, aus eigenem Anbau. Kleinere Portionen hat der Straßenhändler nicht, dessen Ehefrau uns nach dreihundert Metern am Straßenrand zuwinkt, weil ihr Mann sie schon per Handy informiert hat, dass die Radfahrer bereits gekauft hätten. Der Scheitelpunkt liegt auf siebenhundert Metern und wird in Vratnik erreicht. Eine fruchtbare Ebene mit landwirtschaftlicher Nutzung eröffnet sich, die ersten Bauern tauchen auf. Endlich können wir wieder zu den Einheimischen vordringen, indem wir nach einer Übernachtungsmöglichkeit fragen. Die Tatsache, dass sich der Blick auf die schönen Kvarner Inseln jetzt verschließt, scheint die schon verloren geglaubte Lässigkeit der Nachtplatzsuche neu zu beleben. Unmittelbar fällt das Bild der »doppelten Häuser« auf, denn überall an Stellen, an denen ein altes, mitgenommenes, zerschossenes Haus steht oder stand, wird ein neues aufgebaut, mit roten Backsteinen, unverputzt zunächst.

Eine alte Bäuerin bietet ihre Wiese an. Auch sie hat ein neues Haus, aber die Fenster fehlen noch. Das alte gleich daneben hat deutliche Einschuss-

Kroatien (Tag 71 bis 102)

spuren. Unvorbereitet sind wir im früheren Kampfgebiet des ehemaligen Jugoslawien angekommen. Hier tobte der Krieg. Für uns unvorstellbar, ist die Landschaft doch so weitläufig und schön wie die im Bundesstaat Montana, wo man in der unendlichen Weite die schneebedeckten Gipfel der Rocky Mountains erblickt. Ich bin ein Kind der Nachkriegsgeneration, Bilder, die solche Zerstörung zeigen, kenne ich nur aus den Berichterstattungen von Kriegsschauplätzen im Fernsehen. Das »fern Gesehene« vermittelt die Dramatik des Geschehenen fast besser als die lebendige Rückschau auf die zu greifenden Einschüsse in den Häusern, die unecht, surreal, wie abgefallener Wandputz wirken. Morgen werden wir mehr erfahren über dieses Gebiet. Wir reden jetzt nicht mehr, sondern grübeln still vor uns hin. Die Bäuerin ist verschwunden.

Bild 7: Minenschilder in Otočac

Minen und andere Kriegseindrücke

Wir waren nicht auf diese Region vorbereitet, vielleicht sind die Eindrücke in Otočac deshalb umso nachhaltiger. Wir radeln durch das ehemalige Kriegsgebiet Gacko polje. Die Region Lika erfährt mit Stabilitätsmitteln der Bundesrepublik im sogenannten Programm »nužnik popravaka kuća« die Notinstandsetzung von sechshundert Häusern. Die Ebene des ausladenden Flusses Gacka ist saftig grün, die Straßenränder sind geschmückt mit Zichorien und Pflaumenbäumen. Hier soll ein erbitterter Krieg getobt haben, mit blutigen Häuserkämpfen, Bombardierungen und mehreren tausend toter Soldaten und Zivilisten? Halb Otočac zeugt von Kriegsschäden, vor allem stets sichtbare Einschüssen an den Häuserwänden, während die andere Hälfte der Gebäude bereits auf unversehrtes Aussehen getrimmt wird. Die Hauptstraße gleicht einer Megabaustelle. An den Orten, an denen der Lärm der Bauarbeiten am deutlichsten wahrnehmbar ist, an denen Presslufthammer, Rüttler und Kippfahrzeuge dem Ohr den Krieg erklären, scheinen sich die Menschen solidarisch zu versammeln. Lidl Hravatska baut gleich gegenüber dem Hinweisschild für Touristen und wird dem heimischen Konzum Maxi und zahlreichen kleinen Geschäften mit Tante-Emma-Charakter wahrscheinlich zeigen, zu welcher Leistung die robuste Marktwirtschaft in der Lage ist. Das wird Verdrängungen nach sich ziehen. Aber die kapitalistischen Weichen sind eindeutig gestellt, geben den Ton an, während die Bauarbeiter unvermittelt Autos stoppen, um Schotter mit der Schubkarre von der einen zur anderen Straßenseite zu befördern, weil das Vorrang vor dem üblichen Stadtverkehr hat. Ein Kollege schneidet Stahlrohre mit der Flexmaschine, ohne Atem- und Gehörschutz, ein anderer sägt Holz zurecht, mit bloßen Händen, ohne Sicherheitshandschuhe. Wir haben im kroatischen Plus eingekauft. Rumänische Urlauber nutzen ebenfalls diese Sparvariante. Ein Blinder erwischt glücklich den Eingang zur einst völlig zerstörten und jetzt wieder aufgebauten Kirche. Mit den auffallenden Gepäcktaschen werden wir angegafft wie Zirkusattraktionen, von Menschen, die Zeit zum Gaffen haben, weil die Arbeit fehlt. Dabei wäre genug zu tun. Allein die Räumung der Minenfelder rund um die Stadt würde eine erhebliche Anstrengung bedeuten. Minenschilder am Straßenrand sind eindeutig, führen unzweideutig zu der Erkenntnis, dass in Deutschland falsch bis gar nicht über den aktuellen Stand der Entwicklungen informiert wird. Es wirkt befremdlich, dass auch zwölf Jahre nach Kriegsende Touristen aus ganz Europa an Minenfeldern vorbeifahren, um Devisen ins Land zu spülen, so lange, bis demnächst die eigene Währung gegen den Euro eingetauscht wird. Da stimmt etwas nicht in der europäischen Machtzentrale, in der EU-Kommission in Brüssel. Otočac selbst ist so stark von Wasser umgeben, dass es quasi auf einer Insel liegt. Im 12. Jahrhundert stand die Stadt unter dem Einfluss der Fürsten von Krk, jetzt arbeitet sie sich selbst mit gut gemeinter, aber schlecht gemachter Unterstützung von außen durch ihren eigenen Wiederaufbau. Es gibt noch kein Internetcafé, keine Hotels, keine Möglichkeit des wilden Zeltens wegen der undefinierten, lebensgefährlichen Minenfelder. Wir werden wieder Bauern, die ihr Grundstück hoffentlich gut kennen, um einen Schlafplatz bitten.

Zalužnica erinnert mit großer Gedenktafel an die gefallenen Söhne der Region. Wenig später steht links der Straße ein zerbombtes Haus mit weiteren Namen von Toten, rechts der Straße flimmert als Gegensatz zur Tristesse der Colaverkäufer mit westlichen Werbeschildern und lockt Konsumgelüste hervor. Vrh auf Krk hat eine Tochter: Vrhovine, auch steil gelegen, verzaubert wie die gesamte landschaftlich einzigartige Schönheit dieses Hochplateaus, aber mit ganz unterschiedlichen Vorsätzen. Krk blieb vom Krieg verschont, in Vrhovine brachte der Krieg Schrecken und Verwüstung. Kein Haus ist mehr so, wie es vor dem Krieg war, immer noch bröseln die blassen, staubgrauen Häuser mit zahllosen Einschüssen vor sich hin. Der kleine, vollgestopfte Konzum mit der properen, Englisch sprechenden Verkäuferin wirkt dagegen wie ein verzweifeltes Trotzbild der Hoffnung.

Wir passieren die äußere Grenze des Nationalparks und finden »unseren« Bauern, der auch noch Honig in angemessen kleiner Menge anbietet, den er Susanne liebevoll spendiert und der sich delikat den Gaumen hinunterzelebriert. Akaziengeschmack schmeichelt, aber der Kopf verarbeitet dennoch das Gesehene, das auch so viele Jahre nach dem Krieg allgegenwärtig ist. Was wohl in den Köpfen der Touristen vorgeht, die sehenden Auges (ohne hinzuschauen) den Nationalpark erobern, die auf dem Weg dorthin assoziationslose Bilder fotografieren?

Plitvičkas Wasser

Die Nacht in Gornji Babin Potok war schwülwarm. Wir haben auf der Wiese unmittelbar neben der Zubringerstraße für den berühmten Nationalpark gezeltet, ohne freilich den vor uns liegenden Weg genau zu kennen. Neben uns erwacht der Honigverkaufsstand zum Leben, der sich in den frühen Morgenstunden noch nicht dem dramatischen Andrang der aus dem Park hinausfahrenden Touristen zu erwehren hat. Das sah gestern Abend ganz anders aus, als Scharen honighungriger Menschen den kleinen Stand bevölkerten, um ein Stück »echtes Plitvička« mitzunehmen; echten Honig aus der nicht ungefährlichen Gegend, warnt doch hinter einer kurzen Steigung an der B52 ein eindeutig bemaltes Schild vor Bären in dieser Region.

Die Hochebene sieht dann auch aus wie die Taiga Alaskas, mit kargen Sträuchern und kurzen, höchstens einen Meter hohen Nadelbäumen. Ein Plüschbär ohne Augen und Nase liegt am Straßenrand, ist wahrscheinlich aus einer Kinderhand gestürzt, die aus einem ohne Zeit vorbeirasenden Reisemobil durch das spaltoffene Fenster ragte. Der Vater hatte wahrscheinlich keine Muße, den Bären wieder einzusammeln. Jetzt liegt die kindliche Erinnerung im Seitengraben, weggeweht durch das schnelle Tourismusgeschäft, ohne riechen und sehen zu können.

Davor, dass die einst idyllische Attraktion der Plitvička-Gewässer in den Olymp der schnellen Dollars hinaufgehoben wurde, hatte das Schild allerdings nicht gewarnt. Als Susanne in die Büsche muss, zücke ich die Karte, weil wir gefühlsmäßig schon viel zu lang auf dieser Straße unterwegs sind. Das Ortsschild von Homoljac zeigt die falsche Route deutlich. Hätten wir vor circa zehn Kilometern das Bärenschild richtig interpretiert (und nicht nur Bilder angeguckt), wären die dreißig angedeuteten Kilometer zum Park als Umweg richtig identifiziert worden, denn wir sind ja schon seit geraumer Zeit im Park, ohne es gewusst zu haben. Eine Einheimische meint, die alte Straße, die auf der Karte eingezeichnet ist, sei nicht befahrbar. Aber damit liegt sie falsch. Das Problem ist wohl eher, die alte Straße überhaupt zu finden. Alle Schilder wurden bewusst abmontiert, auch das zum Ort Končarev Kraj am früheren Weg. Also direkt links neben dem Bärenschild müsste die Straße beginnen. Und tatsächlich war die kleine L5150, für die sämtliche Hinweise vernichtet wurden, früher die große Route in den Park. Aber nach dem Einzug der westlichen Kommerzialisierung stanken die zahlreichen Reisemobile den Naturschützern wohl derart, dass diese jetzt in großem Bogen um den gesamten Park dirigiert werden. Wir stinken zumindest nicht nach Abgasen und erleben entlang der hier entspringenden Bijela unsere ganz persönliche Fahrt durch den Park, ohne Touristen zu sehen und selbst einer zu sein. Fünf Kilometer sind es zum halb zerfallenen Ort Plitvički Ljeskovac. Links der überwuchernden Straße picken freilaufende Hühner Restkörner im ausgetrockneten Dorfboden, rechts rostet ein brauner Mercedes ohne Nummernschild und Luft in den Reifen dem Verfallsdatum entgegen.

Ein Radfahrer mit Strohkrempe und Muskelshirt entpuppt sich als australischer Staatsbürger. Nick ist seit drei Monaten auf der Straße unterwegs. Nach Beendigung der Uni ist er von London aus aufgebrochen und muss am 27. August in Griechenland sein, um Geld zu verdienen. Er werde dort einen Workshop leiten, der sich mit der Erstellung von Skulpturen beschäftigt. Nick gibt den Tipp, den Park von Süden kostenlos zu befahren und ihn in nordöstlicher Richtung wieder zu verlassen, um die horrenden 120 KN Eintrittsgeld zu sparen. Es ist fast drei Uhr nachmittags, aber die Wassermassen vom Mittag scheinen nicht die letzten zu sein. Nick zieht weiter und wir schlüpfen erneut in die Regensachen.

Leichtes Nieseln geht in starkes Schütten über, die Intensität der Wassermassen lässt die Hand vor Augen nicht mehr sichtbar werden. Es blitzt und donnert, sintflutartige Wassermassen stürzen vom Himmel. Links des Parkweges liegt das UNESCO-Weltnaturerbe Plitvička (Nationalpark Plitvicer Seen), durch Wassermassen innerhalb weniger Minuten unsichtbar geworden. Wasser prasselt herunter, überschwemmt den die Seen umrundenden Weg, der über- und unterspült wird. Es wird nass trotz Regenkleidung, Wasserdampf steigt auf, die Schuhe triefen, die Natur schäumt, das Weltnaturerbe wird nur andeutungsweise sichtbar. Die Sehenswürdigkeit würdigt den Wunsch des Sehens nicht für eine einzige Sekunde. Ich sehe nichts mehr, weder den Weg noch Susanne, die vor mir fährt. So viel Wasser erfüllt den Augenblick, dass ich fast glaube, schon über den See zu fahren, weil der Weg vom dahinter vermuteten Seewasser nicht mehr unterscheidbar ist. Aber das mit dem »übers Wasser« gab es schon zu viel früherer Zeit und betraf einen anderen. Die Szenerie gleicht mehr dem Jurassic-Park-Ambiente, vor allem, als die monströsen Parkbusse die durchnässten, in kleinen Haltehäuschen kauernden Touristen in Scharen aus dem Park befördern und uns zum vorsichtigen Fahren zwingen, weil es sonst zu einer Karambolage käme. Okay, wir haben nichts bezahlt für das Wasser, aber es gibt auch kein vererbtes Wasser zu sehen. Auch für das andere (von oben kommende) Wasser ist der Göttliche nicht entschädigt worden. Endlich erreichen wir einen Ausgang; welcher ist in diesem Moment egal, Hauptsache raus aus dem Wasserpark, dessen Wasser unsichtbar blieb.

Smoljanac bietet die Abkürzung nach Bosnien. Es regnet weiter Bindfäden und der kleine Markt macht gerade zu, obwohl er laut Schild »bis 21 Uhr« geöffnet sein sollte – der Begriff »Umsatzrendite« scheint hier ein Fremdwort zu sein. Ich warte auf Susanne, die etwas später ohne Fahrrad angelaufen kommt, weil zwei Leute an der Straße eine Einladung zur Übernachtung ausgesprochen haben, nachdem sie mit ihnen ins Gespräch gekommen war und Interesse an dem Unterschlupf unter der Terrasse bekundet hatte. Danijel hat weiße, krause Haare, einen grauen Stoppelbart und ein verschmitztes Lächeln auf den Lippen. Er ist 66, Schlosser, kroatischer Abstammung und erfüllt sich mit dem in Bau befindlichen Haus seinen Lebenstraum, muss noch ein Jahr bis zur Rente durchhalten. In dem Haus möchte Danijel – wie alle anderen in dem stark touristischen Ort gleich neben den Wassern von Plitvička – Zimmer vermieten. Seine Frau Bisera ist 57, hat braun gefärbte Haare, arbeitet als Putzfrau und ist geborene Bosnierin. Danijel und Bisera haben drei Kinder, die es in die Welt verschlagen hat, in die USA und nach Schweden. So wie sie selbst auch arbeitsbedingt in Schweden wohnen, wenn sie nicht wie jetzt gerade Urlaub in der Heimat machen. Am Wochenende hat der diesjährige Spaß allerdings ein Ende und sie fliegen von Zagreb in ein schwedisches Kaff, 120 Kilometer von Stockholm entfernt. Danijel hat zwei Jahre in Lörrach gearbeitet und spricht ein wenig Deutsch. Der Pflaumenschnaps haut mich um. Biseras Pekmez od šljiva (Pflaumenmarmelade) ist schon wesentlich bekömmlicher. Das Haus befindet sich noch halb im Rohbau, nur die Bäder sind schon komplett fertig. Es sei schwierig, an alles heranzukommen, und vor allem äußerst teuer. In der improvisierten Küche schützt Geschenkpapier als Kachelersatz an der Wand gegen Spritzer vom portablen Zweiplattenelektroherd. Wir sitzen auf Holzbänken der Marke Eigenbau. Die Türen glänzen nagelneu, alles ist weiß gestrichen, die Böden sind jedoch noch im Rohzustand, sozusagen betonweiß, mit deutlichen Abfärbspuren. Aus dem kleinen Radio dudelt kroatische Musik. Danijel holt eine schwedische Zeitung, weil er – ehrgeizig, wie er ist – die Fremdsprachenkenntnisse verbessern will. Die Tochter Ermina ruft aus Schweden übers Handy an. Ich versuche Bisera in einfachstem Deutsch zu erklären,

Kroatien (Tag 71 bis 102)

was wir hier machen, warum wir nicht mit dem Auto unterwegs sind und wohin in etwa die Reise führen könnte. Sie macht Kaffee und warnt in einem Zuge vor den Serben: »Nix gut in Serbien. Bosnien in Ordnung, aber nicht Serbien«, wiederholt sie.

Ich hole erst einmal süße Napolitaner-Waffeln. Bosnien sei reisesicher, vor allem Bihač und Banja Luka, also genau die beiden Städte, die während des Krieges nur Schreckliches symbolisierten. Serbien sei dagegen immer noch die Hölle, die Bevölkerung schlecht, Milošević ein Tyrann. Sie sagt es so, als würde er noch leben.

Ich schlafe verunsichert ein, mir war nicht bewusst, dass Jahre nach dem Krieg der Schrecken in einigen Köpfen noch so offensichtlich vorhanden ist. Nachts höre ich Schüsse, eindeutig nicht von einem Jagdgewehr. Es muss ein Maschinengewehr sein, da nicht Einzelschüsse, sondern Schusssalven durch die Nacht schallen. Was bedeutet das? Die werden hier wohl nicht mit dieser Munition Rehe und Böcke jagen? Der Herzschlag nimmt deutlich zu, ich bekomme kein Auge zu, es beginnt erneut zu regnen.

Bild 8: Bisera & Danijel

Bosnien-Herzegowina

(Tag 103 bis 111)

Lebendiges Bihać:
Auf dem Weg in die Moderne

Noch vier Kilometer durch das grenznahe Niemandsland. Wir passieren eine geschundene Region, die viel zu berichten hätte, könnte sie sich mitteilen. Aber sie erzählt auch stumm einiges. Einige herumstreunende Hunde, manche brachliegende Hütte, wild wuchernde Vegetation. Wenn ich so den Blick schweifen lasse, drängt sich die Frage auf, was ich eigentlich von Bosnien weiß. Früher war ja alles Jugoslawien, jetzt scheinen die Gegensätze der einzelnen Staaten fein säuberlich in den Medien herausgearbeitet zu werden. Dort das aufgebrochene, sehr offene und überwiegend touristische Kroatien, hier das zurückgezogene, geheimnisvolle, vielleicht stehengebliebene, jedenfalls spannende Bosnien, das während des Krieges Endstation für Hunderttausende gefallene Soldaten war. Für was haben die Soldaten gekämpft? Sind die Ziele schließlich erreicht worden? Wer kann sich ein Urteil darüber anmaßen? Welches waren denn überhaupt die Ziele? Was wird als Ursache, was als Wirkung, was als Resultat in den Geschichtsbüchern der Zukunft nachzulesen sein?

Gleich hinter der modernsten Grenzstation auf Gottes Erden, die wie ein außerirdisches Wesen vom Mars in die alte Wildnis dieser Region hineingebeamt worden ist, sitzt ein bettelarmer Bettler am Straßenrand, streunen armselige Kinder und verwitterte Gesichter durch den mitleiderregenden Grenzort Izačić. Auf dem nächsten Berg rückt die erste Moschee mit ihren glitzernden Minaretten den Reichtum eines anderen Glaubens ins Bewusstsein des Reisenden, der andere religiöse Hintergründe hat, aber möglichst unvoreingenommen dieses Land bereisen will. Es sollen mindestens so viele Moscheen folgen, wie Dörfer durchfahren werden. Die Moschee als Symbol eines anderen Glaubens ist der zunächst auffälligste Unterschied zum kroatischen Nachbarn. Scheinbar ist der Grenzverlauf der Religionszugehörigkeit angepasst worden – oder ist eher die Religion der Grenze gefolgt? Hier gibt es ganz arme Menschen, in alte Stoffe gehüllt, Teppiche hängen vor der Eingangstür, kaschieren mit ihrem orientalischen Farbenspiel die schlechte Bausubstanz der brüchigen Häusermauern. Dem gegenüber erhebt sich eine gut situierte Bevölkerungsschicht in Quasi-Neubauten, die problemlos auch in Leverkusen stehen könnten. Die Kriegsstadt Bihać ist das Symbol für diesen offensichtlichen Gegensatz zwischen Arm und Reich.

Es regnet wieder, als wir die Stadtgrenze überschreiten. Die Kanalisation schafft die Wassermassen nicht, die Straßen sind schlecht, der Verkehr stockt. Kinder laufen barfuß durch den Schlamm. Gestylte weibliche Teenager mit modernen weißen Hemden, engen Hosen und viel zu kleinen Schirmen schlendern durch den grauen Regen. Wasserdampf erhebt sich vom Asphalt, es wird mausgrau, aber die Menschen sind auf der Straße. Sie verstecken sich nicht in den eigenen Wänden, sobald die Natur ihr Schauspiel zelebriert. Die Offenheit ist völlig konträr zu der in Deutschland, oder genauer gesagt, die öffentliche Zurschaustellung des eigenen Ichs ist stärker, die freiheitliche Einstellung, das positive Selbstbewusstsein. Das ist anders in Deutschland, nicht nur, wenn der Regen einsetzt. Auch ohne schlechtes Wetter ist der Deutsche schlecht in seiner Öffentlichkeitsperformance. Die Währung gleicht die Darstellungsdifferenz zwischen den Ländern aus, macht sie gleich, denn die Bosnier haben die gute alte, aber nicht deutsche Mark. Sie heißt vielmehr Konvertible Mark (KM), hat jedoch das gleiche Tauschverhältnis wie die alte DM zum Euro, also zwei zu eins. Die AB-Bank (ziemlich viele Zweibuchstabenabkürzungen gibt es in Bosnien) hat genau vier Schalter, momentan keinen Kunden (außer meiner Wenigkeit), dennoch versichern mir die vier anwesenden Damen unisono, dass ein Geldwechsel erst wieder morgen früh möglich sei, weil die dafür zuständige (fünfte) Dame schon Feierabend habe. Wegen der Wechselunwilligkeit suche ich eine staatenfremde Bank auf, den bosnischen Ableger der türkischen Ziraat-Bank. Diese scheint vorbildlich am Puls der Zeit zu liegen. Auch der bosnische Computershop scheint in der westlichen Welt mehr als angekommen zu sein, brennt er doch völlig kostenlos die Bilder von der Digitalkamera auf CD. Das erste und einzige Mal werden die Bilder zahlungsmittelfrei auf diese Weise behandelt. Was lange währt, wird bosnisch. Ich möchte jubeln: »Ja, weiter so!«

Rechts der Straße hat sich ein Friedhof aus dem letzten Jahrhundert vor dem neuen Dönerladen behauptet, der trotz seiner verdeckten Lage guten Zulauf verzeichnet. Wir radeln an der Busstation mit blinkendem Casinoschild vorbei. Es gibt Teestuben, in denen nur Männer mit schwarzen Bärten sitzen und mit ihrem Aussehen das allseits bekannte, selbstverständlich klischeehafte Bild des Balkanmannes bestätigen, und hochmoderne Frauen, die selbstbewusst das Handy halten, lachend die weißen Zähne zeigen, mit langen schwarzen Haaren bis zu den deutlich sichtbaren Poritzen über der Stretchjeans.

Stadtauswärts existiert ein »Autokamping«, mit 14,50 Euro aber teurer, als uns das holländisch-bosnische Paar weismachen wollte, das hier schon seit einigen Tagen Urlaub macht – auf einem Platz für gut einhundert Zelte, ausgestattet mit nur zwei Toiletten, ein Hotel mit dem stolzen Doppelzimmerpreis jenseits der sechzig Euro in direkter Nachbarschaft. Die Flagge der eigenen Ansprüche weht am Firmament des Lenkradholms. Also wieder in den Regen raus, die Straße nach Pokoj am Kriegsfluss Una entlang.

Beim Haus mit moslemischen Epigraphen auf Marmorsäulen für Friedhöfe fragen wir nach einer Übernachtungsstätte. Der Steinmetz ist nicht da, seine Frau schüchtern. Sie nickt, hinter dem Haus auf der Wiese könnten wir zelten. Wir bauen auf, im nassen Rasen leuchtet das Zelt. Niemand hat zugeschaut, keiner kam vorbei, und doch empfinde ich, als ob es alle gesehen hätten. Ein wenig unheimlich ist das Beobachtetwerden ohne Beobachter. Geradezu fremdartig erklingt der Ruf des Muezzin aus der prächtigen schneeweißen Moschee auf dem gegenüberliegenden Bergkamm in himmlischer Höhe. Das gesungene Gebet erfüllt das ganze regenverhangene Tal.

Grenzerfahrungen an der Una

Die augenscheinlich schöne Una fließt durch eine bezaubernde Landschaft, in sanften Kurven wie die einer attraktiven Frau. Aber der Schein trügt, wie die Äußerlichkeit der Frau nicht auf die inneren Werte schließen lässt (das gilt selbstverständlich auch für die Männerwelt). Der Krieg hat Spuren der Angst hinterlassen, die bis heute deutlich spürbar sind. Neben der Straße leuchten kilometerlang Hinweisschilder auf Minen in den Bergen. Der gesamte Gebirgszug rechts des Weges ist vermint, in regelmäßigen Abständen funkeln die fliegenpilzroten Minenschilder und warnen vor dem vergrabenen Verderben. Links der Una erscheint das gleiche Bild. Dazwischen liegen der ruhige Fluss, unsere Fahrstraße und die Bahngleise. Maximal einhundert Meter Nutzfläche wären für Neuansiedler, Zurückgekommene oder Daheimgebliebene vorhanden. Nur wenige machen von diesem Angebot Gebrauch. Jeder Schritt muss hier wachsam erfolgen, vielleicht ist er doch der letzte, weil anscheinend so viele Minen gelegt worden sind, wie der Minenleger böse Absichten verfolgte. Und davon gab es viele.

Im Dorf Srbljani steht ein Häuschen in hellblauen Friedensfarben direkt am Fluss, mit erhöhtem Eingang (oberhalb des eigentlichen Wohnbereichs). Das Haus fällt steil zum Fluss hinunter und ist mit zwei alten Fenstern ausgestattet. Eine Frau mit sehr faltigem Gesicht und gesprenkeltem Kopftuch sitzt vor dem Haus, ein dunkler Teppich trocknet auf der Leine. In diesem Talkessel liegen fünfzehn Kilometer kurvenreiche Straße vor uns, die sich anschicken, die Bahnlinie einige Male zu kreuzen. Die Bahn hat stets nur eine Lok und einen Waggon für Passagiere, Güterzüge verkehren auf dieser Strecke nicht. Auffallend springt der Müll ins Auge, besetzt die Rastplätze am Fluss, die aber immerhin schon von den Minen befreit wurden. In Bosanska Krupa zieht die dritte multikulturelle Hochzeitsgesellschaft an diesem Tag an uns vorüber, mit tönenden Fahrzeugkolonnen aus allen Balkanstaaten (von Montenegro bis Slowenien). Drei Kirchen stehen unmittelbar nebeneinander: die muslimische Moschee, die serbisch-orthodoxe Kirche und die christlich-katholische Kirche.

Mohammed ist gerade einmal zwölf, hat kurze schwarze Haare und dicke schwarze Augenbrauen, trägt eine blaue Jeans und ein zu großes, hellblaues T-Shirt. Er ist während des Krieges in Mettingen aufgewachsen, spricht perfektes Deutsch und ist schon jetzt bis in die Haarspitzen hinein ein Diplomat. Der Krieg habe ganz Bosnien zerstört. »Die Serben und die Kroaten wollten sich Bosnien einverleiben«, klagt er. »Aber die Bosnier wollten unabhängig bleiben und haben teuer dafür bezahlt«, fasst er traurig seine Erkenntnisse zusammen. Schuld seien die Politiker. Sehr politisch ist dieser Junge, der Moslem ist, aber den strengen Muezzin übertrieben findet und deshalb nur freitags die Moschee besucht. Er verachtet all diejenigen, die den Koran nur für ihre Zwecke auslegen, vor allem die Terroristen, die als Märtyrer und auf Kosten des Lebens anderer berühmt werden wollen.

»Hvala lepa!«, vielen Dank, rufen wir dem kleinen Mohammed zu, der ganz große Gedanken hat und uns an ihnen teilnehmen ließ.

Jetzt erscheinen Namen erstmals in kyrillischer Schreibweise: Блатна soll Blatna heißen und Рудице steht für Rudice. Zuvor durchradeln wir noch Otoka, eine geschäftige und moderne Kleinstadt. Hier stehen drei Moscheen, die ältere links des Flusses, der sich hier in mehrere Arme teilt, die wiederum eine Art Wiesenlandschaft mit kleineren Bächen durchziehen. Die beiden Hochglanzmoscheen befinden sich auf der

Bild 9: Moscheen an der Una

anderen Flussseite. Rudice liegt ganz dicht an der kroatischen Grenze. Wir fahren einfach in einen Seitenweg und suchen nach einem Zeltplatz.

Suzana ist siebzehn Jahre jung, hat ihre schwarzen Haare zum Pferdeschwanz zusammengebunden, trägt eine grüne Bluse, einen Blümchenrock, spricht ein wenig Englisch. Sie wohnt mit Mutter Milja und Bruder Srđan auf dem Bauernhof. Sie sind Christen und Mutter Milja hat ihre kroatischen Eltern, Maritzka und Svonko, zu Besuch. Deshalb könne uns das Gästezimmer nicht angeboten werden.

»Ist ja nicht nötig, wir haben doch unser Zelt«, beruhigen wir die besorgten Gastgeber. Die sagenhafte Gastfreundlichkeit beginnt dann gleich mit Wasser, erstreckt sich über Vafel sakakao (mit Kakao überzogene Waffeln), kumuliert sich über Käsekuchen und Kaffee zum vermeintlichen Höhepunkt in Form eines prächtigen Weines, der sich als sogenannter »Bambus« (Rotwein mit Cola) herausstellt. Wir sind bescheiden und dankbar und verhalten uns, wie es anständige Gäste erwartungsgemäß tun. Vermutlich aus diesem Grund macht sich Milja zum Backen einer eigenen Pizza auf, die wir selbstverständlich auch nicht ablehnen können. Die Familie hat eine Kuh und ein paar Hühner, die Grundnahrungsmittel beisteuern. Suzanas Onkel erkennt in unserer Story die kroatische Helga wieder, die er doch tatsächlich im Fernsehen gesehen hat, als der kroatische Sender den wohl doch drei-, nicht einminütigen Bericht über Helgas Bioanbau ausstrahlte. So klein ist die Welt und so verwirrend sind die Geschichten in ihr, dass es eine wahre Freude ist. Der Nachbar kommt auf einen Schnaps vorbei. Jetzt essen wir erneut Kuchen, genießen die Freundlichkeit der vor einer Stunde noch völlig unbekannten Menschen. Suzana verbessert mit jedem Satz ihr Schulenglisch, berichtet von ihren bisherigen Reisen, die sie nach Kroatien und Sarajevo führten. Mehr habe sie bisher nicht gesehen. Als sie zur abendlichen Disco aufbricht, sitzen wir schlagartig ohne Kommunikationshilfe und ohne gemeinsame Sprache in feuchtfröhlicher Runde. Svonko holt eine Autokarte für Kroatien, die wir zwar nicht mehr brauchen, aber wegen seiner eindringlichen Forderung keinesfalls abschlagen können. Wir sind sprachlos – im wörtlichen Sinn und weil wir die Herzlichkeit als überwältigende Grenzerfahrung empfinden, hier an der Grenze der Una, dem Grenzfluss zwischen Bosnien und Kroatien, dem einst tödlichen Grenzgebiet.

Bild 10: Wasserauffüllen in Rudice

Vesna und die Nacktschnecken

Suzanas Familie lässt uns nicht fort. Die sind einfach zu lieb, machen schon wieder Kaffee und bringen Kekse in Umlauf, präsentieren ihren Hof und laden zum Gruppenfoto vor wechselnden Hintergründen ein. Schnell werden noch die beiden wichtigsten Sätze auf Bosnisch notiert: »Vielen Dank für Ihre Gastfreundschaft!« lautet »Hvala na gostoprimstvu« und »Haben Sie einen Platz zum Aufbauen des Zeltes?« lautet übersetzt: »Imate li mjesto za postaviti šator?«

Wenige Kilometer sind es bis Novigrad (Новиград), auch Bosanski Novi genannt. Der Elektro- und Schlossereizubehörladen spart nicht mit kyrillischer Wortlänge: Енергоинжењеринг. Über Ravnice führt der Weg bei sonnigem Wetter am späten Nachmittag nach Dobrljin und in die größere Stadt Srpska Kostajnica, deren nagelneue Moschee gleich ins Auge springt, mit islamischen Schriftzeichen an den schweren Holztüren. In regelmäßigen

Abständen sind die Dörfer aufgereiht: Komlenac und schließlich Vrioc, in dem das Zelt aufgebaut werden kann. Die sprachliche Verständigung klappt hier jedoch nicht, aber Gastfreundlichkeit wird trotzdem großgeschrieben. Mutter Milja und Tochter Vesna haben ein altes Häuschen, gleich neben der Straße und genau einen Kilometer von der Una entfernt. Die traditionelle Einladungsgeste ist das Anbieten des bosnischen Kaffees, der wie in allen Balkanstaaten ohne Filter aufgegossen wird. Das spart (den Filter) und fördert den Geschmack, dagegen ist das Ergebnis deutscher Kaffeemaschinen sehr bescheiden. Die Frage kommt auf, ob denn vielleicht Melitta-Kaffeemaschinen auch ohne Filter existieren und wie der ritualisierte Deutsche das Filterritual zugunsten der Kaffeesatzvariante überwinden könnte? So in Gedanken an den Kaffee vertieft, ist der Reis auf dem Kocher verbrannt. Es herrscht eine nervöse Stimmung, weil Vesna ein extrem hektisches Temperament besitzt, sich ständig mit den Händen durch die Haare fährt, die nächste Zigarette ansteckt, noch bevor die alte beendet ist, im Minutentakt auf das Handy guckt, als ob sie einen dringenden Anruf erwarte (es ruft aber den ganzen Abend niemand an), und dann mit ihren Ritualen erneut beginnt. Vesna lässt uns keine Zeit zum Essen, weil sie sich entschlossen hat, mit uns gemeinsam den Weg zur Una runterzulaufen, durch die Dorffelder, in denen sich streunende Hunde verstecken. Es folgt ein bosnischer Schnellsprachkurs, so schnell, dass schließlich nur noch Verwirrung herrscht. Was die Erinnerung abends zu Tage fördert, ist die Anekdote des muslimischen Steinmetzes, dessen Wiese vom klebrigen Schleim hunderter Schnecken überzogen war. Was denn das für Schnecken gewesen seien? Wir beschreiben mit den Händen, indem wir die Schnecke lautmalerisch umzeichnen und an der Stelle des Gehäuses ein lautes »Ne, ne, ne!« verkünden. Vesna liefert »Puž golać« als Bezeichnung für »Schnecken ohne Haus«, die auch in den Una-Wiesen häufig vorkämen. Vesna erläutert: »Die Una ist der Grenzfluss, die Grenze verläuft mitten im Fluss.« Der Fluss sei gut zu durchschwimmen und höchstens einen Meter tief. Der Grenzübertritt nach Kroatien sei jederzeit unkontrolliert möglich. Wir sind erschöpft, weil die Tagesetappe zu lang und extrem heiß war und wir eigentlich gar nicht mehr stundenlang marschieren können. Vesna ist da rücksichtslos, kennt kein Pardon, wir müssten da durch, schließlich seien wir ja nur einmal an diesem Ort und sie sei es als anständige Gastgeberin irgendwie schuldig. Sie erzählt, dass wir durch die Republik Srpska radeln, eine eigenständige Region, die der Förderation hinzugerechnet und von Menschen serbischer Herkunft dominiert werde. Mit der durch die Bosnier unterstützten Abspaltung des Kosovo werde, so die Befürchtung, die Entwicklung zu weiterer Kleinstaatlichkeit in Exjugoslawien gefördert, weil dann auch die serbischen Bosnier auf die Abspaltung Srpskas von Restbosnien pochen würden. Das wäre schlecht, aber den Gedanken muss ich abbrechen, weil Vesna schon wieder »pusht«. Jetzt flitzt sie durch den Garten, holt Tomaten, Kartoffeln und Mais hervor. Unmöglich kann das alles auf den Fahrrädern untergebracht werden. Der Sprachkurs wirkt noch nach. Gelernt haben wir heute: »spava« (»schlafen«), »Spavai dobro!« (»Schlaf gut!«), »Prženi kikiriki« (nicht etwa der morgendliche Weckruf des ersten Hahnes, sondern die Übersetzung und Bezeichnung einer besonderen Marke »gerösteter Nüsse«) und natürlich »Puž golać« (»Nacktschnecken«).

Deutscher als die Deutschen

Heute ist die Stimmung wie ausgetauscht und ich weiß wirklich nicht, warum ich Leverkusen jemals verlassen habe. Susanne will unbedingt ihr T-Shirt im Fluss waschen, obwohl wir mehrere haben und das aktuelle nach meinem Empfinden in Ordnung ist. Außerdem plant sie just in diesem Moment – wenn einmal allgemeine Hausarbeiten anstehen –, die Gangschaltung an ihrem Rad zu justieren, die seit zwei Tagen defekt sei, aber meines Wissens in den Grenzbereichen noch nie hundertprozentig funktioniert hat. Aber die großen Gänge könnten nicht getreten werden, sie quäle sich damit, so mache das keinen Sinn mehr. Aber vor allem will sie sich (selbst ist die Frau) nicht helfen lassen. Wir sind zwar schon um sechs Uhr aufgestanden, aber als die Sonne gegen Mittag ihren höchsten Punkt erreicht, haben wir nur den Weg zum Fluss, den wir gestern Abend bereits mit Vesna liefen, zurückgelegt. Während das T-Shirt erfolgreich gesäubert wird, zeigt der sogenannte »Umwerfer«, was ein technischer K. o. ist. Susanne verliert die Nerven, erlaubt mir die Justierung und erleidet erneut einen Nervenzusammenbruch, weil ich (technisch hochbegabt) die Varianten der Fehlstellung alle gleichzeitig zu prüfen gedenke, was logischerweise mächtig in die Hose geht (aber die könnten wir ja gleich mitwaschen): Wenn die Kette nicht bereit ist, auf das höchste Kettenblatt zu klettern, liegt das entweder an der zu weit eingedrehten Anschlagschraube

»H« oder am zu schrägen Umwerfer, der auch zu tief sitzen könnte (wer weiß das schon), oder vielleicht doch an der Lockerheit des Schaltseiles. Jedenfalls dauert die unbedarfte Reparatur der lädierten Fahrradfriktion mehr Stunden, als Susanne Nervenbahnen aufweist ...

Endlich ist ein Zustand erreicht, der annähernd dem ursprünglichen ähnelt. Die Sonne brennt mittlerweile vom Himmel, gegen vierzehn Uhr sind wir erst drei Kilometer gefahren.

Špilja hat mit dem Milchverarbeitungsbetrieb Mlijekoprodukt die modernste Firma im weiten Umkreis. Die »Pošta« von Kozarska Dubica bietet Telekarten für fünf KM an. Mit ihnen kann man genau drei Minuten telefonieren. Für die Abschlusskontrolle der Gangschaltung wäre ein Besuch eines expertisen Radgeschäftes nicht verkehrt. Susannes Umwerfer ist aber im einzigen Radgeschäft mangels Fachkenntnissen nicht zu reparieren. Eine ganz neue Schaltung solle sie kaufen, weil die Gangschaltung defekt sei.

»Nein, nicht die Gangschaltung, sondern nur die Feinjustierung am Umwerfer«, versucht sie es, aber die anderen verstehen plötzlich kein Englisch mehr.

Der Securitymann vom InterEx, einem modernen Supermarkt, gibt mir den berühmten Rest, entzieht mir die letzte Moral am heutigen Tag. Erst darf das Rad samt Fahrer nicht im Schatten vor dem Geschäft stehen, sondern das Fahrrad muss vor dem Markt in einem extra gekennzeichneten Feld geparkt werden. Dann darf ich aber auch ohne Rad nicht im Schatten sitzen, ich würde die Sicherheit gefährden.

»So ein verdammter Mistkerl«, fluche ich, mich selbst vergessend. »Der behandelt mich wie den letzten Dreck.« Ich bereue, mit Devisen die Umsatzstatistik dieses Supermarkts positiv beeinflusst zu haben. InterEx ist wohl eine »Inter«imslösung und hat im Namen den künftigen »Ex«-Status vorweggenommen. Aber wie soll ich dem Securitytypen erklären, dass der Weg des Deutscher-als-die-Deutschen-Seins ein Irrweg ist?

Orahova hat mehr Moscheen als Häuser. Schließlich erinnert ein Gedenkmonument in Vrbaška an die Gefallenen des Zweiten Weltkrieges und des Krieges in den Neunzigerjahren, der hoffentlich der letzte in dieser Region war. Die Sava ist jetzt zum Greifen nahe, auch sie ist Grenzfluss zwischen Bosnien und Kroatien. Ein einladendes Grundstück gehört einem Bosnier, der seit 25 Jahren holzverarbeitende Geschäfte mit Deutschland betreibt und sofort sein privates Bad anbietet. Das scheint wohl nötiger als angenommen, konnte aber nicht erwartet werden. Oder ist es vielmehr der Wunsch nach Kontaktaufnahme? Die einen bieten Kaffee, die anderen ihre Bäder. Unerwartet ist auch der bellende Hund des Nachbarn, der mit Einsetzen der Dunkelheit nicht mehr aufhört, auf sich aufmerksam zu machen. Die Augen bleiben auf, eine schlaflose Nacht beginnt, das permanente Bellen des Nachtaktiven beißt sich in die Ohrmuschel.

Biologische Renaturierung oder Der stinkende Müll der Sava

Die Schleuse von Dolina wurde zur Kuhweide umfunktioniert. Die Kühe grasen nun hinter dem blauen Zaun, ihr Bauer sitzt im weißen Wohnwagen vor dem Hauptportal des ehemaligen Schleusengeländes. Das Naturschutzgebiet an der Sava umfasst eine beachtliche Seenlandschaft, bestehend aus biologischen Tümpeln eines ehemaligen Baggerloches. Mit der Ausgrabungserde des Baggerloches wurde der Damm rechts des Flussufers errichtet, um Siedlungen vor Überschwemmungen zu schützen. Kraniche, Fischreiher und andere unzählige Vogelarten bevölkern Seerosen, Schilf und anderes Biotopgrün der künstlichen Naturoase. So ist die Oberfläche des einen Sees mittlerweile fast zugewachsen und schimmert gelblich grün, während der andere See mit Wasserzufuhr- und -ablaufsystem der Sportfischerei des Ribolovno Područje Stublja dient. Hier sind zahlreiche Holzhütten auf Pfeilern am Uferrand des Sees errichtet und durchnummeriert worden, die wahrscheinlich auf Pachtbasis für ein komplettes Fischereijahr gemietet werden können. Wir können den holprigen Weg durch das Biotop nicht befahren, sondern müssen schieben. Das beansprucht Zeit, aber jeder Meter des verlangsamten Vorwärtskommens lohnt sich hier besonders.

Auf der Durchgangsstraße angekommen, erfolgt sogleich der Lockruf der ausgebrochenen Marktwirtschaft in Form gelber Caddys der Firma Austria ExSport, die als Verleihbetrieb schillernd entgegenflimmert. Ein kleiner angefahrener Mischlingshund winselt am Straßenrand. Bosnien ist das erste Land des sichtbaren Tiersterbens, eines tagtäglichen Prozesses, der sich wie selbstverständlich ins Verständnis der Bosnier eingebrannt hat. Die Polizei eskortiert zwei schwarze Audilimousinen in rasantem Tempo über die löchrige Straße, jeden Tierkadaver abwinkend ignorierend.

In Bosanski Kobaš verlassen Männer die Moschee, direkt neben ihr begleiten stinkende Abfallgräben die Hauptstraße, füllen sich mit Fäkalien, die den etwas höherliegenden Bauernhöfen entwichen sind. Überall kokeln kleine Scheiterhaufen, auf denen private Müllentsorgung stattfindet. Es interessiert niemanden, was hier verbrannt wird oder ob giftige Komponenten enthalten sein mögen, die vielleicht erst im Verbrennungsprozess entstehen, also wenn der Bauer die Nase vom Feuer abwendet, aber der Rauch bei ungünstigem Wind durch sein Wohngebäude zieht und tief von den Lungen seiner Töchter inhaliert werden muss. Grundsätzlich wird, da die Bosnier weder die Ideologie des deutschen umweltministerialen Vorturners verfolgen, noch über das nötige Kapital verfügen und, plump ausgedrückt, andere Sorgen mit sich tragen, in diesem Landstrich eigentlich alles verbrannt, was entsorgungstechnisch unverhältnismäßig großen Aufwand erzeugen könnte. Nicht weit weg von unserem heutigen Nachtplatz, der von einer ebenfalls neben ihrem Hof kokelnden Bäuerin empfohlen wurde, liegen endgültig resignierende Müllberge in der Sava (als dreckiger Kolateralschaden der Konsumwelt), während der stille Fluss wenig später andächtig und unschuldig dahinfließt, als sei nichts passiert, als würden die guten Vorsätze der biologischen Renaturierung andernorts nicht in diesem Moment mit Füßen getreten. Himmelweite Unterschiede existieren hinsichtlich der Müllverarbeitung auf dem europäischen Kontinent – oder besser, weil ehrlicher formuliert: im Müllverständnis der europäischen Bürger, denn genau bei ihnen vor der Haustüre fängt die Scheiße bekanntlich an zu stinken.

Derventa: Damir is back

Gerade nehmen wir Platz hinter dem Café Vagabond (bosnisch auch »Caffe Vagabond« geschrieben), auf der Wiese vor dem feinen Haus von Damir in Derventa, und sind verwundert darüber, wie es dazu überhaupt kommen konnte. Die erste Bekanntschaft mit *der* bosnischen Kriegsstadt, in der es nur wenig nicht durch den Krieg Zerstörtes gab, begann vor nunmehr zwei Stunden alles andere als positiv.

Die Nuova Banka ist die äußerlich modernste Bank am Platz, aber beharrlich in ihrer Weigerung, einen kaum sichtbar eingerissenen Fünfzig-Euro-Schein in die bosnische Währung (KM) zu konvertieren, wenn ich nicht den zehnprozentigen Minderungswert akzeptiere, also für nur 45 Euro Wechselgeld den Fünfzig-Euro-Schein dem Kreditinstitut überlasse. Ich bin echt stinksauer, weil der Schein ansonsten nagelneu ist und weil die Bank entweder den Schein wertverlustfrei tauschen oder von vornherein insgesamt ablehnen sollte. Aber ich lasse mich auf keinen Kuhhandel ein und gebe das der aufgetakelten Schaltertussi auch unmissverständlich zu verstehen (trotz böser Blicke des obligaten Securitymannes, dem ich gleichsam verbale Missachtung entgegenwerfe) und fahre zur nächsten Bank, der Pavlović International Bank. Hier funktioniert der Devisentausch problemlos und die Bankprovision beträgt lediglich eine KM.

Derventa ist immer noch staubgrau, die Zerstörungen sind nach wie vor allgegenwärtig, auch so viele Jahre nach dem Krieg. Viele Häuser sind noch gemustert mit den Einschüssen des ehemaligen Kugelhagels. Die Verkäuferin im Kunstblumenladen – es gibt nur Blumen aus Plastik in dieser Stadt – schmunzelt bei der Frage nach einer Touristeninformation, weil es selten welche gibt (nicht Informationen, sondern Touristen). Wir sollen doch gegenüber der Schule im Café fragen, da würden so ziemlich alle Sprachen gesprochen. Damir heißt der Eigentümer, der Susanne mit ihrer Thelma & Louise-Sonnenbrille doch glatt für eine Amerikanerin hält. Kein Wunder, präsentiert er sich selbst auch im schicken Amilook mit Miami-Vice-Brille und glatt rasierter Denkerstirn. Im Krieg sei die gesamte Familie nach München geflüchtet. Die Mutter, die zurzeit in Montenegro ist, heißt Miliza und war Lehrerin. Vater Fadil ist ein bekannter Journalist, der seinen Beruf aber wegen einiger kritischer Berichte an den Nagel hängen musste. Fadil hat weißes längeres Haar, blitzende Augen, trägt legere Trencklamotten (offenes Kurzarmhemd, Levis-Jeans). Jetzt widme er sich seiner 35 000 Fotos zählenden Sammlung aller jemals in Derventa lebenden Menschen und übernehme stets die Frühschicht im Café, von sechs bis zehn Uhr, wenn Damir noch mit schweren Augenlidern den Umsatz der vorherigen Nacht resümiert oder verzweifelt versucht, den Namen der hübschen Braut herauszufinden, die er als Charmeur neuerer Schule in seinem Café zum Abendtango aufforderte. In München arbeitete Damir zunächst bei BMW am Fließband, bevor die Flüchtlingsfamilie in die USA immigrierte. Jetzt hat er beide Staatsbürgerschaften, spricht perfektes Englisch, liebt Junkfood genauso wie Burek. Vor allem hängt sein Herz aber an seiner Heimat. Vor sechs Jahren seien sie zurückgekommen. »Home is home!«, sinniert Damir. Das ist auch für Deutschlandüberdrüssige ein beeindruckendes Statement und eine Aufforderung, sich seiner eigenen Wurzeln zu besinnen. Es gehört sicher auch eine gehörige Portion Mut dazu, die alte Heimat wieder aufzusuchen. Nicht alle, die es gerne möchten, sind stark genug, wieder dahin zu gehen, woher sie kommen. Zu groß ist bisweilen die Angst, am alten Heimatort nur die Gründe wiederzufinden, die einst zum Verlassen dieser Heimat führten. Damir ist zurück – und wie. Mit einem fantastischen American-Bosnia-Mixture-Stylish-Trendy-Café, wie es wohl für ganz Bosnien einmalig ist, hat er sich zurückgemeldet, oder anders ausgedrückt: Damir ist dem Durchschnittsbewohner von Derventa um Lichtjahre voraus, kann von seinem Engagement gut leben, Angestellte finanzieren und hat genügend Freizeit. Er steht mit seiner Lebensphilosophie – vor dem Hintergrund der die Religionen Bosniens verkörpernden drei Kirchen, die auf von ihm herausgegebenen Postkarten festgehalten sind – für die Zukunft dieses geschundenen Landes.

Wir dürfen duschen im Hause des muslimischen Fadil, der als Weltbürger mit sieben Geschwistern groß geworden ist und seine serbisch-orthodoxe Miliza problemlos geheiratet hat, ohne religiöse Verklärung als gängigem Differenzierungsmerkmal der »Nicht möglich!«-Fundamentalisten. Aber weil der Kapitalismus mit dem Sozialismus unvereinbar gewesen sei und Jugoslawiens Sozialismus den westlichen Vorstellungen im Weg gestanden habe, sei der Krieg quasi von außen ins Land hineingetragen worden. Das hören wir von vielen Menschen Bosniens immer wieder. Das Land sollte aufgeteilt werden zwischen Serbien und Kroatien, obwohl die Religionen seit Jahrhunderten eigentlich friedlich und gleichberechtigt mit- und nebeneinander lebten. Der Ehrgeiz einer Religion, besser zu sein als andere, komme ursprünglich nicht aus dem einfachen Volk. Die Theorien seien mannigfaltig. Ob die Religionen oder eher die politischen Führungen im Interessenkonflikt mit den westlichen Vorstellungen standen, ließe sich nicht sicher analysieren. Sei es drum. Derventa macht jedenfalls Lust auf uneingeschränktes Engagement, gar Investment. Für knapp siebzigtausend Euro kann das schön renovierte Dreifamilienhaus mit Ladenlokal gleich neben Damirs Café erworben werden. Derventa ist im Umbruch oder besser Ausbruch, die Stadt steht unmittelbar vor der Konsumexplosion. Die Italiener investieren wieder in der Stadt, in der die Schuhindustrie einst 2500 Angestellte beschäftigte. Adidas hat sich während des Krieges zurückgezogen, die Schuhfabrik existiert nicht mehr. Das Vergangene schreckt neue Investoren aber nicht ab, auch wenn der Krieg so heftig in das kollektive Bewusstsein der Bürger dieser Stadt gebrannt ist. Die Frage, wer noch an irgendetwas glauben kann, wenn er das Ausmaß der Zerstörung gesehen hat, beschäftigt nicht nur Damir. Seine Familie bekennt sich insgesamt zum Atheismus und ich kann dem einiges abgewinnen. Wenn ich die traurigen Geschichten aus diesem schönen Land höre, glaube ich auch nicht mehr an den göttlichen Regulierer, der seinen Blick abzuwenden scheint, wenn Afghanistan, Somalia, Tsunami und Co. wieder einmal erbarmungslos zuschlagen.

Derventa hat Unterstützung in jeder Hinsicht nötig und strahlt trotzdem vor innerlicher Kraft und äußerlich bescheidener Schönheit. Ist es vermessen, im Nichts Schönheit erkennen zu können, vielleicht weil weniger oftmals mehr ist?

Gegen sechs Uhr abends nimmt der Verkehr zu. Es ist Mittwoch, die Menschen gehen auf die Straße, sozialisieren sich im ehemals sozialistischen Land. Der Kaffee im Discothequa am zentralen Platz ist ein Espresso und Susannes Cappuccino hat Vanillecreme als Sahnehäubchen. Wir bestellen noch Fanta und Cola (es ist nach wie vor sehr heiß), blicken über den sich mit Menschen füllenden Platz und sinnieren über unsere Reise der geringen Mittel, über den weiteren Reiseverlauf. Da steht die unbeantwortete Frage im Raum, die Damir vorhin unbewusst aufkommen ließ, als er ganz melancholisch seine Rückkehr mit »Home is home!« beschrieb. Was bedeutet das für »heimatlose« Menschen, die wir jetzt offensichtlich sind? Ich weiß es nicht. Irgendwie würde es bedeuten, dass Susanne wieder in Sahlenburg und ich in Duisburg lande. Wird es so kommen und wäre das das Ende aller unserer Träume?

Wofür steht das Leben? Was kannst du aus dem Leben machen? Gibt es etwas, dass nicht Teil der globalisierten Konsumwelt ist? Wie wäre es, jemand zu sein, der am Fluss Una lebt (von Minenbergen umgeben) oder sich auf einer Biofarm in Umag verwirklicht oder im Dolomitendorf Livinallongo die grandiose Szenerie stets vor Augen hätte und sich damit letztlich immer weniger identifiziert, weil der Geist dem Auge stets das Bild vorwegnehmen würde? Warum werden Menschen getrieben, für die Pflege ihres Hundes über zweihundert Euro monatlich an eine mehr oder minder unbekannte Pflegeperson zu entrichten, wohingegen in Bosnien jeden Tag aufs Neue mehrere hundert Hunde qualvoll am Straßenrand verkümmern? Sie hauchen ihr letztes Leben mit geöffneten Augen am Fahrbahnrand aus, missachtet vom Vorbeifahrenden, so lange, bis ihre Körper zu stinken beginnen, sich in der Hitze des Asphalts in einem extrem langsamen Pro-

Bosnien-Herzegowina (Tag 103 bis 111)

zess zersetzen, darauf wartend, schließlich durch einen Regenschauer in die Erde gespült zu werden. Was macht das für einen Sinn? Ich glaube, das kann ich heute nicht mehr herausfinden. But thank you, Derventa, we love it.

Bild 11: Caffe Vagabond

Falling in love with Derventa

Frühmorgens ist auf den Straßen Derventas der Teufel los. Sehr viele Menschen sind zu Fuß unterwegs. Gestern nach Einbruch der Dunkelheit waren wir es auch. Es gibt keine Straßenlaternen und Catwalks, aber modisch bis ans Limit aufgedonnert taumelten die Menschen durch die dunkle Stadt auf der Suche nach Sozialisierung, Abwechslung, positiven Lebensinhalten oder einfach, weil es schick ist. Damirs Vater Fadil leitet die Frühschicht. Als ehemaliger Journalist hat er bei unserer Story natürlich Lunte gerochen und gleich kommt ein Reporter einer serbischen Lokalzeitung vorbei, die über uns berichten wird, denn Touristen sind in dieser Gegend selten. Fotos werden geschossen, ein seit 38 Jahren in Köln lebender Bosnier aus Derventa übersetzt dem Reporter unsere Reisegeschichte. Er heißt Izudin, ist in Köln nur als Isko bekannt. Mittlerweile sei er Witwer und mit seiner ersten Jugendliebe, ebenfalls verwitwet, befinde er sich auf dem gemeinsamen Weg des Lebensabends. Ich bin abermals erschüttert, wie wenig ich von den Balkanstaaten weiß, oder besser, welches medial aufbereitete Zerrbild ich im Kopf mit mir herumtrage. Weder Kroatien noch Bosnien oder Serbien sind in der EU (trotz oder gerade wegen der Teilnahme am Grand Prix?). Fadil denkt, selbst in zehn Jahren werde es den Euro in Kroatien nicht geben, auch wenn der EU-Beitritt für 2009 angestrebt wird. Er selbst sei aber angekommen an seinem Platz. Die Jahre als Flüchtling in Deutschland und den USA reichten ihm, er brauche jetzt nur noch sein Haus, seine Heimat, sonst nichts. Seine Frau Miliza ist heute Morgen aus Montenegro nach stundenlanger Schüttelreise eingetroffen, wirkt dennoch frisch wie eine Zwanzigjährige, ist grundsätzlich reisefreudiger als Fadil, allein schon, weil in München noch Verwandtschaft wohnt. Damir ist in Gedanken an ein Mädchen versunken, das er erst vor vier Tagen kennengelernt hat und in das er mächtig verknallt ist, die aber in Deutschland arbeitet und am Montag wieder hinfahre, was ihn halb verrückt mache, weil »diesmal alles stimmt«.

Wir fahren schweren Herzens weiter, mit einem Familienmodell im Kopf, wie ich mir das für uns gut vorstellen kann. Nur der Glaube, dass das so umsetzbar ist, also ob das gegenseitige moralische Stützen und das gemeinsame, freudig-zukunftsorientierte Anpacken aller Generationen so möglich ist, fehlt mir ein wenig.

Zwischen Polje und Podnovlje liegt die Geisterstadt Kulina, deren Besichtigung Fadil unbedingt empfahl. Alle Häuser sind hier verlassen und mit Wildwuchs versehen. Kilometerlange Ruinen zeichnen den Weg zum einzigen Lichtblick, einer überdimensionalen Kirche, die gleichzeitig der höchste Punkt der ganzen Region ist.

In Modriča überqueren wir die Bosna auf einer modernen Edelstahlbrücke, die »japanische Menschen gebaut haben« (»made by the people of Japan«), die also Japaner über Spendengelder haben möglich werden lassen, wie es eigentlich lauten müsste. Die Gastfreundschaft ist schon bemerkenswert, als wir wenig später Richtung Gradačac auf einen Bauernhof einbiegen. Nicht nur, dass die Altbauern direkt mit Melone und Kaffeetablett auftauchen und ihre Dusche anbieten. Nein, die Jungbäuerin, die in ganz gutem Deutsch erzählt, jedes Jahr drei Monate in Deutschland zu putzen, will ihre Privaträume quasi räumen für uns, was wir dankend und mit Verweis auf das bequeme Zelt ablehnen. Wir wollen schließlich nicht zur Last fallen. Ein kleiner Wettstreit entfacht sich sodann zwischen Jung und Alt, wer den Gästen denn die Dusche zur Verfügung stellen darf. Da wir das Zelt gleich neben dem sehr wachen Wachhund aufbauen, ist an Schlaf erneut nicht zu denken. Susanne flötet dem aufgeweckten Tier, immer wenn es mal wieder grundlos durchdreht und die stille Nacht in ohrenbetäubendes Gebell verwandelt, eine zugegeben hörenswerte Eigenkomposition zwischen »Für Elise« und »Jingle Bells«. Der Kläffer ist gleich derart verdutzt und begeistert ob der angenehmen und unbekannten Töne aus dem Nachbarzelt, dass sofortige Ruhe einkehrt. Dem Hündchen sind aber die musikalischen Pausenzeiten bekannt und so beginnt es, nach einem kleinen Intermezzo der Stille, nach einem Ausharren einer Fermate im 5/8-Takt, erneut mit einem Tinnitus auslösenden Streichkonzert in h-Moll für einen Hund ohne Orchester, in mezzofortiger Lautstärke und einem monologisierenden Gebelltremolo, bis Susanne, fleißig lauschend, doch ein wenig genervt applaudierend ihre mehrstimmige Flötmelodie dagegensetzt, freilich ohne dem Beller die endgültigen Flötentöne der lautlosen Art beibringen zu können.

Brčko & Tito

Um sechs Uhr dreißig sitzen die beiden Alten auf unserer schwarzen Matte, positionieren ihr kleines Tablett mit duftendem Kava auf den Backsteinen, die sie eigens als Stuhlersatz herangeschafft haben, und beginnen zu sprechen, zu gestikulieren, zu lachen, obwohl wir nicht antworten, weil wir nichts verstehen. Wir strahlen zurück, lachen über ihr Lachen und haben Spaß, so wie sie auch, darüber, dass wir einfach nur hier sitzen, hier sein dürfen. Mit dem Abschiedsmüll können sie nichts anfangen (wahrscheinlich verbrennen sie ihn gleich) und das Lavendelfläschchen als kleines Dankeschön wird mit einem Blick betrachtet, als ob es für das nächste Duschen komplett als Duschgel verwendet würde. Zwei volle Kilogramm Tomaten drückt uns die Bäuerin aufs Auge.

Es ist Markt in Gradačac und die im Talkessel gelegene Stadt versinkt in

Bild 12: Das zweite Frühstück

Menschenmassen. Wir umfahren das Chaos. Nach heftigem Schieben ist Mionica, das höchstgelegene Dorf im ganzen Umkreis, umso schöner und wir genießen den fantastischen Ausblick. Turič mit seiner neuen Kirche und den schönen Häusern liegt auf einem Hochplateau. Die heiße Mittagspause verbringen wir auf dem Schulgelände der Četrnaesta osnovna škola Krepšic, die zurzeit wegen der Sommerferien bis zum 1. September geschlossen ist. Gleich hinter der Eingangstür klebt an einer Glasscheibe das Warnschild mit der Aufschrift »МИНЕ!« (MINE!), als Erinnerung an den unauslöschlichen Krieg. In Brčko erwerben wir ein Übersetzungsbuch Hrvatski-Deutsch, machen Pause im Stadtpark, betrachten kopfschüttelnd den Lkw-Stau ringsherum. Der kühle Park verwandelt den von uns empfundenen Verkehrsstress der bisherigen Tagesfahrt in schmeichelndes Verlorensein. Wir atmen tief durch. Im Park beobachtet ein sehr südländisch aussehender Mann die Szenerie. Zufällig ist sein Blick, schlendernd sein Gang durch den Park, der Kopf wandert hin und her, sieht mal hier, mal dort hin. Plötzlich verlässt der Mann den Park, um ihn auf der anderen Seite wieder zu betreten. Die zur Schau gestellte Unauffälligkeit ist auffällig. Da ist ein wachsames Auge auf die Fahrräder erforderlich, so lange zumindest, bis ihm bewusst ist, dass seine Strategie nicht aufgehen wird.

Brčko ist die bislang größte Stadt auf unserem Weg durch Bosnien und die mit Abstand modernste. Das Zentrum ist während des Krieges weitgehend unzerstört geblieben. Hinter Brčko verläuft die Straße wieder direkt an der Sava, die hier erneut Grenzfluss zwischen Kroatien und Bosnien ist.

Der mit freiem Oberkörper die Mistgabel schwingende Spasoje war sechzehn Jahre in Deutschland, in der Stadt Butzbach, als Produktionshelfer und später als Lkw-Fahrer beschäftigt. Seine Frau Petra lebte unterdessen mit seiner Mutter in Bosnien. Spasoje grinst verwegen wie ein dreijähriger Lausbub, hat einen muskulösen Körperbau, eine direkte, fesselnde Art und eine unüberhörbare Stimme. Petra dagegen strahlt die Ruhe aus, die Spasoje fehlt, hat eine Haushaltsschürze umgebunden, mit der sie aber auch auf dem Hof anpackt, den Garten pflegt, sich um den Hühnerstall kümmert. Einige Kilometer hinter Brčko befindet sich der Bauernhof von Spasoje und Petra, an der kaum zu entdeckenden Stelle, an der ein abweisender kleiner Weg den Wald hinaufführt. Zwei Kühe zählt der Hof, einige Hühner und Schafe sind vorhanden, im Nebenerwerb bauen sie Mais an, um damit Spasojes Gehalt aufzubessern, das er in seiner verhassten hauptberuflichen Tätigkeit als Fahrkartenkontrolleur in der Stadt erhält. Als besonderes Schmankerl hält sich sein Sohn, der in Deutschland geboren wurde, einen Staffordshire, wohl das Gefährlichste, was die Hunderassen zu bieten haben. Der Kampfhund hetzt durch den Zwinger, ist außer sich, darf aus Sicherheitsgründen nicht heraus. Niemand außer dem zurzeit abwesenden Sohn kann die Bestie steuern. Illegale Hundekämpfe habe der Sohn schon damit bestritten, erzählt Mutter Petra, die wahnsinnige Angst vor dem Tier hat. Aber keiner hat den Mut, sich gegen den Hund auszusprechen, dem Sohn den Spaß an der zweifelhaften Freude zu nehmen. Spasoje erzählt und erzählt und macht Witzchen, in einem Wasserfall der Mitteilsamkeit. Ich vermute, er ist irgendwie einsam auf seinem grandiosen Landstrich oberhalb des Kriegsflusses, vergessen von der Gesellschaft. Er sorgt sich um die Zukunft seiner Familie, die er um sich hat, gleich drei Generationen. Wir sitzen zusammen im alten Haus in der Küche, weil im neuen Haus nebenan die alte Oma, Spasojes Mutter, aus Platzmangel in der dortigen Küche schläft. Manuela, Spasojes hübsche Tochter, wohnt ebenfalls hier, studiert Wirtschaft an der städtischen Fakultät, würde anschließend liebend gerne in Banja Luka an die Universität gehen. Wegen der Regenprognose könnten wir auch im offenen Auto in der Garage übernachten und wir müssen mindestens fünfmal beteuern, dass das Zelt dicht sei, gleichgültig welches Wetter Petrus prophezeie. Drei Stunden wird gefachsimpelt über Gott und die Welt, über die Frage, wie es eigentlich zum Krieg kommen konnte. Unter dem geliebten Tito sei alles viel besser gewesen, deshalb schmücken noch aktuell gültige Kalender mit alten schwarzweißen Lichtbildern des Mannes die Wände, der »nicht als Professor oder sonstiger Akademiker, sondern mit einfacher Schulausbildung« dem Volk stets aus dem Herzen gesprochen habe; der die vielen ethnischen und religiösen Volksgruppen Exjugoslawiens in einem friedlichen Miteinander einigen konnte und der (Spasoje gibt es zu) auch schon immer mit den Kosovo-Albanern seine Probleme gehabt hätte.

Kyrillisch for Srbija

Das Frühstück besteht aus selbst gemachtem Brot und leckerem Käse, vollständig eigenproduzierten Nahrungsmitteln. Da legt Petra Wert drauf. Manuela nimmt sich unterdessen Zeit, die kyrillischen Buchstaben aufzuschreiben, die uns in dem Schilderwald der Zweisymbolhaftigkeit auf dem bisherigen Weg nicht vollständig zugänglich gewesen sind. Jetzt sind die Großbuchstaben schon einmal präzise aufgeschrieben. Von A bis Z ergeben sich: А, Б, Ц, Д, Е, Ф, Г, Х, И, Ј, К, Л, М, Н, О, П, Љ, Р, С, Т, У, В, Њ, Џ, S, З. Das wäre aber jetzt zu einfach, schmunzelt die gebildete Manuela, die heute Morgen leichtes Rouge aufgetragen hat. Das kyrillische Alphabet habe noch mehr in petto, vor allem Ђ als Dj, Ж als Ž, das schöne Symbol Ћ für Ć, das umgedrehte Ч als Č und das gängige Ш für das lautmalerische Š (»Sch«). Aber darüber hinaus gebe es noch die kyrillischen Schriftzeichen für Dž, Lj und Nj, die selbst der guten Manuela momentan entfallen sind. Insgesamt ergibt die Hochrechnung satte 34 kyrillische Buchstaben, acht mehr (bei Berücksichtigung der Grundbuchstaben), als sich die Deutschen zu merken haben. Woraus der leckere Fruchtsaft ist, kann Petra nur zeigen, denn den betreffenden Baum haben wir auch noch nie zuvor gesehen. Die Großmutter begrüßt uns mit klarem Blick, aber offenen Beinen und schrumpeligen Zehen. Trotz ihrer 88 Lebensjahre ist sie äußerlich sehr gepflegt, trägt ein säuberlich gebundenes Kopftuch und einen langen schwarzen Rock. Sie küsst uns links und rechts auf die Wangen, blickt dazwischen in Gottes Himmel, trägt mit erhobenen Armen Stoßgebete vor, die eindeutig sind, die wir nicht wörtlich verstehen müssen. Eine große Geste der Zuneigung wird uns hier zuteil. Einmal mehr blitzt der Gedanke auf, dass die alte Generation, die so viel mitgemacht hat, noch andere Werte kannte. Manuela fährt zur Wirtschaftsschule in Brčko mit dem Wagen des Vaters und wir sind gerührt von der Verabschiedung. Spasojes Trick mit dem Minenabsperrband am Eingang des Waldweges, angebracht zur Abwehr der Müll hinterlassenden Liebespaare, die hier turtelten, und weniger als Markierung etwaiger Minenfelder, hat nicht geklappt. Die Müllberge an der Einfahrt zu seinem Grundstück beweisen das. Dafür kam der Strom heute Morgen zurück, der während des Frühstücks wie so oft ausging, ohne sich abzumelden. Der Fernseher läuft jetzt wieder, der nie verstummt, weder am Tag noch in der Nacht, der symbolhaft für das Tor zur weiten Welt steht, Ausdruck der Melancholie des Fernwehs ist, der Sehnsucht nach einem unbekannten Ziel, wo alles besser ist.

Von Brezovo Polje führt die Straße nach Vršani, wo die Abkürzung nach Crnjelovo nicht ausgeschildert ist. Deshalb bleibt nur der verkehrsreiche Umweg über die Megastadt Bijeljina mit ihren endlosen Vororten. In Dvorovi kaufe ich noch schnell ein bisschen Marmelade, um KM loszuwerden und weil ja nicht bekannt ist, ob es im (aus westlicher Sicht) »schuldigen Serbien« noch Nahrungsmittel gibt. Die bosnischen Grenzer sind jedenfalls sehr unfreundlich und verbieten lautstark das Fotografieren der nur in Englisch ausgeschilderten »state border«. Die serbische Grenzstation in Bosanska Rača ist vergleichsweise mickrig, die Autos werden ebenfalls kleiner. Wegen des gestrigen Unwetters gibt es auch hier keinen Strom und wenn hier mal etwas ausfällt, dann dauert die Instandsetzung ungewisse Zeit. In Bosut fehlt der Strom ebenfalls, sodass die Pumpen nicht funktionieren und das Wasser nur an der Tankstelle bezogen werden kann, die noch einen Generator hat und als inoffizielle Wechselstube sehr eigennützige Tauschkurse offeriert. Und so pilgert das gesamte Dorf zur Tankstelle, um auf dem Rückweg die exotischen Radfahrer und ihr Zelt zu bestaunen. Einer nach dem anderen schaut vorbei, zuckt die Schultern, dreht sich um, spricht über uns zu den anderen, bis schließlich alle gemeinschaftlich lachen. Aber wir nehmen es ihnen nicht übel, denn wir vermuten, dass sich nur sehr selten Touristen nach Bosut verirren, wie uns der in Wien aufgewachsene Bosnier, der als unser Dolmetscher die Kommunikation mit den Dorfbewohnern übernimmt, bestätigt. Wir betreten also Neuland im historischen Serbien. Die Gastgeber sprechen weder Deutsch noch Englisch, aber der österreichische Gastarbeiter gibt sein Bestes. Mäuse haben mittlerweile drei Löcher in die Unterplane gefressen und ein weiteres in den Unterboden des Innenzeltes, sodass wir jetzt nach unten offen sind. Vier Flicken später macht sich bestialischer Gestank breit. Das Zelt steht neben dem Putenstall des Kleinbauern, aber es gibt kein Zurück, weil das sehr unfreundlich gegenüber unseren Gastgebern und jedem Einzelnen der uns begrüßenden Dorfbewohner wäre.

Bild 13: Der Zeitungsartikel

Serbien

(Tag 112 bis 118)

Stillstand im Lande?

Milenko und Lilja haben zwei Söhne und tauen heute Morgen richtig auf. Nach der stinkenden Nacht neben dem Putenstall ist eine heiße Dusche genau das Richtige und der Kaffee duftet freundlich-familiär. Erstaunlicherweise erreicht der Frühstücksdialog die Zweistundenmarke, obwohl keine gemeinsame Sprache zur Verfügung steht. Liljas Schwägerin ist auch da. Sie fragen gestikulierend, was denn Susanne als Küchenleiterin verdienen würde. Jetzt wird es beängstigend, weil ohne eine bewusste Fehlinformation würden wir wohl einen Begriff heraufbeschwören, der in dieser Kultur nicht annähernd so stark verankert ist wie in der unsrigen. Deshalb kommen wir dem Neidfaktor mit einer Notlüge davon. Das zum Bruttogehalt umgedichtete Nettogehalt wird noch einmal deutlich (um mindestens die Hälfte) reduziert und dann mit zahlreichen Lamenti verkauft. Die Krankenversicherung, die Lebenshaltungskosten, vor allem die Mieten, einfach »schweineteuer« sei es in Deutschland, der Staat kassiere mächtig ab. Mit leichter Verdutztheit auf beiden Seiten wird die geschwungene Erklärung letztlich akzeptiert. Der Wert der Räder ist mittlerweile auf den Berichtspreis von fünfhundert Euro gesunken. Understatement pur, und doch bleiben Zweifel, weil in diesem ärmlichen Dorf alle arbeitslos sind. Das benachbarte Carvinsky-Lkw-Terminal, das einst Bosuts Aushängeschild war und Lilja und ihrer Schwägerin als Köchinnen einen Arbeitsplatz bot, wurde unlängst geschlossen.

Auf dem Weg nach Kuzmin überholen uns zwei Wagen, die berechtigterweise hupen. Zum einen der österreichische Bosnier auf dem Weg nach Wien, der den realistischen Fahrradwert einzuschätzen wusste (und ihn hoffentlich nicht im Dorf herumerzählte), zum anderen Lilja als Mitfahrerin eines weißen, vollbesetzten Ladas. Auch dieses Bild ist bezeichnend. Die Kapazitätsauslastung der einzelnen Autos ist in den Balkanstaaten wesentlich höher als in Deutschland, weil einfach mehr Nachfrage dem Angebot gegenübersteht, allerdings mit dem Ergebnis, dass nicht der Preis steigt, sondern in freundschaftlicher Nachbarschaftshilfe die Autos vollgestopft werden, weil einer immer noch einen anderen kennt, der mitgenommen werden möchte. Die importierte Marktwirtschaft funktioniert hier anders als beim Exporteur derselben.

An der Bosut-Tankstelle treffen wir auf einen bosnischen Lkw-Fahrer, der seit zwanzig Jahren in der Schweiz lebt und hier im Urlaub einen Taxijob ausübt, was eigentlich verboten sei, aber niemanden wirklich kümmere. Er erläutert den kürzesten Weg über die Berge nach Novi Sad. Bosut besitzt eine landwirtschaftliche Produktionsgenossenschaft (LPG) für rote Traktoren, Kuzmin ist weniger im alten Sozialismus verwurzelt und liefert Gastarbeiter östlicheren Aussehens (wobei auch Indien ins Einzugsgebiet passt). An diesem Sonntag wird in Kuzmin die stinkende Kanalisation erneuert, um ein grundlegendes Übel zu bekämpfen, das weite Teile Serbiens aufgrund der hinterherhinkenden Entwicklung betrifft. Im ländlichen Serbien stinkt es gewaltig nach Fäkalien und Straßenkadavern.

Zwischen Kuzmin und Erdevik prangt an einem Gutshof ein Verkaufsschild. Die Telefonnummer hat eine deutsche Vorwahl, das »za prodaju« (»zu verkaufen«) erfolgt direkt aus Burscheid. Die Felder preisen Maismonokultur der hybriden »Hibridi«-Marken Pioneer, ZP und Primos Max deutlich sichtbar an, allesamt schön genmanipuliert. Aber was sagen schon die Gene? Der Resthund mit raushängenden Gedärmen rechter Hand des Kopfsteinpflasters sagt auch nichts mehr. In Erdevik findet ein glückliches Familientreffen statt. Scheinbar sind alle Autos der Marken Yugo und Lada, die das Land je produzierte, aufgebrochen, die trockene Einsamkeit des vergessenen Dorfes zu verstopfen.

Die in landschaftlicher Hinsicht geringe Attraktivität der letzten Reisetage erreicht ihren Höhepunkt an dieser Stelle Serbiens, was den Vergleich zwischen den drei durchfahrenen exjugoslawischen Staaten bemüht: Kroatien wurde nach dem Krieg massiv unterstützt und erfreut sich nun wieder hunderttausender Touristen jährlich. Auch die

Beitrittsverhandlungen für die Aufnahme in der EU rücken dieses Land immer stärker in unser Bewusstsein. Bosnien ist dagegen unbekannt und geheimnisvoll, aus sich heraus aber auch sehr modern und aufgeschlossen (trotz anderslautender Gerüchte), weil es von den gewaltigen Re-Investitionen der Exflüchtlinge profitiert, die in der ganzen Welt gutes Geld verdient haben und nun in die geliebte Heimat zurückkehren. Und das Land mit dem Autokennzeichen SBR? In diesem Landstrich gibt es keine sichtbaren Zerstörungen, aber auch keine erkennbaren Veränderungen im Vergleich zu den letzten Jahrzehnten. Es mutet grotesk an, aber in der Zerstörung liegt die Kraft des Wiederaufbaus, der ohne Zerstörung nicht stattfinden kann. Hoffentlich bestätigt Novi Sad im positiven Sinne diesen Eindruck des serbischen Stillstandes nicht.

Jetzt wird die Straße sehr steil. Die Region oder vielmehr der Nationalpark heißt Fruška Gora. Der höchste Punkt ist irgendwann erreicht. Die Frage nach Wasser wird in dieser Gegend der Wochenendhäuser ohne Brunnen so beantwortet: Jeder bringt von irgendwo sein Trinkwasser mit. Die meisten aber sind auf örtliches, vereinzelt erhältliches Kaufwasser umgestiegen. Vor einem schmucken Haus aus roten Backsteinen mit herrlichem Blick auf die abfallenden Ebenen am Rande der Fruška Gora treffen wir Daniela und Zlatko, die seit über fünfzehn Jahren in der Schweiz arbeiten, ursprünglich aus Montenegro stammen und nun bei Freunden zu Gast sind, die selbst passionierte »Exilschweizer« sind. Sie bringen eine unendliche Leidenschaft für ihre Exheimat mit, die sie auch in das von Hand gebaute Haus gesteckt haben. Die Hausherrin sieht ein bisschen wie Miss Elly aus »Dallas« aus. Ihn kennzeichnen breiter Humor und ein nagelneues Gebiss. Daniela ist vielleicht dreißig Jahre jung, trägt die schwarzen Haare zusammengebunden, bedeckt den Oberkörper mit einem Achselhemd und nutzt die Heimatbesuche in Montenegro in erster Linie für die verglichen mit der Schweiz wesentlich günstigeren Zahnbehandlungen. Einmal Reinschauen kostet hier nur zwanzig Euro, ein Zehntel des Betrages, der in Schweizer Franken fällig würde, trotz der Schweizer Krankenversicherung. Sie arbeitet in einem Kaufhaus der Schweizer Kette Migros in der Parfümerieabteilung. So schlimm wie Chanel No. 5 stinke, so schlecht ginge es den Serben mit ihren umgerechnet 150 Euro Monatseinkommen und der kaum vorhandenen, gesetzlich eigentlich vorgeschriebenen Anmeldung durch den jeweiligen Arbeitgeber, sodass die Ungemeldeten später nur eine kleine Rente zu erwarten hätten. Eigentlich wollten wir nur Wasser, aber der Grill ist schon angeschmissen. Zwar ist es jetzt, um drei Uhr nachmittags, brüllend heiß, dennoch werden Ćevapčići, Rašniči und chilischarfe Würstchen aufgetischt. Anstelle des simplen Wassers bieten sie uns Cola und Fanta im Überfluss an, so viel, wie der Bauch zu dieser ungewöhnlichen Tageszeit verträgt. Aber die körperlichen Anstrengungen der Fahrradtour haben den Organismus an flexible Nahrungsaufnahme gewöhnt. Ihm scheint es egal zu sein, Hauptsache, Kalorien und Kohlenhydrate werden irgendwie zugeführt.

Fruška Gora – Stressbewältigung

Die Region Fruška Gora begleitet die Donau auf einer Länge von 78 und einer Breite von circa 12,5 Kilometern. Der Crveni čot ist mit 539 Metern die höchste Erhebung. Der Nationalpark umfasst 23 000 Hektar überwiegend waldiges Gebiet und das größte Lindenbaumgebiet Europas, dazu 1500 Pflanzenarten, davon 670 Heilkräuter. Zurzeit wird die für ihre fünfzehn Klöster aus der Zeit zwischen dem 15. und 18. Jahrhundert bekannte Region von zwei außerirdisch anmutenden Fahrradfahrern unsicher gemacht. Den ersten Kontakt mit der Donau – die kleine Episode in Neustadt vor einigen Monaten ausgeblendet – haben wir in Banoštar. Zerfallene Häuser erstrecken sich von der Straße bis hinunter zum Fluss, unterbrochen von villenartigen Gebäuden, die den Kontrast zur grundsoliden Morbidität ins Unendliche steigern. Die Donau fließt ruhig dahin, keine großen Schiffe sind zu sehen, Angler werfen vereinzelt ihre Ruten aus. Es ist Montag und die Leute sitzen auf selbst gezimmerten Holzbänken vor den Häusern und atmen Abgase der »Meterware« Yugo Koral 45 oder 55, die ohne jegliche Abgasnorm sinnlos durch die Gegend zieht. Menschen, die sich sonntags dachten, warte doch auf Montag, sitzen dort an den Straßen, stellen an dem Montag, der jetzt endlich da ist, fest, dass keiner vorbeikommt, sie mitnimmt, abholt und irgendwo (möglichst an einem Arbeitsplatz) wieder absetzt. Auch montags ist die Arbeitslosigkeit allgegenwärtig. Direkt vor den Möchtegernvillen ist alles sauber geputzt, links und rechts davon türmen sich die Müllberge der Während-der-Fahrt-Entsorger. Am Ortsausgang befindet sich die große, noch mit Kohle beheizte Zementfabrik Lafarge Cement, die schon seit 1839 existiert. Auf der stark erneuerungsbedürftigen Straße nach Beočin bekommt Susanne von Bauarbeitern Mlečna čokolada (Milchschokolade) geschenkt. Die kroatische Währung Kuna wechseln wir in Sremska Kamenica in »Serbische Dinar«, während uns seltsame Typen ansprechen und fragen, ob wir vielleicht die Holländer seien, die sie erwarteten. Wir verneinen, überqueren die nagelneue Brücke, die eigentlich Autos vorbehalten ist, und landen schließlich in Novi Sad, mit dem rückwärtigen Blick auf die Fruška Gora am anderen Donauufer, die ausschaut wie der Feldberg, von Frankfurt aus betrachtet. Jetzt wird es ungemütlich, weil die Umgebung nur noch fremdartige kyrillische Schriftzeichen hervorbringt, die wir trotz des bekannten Alphabets in der Kürze der Erfordernis nicht zusammenbringen. Die Doppelübersetzung des Kyrillischen in eine uns verständliche Sprache, also die Umwandlung der kyrillischen Schriftzeichen in lateinische und die anschließende Übersetzung ins Deutsche oder Englische, ist extrem zeitaufwendig. Der Kiosk verkauft Stadtpläne, aber der eingezeichnete Campingplatz, der auf der in die Donau hineinragenden Halbinsel liegen soll, mit dem kleinen vorgelagerten Jachthafen, existiere schon seit fünfzehn Jahren nicht mehr. Nur Bungalows werden am Ribarsko ostrvo angeboten. Aber der Platzchef ist so nett und erkundigt sich nach einer Jugendherberge. Die liegt in der Altstadt hinter dem Dunavski Park. Tatsächlich steht ein großes Hostel bereit, mit über dreihundert Betten und prospektmäßig versprochenem Internetzugang. Aber leider ist es im Moment wegen gravierender Bauarbeiten geschlossen. Frust kommt auf, als wir zur Touristeninformation fahren, die noch geöffnet ist und auf eine andere Herberge verweist. Diese entpuppt sich jedoch als eine mit Betten zugestellte vierte Etage und ist obendrein »fully booked«. Außerdem hätten die Fahrräder weder hochgewuchtet noch in der Holzbaracke auf dem dreckigen Innenhof eingeschlossen werden können. Also fahren wir unverrichteter Dinge erst einmal zur Pošta neben der Information. Dort werden allerdings keine Telefonkarten verkauft, diese seien nur in der Hauptpost erhältlich. Die Vorwahlnummer (+49) für Anrufe nach Deutschland wiederum funktioniert nicht aus Serbien. Derart eingeschränkt, streiten wir jetzt, der Frust steigert sich ins Unermessliche. Ich will hier weg, weiß aber auch, dass das nicht immer die beste Lösung ist. Das vorrangige Problem sind erst einmal die Räder. Wären wir diese los (könnten wir sie an einem sicheren Ort unterstellen), dann könnten wir uns ungezwungener in der Stadt bewegen. Nach einer weiteren Stunde des Suchens bleibt schließlich nur der Gang (nicht nach Canossa, sondern einen Vorsatz zu Grabe tragend) in das verhasste Gasthaus. »Fontana« heißt die Auserwählte trotzig, die tief in der Altstadt liegt. Die Räder können wir in einer feuchten Schmuddelgarage der Gasthauskatakomben abschließen.

Es ist unerträglich heiß, wir schieben Kohldampf und nehmen widerwillig den Übernachtungspreis von 36 Euro zur Kenntnis. Der wird durch den schönen Blick auf die Altstadt mit ihren vier Kirchen etwas erträglicher. Zügig kaufen wir Butter, Cola und Semmeln ein, bevor wir auf die Betten sinken. Meines verliert sogleich die Einzellattenhölzer, Susannes quietscht bis zum Anschlag. Es bleibt das Resümee, dass die No. 12 im »Fontana« für durch FSK-Siegel beschränkte, eindeutig horizontale Aktivitäten der angenehmen Art höchst ungeeignet ist. Eine Stunde vor Mitternacht dreht die unsichtbare Disco (gelegen irgendwo neben dem Gasthaus) zum krachenden Abschlussball auf, raubt den letzten mickrigen Nerv des splitterfasernackt nach Luft schnappenden Autors.

НОВИ САД (Novi Sad)

»Гестерн хабен њир.« Sorry, jetzt noch einmal: Gestern haben wir versucht, einen von Vaters Exfußballkollegen zu erreichen, aber der einzige Pavlić mit Vornamen Georgiji aus dem Telefonbuch fühlte sich absolut nicht angesprochen, konnte sich nicht daran erinnern, einmal Fußball gespielt zu haben. Wir hängen noch eine Nacht im »Fontana« dran. Da ist einfach der Wunsch, mehr Zeit zu haben, um die Atmosphäre der Stadt aufzusaugen, die so wundersam eindringlich anders ist als die westlichen Metropolen. Auch können wir nicht leugnen, dass die Reise mit dem Fahrrad uns hinsichtlich der Erlebnisse schon öfter an die Grenze des Verarbeitbaren geführt und nur wenige Momente des Relaxens geboten hat. Genau dieses Defizit soll heute ausgeglichen werden. Ganz bewusste sinnliche Wahrnehmung steht auf dem Programm.

Schlendern im Dunavski Park. Menschen sind hier einfach sie selbst und nicht mit dem Vorsatz unterwegs, Sinn zu suchen, sondern zu reden, zu atmen, zu sein, Alt wie Jung. Auch wir trinken Wasser aus

Serbien (Tag 112 bis 118)

erfrischenden Mundspülungsanlagen des Parks, nach vorne gebeugt, den Nachbarn angrinsend, den Strahl des Wassers schlürfend. Ein sinnliches Erlebnis, ein interkultureller Austausch. Oben thront die Stadtfestung. Nur die soll betrachtet werden, weil das Besuchen sämtlicher Sehenswürdigkeiten in der kurzen Zeit erneut überfordern würde.

Die Petrovaradiner Festung liegt gegenüber der Stadt. Erbaut im 17. Jahrhundert von Österreichern, wirkt das kostenlos zugängliche Denkmal über dem Ortsteil Petrovaradin wie eine Schutzburg. Unten im Dorf verstecken sich die schmalen Gassen zwischen den Häuserfluchten. Von Weitem sichtbar ist die alte Turmuhr, die so große Stunden- und Minutenzeiger hat, dass sowohl die Bewohner Novi Sads als auch die Kapitäne der vorbeifahrenden Schiffe stets wussten, welche Zeit geschlagen hatte. Die Festung selbst erstreckt sich über 112 Hektar und besitzt sechzehn Kilometer unterirdisch verlaufender Kasematten. Angeordnet nach den Plänen des Franzosen Marquis Sebastian Vauban, wird sie wegen ihres robusten Charakters auch als »Gibraltar der Donau« bezeichnet.

Kaffee, Eis, echte Zitronenlimonade, schlemmen und leben, das wird heute der Genusstag schlechthin, auch wenn gleich neben der Zmaj Jovina (Zmaj war ein berühmter Dichter für Kinderpoesie) Fixerspritzen den Bürgersteig vor dem Geschäft für Angelzubehör bedecken. Abschreckend ist auch das Parallelbild, einerseits die Roma mit eingewickelten Kindern und ausgestreckten Händen, die auf der Straße liegen und jammern, während andererseits die durchschnittliche Jugend Novi Sads mit Nokia-Handy am Ohr, Hilfiger-Jeans tragend, sonnengebräunt, bauchnabelfrei, mit Gel im Haar, Boss-Parfüm (für die Herren der Schöpfung) und einem Hauch von Dior (für die endlosen Paris-Hilton-Imitationen) auf den Flaniermeilen der Stadt stelzen. Serbien ist das Land der Gegensätze für das (neutral formuliert) nasale Erleben. Bietet der ländliche Raum einen von außen hineingetragenen Geruchsmix aus modrigem Wasser, verendenden Tieren und Abgasen, so ist der städtische Geruch weitaus differenzierter, weil von der persönlichen Duftnote jedes einzelnen Passanten beeinflusst.

Jetzt geht mir noch die lebens- und manchmal arterhaltende Frage durch den Kopf: Was mache ich mit dem Klapperbett im »Fontana«? Soll ich die Matratze auf den Boden legen? Kann ich die Einzelhölzer in den Holzrahmen dübeln? Wie erkläre ich dem Gastwirt die Erfordernis des nächtlichen Bewegungsdranges? Fragen, die nur der Umstand, dass wir nicht im Zelt schlafen, produzieren kann.

Bild 14: Willkommen in Novi Sad

What if god was one of us?

Der Krebs ist mächtig und stark. Er schlummert vor sich hin, versteckt sich hinterlistig, lässt dem Geist freies Spiel unbegrenzter Möglichkeiten, gibt der Seele Futter für grenzenlose Freiheitsträume. Und urplötzlich schlägt er zu; er erwacht und lässt dem Körper keinen

Frieden, sondern signalisiert in unübertrefflicher Eindeutigkeit die Begrenztheit des eigenen Lebens. Während der Geist noch Pläne schmiedete, ist der Körper befallen worden. Sobald der Krebs erkannt ist, wird die Freiheit der Gedanken durch den eigenen Körper illusioniert. Meine Mutter kämpft für das Leben und gegen den Krebstod. Das Gefühl, sie durch räumliche Nähe irgendwie unterstützen zu wollen, war in den letzten Tagen besonders groß. So entscheiden wir uns, die Reise auf der nördlichen Route fortzusetzen.

Novi Sad ist also der geografische und geistige Wendepunkt der Reise. Diese interessante, prickelnde, mit Annehmlichkeiten und Widersprüchen vollgestopfte Metropole hat uns gefangen genommen. Ein letztes Mal tauschen wir Euro gegen Dinar. Das ist kompliziert, da viele Menschen wenig Geld bei stark genervten Bankern mit unterschiedlicher Arbeitsgeschwindigkeit (um es einmal ganz diplomatisch auszudrücken) zu tauschen gedenken. Auf dem Weg zur Wechselstube fiel uns auf, dass Bettler in der Stadt standorttechnisch rotieren. Die Frau mit dem Kind auf dem Arm, die den vorbeihuschenden Touristen ihre abgearbeitete Handfläche entgegenstreckt und sie aus stahlblauen Augen flehentlich ansieht, um so ein paar Dinar (besser Euro) zu erbetteln, saß gestern nicht vor der Kirche, sondern am Brunnen. Der Fidelspieler, der gestern ohne Harmonieverständnis und nahezu tonlos für ein paar Groschen am Brunnen fidelte, schwingt nun vor der Kirche seinen Bogen. Die Postbeamtin bleibt dagegen standhaft sozialistisch. Was in dem Paket nach Deutschland sei? »Eine Foto-CD«, versuche ich es. Aber sie guckt arg misstrauisch und winkt die Vorgesetzte herbei. Die kann ein wenig Englisch, versteht das Geäußerte, versichert der weiterhin kritisch dreinblickenden Untergebenen, dass das Paket nicht wieder aufgerissen werden müsse. Letztlich vertrauen sie uns doch, denke ich.

Die scharfe Frühstückswurst, die es im »Fontana« gab, liegt mir schwer im Magen, versucht sich unaufhaltsam vorzuarbeiten. Auf dem Donauradweg No. 6 herrscht Autohochbetrieb. Hier hat man wohl etwas missverstanden, aber wie sollen die Leute sonst ihre schicken Häuser neben den erneut befremdlichen Privatmüllkippen der hiesigen Donauauen erreichen?

In Futog säuselt das Strandcafé »What if god was one of us?«. Zunächst hätte er wohl auch den Holperweg an der Donau gegen die Parallelstraße ausgetauscht. Anschließend wäre er mehr strategisch vorgegangen, hätte

Verbotenes gefragt, denn er könnte es sich doch erlauben. Was verteidigt zum Beispiel die deutsche Wehrmacht (pardon, Bundeswehr) am Hindukusch? Warum haben in den USA 47 Millionen Menschen keinen Krankenschutz? Wieso hungern so viele Menschen, wenn doch die Deutschen allein ein Geldvermögen von 4760 Milliarden Euro angehäuft haben? Insgesamt eine schwierige bis unlösbare Aufgabe, dieser Tage Gott zu sein. Wenn er einer von uns wäre, könnte alles etwas leichter erklärt werden. Denn den Menschen ist so ziemlich alles zuzutrauen. Sie sind es, die obige Fragen erst möglich werden lassen. Bisweilen ist das Menschsein unschön.

Die bisher schönste Stadt ist Bačka Palanka mit ihrer circa zwei Kilometer langen, vollkommen schattenspendenden Baumallee, auf der wir die Grenze nach Kroatien überqueren könnten. Doch wir bleiben im lieb gewonnenen Serbien.

Um siebzehn Uhr werden in Obrovac die Räder zur Seite gestellt, weil die Hitze schonungslos zugeschlagen hat. Entlang der Straße sind keine Bäume, monokulturelle Maisfelder so weit das Auge sehen kann. Heute denke ich intensiv an zu Hause und die alte Firma. Was die Kollegen wohl so machen? Ich müsste meinem Exchef vielleicht ein paar Grüße übermitteln. Sentimentalitäten am ersten Reisetag nach Norden, oder soll ich sagen nach Hause? Aber wo ist das wirklich? Der Asphalt flimmert, der Kopf summt, wahrscheinlich war die Hitze der letzten Tage, jenseits der 45-Grad-Celsius-Marke, eine Umdrehung zu hoch. Wie die Protagonisten im Steele'schen Schmachtfetzen »The Ring«, den ich (zugegeben, es gibt Anspruchvolleres) gerade lese, haben Susanne und ich ebenfalls kleine Familien und einige Angehörige, mit denen in Zeiten des egomanischen Individualismus aber nicht viel Austausch stattfindet. Jeder ist immer nur auf seinem Weg, aber wohin und mit welchem Ziel? Das hat Gott wahrscheinlich nicht geplant, dass die Jugend die Alten in Pflegeheime abschiebt und der Gutsherr Staat auch noch gezwungen wird, eine planorientierte Pflegeversicherung einzuführen. Wer an Gott glaubt, kommt zu dem Schluss, dass er keiner von uns sein kann. Kein Gott hätte die Familie sterben lassen, um dem Staat eine Pflegeversicherung aufzuerlegen. Wo stehen wir? Einer für alle, alle für einen? Wohl eher: Jeder für sich, mir das Meiste. Ideal wäre der Standpunkt: Wir für die, die uns brauchen, und die für uns, damit wir Werte finden und glücklich werden. Sucht der Sinn den Verstand und sagt: »Ich finde dich nicht.« Reflektiert der Verstand und antwortet: »Aus welchem Grund?«

Serbien (Tag 112 bis 118)

Mit Speck fängt man Mäuse oder Giftiges Wasser

Vor einigen Wochen fühlte ich mich »clumsy« in Tolmezzo (zur Erinnerung: In einem Café lauschten wir bei strömendem Regen der eindringlichen Musik, am Abend wurde uns der Rio Tagliamento fast zum Verhängnis). Ich denke gerade, es muss mehr geben, als den aktuellen Gastgebern Malin und Branka zum wiederholten Mal zu erklären, woher wir kommen, warum wir mit dem Zelt unterwegs sind. Wir können uns ihnen kaum mitteilen, und sie wiederum stecken in dem gleichen Dilemma. Es folgt laienhafte Zeichensprache in Reinkultur. Malin ist Landwirt, zeigt mit den Händen auf das am Straßenrand stehende Fahrzeug der Lkw-Spedition Panonija-Trans, anschließend auf sich und streckt die Finger beider Hände in eindeutiger Symbolik nach oben. Er erläutert auf diese umständliche Weise, zehn Jahre Lkw-Fahrer gewesen zu sein. Er bringt irgendwie hervor, die Verbindung Deutschland-Serbien bedient zu haben und versteht deshalb zumindest »Guten Tag« und »Danke«. Malin grinst nach erfolgreicher Erklärung über das ganze pigmentierte Gesicht und stellt seine schlechten Zähne schamlos zur Schau. Branka ist unbäuerlich fein angezogen und wirkt, anders als Malin, durchtrainiert und dünn. Gestikulierend erklärt sie uns, dass sie vormittags als Verkäuferin arbeitet. Die Gesprächslücken überbrücken beide durch liebevolles Ziehen an den Zigaretten. Beide besitzen auch ein Handy, das sowohl in Bosnien als auch in Serbien Statuscharakter hat, denn insgesamt blicken Malin und Branka auf eher bescheidene Lebensverhältnisse innerhalb des völlig eingemauerten Bauernhofes. Trotzdem scheinen sie positiv zu denken, irgendwie innerlich glücklich zu sein. Äußerlich wird es dann ernst; nicht mit dem Erscheinen der elterlichen Altbauern, die um diese unwirklich frühe Zeit schon Schnaps trinken. Es ist erst sechs Uhr morgens, was das gängige Argument der Daheimgelegenen deutlich widerlegt, das sinngemäß Folgendes behauptet: »Ihr könnt doch lange ausschlafen, ihr arbeitet ja nicht!« Komisch wird uns eher, als Malin ein lebendiges Schweinchen von der vermuteten Größe eines Ferkels herbeiholt, das, in einen Jutesack geschnürt, blind seinem Ende entgegenquietscht und einfach auf den Boden gelegt wird. Es werde gleich geschlachtet, anschließend zum Rösten aufgespießt. Die Hofhunde haben ihre Freude an dem sich windenden Etwas. Das blind zappelnde Ferkel gerät in verständliche Panik, sobald die Hunde ihren Spieltrieb ausleben, das Jutepaket beschnuppern und mit der Nase anstupsen. Wir verabschieden uns von der zur Schau gestellten Tierquälerei, schlucken aufkommende kritische Töne wieder hinunter. Denn wir sind hier nur Gäste.

Eine zahnlose Frau gibt uns ein Kilogramm geräucherten Speck. Wie aus dem Nichts ist sie aus den verwinkelten Straßen des kleinen Dorfes aufgetaucht, stellt das alte Fahrrad ab, kommt auf uns zu, umarmt uns, küsst uns auf die Wangen, überreicht freudestrahlend, mit Tränen in den Augen den von Herzen kommenden Speck und verschwindet wieder im Dorf. Wie wir später herausfinden, beträgt der Marktpreis für ein Kilogramm Speck 350 Dinar, umgerechnet vier Euro. Das ist allerhand, quasi ein Vermögen für die Frau. Sie scheint einfach glücklich zu sein, etwas Gutes tun zu können, hinterlässt mit ihrer Geste ebenfalls Glück in unseren nun auch feuchten Augen.

Tovariševo, der nächste Ort, ist auffallend sauber. Hier funktioniert die Mülltrennung anscheinend. Menschen sind auf uralten Fahrrädern unterwegs. Am Ortsausgang jedoch leben Sinti und Roma im knöcheltiefen Dreck in ihren stinkenden Verschlägen aus Holz und alten herangetragenen Steinen. Wellblechdächer bieten einen dürftigen Schutz. Eine alte Frau schiebt eine rostende Schubkarre mit einem Strohberg für das Fuhrgespannpferd, das noch für eine Art ursprünglicher Landwirtschaft eingesetzt wird. Die schwarz Gekleidete kämpft um jeden Meter, während die sie erwartende Tochter unter der niedrigen Eingangstür steht. Sie ist ungekämmt, trägt eine fleckige Flickenbluse über dem dunkelroten Staubrock, besitzt ein »rassiges Aussehen«, wie die Männerwelt allgemein sagt. Ihre Erscheinung mit den seit geraumer Zeit nicht gewaschenen schwarzen Haaren steht allerdings im unästhetischen Gegensatz zum Sauberdorf. Endlich ist die Alte angekommen. Die Junge schaut ihr beim Abladen zu, ohne mitzuhelfen, zündet sich seelenruhig eine Zigarre an. Jetzt sind es 40 Grad Celsius in Odžaci, mittags um ein Uhr. Das Chleb genannte Biobrot kostet hier im Laden, der um diese Zeit geöffnet ist, 27 Dinar, plus drei Dinar Mehrwertsteuer, also insgesamt umgerechnet 38 Eurocent, für fünfhundert Gramm Biobrot. Das kann sich durchaus sehen lassen. Und in Deutschland? Dort lässt es sich der Bäcker gut bezahlen, wenn die Arbeitszeit um Mitternacht beginnt. Mir entfährt es: »Verdammte Abzocke, die bei uns läuft.« Und dann noch diese unerträgliche Jammerei, es könne nichts verdient werden, während gleichzeitig in einigen Städten auf eintausend Metern Einkaufszone acht Backgeschäfte um die Gunst des Brötchenessers konkurrieren.

Doroslovo empfängt uns mit einer alten, stark renovierungsbedürftigen Kirche, geschmückt mit roten Doppeltürmen und vergoldeten Kreuzen. Es handelt sich um eine Wallfahrtskirche mit ungarischer Bildersymbolik und eisenhaltigem, aber heilig gesprochenem Wasser. Zum ersten Mal auf dieser Reise überhaupt haben wir jetzt massive Trinkwasserprobleme, finden keine Brunnen, erhalten bei den Menschen nur ein untrinkbares Wassergebräu und müssen schließlich welches zukaufen. Das flächenmäßig große Dorf endet mit einer landwirtschaftlichen Produktionsgenossenschaft (LPG) und einem kleinen Fußballbolzplatz, der zum Übernachten einlädt. Vor der LPG langweilt sich der Schrankenwart in einem kleinen gemauerten Torhaus. Dahinter fletscht der Wachhund jedem Neuankömmling seine scharfen Zähne entgegen, bellt ungeliebte Gäste in die Flucht.

»No voda!«, kein Wasser, sagt der Wärter, aber in den alten Umkleidekabinen des (bereits 1932 gegründeten) Fußballklubs F. K. Mostonga müsse welches fließen. Es fließt auch, entfaltet aber zischende und gurgelnde Eigenschaften, verfärbt sich alsbald gelblich und riecht stark schwefelhaltig. Der nächste Versuch im Dorf endet ähnlich. Ein Junge hat mich gesehen, spricht Englisch, was erstaunlich für diese arme Region ist, in der es (Berichten zufolge) an Englischlehrern mangelt, und führt mich auf den elterlichen Hof beziehungsweise auf den als Hof zu interpretierenden Bereich. Ich fülle eigenhändig Wasser ab. Gelbes, stark nach Schwefel riechendes Wasser zischt auch hier in die Plastikflaschen. Reines Brackwasser entspringt der Pumpanlage auf dem Hof. Der Vater liegt (in der Hand eine Schnapsflasche) ebenfalls abgefüllt vor dem Scheunentor auf der dreckigen Erde, versucht dem Alkohol mit verköstigten Weintrauben eine Unterlage zu verschaffen, lächelt nur, da er sein Trinkwasser kennt. Das Dorf hat auch keinen erkennbaren Dorfladen, der sauberes Wasser verkaufen könnte. Ein Dorf ohne dobra voda. Schwitzend, die lästigen Moskitos vertreibend, liegen wir klebrig im Zelt, der Gaumen ist ausgetrocknet, die Wangen glühen, die Stirnen brennen. Das grüne Außenzelt musste dem neongelben Innenzelt weichen, damit wir überhaupt noch atmen können.

Bild 15: Das wertvollste Geschenk

Korrelationen

Stapar ist das Dorf der Fahrradfahrer. Vor der Bäckerei zeigt ein radfahrender Bauer auf unsere Räder: »Bicikle Mercedes!« Ich verneine kopfschüttelnd, zeige auf die relativ moderne, anscheinend neu renovierte Bäckerei. Das sei doch wohl Reichtum, wir dagegen hätten nur noch diese Räder. Aber er will mich nicht recht verstehen, ist eher geneigt, alle auf die besonders einmaligen Räder hinzuweisen, die erst ab Bosnien überhaupt irgendjemandem aufgefallen sind. Ansonsten ist die Strecke bis Sombor nicht gerade aufregend. Ab dieser größeren Stadt allerdings versprechen »Naturwege« des sogenannten Panonski put mira (auch Via Pacis Pannoniae genannt), dass die Landschaft reizvoller, die Pflanzenwelt bunter und die Zahl der Autos geringer wird.

Bački Monoštor ist ein liebreizender Ort am Eingang des Naturreservoirs Reservat Prirode Gornje Podunavlje. Pferdewagengespanne der beheimateten Bauern sind unterwegs, untermalen die Idylle der stillen, malerischen Natur. Nur selten kommen Touristen in diese Region, die aber – glaubt man den Hinweisschildern – darauf eingestellt sein will. Sinti und Roma fahren die Pferdewagen in den zeitlosen Baumalleen, die Schatten spenden, die Hitze fernhalten, abseits ausgetretener Touristenpfade. Wir befinden uns inmitten eines äußerst reizvollen Naturschutzgebietes und sind überrascht angesichts der nüchternen Natur der letzten Tage. In den Donauauen mäandert die Donau um wertvolle Feuchtbiotope herum, die Heimat für zahlreiche Tier- und Pflanzenarten sind. Doch der Schein trügt, hält nur eine halbe Stunde an, denn die als einzigartig angekündigte »Straße der Landschaftspflege« führt unausweichlich in die Zivilisation zurück. Einzelne Müllsäcke am Wegesrand deuten das Unheil schon an, nehmen zu, häufen sich zu einer ausgewachsenen Müllhalde. Noch hundert Meter und links und rechts des Parkweges türmen sich die Müllberge, die zu schätzungsweise achtzig Prozent aus den pfandlosen PET-Flaschen bestehen, die seit Kurzem Serbien, das Land ohne Entsorgungssystem, versorgen. Geradezu direkt durch die Müllhalde führt die Route des Landschaftsschutzgebietes. Gerade noch verklärte das Schild detailliert die Einzigartigkeit des Parks (sponsored by World Wildlife Fund), erweckte es die Sehnsucht nach schöner serbischer Landschaft zu neuem Leben; und jetzt schmeißt dieser Müllwahnsinn dem Betrachter stinkenden Müll vor die Füße. Der Widerspruch ist nicht auszuhalten. Ich stehe am Abgrund meines eigenen Wahns, blicke hinunter und muss kotzen.

Gibt es nicht so etwas wie ein exportierbares Müllsystem? Oder führt der serbische Sanktionierungswahn sprichwörtlich zur Verrottung eines ganzen Landes? Warum Kyoto-Protokoll oder Bali-Konferenz, wenn Länder wie Serbien wegen des Müllproblems vor die Hunde gehen? Das Bild der mit bloßen Händen im Müll grabenden Sinti und Roma, die von einem Oberaufseher dirigiert werden, veranlasst mich zu folgender philosophisch totalitären (an die EU-Politiker gerichteten) Frage: Sind die zu internalisierenden, volkswirtschaftlichen, negativen, externen Kosten der Nichtmüllentsorgung im Naturschutzgebiet (welch Hohn und Spott für dieses WWF-Projekt) nicht ungleich höher als die Zeitopportunitätskosten der deutschen Edeka- und Rewe-Plastikretournierer (damit sind wir alle gemeint, einschließlich des Autors); das heißt, jener Kosten, die der nörgelnde Deutsche (also ich) in Form entgangener Erträge durch Verfügbarmachung seiner wichtigen Arbeitskraft hätte erzielen können; also wenn er die Plastikflaschen nicht zum Handel zurückgebracht hätte, wozu ihn nicht sein schlechtes Gewissen, sondern der Handel selbst antreibt, denn Geiz ist geil und jeder nur sich selbst der Nächste? Die Antwort ist wesentlich kürzer als die Frage: »Ja!« Serbiens Müll korreliert positiv in negativer Weise mit den Müllvermeidungsstrategien des europäischen Duckbürgers.

Wer als echter Europäer seinem Europa und dem, was alsbald dazu gehören wird, die Liebe verspricht, sollte sich auch so verhalten und seinen Müll geradewegs aus dem Fenster kippen, nach dem leicht umzusetzenden Motto »Einfach weg mit dem Dreck!«

Noch vier Kilometer liegen vor uns bis zum müllfreien, politisch gewollten Vorzeige-, die traditionellen Werte allerdings leugnenden EU-Mitgliedsstaat Ungarn.

Zdenko & Ljiljiana

Wegen der zahlreichen Ereignisse, die uns noch ereilten, bin ich gestern Abend gar nicht dazugekommen, das Tagebuch zu komplettieren. Die angenommenen vier Kilometer waren falsch. Tatsächlich hatten wir die entscheidenden Schilder übersehen und waren in die falsche Richtung, zum kroatischen Batina, abgebogen. Wir rasten an einem Donauzufluss mit vielen kleinen Häusern, und wie es der Zufall will, spricht der Fahrer eines schweren Chevrolets eine Einladung zu Haus Nr. 49 aus, wenn die radelnden Herrschaften eine Übernachtungsmöglichkeit wünschten. Wir lassen uns bewusst noch etwas Zeit, sind uns aber einig, zumindest einen Blick auf das Haus zu werfen. Das größte Haus am Platz ist gleichzeitig das genau in der Mitte der einhundert aufgereihten Eigenheime stehende Domizil. Die beiden uns überraschenden Gastgeber werden ihrer Hausgröße gerecht, stellen wirklich alles in den langen Schatten der persönlichen Erlebnisse mit diversen Gastfamilien auf dieser Reise. Wir können essen und trinken, was und so viel wir wollen, das eigene Schlafzimmer wird sofort geräumt. Am Abend setzen sie der Gastfreundschaft noch triumphierend eins obendrauf, indem sie uns in ein teures, nur Insidern bekanntes Fischrestaurant am Donauufer einladen. Nur derjenige kann das abgelegene Lokal erreichen, der mutig genug ist, über den unbeleuchteten, unbefestigten Weg an die Donau zu schaukeln, um zwischen den Miet- und alten kommunistischen Ferienwohnungen puristische Zigeunermusik zu erleben, die gerade für uns an

Serbien (Tag 112 bis 118)

den Vorzeigetisch gezaubert wird. Dabei hat der Akkordeonkünstler, ein unbekannter Virtuose und augenscheinlich (wenn denn das Auge noch mitkommt) technisch versiert wie kein Zweiter, den gleichen Gesichtsausdruck wie Opernstar Placido Domingo, wenn der sich stimmlich ins Zeug legt, gekennzeichnet durch Schweißperlen auf der Stirn, Tränen der Leidenschaft und Anstrengung in den Augen. Im Unterschied zum berühmten Heldentenor fehlt unserem Protagonisten aber ein echter Zahn in der vergilbten vorderen Zahnreihe. Gastgeber Zdenko ist ein kumpelhafter, tätowierter Seebär, hat Glatze und eine kugelrunde Plauze, die sich erst nach seinem anstrengenden Arbeitsleben entwickelte. Zunächst habe er als Seemann die Meere dieser Welt erobert, anschließend jahrelang in Norwegen auf einer Ölplattform geschuftet, um abschließend als Lagerarbeiter am Osloer Hafen das wohlverdiente Rentenalter zu erreichen. In Norwegen habe er auch eine Wohnung. Seine Frau Ljiljana ist sehr charmant, fürsorglich, trägt (wie sie lachend zugibt) zu viel Speck um die Hüfte und hat doch tatsächlich die »ökologische Bio-Helga« im kroatischen Fernsehen gesehen. Schon wieder jemand, sodass ich langsam sicher bin, dass Helgas Fernsehkarriere nichts mehr im Weg steht.

Zdenko und Ljiljana haben zwei Kinder und eine stolze monatliche Pension von 3500 Euro. Sie wissen, dass das unglaublich viel ist, und stellen ihren Reichtum gerne immer wieder zur Schau. Da muss der Oberkellner erst einen Kollegen ins zwanzig Kilometer entfernte Dorf schicken, der eine schneeweiße Tischdecke besorgt. Denn er, Zdenko, sei hier nicht »mit serbischen Idioten, sondern mit deutschen Gästen« für ein feines Abendessen in genau diesem Restaurant erschienen. Ein bisschen Etikette darf es schon sein, auch wenn Zdenkos rotbesticktes Hawaiihemd nicht ganz zum Anspruch des noblen Gönners passt und die Plauze die Knöpfe seines Hemdes bedenklich strapaziert. Da wird den Zigeunermusikern ein Dinarschein nach dem anderen in den Mandolinenbauch gesteckt, jede Melodie melodramatisch mitgesungen, zwischen unzähligen Weingläsern textsicher baritoniert. Der sich entschuldigende Oberkellner, der anstatt der weißen nur eine rosafarbene Tischdecke herbeizaubern konnte, wird mit abfallenden Bemerkungen zum Tischeindecker degradiert. Und wenn schließlich trotz Überschreitung der Zweipromillegrenze der Wagen zum Haus zurückgedonnert wird, liegt das »Bestechungsgeld« für die Polizisten von Sombor, die Zdenko persönlich kennt, schon griffbereit in Ljiljianas Handschuhfach, gleich neben der geladenen Knarre, denn in dieser

Gegend müsse mit allem gerechnet werden, vor allem, wenn der Reichtum eingezogen ist. Deshalb sind auch die Fenster der Nr. 49 vergittert, weil die norwegische Versicherung dies im unsicheren Serbien verlange. Zu Hause steht schon das Bier kühl, Wurstaufstrich und Nüsse kommen auf den Tisch. Der Magen rebelliert gegen den vierten Liter Cola an diesem Tag.

Morgens erfolgt das gleiche Ritual. Zdenko verzichtet auf das Frühstück, führt dem daran gewöhnten Körper Hopfen und Malz in flüssiger Form zu, während Ljiljiana Wursttabletts hinauswuchtet, schließlich noch ein Glas Med (Honig) dazustellt, da wir signalisieren, morgens eher der »süßen Fraktion« anzugehören. Zum Abschied schenken Zdenko und Ljiljiana uns Lebensmittelkörbe (mit zahlreichen Wurstkonserven), ein paar tausend Ungarische Forint und eine Telefonnummer für den Notfall: »Rainer, wenn irgendwie zu viele Probleme sind, ich komme sofort, egal wohin, keine Probleme mehr. Du kannst auf Zdenko vertrauen.« Er würde uns auf der Stelle nach Deutschland fahren. Aber wir haben es so eilig nicht. Wir fahren erst einmal nach Ungarn und diesmal in die richtige Richtung.

Die ungarische Grenze liegt in Hercegszántó und schlagartig fühlen wir uns nach Deutschland katapultiert. Die Straßen und der glatte Asphalt sind auf höchstem Niveau. An den Straßenrändern findet sich nirgendwo Müll. In den Picobello-Dörfern gibt es gelbe, grüne und braune Müllcontainer, die Autos werden größer, die Menschen westlicher im Aussehen und blasierter im Auftreten. Arroganz ist spürbar, keine Form der Leichtigkeit, eher wirkungsvolle Zurückhaltung. Die Sprache ist komplett fremd, der nächste Ort Nagybaracska kaum aussprechbar, dagegen Baja ein Wohlgenuss an Wortkürze. Auch Ungarn hat Wallfahrtsorte, wie Mariakönnye-Vodica, ein Gnadenort, um den sich die Legenden ranken. Eine besagt, dass das Bild der heiligen Maria Tränen vergoss, als ein Wandersbursche bei einer Pause (auf dem Rücken liegend) nach oben schaute. Nachweisbar sind diese Versionen nicht, nur das Erbauungsjahr der Kapelle, deren Angebot die Bevölkerung der Batschkaer umfassend nutzt, ist mit 1811 eingraviert.

Es ist Samstag und die Menschen in Baja haben sich fein gemacht. So teuer wie ihre Anzüge, so teuer sind die Lebensmittel im Euroland des Forint, dreißig Kilometer hinter dem spottbilligen Serbien (ohne Hohn). Die Räder fallen nicht mehr auf, ein kleiner Junge fährt ein gelbes Hochglanzmountainbike mit integriertem Radio und GPS. Die Menschen grüßen nicht (wir sind ja nicht auf dem Balkan) und bezeichnenderweise

Serbien (Tag 112 bis 118)

spricht der erste Nachtplatzbefragte am perfekt ausgebauten Donauradweg nur Französisch. War der Rucksackreisende aus Ungarn, den wir in Baja nach dem Weg fragten, noch strahlend offen in seinem englisch-spanischen Kauderwelsch, so bedienen die Franzosen jedes Klischee: die sprechen nur Französisch, schütteln keine Hände, reichen das Trinkwasser über den verrammelten Zaun. Was machen die denn hier, wenn die sich nicht integrieren lassen wollen, oder ist das genau das Maß der Integration, das Ungarn zulässt? Kann es sein, dass die westlichen Länder die Integration nur beim anders Aussehenden sehen wollen, bei anderen schlechthin, sich selbst in andere Länder und Kulturen aber gar nicht integrieren lassen? Die Fingerspitze zeigt auf den anderen, die Hand gehört einem selbst.

Es ist dunkel, was auch die Scharen feindlicher Moskitos bemerkt haben. Während der Essensvorbereitungen radelt noch ein Deutscher ohne Gespür für den richtigen Zeitpunkt herbei, hält an und sagt, er brauche eine Dusche, werde deshalb auf den nächsten Campingplatz fahren; bevor wir etwas antworten können, radelt er wieder in die sternenlose, dunkle Nacht.

Bild 16: Ljiljiana & Zdenko

Ungarn

(Tag 119 bis 127)

Armes, reiches Ungarn

Irgendwie hatte ich das Loch im Boden gesehen und die schwarze Tarp an der Stelle offen gelassen, weil ich dachte, die Mäuse sollen das Ding nicht schon wieder anknabbern. Als es nach Sonnenaufgang summt, was die Wespe hergibt, ist schnell klar, dass in dem Loch keine Mäuse zu Hause sind. Da hilft nur eines: So schnell wie möglich raus aus dem Zelt. Schon erhebt sich die erste Wespe desorientiert aus dem Nachtloch, dann folgen weitere, eine nach der anderen, um ihr Tagwerk zu verrichten. Nach kurzer Zeit haben sich zwanzig Wespen unter dem Außenzelt versammelt, kommen nicht weiter und werden böse. Susanne kann die Aggressionen der Wespen nicht durch den übergestülpten Kochtopf abbauen. Daher lösen wir schnell die Zeltheringe und ziehen das Zelt samt Inhalt dreißig Meter in die andere Richtung. Von den Franzosen-Ungarn findet sich an diesem Morgen keine Spur.

Der Radweg führt durch den Nationalpark Duna-Dráva, der mit achtzehn Hektar Flutebenen der größte seiner Art ist. Die charakteristische Vegetation besteht aus schilfbedeckten Altwässern und Riedgraswiesen. Es handelt sich auch um ein Artenschutzgebiet für unter anderem den schwarzen Storch und den Seeadler. Tradition wird augenscheinlich auf dem ungarischen Lande großgeschrieben. Bacin (oder Bátya), das nächste Dorf, besitzt Paprika- und Knoblauchstände in Hülle und Fülle. Von den Dachüberhängen der typisch quadratischen Häuser baumeln Paprikaschoten in allen Farben. Auf den zweiten Blick aber hat Ungarn bereits verloren. In Kalocsa treffen die deutschen Handelsgiganten zum fröhlichen Wettbewerb aufeinander: Plus, Penny, Spar und Lidl. Es ist zum Verrücktwerden, als die geliebte einheimische Marmelade schlagartig nicht mehr existiert und die blassen Tomaten den vermuteten Hollandhinweis tragen. Und das Ganze so plötzlich. Hundert Kilometer weiter südlich war alles ganz anders. Da waren die kleinen Dorfgeschäfte, die weitverbreiteten Tante-Emma-Läden dominant, ließen den Hollandtomaten keinen Raum der Entfaltung. Da waren diffizile Abstufungen in der Landwirtschaft sichtbar, im Anbau unterschiedlicher Pflanzenarten. In Kroatien sprangen Pflaumen, Mais und Walnüsse ins Auge, Bosnien-Herzegowina vermittelte Abwechslung durch Pflaumen, Mirabellen, Mais, Kohl, Tabak, Walnüsse, Melonen und Tomaten, und Serbien schließlich offerierte zusätzlich zu den bosnischen Pflanzen noch Soja. Und jetzt hat die ungarische Monokultur die Diversifikation des Balkans schlagartig beendet. Und schlimmer noch, weil gleichzeitig Firmen deutschen Ursprungs vereinheitlichende, gleichmachende Produkte auf den ungarischen Markt werfen. Ein schwerer Schock, eine katastrophale Entwicklung. Auch die Preise haben wieder deutsches Niveau erreicht. Einzig die Sprache fungiert noch als Unterscheidungsmerkmal. Und was machen Ungarns Menschen, wie wirken die so, wie sind sie? Keiner ist zu sehen an diesem Sonntag, außer diejenigen, die in den deutschen Filialen einkaufen. Denn diese haben strategisch clevere Öffnungszeiten, während der alte ungarische Coop geschlossen bleibt. Offensichtlich hat Ungarn seine Seele für die EU-Mitgliedschaft verkauft, die Menschen marktmächtig dem europäischen Handelsprofit ausgesetzt. Gleichzeitig ist anscheinend das leichtfertig verschenkt worden, was insbesondere Bosnier und Serben so stark auszeichnet: ihre Identität, eigene Meinung, Authentizität, ein bisschen Stolz, verbunden mit Visionen, die Bereitschaft, auch mal Nachteile für die eigenen Ziele bewusst in Kauf zu nehmen. Für Ungarn bleibt nur die Erkenntnis: reich und arm zugleich!

Perfektionismus

Ich weiß nicht, wo wir sind, auch nicht mehr, was wir sind. Wir sind heute 87 Kilometer gefahren, an unsere Grenzen gestoßen, und haben gleichzeitig Ungarns Grenzen kennengelernt. Da keine Straßenkarte aufzutreiben ist (außer der des noch entfernten Budapest), reisen wir auf mathematischem Zufallskurs. Der gestrige Übernachtungsplatz war Dunapataj und nicht – wie angenommen – Foktő, was in der anderen Richtung liegt. Auch ein Wörterbuch ist nicht aufzutreiben. Das hätte denn auch nicht geholfen, da der perfekt ausgeschilderte Donauradweg hinter Baja abrupt endet. Der kleine Ort Harta hat zwar noch den angegebenen Hafen, aber keinen eingezeichneten Radweg. Und so beginnt wahrlich eine Schnitzeljagd um das Verkehrsschild als wichtiges Reglementierungsinstrument der europäischen Verkehrspolitik. Europa ist der bürokratische Schilderweltmeister, ein vernünftiger Radweg kaum zu finden. Die B51 dient als grobe Orientierungslinie nach Budapest. Dummerweise ist diese Landstraße an einigen Stellen zur Kraftfahrstraße ausgebaut worden, auf der Pferdegespanne, Traktoren und (kaum zu glauben!) Fahrräder nicht fahren dürfen. Ist das perfekte Verkehrsschild noch Ausdruck parlamentarischer Rechtfertigungsversuche des eigenen Berechtigungsdaseins der Abgeordneten, versagt der ungarische Perfektionismus an anderer Stelle komplett: Die Möchtegernbundesstraße wabert als popelige Landstraße ohne Standstreifen (und natürlich ohne Fahrradweg) durch die Puszta.

Dunavesce ist so ein typischer alter, hilflos schöner Ort, etwas abseits der Straße. Aber auch hier finden wir weder Kartenmaterial noch sonstige Hinweise auf den Donauradweg. Der Verkehr rauscht, die perfekte Monokultur aus Mais belastet das Auge und wird nur kurz durch Holunderfelder, die knapp dreihundert Meter neben der abgasverpesteten Straße stehen, unterbrochen. Dann folgt wieder Mais, so weit das Auge reicht. Vielleicht könnte daraus Ethanol für spriteinsparende Autos gewonnen werden? Dann wäre der perfektionistisch-bilaterale Handel mit dem amerikanischen Vorzeigeanbauland perfekt. Die lieferten genmanipulierte Maissaaten für ungarische Anbauflächen, weil die eigene Fläche für den Getreideanbau benötigt wird (die Erde ist halt in ihrer Nutzbarkeit begrenzt), und die Ungarn ihrerseits könnten gezüchteten Genmais gegen einige Dollar als Re-Import in die USA verkaufen, die mit Hilfe des kleinen Landes Ungarn ganz nebenbei ihre »Ökolinie« wiederentdeckten. Hier stellt sich einmal mehr die schon anderswo strapazierte Frage nach dem Sinn des Biorausches: Will die Welt Auto fahren oder was zum Essen haben? Echt einheimische Tomaten hat Dunavesce allerdings, eine billige Luxusspezialität, die trübe Tendenzen spärlich aufhellt. Denn selbst die berühmte Paprika ist spurlos verschwunden. Völlig sinnlos erscheint auch der Versuch, einen englischsprachigen Ungarn zu finden. Verständigungsprobleme treten somit auf, sei es auf der modernen Poststation oder im Supermarkt. Hier zeigt sich das wahre Manko des EU-Ungarn ohne EU-konforme Sprache.

Keine fünf Quadratmeter potenzielle Zeltfläche können zwischen der perfekten Monokultur gefunden werden. Nicht ein Bauer könnte angesprochen werden, weil es nur Felder gibt, der anbauende Mensch anscheinend flurbereinigt umgesiedelt worden ist. Felder, so weit das Auge reicht, drücken auf die Nerven. Ich bekomme zeitweise eine maisgetrübte Allesegal-Stimmung, während Susanne die letzten gefahrenen Straßenkilometer nach den bereits verloren gegangenen Nerven absucht. Glück hat der sich redlich Bemühende. Irgendwie landen wir an einem Fischereitümpel. Gleich neben dem Préri Horgásztónál kann das Zelt aufgebaut werden, für perfekte sechs Euro. Würden die Ungarn doch ihren übrigen Perfektionismus einmal kritisch durchleuchten.

Gleichgesinnte in Rác-keve

Nach dem heißen, kraftraubenden gestrigen Tag genießen wir die frische Brise des bewölkten Mittelungarns. Kiskunlacházas Postbeamtin ist auffallend freundlich, verkauft die achthundert ungarischen Forint (HUF) zählende Telefonkártya. Die Mitarbeiterin der Optbank verweigert dagegen misstrauisch den Umtausch der serbischen Dinar in ihre Landeswährung. Das könne vielleicht nur in Ráckeve stattfinden, also der Stadt, die wir nicht erreichen, wenn wir weiter nach Norden fahren, weil sie in westlicher Richtung liegt. Kurzerhand ändern wir deshalb die Richtung.

Ráckeve strahlt das alte Ungarn zurück in das gestern verstimmte Gemüt. Sie ist die erste richtig schöne Stadt des bisherigen Ungarnabschnitts. Ráckeve liegt auf der Insel Csepel und hat eine bis ins Mittelalter zurückreichende Geschichte. Die ungarischen und serbischen Besiedlungen durch Flüchtlinge aus der Donaustadt Keve brachten ihr den ersten Stadtnamen Kis-keve. Später wurde die Stadt nach serbischen Bewohnern in Rác-keve umbenannt, denn »Rác« bedeutet »Serbe«. 1487 erbauten die Serben die serbisch-orthodoxe Marienkirche. Die Osmanen schließlich, die ja bekanntlich alles eroberten, was nicht niet- und nagelfest war, nisteten sich ein und es bedurfte der Schlagkraft des sogenannten Osmanenschlägers Eugen von Savoyen, die Osmanen zu vertreiben, bis sich Deutsche im 18. Jahrhundert ansiedelten. So viel zu den geschichtlichen Daten dieser Stadt, andere Geschichten schreibt das Leben. Die erste überhaupt seit Bihač wahrgenommene Touristeninformation ist gut sortiert, scheint die stillschweigende Anlaufstation für Gleichgesinnte zu sein. Seit dem Australier Nick in Plitvički Ljeskovac und der anonymen Kurzbekanntschaft eines getriebenen Radlers am französischen Übernachtungsort längs des noch vorhandenen Donauradweges haben wir keinen Gleichgesinnten getroffen.

Jetzt stößt ein radelndes Paar aus Heidelberg die Tür zum Infobüro auf. Er entfacht gleich eine Zigarette, wirkt unsportlich, sie dagegen ist durchtrainiert und zündet ein Feuerwerk der Erklärungen. Sie seien mit dem Fahrrad in Wien gestartet, wollten dieses Jahr bis an die ungarische Grenze zu Serbien dem Donauradweg folgen, bei Mohács dann die Bahn zurück nach Wien nehmen. Auch sie hätten schon bemerkt, dass das Kartenmaterial schlecht sei und der Radweg eigentlich nicht existent. Außerdem kämen sie aus unserer Zielrichtung, aus Budapest. Das sei die wahre Hölle für Radfahrer und obendrein sündhaft teuer. Bis Budapest auf dem Rad verlassen werden könne, verginge ein voller Tag. Außerdem spreche niemand Englisch auf dem Land, was wir bestätigen können. Kurze Zeit später gesellt sich noch Katie aus dem australischen Brisbane dazu. (Wir stehen jetzt alle vor dem Informationspunkt, der auf Ungarisch Ács Károly Művelődési Központ heißt.) Katie kommt geradewegs aus Straßburg, fährt immer die Donau entlang und will bis zum Schwarzen Meer. Sie ist zierlich, hat rote Haare, geschützt durch einen luftigen Helm. Eine Sicherheit ausstrahlende, neongelbe Warnweste leuchtet jedem Autofahrer aggressiv die Aufforderung zur Geschwindigkeitsreduzierung entgegen. Das Fahrrad ist geschmückt mit niedlichen Australienfahnen. Katie übernachtet aus Gründen der Vorsicht stets in Jugendherbergen oder auf dem Campingplatz. Aber beides sei in Ungarn äußerst schwierig zu finden. Vor allem der Radweg fordert die Erklärungsnot der heimischen Informationsdame erneut heraus. Die kennt ihn letztlich auch nicht, hat nur eine nichtssagende Acht-Fahrradrouten-Karte im Angebot. Wir verabschieden Katie mit dem Hinweis: »No cycling routes through Serbia, but the best people«, und suchen den Radweg für die verbleibenden dreißig Kilometer bis zur Weltstadt Budapest.

Ungarn (Tag 119 bis 127)

Tököler Überraschungstüte

Ich mache gerade die Augen auf, ein weißer Passat nähert sich dem Übernachtungsacker, reist uns aus dem Halbschlaf. Die Frau des Bauern József überreicht mit ihrer pubertierenden Tochter eine echte Fresstüte, mit besten Grüßen vom Ehemann und Vater, der Eigentümer des Ackers ist und die Erlaubnis für die Übernachtung gestern kurz vor Einbruch der Dunkelheit persönlich erteilte. Die Tüte enthält einen Liter melkwarme Milch, eine Flasche Wein (Rosé, Jahrgang 2000, ein edler Tropfen), exzentrische Reiswaffeln (süchtig machend), ein großes Paket Taschentücher (immer brauchbar, deshalb originell und witzig zugleich) und die stolze Fahne ihres Heimatortes Tököl, auf der sie ihre Privatadresse und den Hinweis, dass Budapest von Tököl genau dreißig Kilometer entfernt sei, angegeben haben. Wir packen die Überraschung sorgfältig aus, verteilen die guten Stücke im Vorderraum des Zeltes und machen ein Erinnerungsfoto. Denn bis auf die Flagge wird keines der Geschenke sich durch eine lange Lebensdauer auszeichnen.

Wir fahren nun durch Großstadtvororte, Industrie- und Hafengebiete, die als endlich ausgewiesener Donauradweg eine echte Zumutung sind. Natürlich sei die Gegenfrage der Stadt Budapest an uns als Radfahrer erlaubt: »Was mutest du mir zu, die ich eine Weltmetropole wahrlich großen Ausmaßes und bedeutender Geschichte bin? Warum willst du mich überhaupt besuchen?« Um vielleicht Freiheit zu finden, denke ich.

Regen setzt ein, lenkt die Gedanken weg von möglichen Antworten auf Fragen von Städten. Das Haller-Camping liegt im Herzen der Stadt, ist ein zwischen Wohngebäuden liegender, mit zwei Meter hoher Mauer eingezäunter erster Zufluchtsort, der – gemessen an deutschen Campingplätzen – selbstverständlich viel zu teuer ist. Das Preis-Leistungs-Verhältnis lässt zu wünschen übrig. Der Platz scheint auch nicht sicher, zu offensichtlich ist die Einbindung in ein von mehreren Seiten öffentlich zugängliches Jugendhaus mit angeschlossenen Billardräumen, Theater- und Kleinkunstbühne. Gleich daneben bietet das kombinierte Camping-Jugendheim-Café sieben Gramm dünnen Kaffee für umgerechnet 1,50 Euro aus dem Pappbecher. Sicherheit drückt sich allenfalls aus durch die Überfüllung des Platzes, durch die wenigen Freiflächen, die der nicht parzellierten Anlage noch geblieben sind und den multikulturellen Campingfreunden zur Verfügung stehen. Die ganze Campingwelt ist vertreten. Busse aus Australien, Wohnwagen aus Südafrika und den USA, Zelte vor schwedischen Autos, Schulgruppen aus Großbritannien. Die Dusch- und WC-Anlagen sind primitiv, aber sauber, weil ein »Kloherr« sein Putzzertifikat würdevoll trägt. Haller-Camping lässt mich zunächst zwiespältig Vor- und Nachteile gegenüberstellen. Schließlich winke ich ab, ist doch egal, der Platz sei, wie er ist. Immerhin können die Räder abgeschlossen werden und bis zur Metro sind es nur schlappe fünfhundert Meter Fußweg.

Und überhaupt steht die Frage im Mittelpunkt, was in diesen Tagen schon richtig oder falsch ist. Sollte das Sich-verpflichtet-Fühlen der krankheitsbedingten Zwischendurchreise nach Duisburg (zur Erinnerung: Die Mutter ist an Krebs erkrankt) die Gelassenheit der freiheitssuchenden Fahrradreise überwiegen, wäre das Reiseziel ohnehin verfehlt. Die Reise würde weniger Erlebnis sein, denn Verpflichtung werden. Sie könnte nicht mehr befreiend wirken, würde zu stark an große Sprünge, weniger an kleine alltägliche Zwischenschritte knüpfen. Vorsichtshalber vergleichen wir aber Vermietungspreise von Hertz und Europcar und stellen eine beachtliche Differenz von annähernd einhundert Euro fest. Wir verabreden Buchungstermine, bis zu denen wir uns melden müssten. Gegen den intensiv aufkommenden Frust, nicht zu wissen, ob die Reise erneut unterbrochen werden muss (weil der OP-Termin der Mutter noch nicht feststeht), hilft nur extensives Shopping.

Ich ergattere doch tatsächlich ein Vinylalbum »made in Yugoslavia«. Als unverbesserlicher Vinyljunkie habe ich stillschweigend immer auf die Gelegenheit gewartet, eine Platte des Landes zu ergattern, das sich jetzt durch Staatenvielfalt auszeichnet. CDs dagegen können überwiegend nur noch mit dem Hinweis »made in the EU« gekauft werden, während Schallplatten hinsichtlich des Covers früher selbst zwischen Holland und Belgien differenzierten. Im Untergeschoss des erstbesten Musikgeschäftes Budapests fristet ein Regal mit Platten sein dröges, staubiges Dasein, sodass ich Steine werfen möchte auf die globalisierte Plattenindustrie, die den Fan der guten alten Schallplatte mit Füßen tritt, so wie Billy Joel auf dem Cover des ergatterten Exemplars »Glass Houses« in

Ungarn (Tag 119 bis 127)

Pose schreitet. Ich widerstehe der Versuchung zu schmeißen, auch wenn Budapest viele anrüchige, in Versuchung führende Ecken hat und der am anderen Ende der Stadt neu eröffnete Campingplatz »Orion« heißt. Ob der Standortwechsel von unserem Haller-Camping auf das anrüchig klingende Gelände des Neuplatzes Sinn macht, beantworte ich morgen.

Die U-Bahn-Schächte sind gerammelt voll mit Pennern, die eine Stadt unter der eigentlichen Stadt zum Leben erwecken. Bei dem kurzen Abstecher in das Zentrum haben wir genauso wenig eine willige Dinarwechselstube gefunden, wie das auf dem Lande möglich war. Serbien trägt beim früher Verbündeten das Etikett des liebsten sanktionellen Klassenfeindes. Für Serbien und alles, was aus ihm stammt, oder nur danach aussehen mag, gibt es keinen Markt.

Bild 17: Tököler Überraschungstüte

Freiheit: Nirgendwo in Budapest

Ein von Budapest befreiender Tag in Budapest? Wie geht denn das? Ganz einfach: keine Sehenswürdigkeiten, keine Museen, nur der Besuch des Internetcafés im Megashoppingcenter Lurdy Ház und ein McDonalds-Besuch (den ich hier offen zugebe, aber auch mit der Erklärung rechtfertige, dass der letzte über vier Monate zurückliegt).

Budapest ist regenschwanger, in der Weise, dass wir das Zelt nicht verlassen können. Es bleibt nur Kuscheln und maulwurfartiges Eingraben. Und Nachdenken: über Gott und die Welt, über Una und Sava, Suzana und Vesna, Damir und Derventa, Gore und Goretex, Wahlfreiheit und freie Wahlen, Kaffee und Mohn, Benedikt und Bonifatius, Krastavac und Bukowac, Sauerstoff und Arbeitsplatz, Planleben und Lebensplan, Visionskrieg und World Vision, Vater Abraham und seine Schlümpfe, Robbensterben und Neurodermitis, Herzkasper und Hypochonder, Freund und Freud, Käfig und Vogel, Aufgabe und Aufgeben.

Was ist Freiheit? Das entspannte Wochenende des Managers, der auf dem Ijsselmeer seine neue Jacht verführt? Das abermalige Ansetzen der Rotweinflasche des Budapester Penners, der unbeeindruckt auf das Kachelmuster der gegenüberliegenden Wand starrt? Der erste Tag des sozialistisch Geknechteten, der in einem Café in Hannover den Bananensplit mit der Deutschen Mark bezahlt? Der letzte Tag des kapitalistisch Frustrierten, der in einem Slum Nairobis das sterbende Kind in den Armen hält? Der 123. Tag des fahrradlosen Fahrradfahrers, der in einem feuchten Zelt das Unerklärliche erklären will?

Wo bleibt die Freiheit? Vielleicht im Burek-Teig von Derventa, im Pekmez-Glas aus Umag oder der simplen Bulgur-Kreation aus Črniče?

Was ist »Freiheit« – und für wen? Vielleicht für den gedopten Radsportler, den militärischen Oberbefehlshaber, die willige Bordsteinschwalbe, den anhäufenden Sparer, den abräumenden Casinobesucher, den freundegewinnenden Fahrradfahrer?

So vergeht ein Tag, ohne klare Sicht der Dinge, aber mit freier Fahrt der Gedanken, einfach so. Vielleicht ist der heutige Tag das wahre Leben, ohne Zeit und ohne Hast, liegend nichts zu tun, an alles zu denken. Leben und sterben lassen, den Tag zu Ende bringen. Meditatives Sein im feuchten Zelt auf nassem Staub im Nirgendwo, irgendwo in Budapest. Mit dem kürzesten Tagebucheintrag seit Beginn der Aufzeichnungen verabschiede ich mich für heute.

Buda-pest-Konsum

Wie begegnet man nun dieser riesigen Stadt? Seit vier Uhr 30 kreisen die Flugzeuge über dem Campingplatz. Die Straßen sind nie völlig zur Ruhe gekommen, die Sirenen tönen wie die in Manhattan.

Susanne nähert sich den Attraktionen, die man unbedingt gesehen haben sollte, eher mit den Augen des Touristen. Aber als ich die vielen Reisebusse mit den Reiseführern für deutsche, indonesische, amerikanische und sonstige Besucher vor dem Buda Castle sehe, weiß ich definitiv, dass das nicht meine Annäherung an diese Stadt sein kann. Ich werfe einen letzten Blick auf die eingerüstete Matthiaskirche, fahre über die Kettenbrücke zurück zur Pestseite, überlasse Susanne den Besuch im ethnografischen Museum gegenüber dem Kossuth-Denkmal. Ich tauche dagegen ab in die engen Straßen rund ums ungarische Parlament, vor dem sich Besucherschlangen bilden. Antiquitäten der teuersten Sorte reihen sich aneinander, als ob sie den übermüdeten Abgeordneten in den Parlamentspausen visuelle Zerstreuung bieten könnten. Die Türen neben der K&H-Bank öffnen sich zwei speckigen Herren gegen Passwort, geflüstert in die Gegensprechanlage. Im Park dahinter trocknen die Obdachlosen ihre Wäsche. Eine Stunde benötigt Susanne für das Museum. Wir fahren nach Downtown, mit der 48-Stunden-Budapest-Karte ist das problemlos möglich. Ich lade Susanne ein ins teuerste Café der Stadt, das sich am Vörösmarty Platz befindet (man gönnt sich ja sonst nichts), was ich uneitel hier hervorheben möchte, um folgendes Bild zu vermitteln: Während wir im Gerbeaud, der 1858 von Henrik Kugler gegründeten und vom späteren Eigentümer Emil Gerbeaud (dem Namensstifter) weltberühmt gemachten Konditorei, leckeren Trüffelkuchen auf der Zunge zergehen lassen, schiebt sich eine uralte Bettlerin auf Krücken langsam zum seitlichen Brunnen. Sie trägt ein dreckiges Kopftuch und einen violetten Mantel, geht stark gebeugt, ihre Füße sind in blutige Bandagen gewickelt. Am Brunnen liebt das Liebespaar sich selbst, während der Stehgeiger auf dem romantischen Vorplatz die passende Musik liefert und die Alte jetzt ihre Kollekte zur Seite legt, eine Zigarette, ihr einziges Luxusprodukt, anzündet und genüsslich inhaliert. Über unseren Köpfen hebt ein Flugzeug ab, die Zigarettenpause der Alten ist beendet, das Liebespaar turtelt unbeeindruckt, der Ober bringt die Rechnung, der Stehgeiger spielt Donaulieder.

Wir tauchen ein in die Budapester Konsumwelt, um jedes vorhandene Shoppingcenter zu bestaunen und ganz konkret nach einem Outdoorladen zu suchen, um den seit drei Tagen defekten Kocher zu reparieren.

»Die Ungarn campen nicht«, sagt der Verkäufer im Sportgeschäft. Die Suche ist hoffnungslos. Montex, eine Kette wie der Kölner Globetrotter, hat nur den schwedischen Konkurrenten im Kochersortiment. Vielleicht passen seine Ersatzteile?

Unter der Stadt, zwischen den U-Bahn-Stationen gibt es eine Parallelstadt, deren Bewohner schmuddelige Videoanbieter, T-Shirt-Bedrucker und Zooartikelanbieter sind. Hier existieren Subkulturen und vergessene Menschen, die oberhalb des Stadtasphaltes kein Zuhause finden können. Orion-Camping, die verrucht klingende Alternative, liegt zwar idyllisch auf einer Donauinsel, ist aber umgeben von Budapests Unterschicht. Gleich neben dem Obdachlosenheim (unweit vom Campingplatz) grillen die wilden Obdachlosen, für ihre Verhältnisse gemütlich mit Plane über dem Kopf eingerichtet. Das ist jener Teil der Obdachlosen, die in dieser großen Stadt keine Chance haben und ihren eigenen speziellen Weg gefunden haben, nicht bettelnd den U-Bahn-Schacht belagern, sondern illegale Campspots besiedeln. In einer Stadt, in der nur eines immer und ewig funktionieren wird: das Ausgeben von Geld, der Konsum, dem sich nichts und niemand entziehen kann. Der Konsum ist der Gewinner, der alle in seinen Bann zieht und von dem sich alle bedingungslos mitziehen lassen. Diejenigen, die sich ihm zu entsagen versuchen, gehen zugrunde (und zwar erbarmungslos), weil nur der Konsum als Optimum gesellschaftlicher Schöpfungskraft gesehen wird und innerlich verblendende wie äußerlich befreiende Bedürfnisbefriedigung suggeriert.

Letter for Susan oder Auch das gehört dazu

Meine Güte, Susanne, was ist nur heute los? Nach dem tollen gestrigen Tag in der Budapester Welt und Unterwelt scheinen wir heute mit unserer kleinen Zeltreisewelt ziemlich überfordert. Dass wir uns die Zeltplatzgebühr teilen, war abgemacht, aber dass Du alles ablehnst mit Hinweis auf alte Rechnungen, haut mich glatt um, vor allem, weil wir gestern so verliebt waren. Gestern war alles wie ganz frisch, aber heute passt die Stimmung eher zu einer trostlosen Fahrt auf einem mehr schlecht als recht erkennbaren Radweg an der nur streckenweise sichtbaren Donau. Depressive Atmosphäre, passend zu den tausend Gräbern aus der Bronzezeit, die kürzlich in Budakalász gefunden wurden, mit Variationen an Urnen-, Streubrand- und Hockergräbern. Wo sind die unbeschwerte Abenteuerlust und die Freude, die zu Reisebeginn überwog, geblieben? Wo ist die Harmonie und wo das In-die-gleiche-Richtung-Gucken? Du weißt, was wir wollten, welche Reiseträume wir schmiedeten. Du selbst willst Dich aber nicht mehr festlegen, was es unheimlich schwierig für mich macht. Kannst Du Dich öffnen und über Perspektiven sprechen? Du weißt, dass ich versuchen werde, jeden Weg mitzugehen.

Wir beziehen heute Quartier auf dem stillen Campingplatz in Szentendre, am Donauseitenarm, der den Hauptfluss auf gut zwanzig Kilometern am sogenannten Donauknie begleitet. Zwischen Seitenarm und Donau liegt Szentendreisziget, was Insel bedeutet.

Ich fühle mich gefühlsmäßig auch auf einer Insel. Morgen wird es wieder besser sein, ich werde mir in jeder Richtung Mühe geben, damit es Dir wieder gut geht. In Liebe!

Lebensphilosophien am Donauknie

Camping Pap-Sziget war das benötigte Mittel gegen den Beziehungsstress. Wir fahren auf dem holprigen Donauradweg nach Visegrád, »dem Paradies auf Erden«, wie es ein Botschafter des Papstes einst bezeichnete, der als Gast im Palast des Renaissanceherrschers, König Matthias, weilte. Im Restaurant Renaissance werden Flair und Geschichte wiederbelebt. Erwachsene laufen mit goldener Pappkrone herum, nachdem Edles verspeist worden ist, quasi eine McDonaldisierung für Ritterturnierliebhaber. Am östlichen Ufer der Maroter-Berge liegt Pilismarót, bewohnt schon seit der Römerzeit und in den Dreißigerjahren charmant Lido der Donau genannt. Wir übernachten an einem Seitenarm der Donau, in dem stillgelegte ungarische Industriekähne vor sich hin rosten. Das Zelt errichten wir auf dem Überhang einer kleinen Sandbank, die steil zum Wasser hinabfällt. Zahlreiche Schwäne haben sich unten auf dem Sand zur Nacht versammelt. Die Sonne erreicht ihre letzte Tagesphase, strahlt ein letztes warmes Licht aus und versinkt am romantischen Horizont. Stille! Nur der eigene Puls schlägt in den Ohren, das rauschende Blut des Organismus, der jeden Tag fünfzig Kilogramm durch die Landschaft wuchtet und sich nun mit harmonischen Atemzügen zu beruhigen versucht. Auch der Körper erlangt schließlich die Ruhe, die der Geist schon einige Minuten zuvor erreichte. Die Gedanken historisieren sich. Früher (genauer gesagt, sehr viel früher) war in Esztergom der Sitz des Oberhauptes der katholischen Kirche Ungarns. In der ab 970 erbauten Burg wurde der erste ungarische König und Gründer des ungarischen Staates, Stephan der Heilige, geboren. Wahrzeichen aber ist die Basilika, die größte Kirche des Landes, mit dem größten auf einer Leinwand gemalten Altarbild der Welt.

Angesichts solch epochaler Werke, die schon Millionen vor uns bestaunten, frage ich mich erneut, wo die Zeit hingeht und was sie für unser kleines überschaubares Leben bedeutet. Der eine kämpft jeden Tag für was auch immer, die andere lebt in jeden kostbaren Tag nur einfach hinein. Manche verfolgen die Welt und ihre Wunder nur am Fernseher, andere wiederum brechen auf, um sie zu spüren, zu atmen, zu erfahren. Und alles benötigt ausreichend Zeit in dieser eigentlich hektischen Zeit. Zeit, die immerzu fortschreitet. Und so schreiten wir alle, mehr oder weniger. Die Bayern-Omis auf dem Buda Castle, die schon morgens diskutieren, dass wegen des möglichen Sonnenstandes am Mittag der Platz im Restaurant unbedingt schattig sein sollte und deshalb eine Sitzordnung in Abhängigkeit der Sonneneinstrahlung untereinander aushandeln. Sie stehen am Castle, gucken darauf, ohne es zu sehen, und denken doch schon weiter, nehmen den Moment des Augenblicks nicht mehr wahr. Zeit rinnt durch die Finger; immer fort; ticktack. Und so düsen auch wir (mit der Kette auf den großen Ritzeln) den konsumstarken Ländern Europas in kleinen

Etappen erneut entgegen, mit aufgestellten Nackenhaaren und mit dem panischen Gefühl, wieder in Deutschland anzukommen und erneut Zeit über den Blick auf die Uhr definieren zu müssen.

Esztergom und Estragon

Wir sind noch in Ungarn, wir halten die Zeit heute an. Esztergom ist ein versöhnlicher Abschluss eines etwas hektisch empfundenen Reiselandes. Die Basilika zitiert: »Selige Gisela, die du aus Bayrischen Landen kamst, uns in Pannonien ein Vorbild warst …«, zur Erinnerung an den 1000. Jahrestag der Hochzeit von Gisela von Bayern mit Stephan dem Heiligen, die den Beginn der Freundschaft zwischen dem deutschen und dem ungarischen Volk markiert. Die Basilika beeindruckt nicht so sehr durch ihr Innenleben, sondern durch ihre monumentale Größe, Erhabenheit, Schönheit, durch die exponierte Lage oberhalb der Donau. Der gesamte Ort ist prachtvoll, kultur- und geschichtsträchtig und wird seiner Bedeutung als Wiege des ungarischen Staates gerecht. In der Basilika gibt es die Bakócz-Kapelle im Renaissancestil und die weltberühmte Schatzkammer mit Exponaten sakraler Kirchenkunst. Die Gruft beherbergt Gräber ungarischer Erzbischöfe und Kardinäle.

Draußen vor der Basilika treffen wir Jochen aus Deutschland, circa sechzig Jahre alt. Jochen ist sehr weit gereist, durch sechzehn Staaten Afrikas; er habe mehrere Wüstendurchquerungen überlebt. Nun sei er noch einmal im kleinen Stil und solo mit dem Fahrrad unterwegs. Seine fehlende Ausstattung deutet eher auf den Outlaw in ihm hin, als auf den organisierten Fahrradreisenden. Jochens Herbstjacke schimmert in abgewetztem Rot, die Bierdosen rappeln im Einkaufskorb hinten auf dem Fahrrad. Auf dem Rücken trägt er einen ollen Rucksack und um den Hals baumelt die Ricoh-Spiegelreflex, die er für 35 Euro auf dem Münchener Trödelmarkt ergattert habe. Jochen will hier zwar rasten, ist aber grundsätzlich rastloser Natur. Er erzählt von seinem Reiseleben und davon, dass er früher alle Museen mitgenommen habe, mittlerweile aber zu der Erkenntnis gelangt sei, dass weitaus nicht alles wahrgenommen werden könne und gezielte Spezialisierung auf einige interessante Reisethemen guttue. Jetzt sei er seit Budapest mit diesem abenteuerlichen Fahrrad in

Esztergom und Estragon

Richtung Passau unterwegs, habe aber (was offensichtlich ist) kein Zelt dabei, übernachte irgendwo im Freien, das Bier werde schon wärmen. Jochen ist vom Schlage derer, denen man wahrscheinlich irgendwo auf dieser Welt erneut begegnet. Das sind Menschen, die gedanklich auf der gleichen Wellenlänge funken, ähnliche Plätze, Orte und Landschaften aufsuchen; die sehr viel gesehen und es privat dokumentiert haben und es dringend Gleichgesinnten mitteilen wollen. Wir verabschieden Jochen mit einem ernst gemeinten: »Auf Wiedersehen!«

Wir sind zurzeit »trocken« (nicht im Sinne der alkoholischen Abstinenz), weil der Kocher defekt ist – gleichbedeutend mit dem Ausbruch des Trockenbrotzeitalters. Morgens, mittags und abends sowie bei allen Zwischenmahlzeiten setzen wir auf die Zauberkraft der experimentellen kalten Küche. Ein freundlicher Berater des Globetrotter-Kundenservices in Hamburg ist zwar äußerst hilfsbereit, aber der Kocher, vollständig vorschriftsmäßig zerlegt und gereinigt, läuft immer noch nicht rund. Der Berater ruft sogar in die Esztergom-Telefonzelle zurück, um unsere Kosten niedrig zu halten. Notfalls bekämen wir das Geld zurück, wenn gezwungenermaßen ein Ersatz beschafft werden müsste. Das nenne ich Kundenservice! Zunächst könne eventuell mit akribisch eingesetztem Schmirgelpapier die Kochdüse von den Benzinrückständen befreit werden. Als allerletzte Möglichkeit bliebe noch der Benzinaustausch, also der Versuch, das alte Benzin durch neuen Sprit zu ersetzen. Ein Ungar mit Aktentasche spricht mich an, als ich den Kocher erneut zusammenbaue (Susanne hält noch die Globetrotter-Hotline aufrecht). Unter den Alleen an der sogenannten Kleinen Donau redet er in sächselndem Hochdeutsch drauflos. Er trägt ein weißes Hemd und eine schicke Businesshose, wirkt überaus gebildet. Seit 36 Jahren wohne er in Dresden, habe eine Deutsche geheiratet, mache hier zwei Wochen Urlaub. Er bestätigt die in sprachlicher Hinsicht einzigartige Isolation Ungarns und bedauert gleichzeitig, den beiden Söhnen nicht seine Heimatsprache beigebracht zu haben. Einer der Söhne sei deutscher Offizier und hätte in Ungarn Karriere machen können, wäre er der Sprache mächtig gewesen. Nach einer Stunde ist der Kocher verhältnismäßig sauber und wieder zusammengebaut, funktioniert aber immer noch nicht, weil das empfohlene Schmirgelpapier nicht aufzutreiben war. Auch heute Abend wird es wieder Kaltes geben, werden erneut Basilikum, Estragon und Dill als kalte Gewürze herhalten müssen.

Ungarn (Tag 119 bis 127)

Es ist sinnlos, jetzt über die Grenze nach Štúrovo zu fahren. Zufällig finden wir am Donauufer das individuelle Kanu-Camping, das wir gar nicht gesucht hatten, weil wir doch auf der Suche nach einem richtigen Campingplatz waren. Nun steht uns die komplette Anlage und dazu ein eigener Schlüssel für nur acht Euro zur Verfügung, wobei das nicht ganz der Wahrheit entspricht, da wir uns den Platz mit zwei Mitbewohnern teilen: einem Husky mit zwei unterschiedlich farbigen Augen und einer aufdringlichen Hausratte (nein, nicht Remy, aber auch sehr süß). Jedes Mal, wenn die schlaue Ratte durch das Unterholz tigert, nachdem sie ihre Suche nach Essen beendet hat, heult der Husky sein Abendlied. Zu gern hätte er seinen Speiseplan um das kleine Tier mit dem langen Schwanz erweitert, aber die Laufkette ist im Weg und die Ratte natürlich viel zu intelligent, als dass sie sich vom sicheren Pfad in Zeltnähe in das gefährliche Territorium des Wolfshundes verlaufen würde.

Slowakei

(Tag 128 bis 135)

Štúrovo: Slowakische Gegensätze

Das Fahrrad hat Zwangspause, damit wir den slowakischen Nachbarort jenseits der Marie-Valerie-Brücke ausgiebig erkunden können; einer Brücke, die ursprünglich am 28. September 1895 eingeweiht wurde, aber zweimal von den Deutschen (in den beiden Weltkriegen) zerstört worden ist. In ihrer jetzigen Form ist sie am 11. Oktober 2001 der Öffentlichkeit zugänglich gemacht worden. Štúrovo ist enger, sozialistischer und provinzieller als Esztergom. Die Läden sind kleiner, die Verkäuferinnen zwar bemüht, aber entsprechen noch nicht der westlichen Vorstellung von Serviceorientierung. Die Sprache jedoch ist wieder vertrauter. »Prosim« heißt »Bitte«, »Ďakujem« bedeutet »Danke« und wenn der »Cappuccino« bestellt wird, liefert die Kellnerin normalen Kaffee, das übliche Cappuccino-Häubchen deutet sich allenfalls durch eine Kunstsahne an. Überraschenderweise ist aber Schmirgelpapier aufzutreiben, sodass die Aussicht auf eine warme Mahlzeit besteht. Die zehn Stunden Dauerregen in der Nacht sind an diesem Vormittag Geschichte. Städtische Broschüren werden feilgeboten, die sich mit dem Antlitz der berühmten Basilika Esztergoms schmücken, weil (zu Recht) die Befürchtung besteht, dass der Ort nicht genug Besonderes bietet. Beide Orte zusammen bilden das Herzstück der Ister-Granum-Region, die von den Gebirgen Pilis, Gerecse, Börzsöny und Visegrádi eingeschlossen wird.

Wir überqueren wieder die Brücke nach Esztergom. Nachmittags verzaubert die Oboenmusik der Basilika. Woher sie ihre stolze Kraft und geschichtliche Dimension bezieht, lässt sich nur erahnen; auf keinen

Fall vom städtischen Postbeamten, der hinter zugezogenen Gardinen sein Dasein fristet; eher schon von der Moral der jugendlichen Kanufahrer auf unserem Campingplatz, die Zehnmeterboote auf dem Kopf jonglieren und mit vereinten Kräften das Motorboot des Trainers zum Wasser tragen. Gerade jault der Platzhusky seinen Nachmittagsblues, weil der Platzwart vorbeifährt und Fressenszeit ist. Unser Reiseblues erfreut sich einer Handvoll Dur-Töne, die in satten C-, aufrichtigen Es- und strahlenden A-Dur-Dreiklängen beschwingen und zum entspannenden Vierklang »septieren«, der die erwartungsvolle Einstellung gegenüber dem slowakischen Teil der Ex-CSSR untermalt. Charles Dickens liefert die aktuelle Reiselektüre. Ich starte mit »Oliver Twist«, lasse Susanne, der Älteren, für das reifere Werk »David Copperfield« den Vortritt.

Regenkilometer

Grau in Grau ist nicht nur das Wetter. Auch die Hausfassaden, der vermeintliche Donauradweg, der zweite Eindruck der Slowakei scheint in diese deprimierende Farbe getunkt. Optisch graue Fassaden der substanziell nicht besser daherkommenden sozialistischen Althäuser, gemauerte LPG-Zäune beachtlichen Ausmaßes und Busse im öffentlichen Nahverkehr, die ihrem Aussehen, ihren Abgaswolken und Geräuschkulissen nach eine deutsche Stadt vergleichsweise zuletzt in den Siebzigerjahren gesehen haben mögen, verdüstern das Bild. Der allgegenwärtige Rost an Verkehrsschildern, Omnibussen, Pkws und Gartenzäunen und die trotz des sommerlichen Wetters extrem blassen Gesichter hinter den mit Gardinen geschützten Fenstern – schwarze Dichtungen als Abschlussisolierung wie in vorzeitlichen deutschen Wohnwagenmodellen – verstärken das Bild der slowakischen Tristesse mit jeder Minute. Plattenbauten in Mužla konterkarieren den Versuch der Einfamilienhäuser in den Kleinstdörfern gleich daneben, dem alten Muff den Kampf anzusagen. Aber keiner bietet Szoba (Zimmer) an. Dauerregen durchnässt alles, aufkommender Wind erinnert an »Raining in Rain« und trägt das Seinige zum strapaziösen Gleichgewichtstanz auf dem Fahrrad bei. Auf dieser Seite der Donau existieren auch keine Campingplätze und die Frage nach einer Nacht beim Bauern stellt sich angesichts unseres triefenden Aussehens und des wasserschweren Zeltes nicht wirklich, zumal die LPG-Dominanz den einzelnen Bauern verbietet, Auskunft zu geben, und die angestellten Leibeigenen keine Auskunft geben können. Bleibt nur die Hoffnung auf ein irgendwie geartetes Angebot für konsumfeindliche Touristen. Schließlich wird es sehr kalt und der Gedanke an eine Nacht in strömendem kalten Regenwetter, in klammer, nasser Kleidung lässt alle Hemmungen fallen. In Moča verfügt das Restaurant zwar über ausgezeichneten Wiener Kaffee und günstige Zimmer, aber »Helén« (so der Restaurantname) kann die Räder nicht unterstellen. »Erst ab Mitternacht, im Speisesaal, vorher nicht«, meint die unsanfte Kellnerin, die Begriffe wie Flexibilität nicht aussprechen wird können (auch nicht auf Slowakisch). Also kämpfen wir uns erneut durch den Regensturm, durchs trostlose Nass der abweisenden Landschaft. Starker Westwind peitscht den Regen hinter die Brillengläser. Jeder Kilometer wird jetzt zur Qual. Patince hat sogar ein komplettes Freizeitresort mit Luxusanlage (deren treffender Name »Wellness« lautet) sowie das Ein-Sterne-Hotel »Garni« und ein daneben gelegenes Ensemble aus düstersten Ostblockbaracken, die immer noch für Kurgäste angeboten werden; das Ensemble ist so schäbig, dass es sich (wenn es könnte) aus Scham gegenüber dem Gast verweigern, aber mindestens daran arbeiten würde, demnächst in sich zusammenzubrechen. Da die Kontaktaufnahme mit den neueren Apartments nur mobiltelefonisch möglich wäre, wüsste die Auslandsauskunft die inländische Vorwahl, stehen wir selbst kurz vor dem Zusammenbruch. Zum Wellness-Hotel führt ein löchriger Schlammweg, der die gesamte Anlage durchzieht. Roter Schlamm, ausladende Pfützen und ebensolche Preise.

Der nächste Ort der Hoffnung ist Iža, aber auch hier das gleiche Bild: Ein großes »Zimmer«-Schild prangt von dem Laternenmast. Vor dem Etablissement liegt nur der Bernhardiner, die Hausherren sind nicht anzutreffen. Wir werfen die kalten, funktionslosen Körper erneut dem Regen entgegen. Schließlich hat die Grenzstadt Komárno Erbarmen und das Bowling-Centrum Zimmeranschluss sowie eine beheizte Fahrradgarage, in der wir die Regenkleidung trocknen können. Nachdem die Fahrräder abgesattelt sind, die warme Dusche im gelblich beige schimmernden Pharaonenbad unseres Zimmers auf die gefrorene Haut

Slowakei (Tag 128 bis 135)

geplätschert ist, fühlen wir Erleichterung und kippen völlig erschöpft ins große Himmelbett.

Der Slowakeiblues

Um sieben Uhr hämmern die Handwerker im Nebenzimmer, die Kassiererin im Billa, einem Supermarkt ähnlich dem Leverkusener Hit, aber ohne dessen Sortimentsbreite, wird von nervösen Scanproblemen geplagt und bei meinem Frühstückseinkauf habe ich glatt den einen Liter Milch vergessen. Susanne ist deshalb untröstlich, der Haussegen hängt geraume Zeit schief. Insgesamt düstere Ausblicke in noch düsterere Haufenwolken aus schwarzgrauer Turmschicht, die über die immerhin multikulturellen Anbauflächen slowakischer Landschaft aufziehen und den Blick auf ein eigentlich schönes Land dramatisch trüben. Diese Schönheit kommt erst ins Bewusstsein, als wir die Europastraße verlassen und wieder die gewohnten Schleichwege in Angriff nehmen.

Im schmucken Dörfchen Veľké Kosihy hält der ČSAD-Linienbus direkt vor der Kirche, die Dorfkneipe ist verbarrikadiert, die Kabel- und Stromleitungen verlaufen systemlos über der Straße und entwirren sich in alten Häusern, denen der jüngste Anstrich zum Überleben verhalf, während andere dem Verfall geweiht sind. Die Litfasssäule wirbt für den Auftritt einer Band im Amfiteatre in Komárno. Auch hier herrscht Popkultur, wenn auch der Westen sehr weit weg ist (kopfmäßig), abgesehen vom südlichen Horchposten für EU-Angelegenheiten (ich denke an Ungarn). Der Mini-Coop in Klížská Nemá geht leer aus, weil ich die Reisekasse nicht im Blick hatte. Achselzucken der Verkäuferin, die in dem hundert Leute beherbergenden Seelenkaff für die Anpreisung der Konsumartikel verantwortlich zeichnet, aber sich wahrscheinlich auch gerade fragt, was der Tourist hier will. Wir sind wahrlich an diesem Tag (oder generell) die Ersten und mit unserem Erscheinen wurde weiß Gott nicht gerechnet. Also was wollen wir bei ihr im Laden? Wollen wir wirklich ihre Minimalumsatzplanung kalkulatorisch aus der Fassung bringen? Machen wir nicht, versprochen, wir fahren jetzt einfach an die unweit entfernte Donau, schlagen auf einer nassen Wiese das Zelt auf, um uns irgendwie von der wetterbedingten Tristesse der letzten beiden Tage abzulenken.

Noch mehr Wasser in Gabčíkovo

Wir möchten kein Mitleid, aber an dieser Stelle sei darauf verwiesen, dass die Wildwasserkajaktour in Kanada ja eigentlich erst zu einem späteren Zeitpunkt erfolgen soll. Es begann leise tröpfelnd und hörte nicht mehr auf, war nicht vergnügungssteuerpflichtig und führte schließlich zu immer kürzer werdenden Tagesetappen, zu Zwangsübernachtungen in ungeliebten Räumlichkeiten, die dann auch noch bei stark nachlassender Servicequalität ein überhöhtes Preisniveau erreichten. Der bisher ganz gut umgesetzte Anspruch, zu den Menschen Europas zu fahren und Freiheit zu spüren, findet heute einen herben Rückschlag.

Desillusioniert befinden wir uns im Möchtegernhotel Holštad, im Ort Gabčíkovo. Die Spülung des Wasserkastens in der Toilette reguliert sich automatisch, nur nicht zu den gewünschten Zeitpunkten, die Nachttischlampen funktionieren gar nicht mehr. Gastwirt hin, Freundlichkeit her, aber die zehn neuen Zimmer im Neuanbau werden nicht einmal alternativ angeboten. Stattdessen friemelt der slowakische Inhaber mit großen Augen an den Lampen rum, zuckt seine breiten Schultern, zieht die Zimmertür nach für ihn getaner Arbeit leise zu und lässt uns schließlich auf der beachtlich durchgesessenen Kunstledercouch sitzen. »Und tschüss!« ist sein Credo. Ich will jetzt nicht besserwisserisch klingen, aber wenn schon eine Nacht in einer einfachen Pension angeboten wird, sollte alles Angebotene auch nach östlicher Anpreisung zumindest in Ordnung sein. Immerhin kostet der Spaß in dem armen Landstrich Podunajská gewaltige 27 Euro.

In dem Regionsnamen steckt übrigens das Wort Dunaj, also übersetzt Donau, die uns nun schon seit geraumer Zeit begleitet, bisher allerdings unsere Herzen nicht zum Höherschlagen animieren konnte. Das Zelt ist noch klatschnass auf den Rädern im Innenhof der Pension befestigt. Nachts hatten die Feldmäuse die Außenzeltstrippen des Unterbodens kurzerhand (besser: mit hochfrequentem Knabbergebiss) durchtrennt. Wenn das so weitergeht, haben wir irgendwann die Mäuse als kuschelige Beilage in unseren Schlafsäcken. Aber lieber diese Aussicht als die aus unserer Pension, durch drahtgeschützte Hoffenster auf Garagendächer. Der Bankomat der Stadtsparkasse Slovenska sagt »Insert Card« und spricht danach kein Englisch mehr. Also bleibt nur die Hoffnung auf die Internationalität der Optbank. In Gabčíkovo hebt sich ein Gebäude aus den Siebzigerjahren besonders hervor. Der mit wenigen Produkten ausgestattete Coop befindet sich im Parterre, gleich neben der Post, die durch seltsame Öffnungszeiten – zum Beispiel nachmittags immer von 14 bis 14 Uhr 30 – ebenso befremdet, wie der Lebensmittelladen missfällt. Die erste Etage des großen Gebäudes beinhaltet die vermeintliche C&J-Disco, die wohl eher Jugendtreff als Abtanzfläche ist und in der momentan Tische für einen Flohmarkt zusammengestellt werden. Gleich daneben auf dieser Etage, ohne Reklame und mit altmodischen Gardinen verhangen, ist das Reštaurácia Dunaj. Die Kellnerin schaut etwas enttäuscht, als wir nicht nach der Karte verlangen, sondern nur Tee bestellen. Der ist dann gleich so teuer wie andernorts ein komplettes Menü. Wahrscheinlich hat die Kellnerin zum eigentlichen Gesamtpreis eine Enttäuschungspauschale hinzugeschlagen. Die Tische des Restaurants sind aus einfachem Holz, niedlich mit selbst gestickten Deckchen gedeckt, aber der gesamte Raum wirkt doch irgendwie angestaubt. Im Nebenraum (durch große Scheiben, natürlich mit Gardinen verziert, vom übrigen Lokal getrennt) werden die Tische für eine Hochzeit am Samstag dekoriert.

Susanne hat heute Abend Fernsehnachholbedarf, probiert die wenigen Kanäle des immerhin funktionstüchtigen Fernsehers, bleibt letztlich beim National Geographic Channel hängen, der in guter slowakischer Synchronisation das Thema »Stubenreine Ratten und ihre Daseinsberechtigung in dieser Welt« veranschaulicht.

Die Elemente

Der Pensionswirt berechnet 980 Slowakische Koruna (SKK), umgerechnet 33 Euro. Als ich ihm signalisiere, dass der Preis angesichts des schlechten Zimmers sehr hoch sei, wird er böse. In Deutschland sei das der Preis pro Person im Doppelzimmer.

»Ja, aber da stimmt die Qualität und es handelt sich nicht um eine Bruchbude, es laufen keine Mäuse durchs Gebälk, die Toilette läuft nicht über und eine gewisse Freundlichkeit gegenüber den Gästen herrscht grundsätzlich«, schnoddere ich ihn an. Ich bin geladen. »Mit deiner Pension wärst du in Deutschland nicht lange am Markt«, fahre ich ihn mit eindeutiger Kopf-ab-Symbolik an. Er versteht jetzt nichts mehr, will kein

Deutsch mehr sprechen, fragt den Kellner, was meine Handbewegung über den Hals wohl bedeute. Da die makabre Geste ziemlich international ist, knalle ich ihm – bevor weiteres Unheil aufkommt – den Eintausend-Koruna-Schein auf die Theke und warte aufs Rückgeld, was widerwillig rausgegeben wird. Ich verlasse ohne ein weiteres Wort und jeden weiteren Blick auf den angesäuerten Gastwirt die nächtliche Bleibe.

Wir radeln von Osten nach Westen, und da üblicherweise Westwind vorherrscht, vermute ich, dass wieder ein harter Tag vor uns liegt. Im Kampf gegen die stürmischen Elemente bleibt für die an sich schon raren Sehenswürdigkeiten keine Zeit. Die Lust ist auch vergangen. Bei frontalem Gegenwind fällt jeder Tritt in die Pedale schwer. Ich fahre zehn km/h, aber Susanne fällt zurück. Ich kann jetzt aber nicht langsamer werden, weil ich sonst das Gleichgewicht verliere und vom Rad stürze. Derartige Sturzerlebnisse habe ich schon einige auf dieser Reise erlebt. Ich muss mein Tempo treten, gut zwei Stunden bis Báč. Das T-Shirt ist durchgeschwitzt, ich verweile circa dreißig Minuten, von Susanne keine Spur. In Šamorín kaufe ich landestypisches Brot, echten deutschen Käse und warte nochmals eine geschlagene Stunde auf Susanne. Nichts ist von ihr zu sehen. Ist sie, während ich im Laden war, vielleicht vorübergefahren oder befindet sie sich noch im Kampf mit den harten Bedingungen? Ich fahre bis zur OMV-Tankstelle in Rovinka und kaufe schon einmal eine Stadtkarte von Bratislava, um möglichst einen Campingplatz im Stadtrandgebiet zu finden. Am See Zlaté piesky liegt wohl ein Autokamping. Ich warte erneut eine Stunde. Jetzt mache ich mir Sorgen, die Straße B63 ist doch ziemlich eindeutig und Susanne kann nicht weitergefahren sein. Ich radle fünf Kilometer zurück, als ich sie endlich an einer anderen Tankstelle antreffe. Während ich auf sie gewartet habe, hat sie wohl stets Pause gemacht, sodass letztlich keiner den anderen erwischen konnte.

Regen setzt ein, der Stadtrand Bratislavas unterscheidet sich kaum von dem Budapests. Gewerbe- und Wohngebiete, dazwischen moderne Shoppingcenter. Das Autokamping liegt im sogenannten Green Park im Nordosten der Stadt. Nicht alles, was einen Namen hat, verdient die Bezeichnung. Die Rezeption ist unscheinbar, die Anlagen haben kein Konzept, irgendwo stehen wahllos Gebäude in der Anlagengeografie, einige bewohnt, andere verwahrlost. Wieder andere Gebäudebereiche dienen als Hostels. Daneben wuchern wilde Grünanlagen, größtenteils vermüllt, aufgelockert mit

Zeltplätzen, die als solche ausgewiesen sind, Zelte sind aber nicht zu sehen; dann wieder vereinzelte Blockhütten und ähnliche Gebäude, die wohl vermietet werden, Bistros auf Pachtbasis, verbarrikadierte Läden, die schon das Ende der Sommerzeit eingeläutet haben, privat von anderen als dem Platzbetreiber genutzte Discotheken – kurz: ein unübersichtliches Sammelsurium aus allen Varianten des touristischen Angebotes, abzüglich qualitativer Ansprüche. Das alles ist irgendwie öffentlich zugänglich gemacht beziehungsweise nicht abgegrenzt von der Öffentlichkeit. Das Klopapier stammt aus Gemeinschaftsrollen, sodass es sich empfiehlt, rechtzeitig zu ergründen, wie groß das Geschäft wohl ausfallen wird. Die Duschen haben Freibadcharakter, also den Knopf drücken und hoffen, dass der Warmwasserregulator großzügig auf mehr als 20 Grad Celsius eingestellt ist. Von diesem Wert ist er jedoch weit entfernt, und so schließt sich an dieser Stelle der Kreislauf im Kampf gegen die Elemente des heutigen Tages.

Warnend schiebt mir der Rezeptionsangestellte das gelbe Flugblatt entgegen, das die Polizeidirektion in Bratislava II (so heißt sie in der deutschen Übersetzung) unter das campierende Volk bringt: »Keine Chance der Dieben!« Und vertrauensvoll konkretisiert sie weiter: »wendent … an Sie [also uns Camper], aufgrund der Erfahrungen von letzten Jahren, mit der Bitte an, um Sie die folgenden Sicherheitsgrundsätze zu beachten …« Zum Kampf der Elemente gesellt sich an dieser Stelle die elementare Auseinandersetzung mit Buchstaben und Wortsilben.

Bratislava, alte Stadt

In Bratislava fahren alte Triebwagen mit Einsitzreihen Menschen ohne Illusionen oder ohne Wohnsitz rumpelnd durch triste Vororte ins historische Herz, bummeln auffallend viele schwule Paare durch die alten Gassen mit den neuen Läden bekannter Nobelmarken, reihen sich historische Gebäude mit universitären Einrichtungen an Wohnhäuser der vorletzten Jahrhundertwende, jagen Kioske und unbrauchbare Telefonzellen (für die es entweder keine Telefonkarten gibt oder die verwüstet wurden) um die Wette, in der Absicht, dem Straßenbild moderne Farbe zu verleihen. Mittendrin ragt eine Figur aus Eisenguss, auch »Glotzer« genannt, aus einem Gullydeckel empor, metaphorisiert sich bisweilen in einen lebendigen Pantomimen. Der »Glotzer« ist seit zehn Jahren der meistfotografierte Bewohner der Stadt und aus seiner Perspektive hat er den besten Blick unter die Röcke der weiblichen Bratislavarinnen, wenn sie denn welche tragen, weil die jungen Damen überwiegend sportliches Nike-Outfit oder modisches Kurnikova-Design zum Besten geben, während die Herren der Schöpfung eher als homogene Masse in schlichtem, aber gepflegtem Äußeren daherschlendern, jedoch ohne obligatorische Errungenschaften wie Handy und Bierdose nicht anzutreffen sind

Bratislava ist im 10. bis 12. Jahrhundert aus einer Marktsiedlung unter der Burg (Hrad) entstanden, jenem nationalen Kulturdenkmal, das seit dem Untergang des Großmährischen Reiches zur bedeutendsten Festung des ungarischen Staates geworden war. Hier privilegierte der ungarische König Andreas III. erstmals die Bürger des Landes mit Rechten. Ja, so war das früher, während heute dem bürgerlichen Politiker das ultimative Recht eines goldenen Schweigens gut zu Gesicht stünde. Die volle geschichtliche Ladung soll aus den Kanonen in die Erinnerungen donnern: 1465 wurde die Academia Istropolitano als erste Universität auf dem Gebiet der Slowakei gegründet. Bis 1830 war Pressburg die Krönungsstadt für ungarische Könige, die Abschaffung der Leibeigenschaft wurde am 11. April 1848 auf der letzten Tagung des ungarischen Parlaments beschlossen. Nach der Entstehung der ersten tschechoslowakischen Republik 1918 wurde Bratislava schließlich Hauptstadt der Slowakei. Spärliche Sonnenstrahlen bringen die Kuppel des slowakischen Nationaltheaters (Slovenské Národné Divadlo) zum Glänzen. Der Spielbetrieb wurde am 1. März 1920 mit Smetanas Oper »The Kiss« eingeläutet.

Gerade schießt eine Boeing über das geräuschvolle Autokamping und läutet den Ohren ein, die hier einiges auszuhalten haben, weil im Green Park bis in die frühen Morgenstunden die Puppen tanzen. Discohits am Fließband, Olivia Newton-John trällert «Xanadu« und Whams »Edge of Heaven« lässt die von Menschenhand erschaffenen nächtlichen Flugzeuge göttliche Gestalt annehmen. Bis vier Uhr dreißig kippen auf Holzbänken neben dem Zelt nicht ausgepowerte Besucher der Discotheken, von denen keiner weiß, ob sie zum Campingplatz gehören oder nicht, Bier in sich rein. Die Bierdosen können am folgenden Morgen im Dutzend auf den Tischen bestaunt werden – wenn sie nicht auf die Toilette verbracht wurden, wo sich eine stattliche Zahl von ihnen auf den Mauerumrandungen über den WC-Brillen angesammelt hat (teilweise noch

Slowakei (Tag 128 bis 135)

halb gefüllt), um eventuell am nächsten Abend erneut an die durstige Kehle gesetzt werden zu können. Die Ein-Hit-Band Opus singt »Live is Life«, ein sehr passender Abschlusstitel für die benachbarte Disco. Vielleicht ist es aber – um es vorwegzunehmen – ganz gut, dass wir am nächsten Tag einige Dinge nicht live erleben werden.

Bild 18: Die Kachelabteilung im Autokamping Bratislava

»Schließlich bezahlten sie mit ihrem Leben!« oder Wie früher alles besser war

In der Tagespresse könnte es glatt lauten: »Und schließlich bezahlten sie mit ihrem Leben! Unter mysteriösen Umständen sind auf dem Autokamping Bratislava in der Nacht zum Mittwoch zwei Radfahrer ums Leben gekommen. Es wird vermutet, dass es keinen Grund und keinen Ausweg gab, als sie dem Unvermeidlichen entgegen sahen.« Die Stirnlampe, das hölzerne Taschenmesser, mein Fahrradcomputer und ein Paar Handschuhe (ironischerweise jeweils ein Exemplar von Susanne und mir) sind heute während unseres Streifzuges durch Bratislava aus dem Zelt entwendet worden. Während wir vorsätzlich wichtige Dinge erledigten (E-Mails beantworten, Versicherungskündigungsbestätigungen anfordern, die kanadische Botschaft bezüglich gewünschter »Ich-kehr-Deutschland-den-Rücken«-Optionen interviewen – denn wir wollen ja eigentlich auswandern), hat ein slowakischer Langfinger (auch kurze Wursthände reichten dazu aus) ein grün getarntes, doch gut sichtbares, teuer wirkendes Hilleberg-Zelt als persönliche Spielwiese entdeckt und so richtig auf den Kopf gestellt, um alles Brauchbare und Bare aufzuspüren.

Und weil wir in letzter Zeit mehr zu Fuß als mit dem Rad unterwegs waren, weil das Securitypersonal des Stadtcampingplatzes mit bürgermeisterlicher Autorisierung mehr nach Bier stinkt, als nach Sicherheit riecht, weil die Campinganlage insgesamt als grüne Stadtoase gesundheitsbewusste Penner herzlichst zum nächtlichen Verweilen einlädt, konnte es zum unvermeidlichen Diebstahl kommen und wurde der Erzähler dieser Geschichte genötigt, mit aufgeklapptem Klappmesser aus der Schweiz (das sinnigerweise nicht entwendet worden ist, obwohl es der unter Rentabilitätsgesichtspunkten gesehen profitabelste Gegenstand gewesen wäre) zu schlafen, um die oben zitierte Meldung in einer Tageszeitung nicht wahr werden zu lassen. Wobei ich nicht sicher bin, ob für die Verkaufszahlen dieses Buches genau dieser beschriebene Umstand des frühzeitigen Exitus nachträglich besser gewesen wäre. Aber wer hätte dann alles zu Papier gebracht? Wären wir überhaupt aufgefunden worden und wie hätten wir ausgesehen, hätten uns die Behörden identifizieren können oder hätten wir organtechnisch in anderen Wesen auf zwei Beinen weitergelebt, die nicht gewusst hätten, wer die Stifter des Fortbestandes gewesen sind? Diese sinnlosen und noch weitere Fragen gehen mir gerade durch den Kopf.

Es scheint an der Zeit, weniger zu denken und mehr zu fahren, die Reiseroute wieder in ländliche Gegenden zu lenken, koste es Wetternerven, wie es wolle. Wir müssen uns frei machen von den Druckschmerzen unter der Schädeldecke, die der Gedanke an angebliche Verpflichtungen auslöst, und insbesondere die Botschaft des Wunschlandes als das begreifen, was sie ist: eine schwerfällige Behörde voller Beamter, die ihre wenige Arbeit auf die viele langweilige Arbeitszeit so verteilen, dass die Antragsformulare vergilben, verstauben, danach einkrusten, schließlich materialisieren in kleinste Partikel unwichtigen Nichts, nachdem sich das Papier zersetzt hat, die verblassende Schrift endgültig verblichen ist und nicht mehr entziffert werden kann; wie die Antragsteller, die mittlerweile ergraut sind und am Krückstock laufen und Probleme bei der Entzifferung ihrer selbst auf alle anderen abwälzen (vor allem die unfähige Jugend) und sich schließlich wünschen, posthum wäre die oben erwähnte Nachricht aus der Tagespresse (das vorweggenommene Ende unserer Fahrradreise) vor vielen Jahren doch wahr geworden.

Ja, früher wäre es besser gewesen, vom Ende erlöst worden zu sein; zu einem Zeitpunkt, als Dürers »Apokalyptische Reiter« in Vergessenheit gerieten. Damals, als die USA noch nicht angstvoll eine Mauer nach ost-demokratischem Vorbild um ihr Land gezogen hatten, als die 45-Millionen-Metropole Las Vegas noch mit Rapsöl von Monokulturen des (mittlerweile) völlig gebrandrodeten Kongos versorgt werden konnte, wenn auch die Trinkwasserversorgung nicht mehr durch Lake Mead, sondern über eine militärisch gesicherte Pipeline direkt aus der Hudson Bay sichergestellt werden musste.

Ja, damals, als endlich herauskam, von wem die deutsche Partei der blühenden Landschaften Spenden erhalten hat; in vergleichbar geringerer Höhe als die Gelder, die der Namensgeber (Gott, wie hieß er noch; nein nicht Gott, sondern eine völlig unwichtige Kreatur war das) des Geldes, das alle ohne Arbeit beziehen und dann noch in der Ausprägung der Stufe IV (die Rakete zündet gleich), in Prostituierte vorne und hinten reinschob.

Ja, damals, als alles viel besser war (wie die Alten immer sagen). Gute sichere Nacht, liebe In-Ordnung-Welt!

Eine Sache der Perspektive

Wir verlassen den Ort des Schreckens, überlassen die 24-Stunden-Tickets den beiden Belgiern, die hinter uns zelten und glücklich sind, weil sie nicht im Mittelpunkt der Überfallattacke standen, und entlassen den »I'm only the receptionist«-Entranceman aus seiner Nichtverantwortung. Zwölf Kilometer benötigen wir, um die Stadt endgültig hinter uns zu lassen, da erst wieder in diese hineingefahren wird, die letzten Ausläufer der südlichen Karpaten umfahren werden müssen. Bratislava, das vielen die Perspektive eines besseren Lebens bieten mag, manch einem aber keine solche mehr aufzeigen wird, ist persönliche Geschichte geworden. Der alte, kleine und ergraute Mann mit dem Blick des Wegblickens beispielsweise, der heute Morgen nur mit zerfledderter Jeans und Dreckjacke auf dem Platz herumlief und drei Tüten Mülleimerinhaltes davontrug, hat die Perspektive der Müllcontainer angenommen. Sein Blick wandert nur dorthin und hinein, regelrecht getrieben von der Sucht, den Inhalt durchzuwühlen. Unsere Augen sind eher nach vorne gerichtet, strahlen Rastlosigkeit aus, die dem Obdachlosen aber in nichts nachsteht. Beide (Penner und Langzeitradfahrer) befällt bisweilen der Stress des Nicht-Ankommens. Der Penner (ich bezeichne ihn nicht als Landstreicher, weil er weniger durch das Land streicht als vielmehr auf städtischen Parkbänken liegt) bewegt sich mehr oder weniger den ganzen Tag halbwegs ziellos durch die Stadt und kehrt (im günstigsten Fall) abends in ein Obdachlosenheim ein. Auch der Pedalist bewegt sich auf einer mehr oder weniger vorgezeichneten Route, mit dem langfristigen Wunsch (den auch der Penner hat), irgendwann einmal anzukommen, und dem kurzweiligen Problem des täglichen Nachtplatzes, nie zu wissen, wo dieser letztlich sein wird. Penner und fernreisende Fahrradfahrer, getrieben von Rastlosigkeit, von der Suche nach innerem Halt. Der eine regional begrenzt, der andere überregional ungebremst, aber beide mit der Sehnsucht, irgendwie durchzukommen und irgendwo heimisch zu werden.

Mit Bratislavas Ortsausgangsschild eröffnet sich uns der Blick auf die Trabantenstädte Dúbravka und Devínska Nová Ves. Bystričanka-Záhor ist eine rettende Tankstelle, die uns vor den tosenden Wassermassen (auch heute wieder unaufhörlicher Regen) schützt. Wie lange hält der Regen noch an? Stupava ist ein beschauliches Städtchen, in dem Susanne in sicherem Englisch den verunsicherten Mitarbeitern der Pošta erklärt, dass sie eine Briefmarke für eine Postkarte nach Australien benötige. Malacky dagegen hat zwar die gleiche Größe wie Stupava, aber deutlich mehr Plattenbauten am Stadtrand. Die Innenstadt dagegen trumpft mit Supermoderne auf, die Fußgängerzonen sind äußerst sauber, leuchten mit ihren grellbunten Blumenkübeln, sind aufgelockert durch zahllose Bänke. Das Zelt schlagen wir heute im tiefen Wald auf, ohne Sicht auf die Straße.

Slowakei (Tag 128 bis 135)

Bild 19: »Die haben es hinter sich«

Tschechische Republik

(Tag 136 bis 149)

Tschechische Radkarten

An der Abzweigung nach Závod legt die deutsche Firma Richter ihren »Richter Rollrasen« repräsentativ auf einem Gebiet aus, das etliche Hektar umfasst. Richters Slovakia-Rasen-Ableger hat hier anscheinend billiges Land gekauft oder gepachtet, um Rasen auszurollen und später zu verkaufen, wahrscheinlich ins nahe gelegene Österreich oder nach Bratislava. In Kúty werfen wir die Postkarte an meinen tasmanischen Onkel ein und fahren auf Kopfsteinpflaster durch ärmliche Verhältnisse zur Grenze. Nette Zöllner machen aus dem langweiligen Job das Beste und freuen sich regelrecht, den Souvenirstempel in die Pässe zu drücken, den Grenzübertritt für die stolzen Radfahrer tuschemäßig zu verewigen.

Brotzeit in Lanžhot, dem Ort des unerwarteten Ereignisses, das wir seit zweitausend Kilometern (seit Slowenien) nicht mehr vermutet hatten: Es gibt einen Radweg, der zu Sehenswürdigkeiten führt, den Weg weist (oder auch nicht), der dem Radfahrer Kultur und Geschichte einer Region vermittelt und ihm ganz grundsätzlich (und sei es bloß durch eine Hinweistafel) das Gefühl gibt, dass er wieder der Zivilisation angehört. Das Bild ist zugegebenermaßen stark »verwestlicht«, projiziert sämtliche angelernte Eigenschaften des Ausgangslandes in die zu missionierende Fremde. Mit anderen Worten, ich empfinde nach über viertausend Kilometern, die wir mit den Fahrrädern bisher zurückgelegt haben, doch ein Stück der Wiedersehensfreude beim Erreichen des gewohnten Kulturkreises. Irgendwie glaube ich fast, der westliche Großstadtmensch muss letztlich geleitet werden, wenn schon nicht gefühlsmäßig, dann doch bitteschön durch ein winziges Radschild.

Johann der II. von Lichtenstein lebte vor einiger Zeit (genauer 1858 bis 1929), war Gründer der sogenannten Waldeisenbahn, die in den Jahren nach dem Ersten Weltkrieg auf einer Strecke von 27 Kilometern, angeführt durch eine Lokomotive Deutzerischer Motorengewalt mit acht Pferdestärken, echte Pferdegespanne aus Fleisch und Blut ablöste. Unser Radweg ist die Nummer »43/Vinar skastez podluži«, im heutigen Dreiländereck Österreich-Tschechien-Slowakei. Die Waldeisenbahn ist in den Fünfzigerjahren zerstört worden und 1965 in die Liquidation gekommen. Bis dahin tuckerten noch dreißig kleine Karren in Zuggarnituren von vier bis acht Karrengruppen hinter Lok und Tender, mit einer Geschwindigkeit von zwanzig km/h auf einer Gleisweite von siebzig Zentimetern. Links und rechts des Weges ist eine bewaldete Auenlandschaft entstanden. Im Zweiten Weltkrieg ist die Bahn für die militärische Mobilisierung zweckentfremdet worden.

Eben dachte ich noch, geleitet werden zu müssen. Jetzt beschleicht mich abrupt das Gefühl, dass das überhaupt keinen Sinn hat. Was hier so alles passiert sein soll, in diesem unbekannten Wald? Eigentlich sieht der Betrachter nichts, eben nur diese Schilder. Vorstellungskraft ist insofern gefragt. Überhaupt frage ich mich, wo diese Fahrradreise entlangführt, über welche alten Wege, wie diese historisch gewachsen sind, wie es früher an dieser Stelle aussah, welche Menschen unter dem Waldboden begraben sind. Wenn der Wald – den es schon immer gab und lange nach uns geben wird – sprechen könnte, hätte er wohl so einiges zu berichten.

Der Radweg führt ohne Lastkraftwagen (an vielen Stellen der Slowakei schloss sich beides nicht aus) am klassizistischen Jagdschloss Pohansko vorbei, das um 1810 erbaut wurde, bis 1945 in Besitz derer von Lichtenstein war und seit 1998 zur »Exposition des Städtischen Museums und der Galerie Břeclav« freigegeben ist. Das Schloss liegt am großmährischen Burgwall, der wiederum am Rande eines zum Teil bewaldeten, teilweise auch sumpfigen Gebietes über dem Zusammenfluss von Dyje/Thaya und Morava/March liegt. In Břeclav, der absolut modernen, größeren Stadt, die so anders als die erlebten slowakischen Städte ist (die so trist und abweisend wirkten), kaufen wir Radfahrkarten. Das stellt sich als etwas komplex heraus, da die Tschechen scheinbar ein ausgeklügeltes Radfahrnetz etabliert haben (im Unterschied zur radfeindlichen Slowakei und dem nicht radelnden Ungarn). Es gibt sage und schreibe 29 große Regionalkarten und über einhundert Detailkarten für das kleine Land, die jeden Winkel fahrradtechnisch ausleuchten und Google Earth überflüssig machen. Mit anderen Worten: Bezogen auf das Kartenmaterial ist Tschechien ein Eldorado für Radfahrer, topografisch jedoch ungleich anspruchsvoller als die Slowakei oder Ungarn. Wir kaufen vorerst die Regionalkarten 22, 26 und 28, um das Land irgendwie schräg zu durchreisen und im Erzgebirge deutschen Boden zu betreten.

Von einem, der mit dem Fahrrad in die Welt wollte

Die Hochstände der Forstwirtschaft am anderen Ende unserer Wiese bleiben unbesetzt, sodass wir eine ungestörte Nacht hatten. Wir fahren historische Wege durch die Pálava genannte Region der Pollauer Berge und Ebenen. Aus den Wald- und Auenlandschaften blicken Kalksteinkämme hervor. Hundert Millionen Jahre alte Jurakalkklippen, die vor circa 30 000 Jahren noch von Mammutjägern durchstreift wurden und später im Mittelpunkt römischer Eroberungszüge lagen, liegen vor uns. Spuren des Großmährischen Reiches prägen das Landschaftsbild und mittendrin platziert sich der größte Park Europas: Das UNESCO-Weltkulturerbedenkmal Lednicko-valtický areál (Natur- und Kulturpark Eisgrub-Feldsberg). Da kann der kleine 5043-Radweg schon einmal verloren gehen. Verloren hat der Radfahrer auch, wenn er ein Problem an seinem Rad hat, es nicht selbst lösen kann, aber allen gegenüber in engstirniger Haltung die mit Löffeln gefressene Weisheit aufs Brot schmieren will. Ich benehme mich im historischen Lednice und dem angepriesenen Cykloservis ziemlich wie der berühmte Elefant im Porzellanladen. Na ja, ich habe mich auf dem schlammigem Bratislava-Autokamping nicht um herumliegendes Wurzelwerk gekümmert und entgegen der sonst wind- und straßenböschungsbedingten rechtslastigen Fallsucht nach links in den Dreck gelegt, ohne die Belastbarkeit des vorderen Lenkergewindes zu berücksichtigen. Und weil der Fahrradverkäufer in Leverkusen vor einigen Monaten empfahl, für das sportliche Fahren die Ringe der Lenkermittelachse rauszunehmen (um windschnittiger über dem Rad zu liegen), gleichzeitig aber vergaß, dem Laien anzuraten, diese oberhalb des Lenkers als gewichtigen Kontrapunkt wieder einzusetzen, weiß ich bisher nichts von meinem Glück, über viertausend Kilometer unfallfrei und ohne Wackellenkrad überstanden zu haben; bis zum Zeitpunkt der Demontage der ersten Schraube, wegen der ich – mit allzu lockerer Gehirnschraube – das Fachwissen des Fachmanns infrage stelle, freilich selbst verzweifelt ahnend, dass ich keine Ahnung habe. Ich bin mir aber nicht zu schade, dem Fachmann gegenüber zigfach meine Schuld einzugestehen. »Die Lenkerringe gehören ans Fahrrad«, beteuert er und ich nicke abermals entschuldigend, bis er mir verzeiht.

Später werden wir von herrlichem Wetter und traumhaft schöner Landschaft in der bekannten Weinbauregion Mikulovská Vrchovina begleitet. Im 16. Jahrhundert ließen sich die Wiedertäufer in Dolní Věstonice nieder. Wegen ihres Glaubens wurden sie verfolgt, auch wenn sie für die sogenannte Wiedertäufer-Keramik berühmt waren. Zu sehr unterschieden sie sich von der heimischen Bevölkerung durch ihre kollektive Lebensart und arbeitsteilige Wirtschaft, durch Wahrung des Glaubens und ein überwiegend höheres Bildungsniveau. 1622 wurden die Wiedertäufer von König Ferdinand schließlich vertrieben und wanderten nach Russland und Amerika aus. Früher waren um den kleinen kreisförmigen Dorfplatz in Dolní Věstonice die Weinkeller der Wiedertäufer angeordnet, weswegen der Platz Wiedertäufer-Platz (Habán náměstí) hieß. Wir radeln über den Staudamm des Nové Mlýny – mit seinen gespenstischen, im See stehenden Bäumen ohne Blätter, deren unterer Stamm vollständig vom Wasser überschwemmt ist. Wie eine außerirdisch dreinschauende, blattlose Kopfweide einer Wasserlandschaft am Niederrhein ragen die verwurzelten Stämme aus der schäumenden Gischt, gleich neben dem im Wasseranzug auf dem Schwimmreifen liegenden Angler.

Literatur und Sinnlichkeit

Vier Monate ohne Tageszeitung und Fernsehen ist für einen politisch, wirtschaftlich und kulturell Interessierten eine lange Zeit. Der in Esztergom getätigte Kauf des englischen Dickens-Bestsellers »Oliver Twist« war kein Zufall, sondern Besinnung und Sehnsucht zugleich. Besinnung auf geistige Wurzeln, vor allem auf ein früheres Leben mit (und geistig *in*) Büchern. Und Sehnsucht nach intellektuellem Futter in der sinnlich wahrgenommenen Welt des befreienden Fahrradfahrens, in der jeder Tag zunächst mit der Befriedigung der Grundbedürfnisse einhergeht und der konzentrierte Blick in Landschaft und Nichtlandschaft und das konsequente Lauschen in den eigenen Körper (»Wie geht es dir heute?«) spärliche Zeit für die Beschäftigung mit Literatur übrig lassen. »In the affirmative« (wie Charles zu sagen pflegte) rekapituliere ich, im Zelt an der Velká laguna liegend, dass die Londoner Unterwelt des Oliver Twist ein Stück Zuflucht für den nicht immer alltagsresistenten Radfahrer und dessen geplagten Geist ist. Ich empfinde subtile Entsagungen, wenn ich im örtlichen Coop des Ortes Pasohlávky morgens um sechs Uhr 15 angesichts unzähliger Brötchenvariationen Wasser in Mund und Augen bekomme und von jedem (!) ein Exemplar kaufe, kurz vor Verlassen des Geschäftes über die billigen Schoko-Haselnuss-Spezialitäten der Marke Orion Delissa XXL stolpere, im Schweiße meiner Unterzuckerung die Münzen auf die Kasse knalle, sodann vor dem Laden kaum Zeit finde, die Verpackung des Schokoriegels zu entfernen und geistesabwesend die knusprige Waffel und die dahinschmelzende Schokofüllung zwischen Gaumen und Zunge leicht zerdrücke, um diese schließlich im Hochgefühl der Erregung weiter nach hinten den Rachen hinuntergleiten zu lassen.

Beim Lesen des alten Buchschinkens, dessen Inhalt problemlos in die aktuelle Weltgeschichte übertragen werden kann, werde ich sentimental. In einer Welt, in der Freunde kommen und gehen, die zu hektisch für tiefe Verbundenheiten zu sein scheint, in der jeder nur noch oberflächlich mit sich selbst beschäftigt ist. Auch der Weltenbummler hat gerne Post im Postfach oder als E-Mail, selbst wenn er weit entfernt ist, könnte er darauf zugreifen. Susanne und ich fühlen uns ein bisschen einsam und verlassen. Der Luxus des Radfahrers, der tagtäglich Freiheit in den Pedalen spürt, steuert in die Sackgasse unfreier Entsagungen. Vielleicht besteht Freiheit eher in der Sechzig-Stunden-Woche, vielleicht ist freiheitliches Denken schlecht in einer unfreien Welt? Wo seid ihr, liebe Freunde? Ich möchte sinngemäß (ein wenig abgewandelt) einen Charles-Dickens-Satz hervorzaubern, der vortrefflich aus der Sicht eines jeden geschrieben werden könnte, wobei wir uns ausdrücklich der Zielgruppe anschließen, die ab und an das Wort »Freundschaft« gebraucht: »Wir sollten vorsichtig sein, wie wir andere unter uns behandeln, da jeder Tod (oder Verlust eines lieben Freundes) dem kleiner werdenden Kreis der Überlebenden das Unausgesprochene auftischt, das nicht mehr ausgesprochen werden kann, das nur geringe Beachtung fand – so viele vergessene Dinge, so viele ungelöste Probleme, die hätten gelöst werden sollen. Es gibt nichts auf der Welt, das so schmerzt wie das, für das es zu spät ist (weil der Verlorene nicht mehr erreichbar ist). Wenn wir das quälend spüren (in unseren Freundschaften), sollten wir alsbald damit beginnen, das Unausgesprochene auszusprechen.« Tränen tropfen auf das Tagebuch.

Kräfte sammeln

Es sind noch in etwa vierhundert Kilometer bis Deutschland und der Heimkehrmonat für die jetzt angedachte Option wäre der Oktober. Wir planen (zum ersten Mal auf dieser Reise) eine Etappenlänge. So fünfzig Kilometer durch dieses schwierige Hügelland stellen wir uns vor. Bisher sind wir dem Reiseziel des groben Nichtplanes einigermaßen treu geblieben. Mit dem Erzgebirge steht die ungefähre Richtung, aber erneut bestimmen Nuancen des Reiseweges den unvorhersehbaren Verlauf. Bestimmt macht es Sinn, heute auf dem Euro-Camping ATC Merkur die letzten Sonnenstrahlen zu genießen, entspannt Kaffee zu trinken.

Kaffee als Genussmittel ist für mich der liegende Aufhänger des Faulenztages. Gerade der unfair gehandelte, weitverbreitete, als Durstlöscher missbrauchte, gemahlene, 2,99 Euro teure Kaffee ist Ausdruck globaler Missstände, exemplarisch für westliches Konsumverhalten. Der Einkommensanteil, den ein Deutscher für Nahrungsmittel aufzubringen bereit ist, sank in den letzten Jahren rapide. Im freien Fall befindet sich das Verständnis des durchschnittlichen Westeuropäers für die Bereitschaft, dem Nahrungsmittel die Eigenschaft des Massenproduktes abzuerkennen. Zu festgefahren sind die Gewohnheiten, zu eindeutig die Werbebotschaften. Zu gering meine Kraft am heutigen Tag, die Gedanken zielführend in die Gesellschaft zu tragen. Und zu groß die Angst, dass für die morgige Weiterfahrt die Reifen angesichts geringen Luftdrucks und dem erst neulich als zusätzliche Bratislava-Raubbeute identifizierten, fehlenden Tankstellen-Ventiladapters (traditionell in der ebenfalls entwendeten Reservegeldbörse aufbewahrt) versagen werden. Auch der Reinigungsmagnet wurde überdies geklaut, sodass eine nochmalige Großreinigung des inzwischen wieder tadellos funktionierenden Kochers nicht mehr möglich wäre, uns eventuell erneut im Sinne des »kalten« Selbstversorgerideals zu drei Trockenmahlzeiten am Tag zwingen könnte.

Hase und Igel

Die nächtlichen Geräusche im Zelt stammen doch tatsächlich von einem putzigen Igel, der sich auch gleich unverrückbar zusammenrollt, als er freundlichst gebeten wird, eine andere Futterroute aufzusuchen. Jedenfalls hat er den Quarkkäse als Lockmittel ignoriert, denn dieser steht am nächsten Morgen unberührt bei den Fahrrädern. Hasen gehören ebenfalls zu den Bewohnern des Parks. Beide Spezies sind überglücklich, weil ihnen die tiefen Einblicke in das fehlen, was die am stärksten evolutionierte Rasse auszeichnet und manchmal extrem stark belastet: die menschliche Seele mit ihren uneinnehmbaren Bergen und unergründlichen Abgründen, unerforscht und fremdartiger als alles, was es auf Erden zu verstehen gibt.

Dabei hatte der Tag mit strahlend blauem Himmel the-sky-is-the-limit-mäßig begonnen, als wir von der stark befahrenen E461 in die kleine Straße nach Vlasatice mit ihrem alten, burgähnlichen Gutshof einbiegen, der nur noch für Ackerwirtschaft verwendet wird, dessen Gebäude aber auf frühere Viehhaltung hindeuten. Wir fahren weiter durch das verträumte Troskotovice, das winzige Damnice und machen schließlich vor einer laut Inschrift 1729 erbauten Kirche in Miroslav (etwas abseits des Radweges mit der Nummer 5009) eine Mittagspause. Und während des Gespräches über alles Mögliche lenkt das Thema »Was machen wir denn, wenn wir in Deutschland ankommen?« Susannes Emotionen und vor allem ihre Angst, ihr Nest nicht zu bekommen. Irrationale Gedanken ziehen auf, färben den prächtigen Tag in Schwarzgrau, lösen zeitweise den Wunsch aus, nur Hase und Igel zu sein und nicht das vertrackte, komplizierte Wesen, das sich Mensch nennt.

Miroslavské Knínice und Lesonice heißen die nächsten Dörfer. In Moravský Krumlov verunstalten acht Kraftwerke das angrenzende Naturreservoir Mohelenská hadcová step. Bis das Gesehene zum Greifen nah wird, werden die klinisch sauberen Orte Dobřínsko, Horní Dubňany und Dukovany durchfahren, in denen der Radweg sehr schlecht ausgeschildert ist und für einige Zeit verloren geht. Der eingeschlagene Weg führt über eine Geröllpiste steil nach unten zum Staudamm und ebenso steil auf der anderen Seite wieder hinauf (in den Ort Mohelno). Die Erläuterungen eines einheimischen Fischers, der wie alle hier im Nato-

Kampfanzug herumläuft, ohne die obere Zahnreihe und anscheinend ohne Kenntnis irgendeiner Sprache zu brabbeln beginnt, helfen nichts und bauen den zwischen Susanne und mir entstandenen Kommunikationsfrust nicht gerade ab. Einigkeit besteht letztlich im Wunsch, sich auf den Reiseverlauf zu konzentrieren, den Tag in stiller Natur ausklingen zu lassen, Hase und Igel zu werden, für eine Nacht.

Die Reise und die Konzentration

Die als Atomkraftwerke vermuteten Ungetüme entpuppen sich als Wasserkraftwerke. Die Fehlinterpretation resultiert aus mangelnden Fachkenntnissen und Infotafeln in ausschließlich tschechischer Sprache. Tschechien bietet wegen der anspruchsvollen Topografie wenig Möglichkeiten der Entspannung, gleichzeitig gilt es, unsagbar viele Eindrücke in kurzweiligen Dörfern zwischen geschwungenen Auf-und-ab-Fahrten zu verarbeiten. Für den heutigen Tag nehmen wir uns vor, die Konzentration weniger auf Fragen zu lenken, was im Anschluss an diese Reise passieren mag, sondern uns mehr auf den aktuellen Reiseweg zu konzentrieren, der sich als ziemlich kompliziert herausstellt. Ganz bewusst stelle ich mich dem Tageserlebnis, setze mich konzentriert mit jedem zu bewältigenden Meter auseinander.

Vom Informationspunkt am Mohelenská hadcová step führt ein Feldweg mit gelber Markierung in den Wald. Die Markierungen variieren, stimmen nicht mit dem Kartenmaterial überein, sodass eine erneute Schnitzeljagd ungewissen Ausgangs zu befürchten ist. An einer Kreuzung im Wald mit ausreichenden Hinweisschildern aller Ortsnamen und Farben des Spektrums – auf dem 443 Meter über dem Meeresspiegel gelegenen Zelený les – merken wir endgültig, dass der eingezeichnete Weg der Karte völlig verloren gegangen ist. Der gesuchte Radweg mit der Bezeichnung 5108 ist nur von der Straße aus Kramolín als solcher ausgewiesen (also von der anderen Seite kommend), sodass die Attraktion des zur sogenannten Mikroregion Náměšťsko gehörenden Ortes – der verheißungsvolle Aussichtsturm Babylon – nicht entdeckt, sondern im Wald um schätzungsweise zehn Meter unwiderruflich verpasst wurde, weil die Wege hier so verwirrend sind, wie die Vielfalt der beim Turmbau zu Babel entstandenen Sprachen und Dia-

Die Reise und die Konzentration

lekte. Hinter dem Ort wird die Nummer 5108 sehr schlecht befahrbar. Am Wegesrand steht Damwild hinter Zäunen. Wir fahren jetzt wieder auf der Straße, die besseren Untergrund verspricht. In Popůvky sitzen drei Alte vor dem einzigen Laden, mit Blick auf den neuen Flughafen. In Hartvíkovice haben wir das entgegengesetzte Modell. Hier ist der Radweg 5207 auf keiner Karte verzeichnet, weist aber, den Schildern nach zu urteilen, in den nächsten Ort. Der Wasserbrunnen von Třesov pumpt Wasser, allerdings nicht aus dem Hahn, sondern unkontrolliert aus dem Betonfundament. Als wir in Kožlany erneut das 5207-Schild sehen, ist der Mut entwichen, diesem kartenfremden Pfad ins Ungewisse zu folgen. Wir bleiben stoisch auf der Straße nach Koněšín, die sich zur ausgewiesenen Kirschbaumallee entwickelt, mit Baumdurchmessern von geschätzten vierzig bis fünfzig Zentimetern. Am Ortseingang begrüßt uns der nagelneue, gepflegte Fußballrasenplatz des TJ Koněšín. Und unvermittelt schnell taucht ein neues Schild auf: die Variante 5207A. Vielleicht die Abzweigung fünf Kilometer vor Vladislav? Natürlich ist die Radwegtochter der unauffindbaren Mutter ebenfalls auf der Karte verschollen. Der Mut kehrt jedoch zurück und der Weg verläuft scheinbar passabel über eine große Wiese, mit herrlichem Blick auf unsere Tageszielstadt Třebíč. Nachdem wir die schöne Wiese überquert haben, verschwindet der Weg im Wald, biegt links ab und windet sich ab jetzt rasant hinunter. Ich spüre die Geröllsteine unter den Rädern, umgreife die Bremsen so lange hart, bis ich schließlich schieben muss, um keinen Unfall zu riskieren. Als es weniger steil wird, lassen wir die Bremsen los, doch die Konzentration bleibt hoch, sonst würden wir noch mitten in der Ursache für den seit einiger Zeit bestialischen Gestank landen, der durch den Wald nach oben zieht: die Vladislaver Gerberei, die wie aus dem Nichts auftaucht und neben dem offenen Tor das 5207A-Schild demonstrativ in niedlich-überschaubarer Größe zum Besten gibt, um wohl aufmerksam zu machen, nicht durch das Tor zu fahren, sondern kurz davor im Neunziggradwinkel rechts vorbei in den Ort zu biegen, in dem Remondis für die Abfallentsorgung verantwortlich zeichnet.

Über die B23 verläuft die Route nach Třebíč. Im nächstbesten Fahrradgeschäft versuchen wir dem Englisch sprechenden Händler zu vermitteln, dass ein Adapter benötigt wird, der auf das sogenannte »valve« (Ventil) gesetzt wird. Mit frischer Luft in den Reifen gelangen wir nach Třebíč, das ein sehenswerter, höchst interessanter, stark historisch geprägter Ort ist, den wir aber nur streifen, weil das Autokamping trotz seiner offenen

Wirtschaft und seines erstaunlichen Rasenanteils geschlossen ist und weil wir im engen Talkessel der Stadt keinen anderen Zeltplatz finden. Auch die Wiese hinter der Tankstelle bleibt uns verwehrt. 123 Häuser, schmale Gassen, verschiedene Baustile, Synagogen, Rabbinat, Spital und Armenhaus gehören zum berühmten jüdischen Viertel in Třebíč. Wenigstens gelingt uns ein Foto der St.-Prokop-Bazilika aus der ersten Hälfte des 13. Jahrhunderts als Bestandteil des 1101 gegründeten Benediktinerklosters. Wertvoll sind hier vor allem die gotische Krypta, die Gewölbe des Presbyteriums mit ihrer Kreuzsteinwölbung, das Rosettenfenster im Ostteil der Apside. Kein Blick ist heute möglich auf den beachtlichen jüdischen Friedhof mit 11 772 Quadratmetern und den über 3000 Grabsteinen, von denen der älteste auf das Jahr 1631 zurückgeht. Der Friedhof gehört sogar zu den ältesten in Mähren überhaupt.

Dort, wo hinter den Schienen von Červená Hospoda der 5104-Radweg an einen kleinen See führt, frage ich nach einem lauschigen Zeltplatz. Esel stehen an Holzpflöcke gebunden. Tatsächlich sind wir auf einer privaten Eselfarm gelandet. Die störrischen Viecher sind nachts im Stall und die Besitzerin ist besorgt um die Fahrräder. Ihrem Mann hingegen ist es einigermaßen egal, ob wir außerhalb des Eselcamps übernachten. Aber seine Frau besteht (noch ehe die nordrhein-westfälische Regierung auf das Thema »Camp« gekommen ist) darauf, dass wir im eingezäunten Bereich der Esel das Zelt aufbauen. Die Chemie zwischen uns und den Gastgebern stimmt sofort (bei den Eseln dauert es länger), die deutsche Sprache wird unmittelbar verstanden, weil die Tochter seit 25 Jahren in Bad Mergentheim wohnt.

Böhmisch-mährisches Telč

Am anderen Morgen können wir durchzählen. Acht Esel hat der ehemalige technische Direktor Vladisek, der im Haus mit verzierten Kachelöfen einen echten Flügel spielt und seit seiner Pensionierung einer originellen Hobbykombination nachgeht, die ihn in geistiger wie körperlicher Hinsicht erfüllt: Er züchtet Esel und spielt Klavier. Vladisek hat spärliches Haar und einen kleinen grauen Barbarossa-Bart, läuft schon etwas krummbeinig, stellt die offensichtlich gute finanzielle Altersausstattung in seiner Latzhose über dem verwitterten Hemd nicht annähernd zur Schau. Auch seine namentlich unbekannt bleibende Frau trägt lockere Sportkleidung, ist dezent geschminkt und hat die schulterlangen grauen Haare zum Pferdeschwanz zusammengebunden. Während der Sommerzeit sind die beiden hier draußen auf ihrer Eselresidenz, im Winter genießen sie ihr Stadthaus und das kulturelle Ambiente, das Třebíč bietet. Das schlechte Wetter während des Winters hält Vladisek aber nicht davon ab, täglich mit dem Fahrrad zur Fütterung seiner Esel zu fahren. Das nächste Projekt seien Haflinger, für die er gerade einen Stall baut. Wir sind begeistert von der engagierten Auslebung der erstaunlichen Hobbys.

Die schwierige, äußerst hügelige Strecke nach Telč führt an Markvartice vorbei. Der nächste kleine Ort Štěmechy empfängt uns mit starkem Gegenwind und zwölfprozentiger Steigung, während Předín auf einer überdachten Bank vor dem Supermarkt zum Frühstück einlädt. Haselnuss- und Schokoriegel der Marke Orion sind auch hier spottbillig, erweisen sich als wahre Gaumenfreude und werden von uns mit Heißhunger verschlungen. Der Markt wird an diesem Dienstagvormittag beliefert vom Fruchtlieferanten Haspol. Die Postbotinnen verteilen die Tagespost im Doppelpack, laufen im Gleichschritt jeweils auf verschiedenen Straßenseiten in ihrer blauen Arbeitskleidung die steile Straße hinauf, von Haus zu Haus, fast wie Synchronschwimmerinnen. Sie tragen schwarze, schwere Lederposttaschen um die Schultern, erhöhen nun ihr Tempo, treiben sich an, den Blick auf die jeweils andere gerichtet, bis schließlich alle Post im Ort verteilt worden ist. Sie werden dann von dem blauen Postwagen der Česká Pošta, der von einer dritten Person gefahren wird, aufgesammelt.

Der nachfolgende Ort heißt erneut Markvartice und glänzt – wie viele andere – durch seltsame Verkehrsschilder, vor allem die »abknickenden« Vorfahrtsstraßenschilder, die nicht nur den eigentlichen Straßenverlauf symbolisieren, sondern den aller in diesem Bereich auftretenden Seiten-, Neben- und Hinterstraßen. Die Mittagspause in Stará Říše fällt aus, weil die alte Bushaltestelle extrem verräuchert ist. Dafür präsentiert Olšany mit einer nagelneuen Busstation den idealen kostenlosen Einkehrort am frühen Nachmittag. Das denkt sich auch die sterbende Hornisse, die sich in den Unterschlupf hineinschleppt, wohl unwissend, dass ihre Tage saisonbedingt gezählt sind. Noch einige schwierige Kilometer und wir erreichen schließlich Telč und seinen historischen Renaissanceplatz, den die UNESCO 1992 unter ihre Obhut genommen hat. Das Staatsschloss gilt als besterhaltener Renaissancekomplex Tschechiens – und wird etwas getrübt durch asiatische Ramschstände in der schmucken Wandelgalerie vor den historischen, farblich dezent getupften Häusern links und rechts des Platzes.

Die Damen der Touristentheke sind hier allerdings nicht auf der Höhe der Aktualität, denn die Photo-CD-Entwickler haben entweder zu, wollen oder können erst nach Feierabend die Wünsche des brennfreudigen Kunden erfüllen. Dafür steht Camp Velkopařezitý im schön gelegenen Erholungsort Řásná (mit ganzjähriger Öffnungszeit, auch rund um die Uhr) im Einklang mit der in der Stadt versprochenen touristischen Ausrichtung. Die Bungalows sind zurzeit jedoch an eine Schule vergeben, die sich auf Abschlussfahrt befindet und den Versammlungssaal gleich als Disco umgebaut hat. Der mit 837 Metern höchste Berg des böhmisch-mährischen Hügellandes mit dem Namen Javořice ist im Hintergrund zu sehen. Im Winter sei der Campingplatz ideal für alpine Enthusiasten. Der nun schlagartig einsetzende Herbst lässt die sich verfärbenden Bäume im weiten Rund der alten Landschaft müde lächelnd den Lauf der Zeit vorwegnehmen. Die Nächte werden kälter, die Tage kürzer, das einst frisch duftende Braun unserer sommerlichen Hautfarbe beginnt zu verblassen.

Das tschechische Dorf

Den Javořice erklimmen wir fast, so dicht führt der Radweg 5126 im zügigen Galopp vorbei, links und rechts des Weges undurchdringlich dichter Wald. Es ist saukalt, die Temperaturen liegen im niedrigen einstelligen Bereich, der unerbittliche Wind tut das Übrige. Die Dörfer Horní Dubenky und Jihlávka trotzen im Dorfkern dem Wind, spenden uns Schutz und passen gleichsam ideal in diese Landschaft aus hügeligen Nadelwäldern. Jedes dieser Dörfer Tschechiens hat seinen einzigartigen Charakter, keines gleicht dem anderen, und doch sind sie alle miteinander vor allem weltoffen, weitgehend autonom und haben ähnliche Geschäfte und Dorfaufteilungen. Immer gibt es einen kleinen Supermarkt heimischen Ursprungs, eine Drogerie, ein Café, in Orange getauchte Postkästen und gelbe, grüne sowie braune Entsorgungscontainer an den mit Parkbänken dekorierten Dorfplätzen, die ihrerseits auch in keinem Dorf fehlen dürfen. An diesen Plätzen hält stets der

Das tschechische Dorf

Dorfbus, ein Wartehäuschen bietet in kalten Wintern den erforderlichen Schutz. Jedes Dorf hat als saubere Dekoration obendrein einen sogenannten Entenlöschteich.

In Počátky sind wir schließlich so durchgefroren und ausgehungert, dass der nächstbeste Laden nahezu komplett leer gekauft wird, zumindest, was die Abteilung Confiserie betrifft. Susanne stillt den Heißhunger nicht etwa mit erwarteten Liebeszuwendungen, sondern mit hochfettigem Mayonnaise-Wurst-Salat, dem im persönlichen Verzehrort Žirovnice bei kühlen 10 Grad Celsius auf einer Parkbank nach einem abermaligen Einkauf von Leckerlis noch ein Nachtisch folgt, bis sich schlussendlich die Melange aus Köstlichkeiten im erhofften Völlegefühl der Magenschleimhäute auf das Äußerste multipliziert.

Žirovnice ist berühmt für die Herstellung von Perlmuttknöpfen und das Kunsthandwerk der Knopfmachermeister, die Čamrdáři genannt werden und deren Kunst im Zámek (also im Schloss) bewundert werden kann. Erbauungs- und Gründungszeitpunkt des Schlosses sind gänzlich unbekannt. Der erste Besitzer war Ulrich III. von Hradec. 1393 hat Kamaryt von Lukavec, der den Namen Kamaryt von Žirovnice Jahre später annahm, das Schloss gekauft. Jáchym von Hradec hat aber 1568 die Burg in den Renaissancestil überführt, bevor im Dreißigjährigen Krieg (1645) die Schweden (die wir nicht loswerden) die Burg besetzten, die dann aber zurückerobert werden konnte. 1910 konnte die Stadt das Schloss für 1,35 Tschechische Koruna (CZK) vom Geschlecht der Šternbeks kaufen, 1964 brannte alles ab, bevor es wieder errichtet wurde – wie bei der überwiegenden Zahl der auf dieser Reise besuchten historischen Gebäude, die ebenfalls nach erheblicher Zerstörung irgendwann erneut aufgebaut wurden. Die fabelhafte Rekonstruktion des Schlosses Žirovnice wurde erst 1992 vollendet.

Rodinov ist wieder eines dieser schönen Dörfer mit den beschriebenen Merkmalen. Wir betreiben hier Kartoffelnachlese, weil die großen bäuerlichen Produktionsbetriebe als Nachfolger der landwirtschaftlichen Produktionsgenossenschaften die riesigen Felder nicht gründlich genug abgeerntet haben. Wir erleiden auch keinen Mangel an Äpfeln und Birnen, die ein Geschmacksfeuerwerk an den die Felder begrenzenden Seitenstreifen der Straßen eröffnen, mit dem die neuseeländische Importware nicht konkurrieren kann.

In Kamenice nad Lipou lade ich Susanne zu süßen Schoko- und Nussröllchen ein. Zum Bersten gefüllt ist dieses kioskähnliche Café, das auch Lutscher, Softdrinks und sonstige Kariesförderer anbietet, auf die Bedienung verzichtet, über die Theke verkauft, aber einen Zulauf hat, der auf eine echte Marktlücke schließen lässt. Ein solches Café habe ich in Deutschland noch nicht gesehen. Am Ortsausgang lädt die Schilderaufschrift »sladší než med« (»süßer denn Honig«) zum Kauf desselbigen ein. Ein Kilogramm selbst erzeugten Honigs für umgerechnet 3,10 Euro. Mit dem Hintergedanken, dass sich das auf die Zeltplatzsuche positiv auswirken könnte, kaufen wir die überdimensionale Ration, die den zu knappen Stauraum des Fahrrads arg strapaziert. Aber die Bäuerin – scheinbar so alt wie ihr Gehöft, das laut Steintafel 1925 erbaut wurde – ist zwar sehr nett, weil der Honig verkauft ist, aber sie versteht mich nicht. Das erste und einzige Mal habe ich keinen Erfolg auf dieser Reise, obwohl ich mich richtig ins Zeug lege. Sie zögert, ich rede, male mit den Händen in die Luft, eindringlich und doch zurückhaltend zugleich, um Angstabbau bemüht. Vielleicht doch zu aufdringlich? Sie scheint nicht zu begreifen. Wahrscheinlich ist die Angst zu groß. Hier reichen Hände und Füße nicht aus, um dem Wunsch nach einem Zeltplatz weiteren Ausdruck zu verleihen. Ihre Stirn runzelt sich, sie wird immer nervöser. Der aus dem offenen Fenster hinaus verkaufte Honig verdeutlichte schon die Angst, die Tür zu öffnen, bescherte das Maximum eines Kontaktes. Die Frau scheint zurzeit allein im Haus zu sein, nicht nur ohne den schützenden Mann oder Lebenspartner, sondern auch allein gelassen mit ihrer wachsenden Angst. Es nützt alles nichts, der nächste Wald muss diesmal reichen. Absolute Stille herrscht in ihm. Nur vereinzelt röhrt ein Hirsch, hin und wieder bellt ein Reh durch die kühlklare Nacht. Ansonsten ist nichts zur hören im Land der einmalig schönen Dörfer.

Tábor in Südböhmen

Wenn ein Land wie Tschechien unvorbereitet durchreist wird, ganz bewusst, um unvoreingenommen das Gesehene verarbeiten zu können, merkt der Reisende erst, wie die Reise hätte aussehen können, wenn entsprechend umsichtige Vorbereitung stattgefunden hätte. Ich spreche in diesem theoretischen Fall von einer Reise ohne Fahrrad, von einer Reise mit dem Schwerpunkt auf kulturelle Sehenswürdigkeiten, ohne Kocher, Zelt und andere Ausrüstungsgegenstände im Gepäck.

Tschechien hat (auch verglichen mit Deutschland) eine unglaubliche Fülle an kulturell Sehenswertem. Mit jeder Umdrehung der Pedale wird uns diese Erkenntnis bewusster, ohne dass wir dadurch den gewählten Reisestil griesgrämig betrachten.

Křeč mit seinen wahnwitzig vielen Eschenbeeren ist das Eingangstor einer Region namens Svidník, über die selbst die königliche Rockband Queen – ohne Kenntnis der Historie – die namentlich verwandte, weltberühmte Bohemian Rhapsody verfasste: Mamma Mia! Da lenken auch der gesamte Lkw-Verkehr und die neueste Niederlassung des finnischen Stahlriesen Outokumpu im schnuckeligen Zwergdorf Záhostice bei aller Aktualität globaler Hektik nicht von der geschichtliche Kraft ausstrahlenden Ruhe der Altstadtgassen und Steinhäuser Tábors ab.

Die nördliche Großstadt in dieser südlichen Region Tschechiens hat Ambiente, Verwurzelung und Geschichte, wie sie zum Beispiel für Nordamerikaner völlig fremd ist und gerade deswegen von ihnen erlebt werden will – gerne nach strapaziöser Flugreise. Burg und Burgstätte Hradiště wurden im 13. Jahrhundert von den Hussiten, den Anhängern des christlichen Reformers Jan Hus, zur Militärstadt entwickelt. Tábor war ideal, weil es im Süden vom Fluss Lužnice umflossen wird, in den der andere Stadtbach, Tismenický, hineinmündet. Die Felsabhänge taten ihr Übriges, sodass die Stadt für ihre Uneinnehmbarkeit berühmt wurde. Die Angreifer gingen sozusagen über den Jordán, der gleichnamig hier ab 1492 gestaut wurde, um die hussitische Stadt mit Trinkwasser zu versorgen.

Die Polizei regelt gerade einen stattfindenden Geschicklichkeitswettbewerb unter Jugendlichen, die mit dem Rad einen Parcours zu befahren haben. Wir haben die Räder mit preußischem Sicherheitsprotokoll (denn es wird hier die Unterschrift mit den Reisepässen verglichen) im historischen Informationsbüro verschlossen und bummeln durch die sehenswerte Altstadt, an der alten Stadtmauer entlang, durch die Eingangstore, die eigentlich mehr Imagination verlangen, als dass sie noch existieren würden, die aber früher genau an besagter Stelle standen. Wenn sich der auf die Stadt Neugierige von Norden dem Žižkovo náměsti, also dem Marktplatz, nähert, läuft er zwangsläufig durch ein nicht mehr existentes, nur in seiner Vorstellungskraft entstehendes Tor, das Klokotská, auch »Die Große Pforte« genannt. Historisch visuelle Unsichtbarkeit. An dieser Stelle wird mir die Intention des Tagebuchstils bewusst, die Schilderung der Erlebnisse durch den Versuch, kleine Erinnerungsmomente in ein großes Ganzes zu fassen. Vom Nichttor führt der Weg übrigens zum Realbereich Klokoty, wo sich die Güter und Felder der Bürger Tábors ausdehnen und endlich eine Tankstelle für den arg gebeutelten Luftdruck der Räder zu finden ist.

Straßenansichten

Im Wald hinter Drhovice haben wir eine gute Übernachtungsmöglichkeit mit frühmorgendlicher Sonne gefunden. Die ersten Sonnenstrahlen des Tages dringen am Waldesrand bis in das Zelt vor. Das Kloster Milevsko ist bei herrlichem Sonnenschein bestens für den unvermeindlichen Schnappschuss geeignet. Danach beginnt der sich über zehn Kilometer erstreckende, landschaftlich und straßentechnisch bisher beste Abschnitt, den die Räder und wir auf dieser Reise gefühlt haben: eine grandiose Hügellandschaft mit ganz wenigen Autos und einem glatt polierten Asphalt, der selbst bei kräftigen Steigungen das Rad noch rollen lässt. In Kovářov findet mit dem Südböhmischen Folklorefestival die berühmteste Veranstaltung Tschechiens statt, mit dem örtlichen Beitrag durch das Volkskunstensemble Kovářovan. Gerade fährt der Bus der ČSAD vor, um die im Park versammelten Kinder, deren Schule gegen 13 Uhr zu Ende gegangen ist, einzusammeln und auf die umliegenden kleinen Nachbardörfer zu verteilen; erst einmal nur einen Teil, weil jetzt (wie auf den Wegruf wartend) Hunderte Schüler aus den Seitenstraßen in den Park strömen. Tumultartiges Chaos spielt sich ab, als der nächste Bus vorfährt. Organisation ist alles, um »seinen« Bus zu erwischen. So viel Leben erlebt das Dorf nur mittags. Der Andrang in der Primetime im Supermarkt macht Susanne zu schaffen, die über dreißig Minuten benötigt, um ein paar Brötchen zu kaufen. Gerne wäre ich Inhaber dieses Ladens, aber halt, das stimmt doch gar nicht. Ich kann mir – ehrlich gesagt – nichts Schöneres vorstellen, als unterschiedliche Länder und deren Menschen mit dem Rad oder zumindest ganz langsam aufzusuchen. Also vergesse ich lieber schnell das verführerisch lockende, monetäre Wohlfühlgefühl der klingelnden Kassen. Zu allem Überfluss läuft noch ein komplett geschorenes Duplikat unserer Sissy mit rotem Halsband durch den lebendigen Park, der eigentlich der Ruhepunkt des Dorfes sein soll. Der Hund zieht mich magisch an. Ich verteile Streicheleinheiten. Der nächste Bus der Omnibusgesellschaft aus České Budějovice rollt nun heran. Er transportiert den Teil der lästig werdenden, Kastanien werfenden Kinder nicht ab, sondern eine völlig neue Gruppe. Bevor mir die nur geröstet hervorragenden Kastanien auf den Kopf fallen (denn ich sitze zufällig unter dem Baum) oder (schlimmer noch) um die Ohren fliegen, sollte ich besser meinen Standort wechseln. Die jugendlichen Werfer tragen überwiegend Markenware, Baumwoll- und Polyesterware berühmt-berüchtigter DAX30- oder M-DAX-Firmen, die ihre Produkte in China produzieren lassen. Lässig getragene Globalisierung. Jungen tragen die schiefen Baseballkappen, Mädchen die Bauchnabel freilegenden Quetsch-Stretch-Hosen.

In Milešov drehen wir von der Straße (mit der Nummer 102) auf kleinere Wege ab. Der Staudamm bei Solenice, der den Fluss Vltava staut, weist beachtliche Höhe auf. An dem Hinweisschild Richtung Bohostice verlässt uns die gute Straße. Für genau vier Kilometer scheint sämtliches Kopfsteinpflaster der Ostblockstaaten verbaut worden zu sein. Es gibt kein Entrinnen, keine Möglichkeit der Vermeidung dieser Rüttelpiste. Die Sehnen der Unterarme fangen jeden Schlag voll auf, die Nacken- und Lendenwirbel, das Rückgrat, die Wirbelsäule, der gesamte Beckenbereich, im Grunde alle anatomisch wertvollen Körperteile werden beansprucht. Für den Weg nach Příbram verlassen wir uns auf die Autostraßenkarte, stellen gleich fest, dass die Abzweigung nach Bohostice irreführend ist. Der Ort muss auf jeden Fall erst einmal durchradelt werden und nach weiteren zwei Kilometern stehen wir vor der nächsten provinziellen Querverbindung in Richtung Pečičky.

Sind die Menschen der tschechischen Dörfer überwiegend aufgeschlossen und gelassen, erinnern die Vierbeiner an gefährliche Begegnungen in südlicheren Ländern. Während die von Menschen gehaltenen Hunde in Bosnien und Serbien (Ausnahmen bestätigen die Regel) noch einigen zaunfreien Auslauf genießen (dadurch aber nicht minder gefährlich sind), ist die Straßenansicht des typisch tschechischen Dorfhundes von Maschendraht- und Holzzäunen getrübt, sehr zum Nachteil des zu bebellenden Objektes, des Radfahrers, dem sich während des Vorbeifahrens die Nackenhaare aufstellen. Sobald sich das Objekt dem Wachhundterritorium nähert, wird audiovisuell Gefahr symbolisiert und der Hund verteidigt sein Revier in einer Lautstärke, die sogleich das gesamte Dorf hundemäßig (vom Pudel bis zum Kampfhund) in Aufruhr versetzt. Der

Automatismus stimmt das im Kanon vorgetragene, ohrenbetäubende Bellkonzert an. So angefeuert ist der Radfahrer in seinem Versuch, die Schönheit des Dorfes zu erfassen, irgendwie dem bellenden Purismus der Straßenköter ausgesetzt, obwohl er mit guten Absichten und gewillt, den Charme des Dorfes in sich aufzunehmen, gekommen ist, es aber mit einer Gefühlsmischung aus blanker Angst und kaltem Hass (aber grundsätzlich schneller, als ursprünglich geplant) wieder verlässt.

Die Preisindizes der Ex-CSSR

In Hluboš findet ein privater Dauerbasar direkt neben der ehrwürdigen, bonzig dreinschauenden Dorfkirche statt. Das äußere Indiz dafür, dass die Kirchen immer schon besser als das arme Volk gestellt waren. Die großen Naturgebiete der Brdská Vrchovina hinter der hektischen Stadt Příbram werden achtlos durchradelt. Dafür strapaziert die andere Seite der E50, die wir genau zwischen Pilzen und Prag bei Zdice (in der Region Křivoklátsko Vrchovina; zu deutsch: Prüglitzer Wald) überqueren, Beine und Material gleichermaßen. Auf jener Seite der dicken Bundesstraße zwischen den beiden größten Orten des Landes bietet Čenkov das amüsante Bild auf die Balkone mit terrestrischen Antennen, die wie unsere SAT-Anlagen die Häuserrückwände verunstalten. Der nächste Ort, Jenice, hat fünf Potraviny, also Dorfläden, die aber ab zwölf Uhr mittags an einem Samstag selbstverständlich geschlossen sind, sodass Knoblauch und Zwiebeln, die verdauungstechnisch von Nöten wären und die auch der Lidl in Příbram nicht hatte, vorerst auf sich warten lassen. Dafür hatte der Lidl allerdings das für Tschechien typische Brotsortiment, das sehr lecker, facettenreich und konkurrenzlos günstig ist, was Susanne in Anbetracht ihrer Preisschwellenkenntnisse zum Begriff des Grenzpreises verleitete. Tatsächlich steht dem der Grenznutzen gegenüber, also die Frage, ob durch die Senkung des Preises, sagen wir mal um einen Eurocent bzw. Heller – das ist die kleinste Geldeinheit in Tschechien –, für den durchschnittlich brotbegeisterten Tschechen der woran auch immer festgemachte Nutzen um eine Nutzeneinheit erhöht werden kann – kompliziert wirtschaftswissenschaftlich formuliert. Ich denke, angesichts der niedrigen Preise denkt der Tscheche wiederum an nichts anderes, als das gute Chléb (Brot), die knackigen Pecivo (Brötchen) oder die Dalamánek (Butterhörnchen) einfach zu genießen. Der gemeine Tscheche tut gut daran, nicht grenzpreisbezogen zu denken, bekommt er doch für umgerechnet knappe zwei Euro beachtliche 1,228 Kilogramm Brot und Brötchen. Das kann sich nicht nur sehen lassen, sondern fördert aufkommenden Neid des brotbesessenen Deutschen. Die Einkaufsliste von heute Morgen enthielt:

1 x Chléb (Brot)	500 g	9,90
1 x Pšeničný chléb (kleines Weißbrot)	120 g	5,90
1 x Rustik pecivo (Quaderbrötchen)	70 g	4,90
2 x Dalamánek (Roggenbrötchen)	120 g	5,00
2 x Kornspitz (Kornspitz)	120 g	7,80
2 x Sýrový rohlik (Butterhörnchen)	110 g	7,80
2 x Makovki rohlik (Mohnkipferln)	98 g	7,00
1 x Finský rohlik (finnisches Hörnchen)	90 g	4,50
	1228 g	52,80 CZK
		(= 1,90 Euro)

Bild 20: Alles für 1,90 Euro

Rejnice heißt der mittägliche Rastplatz der Grenzpreisanalyse. Lochovice, Libomyšl und schließlich Zdice, wo es wieder den Autoservice gibt, der landesweit an eine einst berühmte Familie erinnert, die Hausboote auf dem Rhein salonfähig machte (Auto Kelly). Hinter dem Ort Čemin beginnt das Biospähremreservat Křivoklátsko mit typischem Erkennungssymbol. Wir fahren durch das lang gezogene Bergdorf Svatá und suchen am Ortsausgang einen Zeltplatz.

Motive ohne Motivation

Der Rundburghof in Karlova Ves ist ein seltenes Bild für einen Bauernhof. Nicht nur, dass die Gebäude wie eine Wagenburg das Hofinnere umschließen, sondern sie sind auch in sich rund, gekrümmt und gleichzeitig mit einem rund gemauerten Dachsims versehen. Solche Höfe gibt es in Deutschland nicht. Die UNESCO – schon wieder, wer denn auch sonst – ist bereits 1977 in der düsteren Stadt Křivoklát auf die Burg gekommen, zu einer Zeit, als die inflationäre Aufnahme kultureller und historischer Gebäude, Einrichtungen, ganzer Städte, Regionen und Naturwunder in ihre Weltliste noch über jede Kritik erhaben war. Mittlerweile hat sich das geändert. Wo der Reisende auch ankommt, um individuell Geschichte zu entdecken, die UNESCO war schon da, hat sich als Bewahrerin der Schöpfung festgesetzt, beitrags-, gebühren- und spendenfinanziert unverzichtbar gemacht, lässt der frischen, unbekümmerten Entdeckung keine Chance. Lange Warteschlangen der Förderungswürdigen und derer, die solche werden wollen, treiben der UNESCO unaufhaltsam neue Kandidaten in die Arme. Aufgrund der frühen zeitlichen Eintragung und wegen der wahrlich einzigartigen Lage hat die Burg von Křivoklát die Auszeichnung aber verdient. Sie überragt die Häuser in der Schlucht um einiges. Früher konnte die Schlucht beidseitig geschlossen, Feinden das Eindringen unmöglich gemacht werden. Die Burg ist die einzige Möglichkeit, Sonne in diesem dunklen Tal zu erhaschen. So trägt denn auch die grausame Lage der Stadt zur sonnigschönen Einzigartigkeit der Burg in diametralem Verhältnis bei. Die Schlucht kann als das Altfinstermünz der Tschechen bezeichnet werden. Tief im Felsenreich gelegen, jeden Septembersonnenstrahl von den Häusern abhaltend, sieben lange Monate die Sonnenlosigkeit ertragend, präsentiert sich Křivoklát, in dem spätestens ab September mächtig eingeheizt wird. Die Straße hat eindeutig Via-Mala-Charakter.

Zwischen Rakovnik und Městečko breitet sich erneut Hügellandschaft aus. Nur landschaftlich reizvoll demoralisiert das ständige Auf und Ab der Straße selbst gut trainierte Radfahrer. Trotz der körperlichen Fitness wird der Geist ausgebrannt. Ein Radrennen findet zeitgleich zu unseren, gegen die Gepäcklast gerichteten, inneren Kämpfen statt. Muskelbepackte, verbissen dreinschauende Fahrer fliegen uns auf 5,8 Kilogramm leichten Rennmaschinen entgegen, während wir schwer beladen und mit verzerrten Gesichtern gegen den Hügel anschieben. Aber kein Lachen der Profis, nicht einmal ein Schmunzeln, sondern ein anerkennendes Nicken und Anfeuern, vielleicht auch vor dem Hintergrund, dass wir, als mit hochrotem Kopf schiebende Radfahrer, im Unterschied zur professionellen Radelite ohne jegliches Doping auskommen, vereinzelte Schokoriegel einmal ausgeschlossen. Die geistige Ermüdung schlägt jedoch unerbittlich zu. Hinter Kněževes (unaussprechlich, aber wahr) wird ein Stück B6 (auf der Hauptstraße Richtung Prag) zu fahren sein. Leider fehlt die Abzweigung nach Žatec (also über die 227). So fahren wir bis Krupá beziehungsweise ich fahre voraus, um festzustellen, dass es hier nur immer weiter der tschechischen Hauptstadt entgegengeht. Ich bin an dieser Stelle überfordert, habe Susanne zu viel zugemutet. Um nicht alles wieder zurückfahren zu müssen, hilft nur die Kleindörfertour.

Kounov ist das typische vergessene, graue Dorf: Vier Frauen mit Sackkarren brechen auf vom Sonntagsbrunch. Graue, dreigeschossige Bauten mit uralten Balkonen prägen das Dorfbild. Die gelangweilte Dorfjugend trifft sich vor dem Gemeindehaus zum trostlosen Biertrinken. Post und Jugendclub sind hier direkt integriert, in der einzigen Farbe, die das graue Dorf kennt. Melancholie geht einher mit bereits verfärbten Blättern, die Bäume in das Grau des Dorfes entsenden. Kein Café, keine Kneipe, nur Grau. Und wie in allen tschechischen Dörfern führt die Straße von unten in das am Hügel gelegene Dorf, erstreckt sich ellenlang auf stetig steigendem Anstieg, bevor sie triumphal am Ortsausgang ihr steiles Aufgaloppieren hinaus in die Felder zelebriert.

Dann folgt Janov, das piekfeine Dorf. Der Kontrast zum Vorgängerdorf könnte nicht größer sein. Die Häuser sind in prächtige Farben gehüllt, die Gärten perfekt gepflegt. Selbst die Hunde bellen hier nicht, gucken nur, als wenn sie durch nichts (auch nicht die bunten Ortlieb-Taschen) aus der Ruhe gebracht werden könnten. Schließlich erreichen wir die seit einiger Zeit vermisste Straße 227 unweit eines lauschigen Waldplatzes zum Übernachten.

Mehr als gedacht

Nach dem gestrigen anstrengenden Tag soll heute mit maximal dreißig Kilometern ein legeres Kontrastprogramm folgen. Kennzeichen der sozialistischen Planwirtschaft war der Zentralplan. Diesen galt es zu erfüllen, wobei oftmals die Pläne bewusst so gesetzt waren, dass sie planabsichtlich übererfüllt werden konnten, weil die Mindestanforderungen gering waren. Aus der Planübererfüllung resultierte ein Belohnungsprinzip mit so denkwürdigen Gestalten wie dem »Helden der Arbeit«. Bis zur Hauptstadt des Hopfens, Žatec oder Saaz genannt, befindet sich die heutige Fahrradetappe im vereinbarten Plansoll. Saaz ist berühmt für seinen Hopfen. Schon gestern führten Straßen ab Rakovnik durch Hopfenfelder mit typischen Fadenkonstruktionen, an denen der Hopfen gen Himmel wächst. Wo Hopfen ist, ist Bier nicht weit. Sieben Brauereien und elf Mälzereien hatten und haben Saaz seit Jahrzehnten fest im Griff. Auf dem Marktplatz vor dem städtischen Rathaus steht die 12,70 Meter hohe Säule der Heiligen Dreifaltigkeit, die nach schweren Pestepidemien 1582 als Schutzsymbol errichtet und von dem Bildhauer Jan Karel Vetter 1753 vollendet wurde. Was der Marktplatz nicht bietet, ist eine ausreichende Anzahl an Sitzgelegenheiten. Das stelle man sich vor: ein Platz so groß wie drei Fußballplätze, offensichtlich zum Bewundern und Verweilen gedacht, aber fast keine Erholungsmöglichkeit. Nur vor dem gurgelnden Marktbrunnen könnten maximal zehn Leute Muskelfleisch ansitzen.

Ein anderer Karel haut zwar keine Bilder in rumliegende Felsen, sondern malt neuerdings welche, die »göttlicherweise« in einer Ausstellung der Stadt zu sehen sind. Ob die Bilder der eigentlichen Kompetenz der »goldenen Stimme von Prag« allerdings gerecht werden, lässt sich nicht zweifelsfrei belegen. Der berühmte Karel tritt unterdessen mit den ehemals berühmten Kollegen der in Deutschland fast vergessenen Popgruppe Alphaville auf, als musikalisches Dinosaurierpaar auf Musikbühnen,

Marktplätzen und in großen Hallen im ganzen Land, obwohl einer der größten Hits Alphavilles »Big in Japan« lautete. Eine Meisterleistung der musikalischen Verschmelzung im poppigen Sphärenklang.

Wir pressen die Strecke nach Kadaň noch in den Fahrradplan, quasi als Übererfüllung unseres Tagessolls. Das geschlossene Autokamping macht den mentalen Entspannungspunkt dann allerdings frappierend zunichte. Mitten in Kadaňs Stadtgebiet, gleich hinter den Hochhäusern und gegenüber dem Tennisverein, soll ein Zeltplatz liegen. »Pustekuchen!«, rufe ich. Weder ist ein Zeltplatz noch irgendeine Öffnungszeit der verrosteten Anlage ohne sichtbares Campinggerät zu entdecken. Und so kämpfen wir uns – immer noch mit Hoffnung auf eine warme Dusche – zunächst fehlgeleitet durch die Braunkohletagebaugebiete – denn die gesamte Region ist industriell vom Tagebau geprägt und entsprechend unansehnlich. Die Talsperre Nechranice wird zwar gleich mit drei Campingplätzen beworben, die aber freien Blick auf die Smoglocke der Schornsteine präsentieren und die Ausläufer des Erzgebirges heute unsichtbar werden lassen. Eine wahre Dunstbrühe hängt über der gesamten Region. Wir suchen weiter nach einem Zeltplatz und stoßen auf das Autokamp in Prunéřov. Wir radeln am riesigen Kraftwerk der Firma Elektrárna Prunéřov vorbei, das einst den Ort in zwei Teile teilte. Und tatsächlich gibt es dort den Platz (mit den typischen Blockhäusern für die Sommergruppen). Der ausgezeichnet Deutsch sprechende Besitzer hat zudem noch ein nettes Restaurant, der Platz sei auch geöffnet, aber weil ja keiner mehr campen wolle in dieser Nebensaisonzeit, sei das warme Wasser schon abgestellt. Die Toiletten seien bereits verschlossen. Deshalb könne er uns großzügigerweise zum ausgesprochenen Spezialpreis von nur einhundert tschechischen Koruna, also bei einem sagenhaften Fünfzig-Prozent-Sonderrabatt auf das unwarme Klo, den unbelegten Stellplatz wärmstens ans Herz legen. Oder wäre vielleicht ein holziges Hüttchen für sage und schreibe günstige sechshundert Koruna nicht ein phänomenales Angebot, bei dem im Handumdrehen heißes Wasser zur Verfügung gestellt werden könnte?

»Mein lieber Autokampbesitzer, du gibst uns kein warmes Wasser, schließt die Toiletten nicht auf und wir dürfen nicht mal kostenlos auf dem zudem offenen, unbewachten Gelände stehen?«, frage ich, ohne allerdings eine positive Antwort zu erwarten.

Die nächste Wiese liegt am Fuß des letzten Berges, der uns vom Erzgebirge trennt. Mit 58 Kilometern ist der heutige Plan mehr als übererfüllt.

Und was bekommen wir dafür, haben wir doch den sozialistischen Sozialplan gegen den westlichen Sozialstaat eingetauscht? Das ist die Tragödie (oder besser gesagt: bittere Wahrheit), die den Radfahrer aus dem kapitalistischen Westen im Vergleich mit exsozialistischen Mitbürgern relativ mager aussehen lässt, ungewaschen zugleich. Keine Belohnung der Übererfüllung. Wir warten seit sechs Tagen auf eine heiße Dusche.

Momente der Freiheit

Wir sitzen im Hotel St. Hubertus in Hora Svatého Šebestiána, unweit der tschechischen Grenze nach Deutschland. Unsere Wangen glühen diesmal nicht vom nächtlichen Schlaf im kühlen Wald, sondern von der Dusche, durch die unsere Sehnsucht der letzten Tage, die Körper zu säubern, endlich erfüllt wird. Das Hotel hat zwar zwei Sterne nach tschechischem Standard, aber weder ist das erste Zimmer geputzt, noch sind im zweiten die Kopfkissen frisch bezogen. Obendrein beherbergt das zweite Zimmer allerhand benutzte Tempotücher der letzten Gäste. Die Hotelbetreiber sind zwar bemüht und freundlich, aber irgendwie unfähig, auf Touristen einzugehen, zaudern planlos erfüllbaren Servicestandards hinterher. Zwei Stunden haben wir heute bei penetrant einsetzendem Regen die Räder die enge Straße, die am Fluss Prunéřovský entlangführt, hinaufgeschoben. Die Straße war so schmal, dass kaum ein Pkw durchkam, und dennoch gelang es einem Lkw mit Kennzeichen aus Itzehoe, einen Zwanzig-Fuß-Container die enge Schlucht hinauf zur B223 zu bugsieren. Richtig kalt wurde es dann in Výsluní, die Brotzeit fand im windgeschützten Bushaus statt, aber wir wurden trotz der vielen Kilojoule nicht mehr warm und das Hotel des Heiligen Hubertus mit dem Aussehen »Rettet mich vor dem Verfall!« war noch sieben Kilometer Höhenstraße entfernt.

Der ganze Ort, Hora Svatého Šebestiána, geht offensichtlich am Vergänglichkeitsstock. Südostasiaten haben ihn für sich entdeckt, mit festem Griff in der gewerblichen Hand und verkaufen alles von Nippes bis Ramsch, billigst importierte Nah- und Fernostlebensmittel, natürlich ohne Rechnungsführung und Bilanzen, vor allem zu auffällig krummen Kommapreisen, die durch keinen Heller gerundet und beglichen werden können. Kein einheimischer Laden hält die Flagge der tschechischen Tradition aufrecht, sodass wir kurz vor der Grenze zu Deutschland echte türkische Importkekse beim Vietnamesen im zum Laden umfunktionierten Scheunenhaus mit der alten Budweiser-Leuchtreklame über der Holztüre kaufen – mit arg gemischten Gefühlen.

Was machen wir hier? Diese Frage ist mindestens so abstrakt wie die Frage, was die Südostasiaten an diesem Ort suchen. Im Grunde machen die rein gar nichts, weil die angepriesene Verwaltung der nutzlosen Artikel keine Macherei im herkömmlichen Sinne ist, sondern eher der Auswuchs spielerischer Konsumwelt. Angenommen, der Deutsche ließe sich in Saigon nieder und verramschte Gartenzwerge. Vielleicht ginge noch ein Einheimischer hin, aber kaufen würde er den Zwerg wahrscheinlich nicht. Anders verhalten sich die losen Kopfes dem Rausch verfallenen Deutschen, deren Fußsohle quasi ferngesteuert das Bremspedal erwischt, um die wirklich allerletzte Möglichkeit des Fremdartikelbezugs (vor dem Grenzübertritt nach Deutschland) zu nutzen. Die Gummiente hat zwar auch der OBI im Angebot, aber die Exotik des fremd aussehenden Verkäufers fehlt im deutschen Fachhandel. Das verleiht dem exquisiten Nichtsnutzartikel die erwünschte Bedeutung und dem Konsumauge die erhoffte Befriedigung. Pervertiertes Konsumentenverhalten, über viele Jahre der erzieherischen Verblendung anerzogen. Herzlichen Glückwunsch, auch an uns selbst, die wir beim Hubertuskonkurrenten den Palatschinken weghauen, mit künstlichem Eis- und Erdbeersirup sowie Sahnesurrogat aus der Sprühdose, als wenn er die Henkersmahlzeit wäre. Nur ein Geschäft ist authentisch und schlachtet noch selbst die Dorfsau, bietet Wurst und Butter (und noch mehr Gutes ohne Ramschcharakter) auf hohem Niveau an und verleitet zu der Frage, ob auch die Vietnamesen zur Kundschaft gehören.

Noch eine Nacht und Deutschland hat uns wieder, aber kann es uns auch gebrauchen? Fühlen wir nicht zu viele Gebrauchsspuren an uns selbst, um im Land des Perfektionismus wieder anzukommen? Wir haben vieles gesehen und gespürt bei den Menschen in den Nachbarstaaten, was es so zwischen Kiel und Pfronten, zwischen Trier und Zittau nicht zu spüren gibt, weil sich dort die Gedanken meistens um das vermeintlich perfekte Leben und die Arbeit drehen und die lebenswerten Kleinigkeiten des Alltags allzu oft nicht wahrgenommen werden. Weil beim ständigen Blick auf die Superlative die kleinen, entzückenden Momente, die auch diese Reise so großartig machten, übersehen werden.

Tschechische Republik (Tag 136 bis 149)

 Bilder erscheinen, wie das der serbischen Alten in Doroslovo, die jeden Abend ihren Stuhl vor ihren Hof schleppt (das dauert zwanzig Minuten), sich setzt und ihre von einem Knecht beaufsichtigte Ziegenherde aufmerksam beäugt. Dabei guckt sie immer wieder mal verstohlen zur Seite, zum Sportplatz des F. K. Mostonga hinüber, auf dem zwei zirkusfarbene Räder nicht nur ihre Blicke auf sich ziehen. Die Alte winkt partout nicht zurück. Warum denn auch? Sind wir allesamt doch nicht im plüschigen Theater oder ähnlich Unbekanntem, also dort, wo das Dorf nie hinkommt, und die Alte gar nicht hin will, die ihre persönliche Freiheit im kleinen Doroslovo findet. Das andere Leben scheint so weit weg von ihrer Welt, wie diese vielen Worte von der Einfachheit ihrer Handlungen und Vorstellungen. Auch heute Abend wird sie wieder sie selbst sein, den Stuhl vor den Stall stellen, die Ziegen beäugen, vielleicht auch wieder zum Sportplatz schauen, ohne die zu sehen, die schon lange wieder ihre Welt verlassen haben, die in eine für sie fremde Welt weiterfahren, die in ihre eigene zurückfahren, die erneut beginnen, sich den massiven Massenbewegungen der selbst ernannten zivilisierten Menschheit auszusetzen.

Bild 21: Importierter Konsum

Deutschland

(Tag 150)

Das Finale

Noch einmal bestimmt heftiges Schieben bei kühlem Wetter den Aufstieg ins Sperrgebiet des Naturparks Erzgebirge Vogtland, das durch größere Bodenkalkstreuungen gekennzeichnet ist. Über Arnsfeld nach Mildenau, zwischen Hermannshöhe und Pöhlberg hindurch, nach Königswalde auf den einzigen Campingplatz in der Region um die Adam-Ries-Stadt Annaberg-Buchholz. Dann ist es scheinbar vollbracht.

Nach 150 Tagen sind wir in Deutschland angekommen, in unserem Heimatland, ohne den besetzten Begriff überstrapazieren zu wollen. Mich befällt dann doch stark die Frage, ob die Reise nicht hätte weiterführen sollen. Sie ist zwar in sich geschlossen, hat Perspektiven der Freiheit, tiefe Sehnsüchte und ungekannte Gefühle transportiert, nach Ländern und Menschen, die außerhalb Deutschlands liegen, die ohne die Reise nie hätten so intensiv erlebt werden können. Aber Wehmut drückt unter dem Brustbein, dort, wo Emotionen zehren, wo das Gefühl sitzt, ausgebrannt zu werden. Wege fangen irgendwo an, immer wieder von Neuem, sowohl physisch als auch psychisch. Irgendwann kommt dann jeder zu sich, erreicht irgendeinen Weg. Kommt er wo an oder wo führt er hin, der Weg und der Mensch? Und wen führen sie, sich selbst oder andere?

Ganz leicht fließt der oft als beschwerlich empfundene Weg einer Fahrradreise. Dieser Weg des Fahrradfahrens befreit und beschränkt gleichermaßen, wirft ab und sortiert das Abgeworfene, gibt her und baut auf, rollt manchmal einfach dahin. Jeden Morgen war es da, das Gefühl, wenn die Felgen die ersten Umdrehungen hinter sich ließen.

Deutschland (Tag 150)

Die frische Luft des wogenden Waldes, die ersten warmen Strahlen der aufgehenden Sonne, das leise Zwitschern der Vögel, die Stille des Morgens. Die Zeit stand dann still. Ruhe kehrte ein, obwohl oder gerade, weil der Tag erwachte. Wenn ich mich daran erinnere, wird es wieder ganz ruhig in mir, so wie jeden Morgen, sobald das Fahrrad sich zu bewegen begann. Das Drehen der Räder ist Sicherheit, das leise Rollen ist Kraft. Erdverbundenheit durch zwei Räder, Gelassenheit und Souveränität, im Einklang mit sich selbst stehen, sich selbst kennen und lieben lernen, durch die Liebe zum Fahrrad, das einen hinaustransportiert in die Fremde, zu den das eigene Leben bereichernden Menschen anderer Länder und Kulturen.

Ich empfinde Freiheit in der Auseinandersetzung mit dem Unbekannten. Freiheit ist für mich nicht unmittelbar greifbar, auch nicht käuflich. Freiheit hat vielmehr mit meinen Erfahrungen zu tun, vermittelt durch die langsame Bewegung auf dem zurückgelegten Weg, verkörpert durch den anderen Menschen, der zu meiner eigenen Identifikation (ohne es zu wissen) so viel beigetragen hat, einfach dadurch, dass er mir zuhörte, sich selbst zurücknahm, sich mit mir beschäftigte, obwohl ich zunächst fremd war, und der auch stillschweigend mit mir wie mit einem Bruder im Geiste verbunden war. Wer einmal dieses Gefühl des Freiwerdens empfunden hat, wird es nie wieder los.

An dieser Stelle danke ich meiner bewundernswerten Frau Susanne, die bereichernd und mit ihrem typischen Humor (fast) jede »Strapaze« des Freiwerdens »ertragen« hat, ihren Body-Mass-Index auf unter zwanzig schrauben konnte und die gerade, den typisch sächsischen Tonfall imitierend, eines ihrer weltberühmten Resteessen zaubert, aus den Überresten der lieb gewonnenen Polenta aus der Slowakei. Da ist er wieder (symbolisiert durch den Restbestand der verwitternden Polentatüte), der kleine Moment, der unser Leben lebenswert macht. Nicht die repräsentative Uhr am Handgelenk ist nachhaltig (um ein beliebiges Statussymbol der Konsumwelt zu nennen), sondern das Miteinander, der Austausch, die Überwindung der Einsamkeit, die Wahrnehmung der kleinen Erlebniswelten der Menschen »da draußen«, die alle ihren eigenen Weg beschreiten. Es ist der Moment des Hinausgehens in eine positive Welt, die es dankt, mit anderen im kleinen Alltag erlebt zu werden, sei diese Welt auch noch so groß.

Das Gefühl geht nicht weg, überwiegt jeden meiner Zweifel, ist jetzt für immer da. Das Gefühl, schon bald wieder in diese kleine große Welt aufzubrechen, in der Absicht, Freiheit zu spüren, auch wenn sie mit Illusionen verbunden sein wird.